はじめて学ぶリスクと保険
〔第5版〕

下和田 功編

有斐閣ブックス

第5版に寄せて

2024年は，元日とその翌日に連続して世界的にも注目された天災と人災が発生し，一気に正月ムードを吹き飛ばしてしまった。「令和6年能登半島地震」では，多くの住民が罹災した。「羽田空港航空機衝突事故」では，5人が死亡，負傷者は15人と発表されている。国外に目を向けると，2022年よりウクライナはロシアから自国民の保護を口実に攻撃を受け，パレスチナ・ガザ地区ではイスラエルが軍隊を派遣して地域紛争が深刻化しており，地政学リスクないし戦争リスクの拡大が懸念される。このように，さまざまな局面でここ数年，改めてリスクがクローズアップされている。

リスクを前面に出して本書の初版が出版されたのは，ちょうど20年前の2004年4月である。3年後に出た改訂版の巻頭（「改訂版に寄せて」）にも記したように，「『新しいタイプのリスクと保険に関するテキスト』をめざして」作成されたものであった。幸いにも多数の読者の支持を得て，ほぼ3年ごとに版を改め，2014年4月には第4版を刊行した。

それから早10年が経ち，今回，第5版を出版することになった。この改訂では，ほとんどすべての章で加筆修正等が行われ，制度やデータ情報の更新のみならず，多くの箇所で解説自体も刷新された。ただし，これまで本書を利用していただいた読者やテキスト採用してくださった先生方の利便性を考慮して，部・章・節の編成は旧版のままほぼ維持されている。なお，この間に執筆者の所属等も一新されたが，とりわけ第Ⅳ部の第26～28章および関連するコラムについては，新たに成城大学の森周子教授に執筆へ加わってもらい，編者と共同執筆の形をとった。森教授には，社会保障の現状と課題を中心にアップデートするという面倒な仕事を引き受けていただいた。その他の章やコラムは，第4版までの執筆者全員の熱意により，多忙な時間を割いて修正等が施された。

さすがにこの10年の変化は大きく，すでに4年に及ぶ新型コロナ禍や前述のウクライナほかにおける戦争の激化をはじめとして個人・企業・国家・国際環境は様変わりし，個人あるいは企業のリスク意識，生活行動等に絶大なインパクトを与えている。第5版がそのタイミングで出版されるのは決して偶然ではない。

初版以来の担当である有斐閣編集部の得地道代氏には今回もたいへんお世話になり，厳しい出版事情のなか短期間で刊行にこぎつけてもらった。また，勤務先が有斐閣に最も近いこともあり，執筆者のなかでも柳瀬典由教授には，出版社との連携や執筆者間の連絡など，多方面に汗をかいてもらった。このお二人には執筆者を代表して改めて厚く御礼を申し上げる。

2024年3月

編者　下和田　功

は じ め に

　世紀交差期の現在，企業活動や個人の日常生活において，リスクと保険の問題が大きく
クローズアップされてきている。自然災害やテロの多発，企業の存続に致命的ダメージを
与えかねないシステム障害の頻発などにより，企業のリスクマネジメントに対する関心は
あらゆる業種で近年急速に高まっている。また，個人や家族を取り巻く生活環境も，失業
リスクや所得減少リスクの増大，年金・医療・介護リスクなどに関する社会保障の見直し
への不安，金融商品の多様化による運用リスクの増大などにより大きく変化しており，家
計のリスク管理のあり方がますます問われる状況になっている。

　少子化の進展により受験生の絶対数は年々減少している。高校全入の時代からいまや大
学全入の時代に入りつつあり，すでに定員割れの大学も出てきている。他方で，東南アジ
アを中心とする外国からの留学生は急増している。さらに高等教育に関する規制緩和と競
争促進政策が進められていることから，今後，大学再編が進むと予想される。教育重視の
一環として学生による授業評価を導入し，魅力ある授業を増やし，それを受験生や学生に
アピールする大学が増加しつつある。リスクマネジメント論や保険論の分野でも，こうし
た社会経済環境の変化や時代の要請に応える試みがもっと行われる必要があろう。

　リスクと保険の問題が企業や家計にとって一段と重要となっていることを踏まえて，本
書はリスクマネジメントと保険論の統合を試み，現在の大学教育の変化や生涯教育の普及
にも応えうるスタンダード・テキストをめざしている。そのため，本書は総論・各論の構
成をとる保険関係の多くの類書とは異なる独自の構成をとっている。すなわち，リスクと
保険について初めて学ぶ学生や社会人が，リスクやリスクマネジメントから保険経営や社
会保険に至る保険の全体像を体系的かつ段階的にやさしく学べるように構成され，教科書
としても独習書としても利用できるように工夫されている。教科書としては，たとえば専
門課程の4単位の授業であれば，1章に1コマをあてれば本書を第27章まで全部終了す
ることができる。2単位の講義であれば，第Ⅰ部と第Ⅲ部を学習するか，担当者の取捨選
択によって15回分を取り上げることで，リスクと保険の基本部分を学ぶことができる。

　本書は基礎概念などを明確に理解できるように図表や具体例を多く用いており，キーワ
ードやコラム，練習問題を設けるなどして，読者が興味をもって意欲的に学べる工夫を試
みている。なお，キーワードは学習する人にとってもっとも重要と思われる用語を，各章
で5〜10程度に厳選して示してある。ただし，煩雑を避けるために，その用語を重点的に
取り上げている章でのみ掲載し，他の章では重要であっても繰り返しては載せていないの
で，その点は注意をお願いしておきたい。

　本書は4部構成をとっている。各部の最初の章はその部の総論ないし導入部として位置
づけられており，その部で学ぶ基本的事項が記述されている。第Ⅰ部ではリスクと保険の
基礎を学び，第Ⅱ部ではリスク処理手段として重要な保険を需要者（企業や個人など）がど

のように主体的に利用するか，第Ⅲ部では保険の主要な供給者である民間保険会社の経営活動はどうなっているか，さらに第Ⅳ部では生活保障システムのなかで個人や家計に基礎的保障を提供する社会保険がどのような仕組みになっているか，といった順序で書かれている。一度はぜひ第1章から読み通していただけると幸いである。もちろん各章はその章だけで完結した記述がなされているので，読者は関心のある章をランダムに読むこともできる。

　こうした特色をもったテキスト作りの構想はすでに編者がこの数年来温めていたものであるが，「大学院教育における保険・リスクマネジメント教育の体系化と組織的活用手段の開発」が生命保険文化センターの研究助成に採択されたことが，この構想の出版化を早めるきっかけとなった。この研究プロジェクトは米山高生氏を研究代表者に，2003年4月より2年間の予定でスタートし，本書の執筆者全員が参加して活発に共同研究を進めているところである。このプロジェクトは，一方で，グローバル化，技術革新，規制緩和などの環境変化により保険市場が大きく変貌しつつある現在，伝統的な保険研究・教育がこの変化に柔軟に対応していく必要性が高まってきていること，他方で，大学院大学の出現などによる修士専修課程の定員増や経営大学院（MBA），法科大学院などの設置にみられるように，高度専門社会人を育成する教育体制が整備されつつあることを背景に，高等教育における保険・リスクマネジメント教育の整備充実が急務であること，といった問題意識に基づき発足している。この共同研究のサブプロジェクトの1つとして，手始めに初心者向けの新しいタイプのテキスト作りに挑戦することになった。ここに記して，生命保険文化センターの三宅正太郎理事長をはじめとする関係者のみなさまのご支援に対し，執筆者一同の謝意を表したい。また，日本損害保険協会や生命保険協会，総務省郵政行政局，日本共済協会にも，日頃の資料提供などに対し感謝したい。

　この1年間，本書執筆にあたり何回も会合をもち，メールのやりとりを重ね，全体としての構成や各章間の調整などに万全を期することに努めた。もとより時間の制約や各執筆者の問題意識の違いなどにより，若干の重複や空白部分，あるいは思わぬ誤謬が見出されるのではないかと危惧している。こうした点については読者のみなさまのご指摘をいただき，機会を得て今後よりよい内容のものに改めていきたいと考えているので，忌憚のないご意見やご批判をいただければ幸いである。

　　2004年 桃の花咲く頃

編者　下和田　功

執筆者紹介 （☆は編者）

☆下和田 功（しもわだ いさお）
一橋大学名誉教授。日本保険学会名誉会員

1963 年，一橋大学商学部卒業。1968 年，一橋大学大学院商学研究科博士課程単位取得。商学博士。

主著 『ドイツ年金保険論』千倉書房，1995 年。『社会保障論（第 5 版）』（共著）中央法規出版，2007 年。"Aging and the Four Pillars in Japan" *The Geneva Papers on Risk and Insurance*, Vol. 17, No. 62, 1992 年。

執筆分担 序章・第 24 章，第 26・27・28 章（共同執筆）

米山 高生（よねやま たかう）
一橋大学名誉教授，東京経済大学名誉教授

1976 年，信州大学人文学部卒業。1982 年，一橋大学大学院経済学研究科博士後期課程単位取得。

主著 『戦後生命保険システムの変革』同文舘出版，1997 年。『物語で読み解くリスクと保険入門』日本経済新聞出版社，2008 年。『保険法解説』（共編）有斐閣，2010 年。『リスクと保険の基礎理論』同文舘出版，2012 年。"Adverse Retention"（共著）*Journal of Risk and Insurance*, Vol. 88, No. 4, 2021 年。

執筆分担 第 5・7・15・22 章，第 23 章（共同執筆），*Column* ❼

岡田 太（おかだ ふとし）
日本大学商学部教授

1990 年，慶應義塾大学商学部卒業。1999 年，慶應義塾大学大学院商学研究科後期博士課程単位取得退学。

主著 「共済概念の再検討」『保険学雑誌』第 636 号，2017 年。「生協共済の事業デザイン」生協総合研究所生協共済研究会編『生協共済の未来へのチャレンジ』東信堂，2021 年。

執筆分担 第 3・4・8・14 章，*Column* ㉖

金 瑢（じん ろん）
久留米大学商学部教授

1995 年，中国南開大学金融学部卒業。2002 年，一橋大学大学院商学研究科博士後期課程修了。商学博士。

主著 「中国における規制緩和と生命保険業に関する一考察」『保険学雑誌』第 651 号，2020 年。「生命保険企業のグローバル戦略に関する一考察」『久留米大学商学研究』第 25 巻第 1 号，2019 年。「戦後生命保険ビジネスモデルの変遷に関する一考察」『保険学雑誌』第 631 号，2015 年。

執筆分担 第 12・13・16・18 章

柳 瀬 典 由 （やなせ のりよし）

慶應義塾大学商学部教授

1998 年，一橋大学商学部卒業。2003 年，一橋大学大学院商学研究科博士後期課程修了。商学博士。

主著 『企業のリスクマネジメントと保険』（編著）慶應義塾大学出版会，2024 年。『リスクマネジメント』（共著）中央経済社，2018 年。"Pension Return Assumptions and Shareholder-employee Risk-shifting"（共著）*Journal of Corporate Finance*, Vol. 70, 2021 年。"Learning from Extreme Catastrophes"（共著）*Journal of Risk and Uncertainty*, Vol. 59, No. 1, 2019 年。

執筆分担 第 1・2・6・19・25 章，第 I 部補論①②，*Column* ❶❷

諏 澤 吉 彦 （すざわ よしひこ）

京都産業大学経営学部教授

1988 年，横浜市立大学文理学部卒業。2000 年，セント・ジョンズ大学カレッジ・オブ・インシュアランス経営学修士課程・理学修士課程修了。2005 年，一橋大学大学院商学研究科博士後期課程修了。博士（商学）。

主著 『基礎からわかる損害保険の理論と実務』保険毎日新聞社，2023 年。"Risk Evaluation Factor of Health Promotion Medical Insurance" *Asia-Pacific Journal of Risk and Insurance*, Vol. 15, No. 2, 2021 年。「健康増進型医療保険が保険会社の財務状況に及ぼす影響」（共著）『保険学雑誌』第 659 号，2022 年。

執筆分担 第 9・10・11・17・21 章，第 23 章（共同執筆）

岩 瀬 泰 弘 （いわせ やすひろ）

前・帝京大学大学院経済学研究科教授

1976 年，神戸大学工学部卒業。博士（経営学）。

主著 『企業価値創造の保険経営』千倉書房，2007 年。『企業価値とリスクキャピタル』千倉書房，2010 年。

執筆分担 第 20 章

森 周 子 （もり ちかこ）

成城大学経済学部教授

1999 年，慶應義塾大学文学部卒業。2005 年，一橋大学大学院社会学研究科博士後期課程修了。博士（社会学）。

主著 「ドイツ年金政策の展開に関する考察」『成城経済研究』第 239 号，2023 年。「ドイツの障害者福祉サービスに対する連邦参加法の意義」『週刊社会保障』第 3225 号，2023 年。

執筆分担 第 26・27・28 章（共同執筆），*Column* ❹⓿

* 執筆分担にあがっていないコラムについては，章の執筆者が担当した。

目　次

第Ⅰ部　リスクと保険の基礎

第 II 部　個人・企業を取り巻くリスクと保険

第Ⅳ部　生活保障システムと社会保険

Column 一覧

序　章

リスクと保険

●この章で学ぶこと●
□　なぜ「リスクと保険」について学ぶのかを理解する。
□　本書の特色や構成を知ることにより，第1章以下の各テーマが本書の全体像のなかでどのように位置づけられているかを理解する。すなわち，「木を見て森を見ず」的な学習にならないためのガイドを行う。

1　なぜ「リスクと保険」を学ぶのか

　企業活動にリスクは付きものである。企業はリスクを予防・回避するだけではなく，むしろリスクに挑戦することが多く，それによってビジネス・チャンスを得たり，利益をあげることもできる。近年，企業を取り巻くリスクは複雑・高度化しており，さらに新しいリスクも次々に発生している。リスクの定義や分類については第Ⅰ部で詳細に述べられているが，最近よく話題となる企業の直面するリスクの例としては，製造物責任（PL）リスク，コンプライアンス（法令遵守）・リスク，知的財産権リスク，情報管理リスク，テロ・リスクなどがある。リスクが複雑・巨大化し，現代社会が「リスク社会」となっていることが実感される。

　少子・高齢化の進展やバブル崩壊後の景気停滞などにより個人・家計がさらされる生活リスクも増大し，多様化している。終身雇用・年功序列賃金の崩壊ないし形骸化は，個人や家族の生活を支える賃金収入の不安定化をもたらし，所得リスクや失業リスクを増大させている。日本人の平均寿命は男女とも大きく延びていまや「人生100年時代」ともいわれるが，それだけに年金・医療・介護リスクといった高齢者の直面する老後リスクは増大し，長期化している。公的年金の負担増・給付削減や公的医療保険の自己負担の引上げ，公的介護保険のほぼ3年ごとの大幅な見直しなど，頼みの綱の社会保障の見直しが相次いでおり，生活リスクに対する国民の不安は増大している。また金融自由化により，新しい金融商品

Column ❶ 神々への反逆

　人類は大昔からさまざまな方法でリスクに対処してきた。この点について，バーンスタインはその著書 *Against the Gods : The Remarkable Story of Risk*（Bernstein, P.L.［1996］John Wiley & Sons, 青山護訳［1998］『リスク：神々への反逆』日本経済新聞社）において，歴史と伝記を織り交ぜつつ叙述している。この本では，未来を現在の統制下におくためにはどのようにすべきか，という点についてギリシャ時代，ルネサンス時代から現代まで，人類がどのような考え方を示してきたかについて語られている。かつては神々のみが操れるものとされてきたリスク。それを理解し，合理的に対処するすべを発展させてきたプロセスこそが人類の発展であり，まさに神々への反逆の歴史であったといえるのかもしれない。

　バーンスタインによると，古くは，それまで未知なる存在であった火に挑戦することで，人類は暗闇に明かりをもたらし，未来という存在を，人類の敵から新たな機会へと変えていったという。また，海上保険や株式会社制度の発明は，商人の失敗に対する恐怖を制御し，彼らを新たな挑戦へ誘導し，その結果，経済成長や生活の質的向上，あるいは技術革新を追求するよう動機づけていったと叙述している。最近の情報技術や金融技術の急速な発展についても，同様のことがいえよう。このように，リスクに対する合理的な態度や，その対処のプロセスを深く理解することによって，人類はそれまで見逃していた要因を発見し，リスクに対処する能力を備えてきたといえるのかもしれない。

が次々に開発販売されており，個人は運用リスクに対し自己責任をとることが求められている。政府も 2022 年にイデコ（iDeCo, 個人型確定拠出年金），2024 年には NISA（日本型個人貯蓄勘定）を拡充する改正を実施しており，多様な投資型商品が提供される時代となっている。個人や家族もリスク管理の問題に直面しているのである。

　企業にとってリスクマネジメントの重要性がこの数年飛躍的に高まってきている。その結果，リスクマネジメントの手法や研究にも新展開がみられる。伝統的・保守的なリスクマネジメントから，企業の経営戦略と直結した戦略的リスクマネジメントや全社的リスクマネジメント（ERM）への転換が求められている。また，経済のグローバル化と国際的大競争の展開により，国際的リスクマネジメントの構築も必要となっている。さらに外部格付けや企業統治，企業価値・株価重視といったアメリカ的経営や国際会計基準などのグローバル・スタンダードの導入などにより，日本企業のリスクマネジメントのあり方も内部統制システムと

　医薬品は，私たちの健康の保持と増進に欠かせないものである。しかし，その使用にあたって万全の注意を払ってもなお副作用の発生を防止できない場合がある。そこで，日本では，医薬品（病院・診療所で投薬されたものと，薬局で購入したものの両方を含む）を適正に使用したにもかかわらず，副作用による一定の健康被害が生じた場合に，医療費等の給付を行うことにより被害者救済を図る制度がある。これが，医薬品副作用被害救済制度であり，新型コロナワクチンの接種案内で目にした人も多いかもしれない。この医療費等の給付に必要な費用は，製薬メーカーをはじめとする許可医薬品製造販売業者から納付される拠出金が原資となっている。

　この制度は，1979 年に医薬品副作用被害救済基金が設立されたことに始まり，現在は，医薬品医療機器総合機構（旧医薬品副作用被害救済・研究振興調査機構）によって運営されている。その拠出金には，一般拠出金と付加拠出金があり，一般拠出金は，許可医薬品製造販売業者が前年度の許可医薬品の総出荷数量に応じて申告，納付するものである。また，付加拠出金は，医薬品医療機器総合機構が前年度において救済給付の支給を決定した被害者の健康被害の原因となった許可医薬品を製造・販売した業者に対して，一般拠出金に加えて申告，納付させるものである。

　ところで，医薬品の副作用の問題は，製薬会社の側からみると深刻なリスクであり，どのような対策を行うかはきわめて重要なテーマであろう。医薬品副作用被害救済制度は，ある意味で，保有というリスクマネジメント手法（第 2 章参照）を業界全体で採用しているとも解釈できる。制度への拠出金は，まさに副作用のリスクに直面した製薬会社のリスク・コストなのかもしれない（独立行政法人医薬品医療機器総合機構ウェブサイト〔https://www.pmda.go.jp〕参照）。

直結した抜本的な変革を迫られている。

　企業がリスクに対処する方法を科学的・体系的に検討するリスクマネジメントの手法は，ロス・コントロールとロス・ファイナンシングに分けられ，それぞれに多様なリスク処理手段がある。そのなかで，保険が重要な役割を演じていることは，アメリカでリスクマネジメントが保険管理（insurance management）をコアにして生成・発展してきたことからも容易に理解できる。第Ⅳ部で述べる個人・家計のための生活保障システムの 3 層構造においても，保険が重要な位置を占めている。本書はリスクとリスクマネジメントの分析から出発して，第Ⅱ部以降ではもっぱらリスクマネジメントの中核となる保険の問題に焦点を絞って記述しており，本書のメイン・テーマが保険の理論的分析にあることがわかる。

　1990 年代のバブル崩壊以降，倒産する保険会社が相次いだが，リスク引受け

を専業とする保険企業にとってもリスク管理の重要性が増大している。それは1995年に改正された保険業法において，保険会社が倒産したり経営不振に陥ったりした場合の保険契約者保護機構や早期警戒装置としてのソルベンシー・マージン基準が新たに導入されたことからも理解できる。ソルベンシー・マージン比率の分母は保険リスク，予定利率リスク，資産運用リスク，経営管理リスクを所定の式で合計したリスク量で示され，その分子は資本，価格変動準備金，危険準備金，貸倒引当金などを合計した支払余力（ソルベンシー・マージン）で数量化され，保険会社の健全性を示す指標として利用されている。保険会社はこのソルベンシー・マージン比率を意識した経営を行い，分母に入っている各種リスクに十分配慮したリスク管理を行うことが求められている。また，保険会社の経営では総資産の巨額化により運用リスクの成否が経営破綻や倒産に直結する可能性があるので，資産負債総合管理（ALM）が重要となってきている。

　本書では，まずリスクについて学んだのちに，企業のリスクマネジメントのみならず，家計のリスクマネジメントをも対象としながら，リスクマネジメントで重視される保険を利用者と供給者の視点から検討し，さらに保険可能なリスクの引受けを専業とする保険会社の組織や活動について分析する。最後に社会的視点から社会保障で中核となっている社会保険について学ぶ。

2　本書の構成上の特色

　本書は，リスクと保険に関する基礎を学ぶことを目的にしており，そのために4部28章から構成されている。本書の全体像ないし構成上の特徴は，図序-1に簡潔に示してあるが，第I部「リスクと保険の基礎」では，最初にリスクの定義や分類を示し，各種のリスク処理手段のなかで保険がどのように位置づけられるかを述べる。そのうえで，歴史的・制度的な視点，数理的視点，法契約的視点，経済的視点などから保険とは何かという問題にアプローチする。第I部では，リスクと保険に関する基礎理論ないし総論を学ぶことになる。なお，第I部の補論①および②では，とりわけ第1章および第2章に関する理解を深めるために，金融派生商品（デリバティブ）による価格リスクの移転の具体例，保険とオプションの類似点，製薬会社の数値例を使った企業価値評価（保険会社の企業価値については第20章参照）とリスクやリスクマネジメント活動との関係などについて解説

図序 - 1　本書の全体像（体系）

```
                    序章　リスクと保険

              第Ⅰ部　リスクと保険の基礎  ◀── 総論

    需要者の                              供給者の
     視点                                   視点

      第Ⅱ部                        第Ⅲ部
  個人・企業を取り巻くリスクと保険      保険経営の仕組みと特徴

            生活保障       個人保障（個人保険等）
            システム       企業保障（企業保険等）
                          社会保障（社会保険等）

              第Ⅳ部
        生活保障システムと社会保険
                                        社会的視点
```

している。

　第Ⅱ部は「個人・企業を取り巻くリスクと保険」をテーマとしており，まず個人や企業が直面しているさまざまなリスクを提示し，その処理手段としてどのような保険が存在しているかについて学ぶ。すなわち，保険の需要者（利用者）の視点からみると，保険はリスクへの対処手段の1つであるので，「リスク→対応する保険」という流れを強く意識して第Ⅱ部は記述されている。第Ⅱ部のテーマは，保険需要者の視点から保険を理解する点にある。

　第Ⅲ部「保険経営の仕組みと特徴」は，保険供給者（保険者）に焦点をあててその特徴を多面的に学ぶ。第Ⅲ部は大きく3つのテーマから構成されている。第1に，学習の前提として保険供給者（保険者）の分類を行う。保険供給者に関し

ては，保険市場の中心的プレイヤーである民間保険会社や，その集合体としての保険業界を主な考察対象とする。その際，保険供給者を一定の基準により分類することが重要である。他の章の学習との関連も重視して，本書では，所有構造からみた分類，保険業法からみた分類，機能からみた分類を取り上げて検討している。第2のテーマは，保険供給者が保険という財・サービスをどのように供給しているかについて，製造業における「市場調査・研究開発・生産・販売……」という一連のビジネス・プロセスを意識しつつ学ぶことである。このようなアプローチをとることによって，保険という無形財（保険サービス）が有する特殊性と他の有形財との共通性を強く認識しながら学習することができる。第3に，保険産業の特質と規制について学ぶ。その際，「そもそも保険産業にはなぜ規制が必要なのか。どのような規制が意味をもつのか」という点を意識しつつ，実際の保険立法や保険監督行政を学ぶことによって，現在の規制システムの合理性や問題点などについて有益な議論を展開するための基礎知識を習得することができる。

第Ⅳ部「生活保障システムと社会保険」では，人々の生活保障システムという視点から，社会保障の中核となっている社会保険を中心に学習する。そもそも，市場経済社会における生活保障を考えるうえで，「社会による保障」と「個人の自助努力による保障」という対極があることは自明である。しかし，現代経済社会では企業・団体の存在がきわめて重要なことも説明を要しない。したがって，もう1つの視点として，「企業による保障」という柱は欠かすことができないといえる。そこで生活保障システムを3つのサブシステムに分類すれば，第Ⅱ部と第Ⅲ部で学習してきた内容は，第1と第2の柱である私的保障，すなわち「個人保障」と「企業保障」を主要な対象としており，それを需要者と供給者の視点から整理して学んできたといえる。第Ⅳ部では残された第3の柱である「社会保障」に重点をおきながら「企業保障」についても必要に応じて触れ，社会保障という第3のサブシステムで中心的役割を演じている社会保険に軸足をおいて，その概略を学習する。次に，年金保険，医療保険，介護保険，労働保険など個別部門ごとに学習する。

第 I 部
リスクと保険の基礎

❑ 第 I 部の構成

第 I 部はリスクと保険に関する総論であるが，制度，経済，法律，歴史，保険技術，機能など，多様な視点から基礎的な概念を学習する。

第 1 章は，「リスクとは何か」について学ぶための導入部である。リスクの定量化を意識して確率・統計の視点からリスクを考える。さらに，リスク・コスト，リスクの種類など，基礎概念を説明する。

第 2 章では，リスクマネジメントの発展過程を概観したうえで，企業価値最大化の視点からリスクマネジメントの目的および意思決定，そして多様なリスクマネジメント手法とそのトレードオフについて概説する。

第 3 章は，リスクに対応する制度である保険の基礎理論を学ぶために，保険の仕組み，機能および経済効果について考察する。

第 4 章では，保険取引の法的側面である保険契約の基礎を学ぶ。

第 5 章は，保険以外のリスクに対応する制度として，冒険貸借，無尽・頼母子，代替的リスク移転を取り上げ，それらの機能や特徴，問題点について検討する。さらに，これらの制度との比較で保険や金融派生商品の仕組みと機能を学習することで，金融と保険の分離と融合という現代的課題が明らかにされる。

第 6 章は，経済学の視点から保険取引の構造を述べる。条件つき財，期待効用仮説および情報の非対称性の考え方を通じて保険の経済分析の基礎を学ぶ。

第 7 章は保険の歴史を取り上げる。保険史にみるさまざまな経験に触れることにより保険制度をより深く理解することをめざしている。

最後に第 I 部の補論①では，リスクマネジメントの目的を企業価値評価の観点から掘り下げて考察する。また，補論②では，デリバティブの価格リスク移転の仕組みを説明したうえで，保険とオプションの類似性を確認する。さらにリスク移転の対価の決定方法を理解するために，オプションの理論価格を導出する。

第 1 章

リ　ス　ク

●**この章で学ぶこと**●

□　リスクの多義的な意味を整理する。
□　リスクがコストを生じさせる存在であることを理解する。
□　確率分布の基本的な性質を理解する。

●**キーワード**●

リスク，リスク・コスト，価格リスク，信用リスク，純粋リスク，
投機的リスク，確率変数，確率分布，期待値，分散，標準偏差

1　リスクとは何か

1.1　リスクのもつさまざまな意味

　私たちは，さまざまな意味でリスクという言葉を用いており，文脈に応じてその言葉の意味を受け入れている。一般に，リスクという言葉は，結果が不確実な状況を意味することが多い。より具体的にいえば，前後の文脈によって，期待値まわりの変動性（結果のばらつきの程度），損失の期待値（期待損失），といった複数の意味で用いられることがある。以下，簡単な例を用いて確認してみよう。なお，期待値という用語については後ほど詳しい説明を行うが，ひとまず平均という意味で理解しておけばよい。

1.2　期待値まわりの変動性

　「株式投資は預金よりもリスクが高い」という文脈を考えてみよう。この文脈でリスクという言葉を解釈するならば，「株式投資は大儲けすることもあれば大損することもある。しかし，預金は大儲けすることもないし大損することもない」ということになる。つまり，予想される平均的な収益率からみた実際の収益率のばらつきの程度ないし変動性は，株式投資のほうが預金よりも大きいという

図1-1 2つの投資案の比較

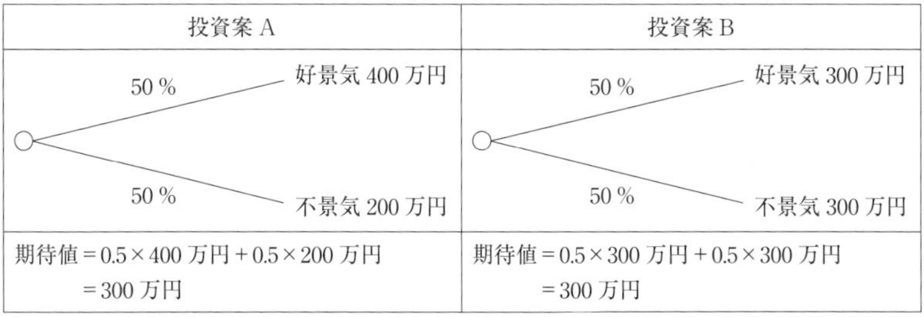

投資案 A	投資案 B
50 %　　　好景気 400 万円 ○ 50 %　　　不景気 200 万円	50 %　　　好景気 300 万円 ○ 50 %　　　不景気 300 万円
期待値 = 0.5×400 万円 + 0.5×200 万円 　　　 = 300 万円	期待値 = 0.5×300 万円 + 0.5×300 万円 　　　 = 300 万円

ことを意味しているのである。したがって，この場合，リスクは，期待値を中心とする結果のばらつき具合，すなわち，期待値まわりの変動性を意味し，測定指標としては，主として分散または標準偏差（本章第2節参照）が用いられることになる。

　理解を深めるために以下の2つの投資案を考えてみよう（図1-1）。投資案Aは，好景気の場合400万円，不景気の場合200万円の価値を，投資案Bは，景気の良し悪しにかかわらず，300万円の価値をもたらすプランである。好景気と不景気の生起確率はともに50％である。このとき，どちらの投資案のリスクが高いだろうか。この問題に答えるべく，2つの投資案の期待値を計算してみると，ともに300万円となる。つまり，どちらの投資案をとっても，予想される価値の平均は同額になる。ところが，明らかに2つの投資案は異なっている。投資案Aは，50％の確率でより大きな価値（400万円）が期待される一方，50％の確率でより小さな価値（200万円）が予想されている。これに対し，投資案Bでは確実に300万円がもたらされる。つまり，投資案Aのほうが，期待値（300万円）からのばらつきの程度が大きな投資案だといえる。このように，リスクを期待値まわりの変動性と定義すれば，投資案Aは投資案Bよりもリスクの大きな投資案であるといえる。

　ところで，読者はどちらの投資案を好ましいと思うだろうか。この問題に答えるためには，リスクの意味を理解しただけでは不十分である。リスクの理解に加えて，リスクに対する個人や企業の態度について掘り下げた議論が必要となる。この点に関しては，第6章で詳しく説明する。

1.3 損失の期待値

リスクという言葉が，損失の期待値という意味で用いられることもある。とくに保険の文脈ではこの意味で使われることが多い。たとえば，「日本は，諸外国よりも地震のリスクが大きい」という文脈を考えてみよう。この文脈でリスクという言葉を解釈するならば，「日本は，諸外国に比べて地震（発生）による損失の期待値が大きい」ということになる。つまり，損失の期待値を意味する言葉として，リスクが用いられているのである。この場合，リスクの測定指標としては，期待値が用いられる。たとえば，同じ運転手が2つの異なるタイプの自動車を運転するようなケースを考えてみよう（表1-1）。同一の運転手なので事故を起こす確率は同一であるが，もし事故が起こった場合の損失額はタイプの異なる自動車間で違ってくると仮定する。

2つのケースについて，それぞれの損失の期待値（期待損失）を計算してみると，タイプAの自動車の場合は4万5000円になるが，タイプBの自動車の場合は3万9000円になる（各自計算して確かめること）。この場合，一般的に，タイプAの自動車のほうがタイプBよりもリスクが大きいといわれる。ここで注意しなければならないことは，この文脈におけるリスクの意味である。先ほどの投資案の文脈では，リスクは期待値まわりの変動性という意味をもっていた。今回の例では，期待値そのものが異なっているので，そのような意味でのリスクの比較は簡単ではない。ところが，もし運転手が自動車保険に入ることを検討するならば，少なくとも，予想される損失額の平均値である期待損失（リスク）を考慮するだろう。たとえば，保険の分野では，「タイプBの車のリスクは小さいので，保険料が安くなるだろう」という言葉が交わされることがある。つまり，文脈に

表1-1 2タイプの自動車と期待損失

事　　象	確率（％）	タイプAの自動車	タイプBの自動車
		損失額（円）	損失額（円）
無 事 故	84	0	0
小さな事故	10	100,000	200,000
中程度の事故	5	500,000	300,000
大 事 故	1	1,000,000	400,000

Column ❸　リスクは何で測ればいいのか？

　一般に，「リスクとは期待値まわりの変動性（ばらつき具合）であって，その測定指標としては，主に分散や標準偏差が用いられる」と説明されることがある。ところが，保険の分野ではそうした意味合いよりも，損失の期待値という意味で使われてきたようだ。このあたりにリスクという言葉に関する混乱の原因がありそうだ。ところが，最近注目されている行動ファイナンスという分野では，保険の分野でこれまで理解されてきたリスクの含意について改めて考えさせられる議論が見受けられる。

　ごく簡単に紹介しておこう。1990年度のノーベル経済学賞の受賞者であり，ポートフォリオ理論の考案者としても有名なハリー・マーコビッツ（Harry M. Markowitz, 1927-2023）がかつて述べたように，人々は変動性ではなく損失そのものを嫌っているので，損失の可能性を示すような指標のほうが，分散や標準偏差といった指標よりも適切なリスクの測度である，といった考え方もある。これは直観的に理解できる話である。最近，行動ファイナンスや行動経済学とよばれる新しい分野では，こうした損失回避（loss aversion）が，人々の合理的な行動にゆがみを与えてしまうことを実験によって確認している。人々は損失を重大視するあまり非合理的な意思決定を行ってしまうのである。これは反転効果としても知られていて，人々が損失に過大な関心をもっているため，儲けの領域ではリスク回避者（第6章参照）であるが，損の領域ではリスク愛好者になるといった考え方である。

　この反転効果の例として次のような実験を考えてみよう。80％の確率で100万円を獲得でき，20％の確率で賞金0円の機会がある。その一方で，確実に80万円を獲得できる機会があるとする。このとき，両方の期待値は同じであるが，ほとんどの人は確実な80万円のほうを選ぶだろう。これは，リスク回避者の仮定に整合的である。ところが，この話を損失の領域に移すと状況は変わってくる。つまり，確実に80万円を失うよりも，80％の確率で100万円失うかもしれないが，それでも一発逆転，20％の確率で損失ゼロにしてしまおうではないかという人が意外に多いのである。

　なお，こうした考え方の基礎をつくったのは，ダニエル・カーネマン（Daniel Kahneman, 1934-　）とエイモス・トヴァスキー（Amos Tversky, 1937-96）であり，彼らによって提唱されてきたプロスペクト理論は最近注目を浴びている分野でもある。ちなみに，カーネマンは2002年度にノーベル経済学賞を受賞している。こうした議論が最先端の経済学やファイナンスの分野で盛んに行われるようになれば，保険学の分野でこれまで蓄積されてきた研究成果が，より普遍的なかたちで発展する可能性があるかもしれない。

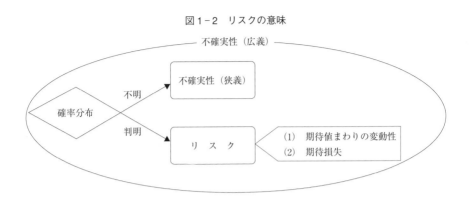

図1-2 リスクの意味

よっては，リスクという言葉は変動性ではなく，損失の期待値を意味することがある。

ところで，期待損失が事故の発生などによって予想される損失額とその発生確率の積で表現されることから，損失をもたらす特定の事象の発生確率そのものをリスクという場合もある。先ほどの自動車事故の例でいえば，損失額は2つのタイプで同じだとして，その代わりに事故発生確率そのものが異なるような場合である。たとえば，仮にタイプAの自動車による大事故の確率が3％で，タイプBのそれが1％だとすると，タイプAの自動車のほうがタイプBの自動車よりも大事故のリスク（大事故という特定の事象が生じる確率）が大きいと表現されることがある。

以上の例からわかるように，リスクという言葉は文脈によって複数の意味（期待値まわりの変動性，損失の期待値）をもつ。本書では，リスクをこのような多義的な言葉として理解する。なお，フランク・ナイト（Frank H. Knight, 1885-1972）は，不確実性（第6章参照）という文脈のなかでリスクを定義している。ナイトによれば，不確実性とよばれる状況（広義の不確実性）には，結果はわからないがその確率分布（本章第2節参照）が知られている状況と，確率分布そのものが知られていない状況（狭義の不確実性）の2つがあり，前者の不確実性のことをリスクと定義している。ナイトによる不確実性の分類を考慮して，これまで説明してきたリスクの意味を整理すると，図1-2のようになる。

1.4 リスク・コスト

リスクという言葉にはさまざまな意味があることがわかったが，重要なことは，いずれの意味で用いられたとしても，リスクにはコストが発生するということである。この点は，第2章で詳しく説明されるリスクマネジメントの目的を理解するうえできわめて重要であるので，簡単な例を用いて確認しておこう。

いま，その立地の違いを除けば，まったく同一の経済的価値（1000万円）をもつ2つの建物があるとしよう。あるとき，権威のある地震の研究機関が，一方の建物（建物A）が存在する地域に巨大地震が数日以内に発生する可能性があるという見解を公表し，すべての人がそのことに同意したとしよう。公表された地震の発生確率は10％であり，もし地震が発生した場合，建物Aは完全に倒壊し，その損失額は1000万円だと仮定する（その結果，建物Aの経済的価値はゼロになる）。

さて，地震予測に関するニュースが公表された時点で，建物Aはもう一方の建物Bと比べて，巨大地震のリスクに直面することになったといえる。したがって，少なくとも，期待損失という意味のリスク，すなわち，100万円（1000万円×10％）の経済的価値の低下がすべての人に認識されるだろう。さらに，建物Aについては，その経済的価値の期待値は900万円（1000万円×90％＋0円×10％）であったが，実際には，地震発生の有無に依存して，その経済的価値は1000万円（地震の発生なし）か，0円（地震の発生あり）かのどちらかになる。その意味において，建物Aの経済的価値は，リスク（期待値まわりの変動性）のある900万円だといえる。他方，建物Bの経済的価値はリスクのない（確実に実現する）1000万円である。ここで期待される経済的価値が同じであれば，すべての人がよりリスク（期待値まわりの変動性）が小さい状態，つまり安定を好む性格であると仮定するならば，建物Aの経済的価値は，900万円（1000万円－期待損失100万円）からさらに低下する（図1-3）。というのも，期待損失というコストに加えて，建物Aには期待値まわりの変動性という意味のリスクがあり，そのコストが追加的に生じるからである。なお，上述のように期待値が一定であればより安定を好む人のことをリスク回避者という（第6章参照）。このように，リスクの存在は経済的価値を減少させるので，この価値の減少部分のことをリスク・コスト（cost of risk）という。

図1-3　リスク・コストの意味

建物 A	建物 B
状態　　　　　　　損失 10 %　　　地震発生　　　　100 万円 ○ 90 %　　　地震発生なし　　　　0 円	地震発生なし（価値：1000 万円）
リスク（期待損失） = 0.1×1000 万 + 0.9×0 = 100 万（円）	リスク（期待損失） = 0（円）
リスク（期待値まわりの変動性）：あり	リスク（期待値まわりの変動性）：なし
建物 A の経済的価値は，少なくとも，900 万円 （1000 万円 − 期待損失 100 万円）より小さくなる。	建物 B の経済的価値は，1000 万円である。

1.5 リスクの種類

リスクの存在は経済的価値の減少をもたらす。それでは，価値の減少をもたらすリスクにはどのようなものがあるだろうか。ここでは，*Risk Management and Insurance*, 2nd ed.（Harrington and Niehaus［2003］McGraw-Hill）の分類に従って，価格リスク，信用リスク，純粋リスクについて説明する。

価格リスク

価格リスクとは，価格の変動を原因とするキャッシュフローの大きさに関するリスクである。この場合，価格リスクは投入価格リスクと産出価格リスクに大別される。投入価格リスクとは，ヒト・モノ・カネ・情報といった経営資源の価格に関するリスクである。たとえば，鉄鋼会社にとって，鉄鉱石の価格が変動することは投入価格リスクであるといえる。他方，産出価格リスクとは，企業が生産・販売する財・サービスの価格が，需給バランスの変化などによって変動してしまうようなリスクをいう。たとえば，パソコン・メーカーにとって，パソコン価格の変動は産出価格リスクであるといえる。

さらに，価格リスクは，投入，産出にかかわらず，商品価格リスク，為替リスク，金利リスクの 3 つに分類できる。商品価格リスクは，石油，鉄，ガス，電気など財・サービスそのものの価格変動のリスクである。このようなリスクは，あ

る企業にとっては投入価格リスクとなる一方，他の企業にとっては産出価格リスクとなる。たとえば，電力会社にとって電力価格のリスクは産出価格リスクであるが，電力を利用して家電製品を製造する家電メーカーにとっては投入価格リスクとなる。

　為替リスクは，為替レートが変動することによって財・サービスの価格が変動するというリスクである。このリスクは，経済活動の国際化が進展すればするほど，その重要性が増してくるものである。たとえば，ある自動車メーカーが，日本国内で自動車を生産・販売しているとしよう。あるとき，この自動車メーカーがアメリカ進出を果たし，国内で生産，アメリカで販売を行うことになったとする。なお，アメリカでの販売価格は1万ドルである。さて，当初の為替レートは1ドル120円であり，120万円（1万ドル×120円/ドル）の売上げがあったが，急激な円高が進み，為替レートが1ドル80円にまで変動したとしよう。このとき，アメリカでの販売価格1万ドルを維持するならば，この自動車メーカーは，80万円（1万ドル×80円/ドル）の売上げしか得られない。そもそも，国内，海外ともに，1台当たり120万円の売上げを想定して生産を行っていた自動車メーカーは大きな損失を被ってしまう。また，120万円の売上げを維持するために，アメリカでの販売価格を1万5000ドルに再設定したとする。この場合も，まったく同じ品質の自動車を従来の1.5倍の価格で購入するような消費者はほとんどいないので，売上台数が激減し，結局，この自動車メーカーは大きな損失を被ってしまう。このように，財・サービス自体には商品価格リスクが存在しない場合であっても，為替レートの変動がある限り，企業の価値に大きな影響を及ぼしてしまうのである。

　最後に，金利リスクであるが，これは，金利の変化によって将来キャッシュフローが変動するリスクのことをいう。なお，金融機関ではその管理がよりいっそう重要となる。たとえば，ある銀行が長期の固定金利（5％）の住宅ローンを実行したとする。住宅ローンを設定した時点で，この銀行の平均的な預金金利は2％であり，十分な利ざやを得ることができる状況にあったとしよう。ところが，何らかの事情で市場の金利水準が急上昇し，預金金利が6％にまで到達したならば，この銀行は損失を被ってしまう。というのも，短期の預金と長期の住宅ローンとの間には存続期間（デュレーション）の差異があるので，少なくとも一定期間，この銀行は6％で調達した資金を5％で運用するという不利な状況におか

れるからである。

信用リスク

信用リスクとは，売買の成立後，売買相手方の破綻などにより相手方が予定通り決済を行わず，損失を被ってしまうようなリスクである。具体的には，企業が売掛金や貸付金といった債権を回収することができないリスクである。たとえば，靴メーカーが自社の製品を 3 カ月先の支払いを条件に問屋に販売したが，その売掛金が問屋の倒産によって回収不能になってしまうような場合である。信用リスクは，一般事業会社においても重要なリスクであるが，銀行などの金融機関にとってはとくに重要である。

なお，信用リスクの主なものとして決済リスクと元本リスクがある。決済リスクとは，何らかの事情で決済が予定通り行われないことにより問題が生じるリスクをいう。また，元本リスクとは，証券の売り手が買い手に証券を引き渡したにもかかわらず買い手が代金の支払いを行わないこと，あるいは，証券の買い手が売り手に代金を支払ったにもかかわらず売り手が証券の引渡しを行わないことにより，証券や代金を元本ごと回収しそこなうリスクをいう。

純粋リスク

純粋リスクは，一般に，不確実な状況における結果がキャッシュフローの流出のみを生じさせるリスクであると説明される。別の言い方をすれば，損失の可能性のみを考慮したリスクが純粋リスクである。これに対し，損失の可能性だけでなく利益の可能性も考慮したリスクは，投機的リスクとよばれることがある。しかし，このような理解だけでは，純粋リスクの意味が十分には伝わらないだろう。たとえば，鉄鉱石の価格が上昇することによって，鉄鋼メーカーのキャッシュフローは減少する。つまり，価格リスクという概念にも，将来のキャッシュフローの流出が想定されているのである。結局，純粋リスクと価格リスクの違いは，将来キャッシュフローの流出のみかそうでないか，という点に限られてしまう。この意味において，純粋リスクは，価格リスクに包含される概念とも受け取れる。

しかしながら，純粋リスクと価格リスクには本質的な意味の違いがある。すなわち，純粋リスクには，社会全体としての富の減少をもたらす効果があるものの，価格リスクなど，純粋リスク以外のものは必ずしも社会全体の富を減少させない，という点である。たとえば，鉄鋼メーカーが石油販売業者から石油を単価 100 円で購入していたとしよう。ところが，何らかの事情によって，石油価格がいっせ

いに単価 200 円に上昇したとする。確かに鉄鋼メーカー単独の視点では単位当たり 100 円の富を失ったことになる。ところが，その一方で，石油の販売業者は単位当たり 100 円の富を得ている。結果として，社会全体の富は変化していないのである。つまり，これは鉄鋼メーカーにとっての価格リスクであって，純粋リスクではない。

さらに純粋リスクの特徴は，個別企業レベルでそれを認識することによって，ある程度制御可能であるということである。たとえば，工場火災の原因を個別企業レベルでコントロールすることで，コストはかかるものの，純粋リスクをある程度，軽減できる。これに対して，為替の変動の原因を，個別企業がコントロールすることは不可能であろう。なお，純粋リスクの具体例としては，物的損傷，遭難などによって資産価値が低下するリスク（財産リスク）や，利害関係者（顧客，仕入先，債権者，株主など）に損害を与えたことに対して法的な賠償責任を追及されるリスクなどがあげられる。

1. 6 リスクへの対処手法

伝統的に，純粋リスクや信用リスクに対しては保険が利用されてきた。海難事故や火災，自動車事故など，およそ純粋リスクに関わる対応としては，保険が用いられてきたことはいうまでもない。また，19 世紀半ばのパリ二月革命によって生じた社会不安と信用リスクの増大が，信用保険会社の設立の契機となったことなどを考えると，信用リスクもある程度，保険で対応されてきたといえよう。他方，価格リスクに対しては，一般的に，金融派生商品（デリバティブ）が利用されてきた（第Ⅰ部補論②参照）。たとえば，商品価格リスクに対しては，先物契約やオプション契約，為替リスクに対しては通貨スワップ契約，金利リスクに対しては金利スワップ契約などが活用されてきた。

ところが，最近，天候や地震など，純粋リスクに関わる対応として，新たなデリバティブ商品が続々と登場している。天候デリバティブや地震デリバティブとよばれる商品である。これらは，一般に，（保険に）代替的なリスク移転手段（alternative risk transfer, ART）とよばれる（第 5 章参照）。また，信用リスクについても，企業倒産の構造的な増加，ジャンク・ボンド市場（信用力の低い社債市場）の拡大などを背景に，その管理の重要性が金融機関を中心に増大してきた。こうしたなか，信用リスクを取引するクレジット・デリバティブの取引が拡大してい

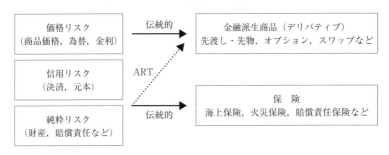

図1-4　リスクの種類とその対応の変化

る。また，たとえば，対象となる債権について，その債務不履行（デフォルト）が生じた場合に，当該損失額に相当する金額を受け取る権利（プロテクション）を，あらかじめ一定の対価（プレミアム）の支払いと交換するような取引が金融市場で行われている。これを，クレジット・デフォルト・スワップ（credit default swap, CDS）といい，債務不履行を保険事故とする保険のようなものである。このように，リスクへの対処手段は金融技術の発展などによって大きく変貌するとともに，新たな課題にも直面しつつあるといえよう（図1-4参照）。

　なお，本書の大部分は純粋リスクとそのマネジメントに焦点をあてているため，保険について重点的に学ぶことになる。ただし，本書で説明するリスクとリスクマネジメント（第2章参照）の考え方は，一般的な意思決定のフレームワークに基づいている。したがって，純粋リスク以外のリスクマネジメントについても十分に応用できるため，本書で保険を学ぶとともに，それ以外のリスクマネジメントの手法，とりわけ金融派生商品についてもより進んだ学習をすることをお勧めする。それによって，保険の本質についても，より深い理解が可能となろう。

2　リスクと確率分布

　リスクを理解するだけでなく，その合理的管理を行うためには，ある程度，リスクを数値に置き換える作業（定量化）が必要になる。本章でも，すでに説明上，期待値や分散，標準偏差という言葉を使って，リスクの定量化を行ってきた。ここでは，本書を読み進めていくうえで最低限必要な確率・統計の知識を整理する。もちろん，より進んだ理解のためには，確率・統計の専門書による学習が必要で

ある。

2.1 確率変数と確率分布

はじめに確率変数について確認しておこう。**確率変数とは結果が不確実な状況にある変数のこと**をいう。コイン投げのゲームを例にとって説明しよう。コインを投げて、表が出たら 100 円受け取り、裏が出たら 100 円失うとする。この場合、確率変数は 100 円と−100 円である。コイン投げをする前の段階では、100 円を受け取れるか（＋100 円）、100 円を失うか（−100 円）はわからない。つまり、結果が不確実な状況（リスク）に直面しているのである。確率変数に関する情報は確率分布に集約される。確率分布とは、確率変数に関して可能性のあるすべての結果とその生起確率を示している分布である（表1-2）。

もう 1 つ簡単な例を考えてみよう。ドライバーが次年度に自分の自動車が事故に遭った場合に被るかもしれない損失額について考えてみる。簡単化のため、次年度に予想される損失額として、事故に遭わない（損失額 0 円）、事故に遭って 2 万円の損失、10 万円の損失、50 万円の損失、100 万円の損失、の 5 つのケースを仮定する。それぞれの結果が生じうる確率は表 1-3 に示してある。もっとも発生する確率が大きいのは、損失額 0 円、すなわち事故に遭わない場合である。逆に、もっとも発生する確率の小さいのは損失額 100 万円の場合である。この場合、それぞれの損失予想額が確率変数であり、表 1-3 が確率分布を示している。ここで確率の重要な性質を 1 つ確認しておこう。今回の例では損失予想が 5 つのケースのみであると仮定していたので、いずれかのケースは必ず実現する。したがって、それぞれの生起確率を合計すると、その値は必ず 1（100 ％）になるのである。

表1-2 確率分布（コイン投げ）

とりうる値	確　率
100 円	50 ％
−100	50

表1-3 自動車事故の損失予想額と生起確率

損失予想額	生 起 確 率
0 円	50 ％
20,000	30
100,000	10
500,000	6
1,000,000	4

2.2 確率分布の性質

結果が不確実な状況（リスク）に直面している個人や企業は，実際の結果が出る前に意思決定をする必要がある。たとえば，先ほどのコイン投げの例でいえば，コインが投げられる前にゲームに参加するか否か，参加するならばいくらの参加料を支払うかといった事前の意思決定が求められる。自動車事故の例でも同様のことがいえる。つまり，事故が発生する前に何らかの意思決定，たとえば，自動車保険に入るか否か，入るとしたら保険料をいくら負担するかといった問題に答えを出さなくてはならないのである。このような事前の意思決定に際して，確率分布はさまざまな情報を与えてくれる。なかでも重要なものとして，期待値と分散（または標準偏差）がある。以下，期待値と分散（または標準偏差）について，簡単に説明しておく。

期 待 値

期待値を理解するために，次のような宝くじを考えてみる。この宝くじの賞金は1等10万円（1本），2等1万円（4本），3等1000円（10本），はずれ0円（85本）である。このとき，宝くじの発売元は1回当たりいくらの価格設定をすれば損をしないかを考えてみる。発売元が要する賞金総額は15万円であり全部で100本の宝くじを売っているので，1本当たり1500円で売れば損はしない。このことを式で表すと，次のようになる。

$$\frac{1(本) \times 100{,}000(円) + 4 \times 10{,}000 + 10 \times 1{,}000 + 85 \times 0}{100(本)}$$

$$= 1{,}500(円) \tag{1.1}$$

ところで，この1500円という金額は宝くじの購入者の目からみると，この宝くじに平均的に期待される賞金額である。このように結果の不確実性が存在する状況のもと，平均的に期待される値のことを期待値という。ここで，(1.1) 式を変形すると (1.2) 式のようになり期待値の算定式が求められる。

$$\frac{1(本)}{100(本)} \times 100{,}000(円) + \frac{4}{100} \times 10{,}000 + \frac{10}{100} \times 1{,}000 + \frac{85}{100} \times 0$$

$$= 1{,}500(円) \tag{1.2}$$

このように，期待値は，確率変数をその対応する確率によって加重平均することで求められる。なお，とりうる値を x_1, x_2, x_3, ……, x_n, それぞれの値をと

る確率を，p_1, p_2, p_3, ……, p_n とするならば，期待値（μ）は（1.3）式のように表される。

$$\mu = p_1 x_1 + p_2 x_2 + p_3 x_3 + \cdots\cdots + p_n x_n = \sum_{i=1}^{n} p_i x_i \tag{1.3}$$

分散と標準偏差

分散および標準偏差を理解するために，前述の図1-1の例を用いて説明してみる。図1-1では2つの投資案の比較を行っていた。そこでは，投資案AもBも価値の期待値は300万円と同じだが，両者では実際の結果のばらつきが違っていた。分散や標準偏差は，期待値まわりの変動性（リスク）を示す指標として用いられる。前述の例はきわめて単純な設定であったので，明らかに投資案Aのほうが大きなリスクであると判断できたが，より複雑な状況設定がなされた場合には，リスク（期待値まわりの変動性）を数値で示すことが有用となるだろう。以下，投資案AとBの標準偏差を計算することによって，投資案Aのリスクのほうがより大きいということを確認してみよう。

はじめに，それぞれの実績値から期待値を差し引いた値をとる。これを偏差（deviation）という。それぞれの偏差は，実際の結果がどの程度期待値からばらついているかを示しているので，リスク（期待値まわりの変動性）を求めるためには，それらの平均を計算すればよいことになる。したがって，偏差の期待値を計算すればよいということになるのだが，ここで注意しなければならないのが，偏差にはプラスとマイナスが生じるということである。そのため，偏差の期待値を計算すると，プラスとマイナスの効果がちょうど消しあって，必ずゼロになってしまう。そこで，この影響を排除すべく，偏差の大きさ（偏差の絶対値）の期待値をとればよいことになるが，絶対値を計算上扱うのはかなり不便であるため，絶対値の代わりに偏差の二乗の期待値を用いる。こうして計算された値が分散（variance）であり，分散の（正の）平方根をとった値が標準偏差（standard deviation）である。以上の計算プロセスに従って，投資案AとBの標準偏差（σ_A, σ_B）を計算すると，（1.4）式のようになる。

$$\text{投資案 A}：\sigma_A = \sqrt{0.5 \times (400-300)^2 + 0.5 \times (200-300)^2} = 100$$
$$\text{投資案 B}：\sigma_B = \sqrt{0.5 \times (300-300)^2 + 0.5 \times (300-300)^2} = 0 \tag{1.4}$$

このように，同一の期待値（300万円）をもつ投資案A，投資案Bの標準偏差はそれぞれ，100万円と0円であり，期待値まわりの変動性という意味のリスク

は投資案 A のほうが大きいことが数値として理解できる。なお，とりうる値を x_1, x_2, x_3, ……, x_n, それぞれの値をとる確率を p_1, p_2, p_3, ……, p_n とするならば，標準偏差 (σ) は (1.5) 式のように表される。

$$\sigma = \sqrt{\sum_{i=1}^{n} p_i (x_i - \mu)^2} \tag{1.5}$$

【練 習 問 題】

1. リスクにはどのような意味があるか。またそれはどのように測定できるか。
2. 現代社会におけるリスクにはどのようなものがあるか。またそうしたリスクに対処する手段としてどのようなものが考えられるか。
3. いま，A と B という2種類のプロジェクトがある。プロジェクトの損益は，景気の状態に左右されるが，プロジェクトによってその影響の受け方は異なる。以下の表はその状況を示している。

状態	生起確率	プロジェクトの損益（100万円）	
		プロジェクト A	プロジェクト B
不景気	0.2	10	−50
普通	0.3	60	50
好景気	0.5	20	50

(1) それぞれのプロジェクトの損益の期待値を計算しなさい。
(2) それぞれのプロジェクトの損益の標準偏差を計算しなさい。
(3) リスクが大きいプロジェクトはどちらか。また，その理由についても答えなさい。

Column ❹　リスクの関連概念——エクスポージャー

　リスクという言葉が一般的にもつ意味は，結果が不確実な状況であった。厳密にいえば，それは損失（不利益）または利益をもたらすような結果の不確実性を意味するが，そもそも，個人や企業は損失を被る可能性のある状況におかれているものだともいえる。これを叙述するために，多義的な意味をもつリスクに代えて，「厳しい気候に無防備にさらされている」ことを原義とするエクスポージャー（exposure）という用語がしばしば使用される。

　こうした損失を被る可能性のある状況は，損害を軸に，原因から結果・影響へ至る過程とその環境から構成される。1つの例を示すと，火災（事故）により住宅（対象）が全焼し，生活空間の提供という住宅の機能を喪失（損害）した結果，住宅の所有者には損害を回復するために，再築費用や再築されるまでの賃借費用などの経済的負担（損失）が発生する。以下，リスクの関連概念として，ペリル，ハザード，損害の対象，損害と損失，リスク環境，について整理しておく。

　ペリル（peril）とは，損害の直接的原因または複数の事故であり，自然的危険事故（火災，爆発，地震，暴風など），人為的危険事故（暴行，窃盗，過失，詐欺など），経済的危険事故（不況，インフレ，戦争など）がある。ハザード（hazard）とは，損害が発生する可能性をつくったり高めたりする要因（生起要因），ないしはその規模を拡大する要因（拡大要因）のことをいい，物理的ハザード（老朽化した建物，見通しの悪い道路など），モラルハザード（保険金殺人，放火，詐欺的な勧誘など），モラールハザード（不注意，気の緩みなど）がある（第6章参照）。

　また，損害の対象とは，機能や能力をもち，経済的価値のある有形・無形の存在をいう。たとえば，経営資源（ヒト・モノ・カネ・情報）であり，ブランド，特許，信頼，安心，イメージ，評判などが含まれる。さらに，損害と損失であるが，これらは厳密に区別するのは難しいが観念上は分類できる。損害は，危険事故により対象が物理的影響を被ることで，本来もつ機能および能力が低下，喪失する機能障害をいう。それにより，対象の経済的価値は減少または喪失する。損害の形態は，財産の減少，支出の増大，収入の減少，収支状態の悪化である。損失は，損害の結果，その対象と一定の関係を有する経済主体に与える経済的影響をいう。したがって，1つの事故で複数の利害関係者に影響を及ぼすことがある。

　最後に，リスク環境であるが，これは上述の因果関係に影響を及ぼす要因である。リスクを認識し，理解し，解釈するためのコンテクストであり，外部環境と内部環境に区別できる。外部環境には，自然，科学技術，政治，法律，社会，経済，競争，外部の利害関係者などが，内部環境には，組織，個人，システム，組織文化，財務状態，内部の利害関係者などが含まれる。

第 *2* 章

リスクマネジメント

●**この章で学ぶこと**●

□ リスクマネジメントの考え方が発展してきた過程を理解する。

□ リスクマネジメントの目的がリスク・コストの最小化を通じた，価値の最大化であることを理解する。

□ リスクマネジメントの手法を整理するとともに，それぞれの手法の間でリスク・コストのトレードオフ関係が存在することを理解する。

●**キーワード**●

リスクマネジメント，全社的リスクマネジメント（ERM），直接損失，周接損失，事業継続計画，リスク・マップ，リスクマネジャー，ロス・コントロール，損失予防，損失低減，回避，ロス・ファイナンシング，保有，移転

1 リスクマネジメントとは何か

1.1 リスクマネジメントへの関心の高まり

リスクマネジメント（risk management）とは，リスクによって生じる価値の減少の程度を緩和しようとする試みであり，これによって，企業価値を高めたり，個人の厚生を増大したりする意思決定である。もちろん，自由な市場経済においては，企業はリスクをとらなければ利潤を得られない。すなわち，利潤の源泉はリスクの負担にあり，価値を高めるためには，「アクセル」としての適切なリスクテイクが重要となる。他方，リスクへの取組み方次第では，企業の存続そのものを揺るがすほどの深刻な事態も懸念される。ここに，「ブレーキ」の役割としてのリスクマネジメントが必要になる。

日本では，戦前は財閥，戦後はメインバンクや安定株主を中核とする強力な企業系列や株式持ち合いによって，組織的な取引関係が形成されてきた。これによ

り，グループ内の企業が互いに助け合うことによって，グループ全体としての長期安定的な成長を実現してきた。別の言い方をすれば，日本の経済社会においては，自由な市場経済システムという観点からはやや特殊ともいえる独自の制度や慣行が存在し，それは，個々の企業が直面するさまざまなリスクを軽減するための見えざる安全ネットとして重要な役割を果たしてきたともいえる。いうまでもなく，このような経営環境下では，個々の企業のリスク対応は受け身なものとなる。

しかしながら，最近の規制緩和や国際化の進展，金融技術や情報技術の発展などを背景に，このような安全ネットの機能が急速に低下している。他方，テロや環境問題，情報セキュリティや風評被害の問題など，企業が直面するリスクは，より多様化，高度化，複雑化する傾向にある。また，企業のみならず個人も，無意識のうちに安全ネットからの恩恵を享受してきたといえるが，たとえば，確定給付型から確定拠出型への企業年金制度移行のトレンドや（第25章参照），医療費の自己負担率の引上げ（第26章参照）などからもわかるように，時代は個人に対していっそうの自己責任を求める傾向にある。企業のみならず，個人にも主体的なリスク対応が求められているのである。そして，見えざる安全ネットに頼ることができない社会では，リスク・コストという考え方，すなわち，リスクにはコストが発生するという発想が重要となる。

1.2 リスクマネジメントの萌芽と発展——保険管理から ERM へ

リスクマネジメントは 20 世紀のアメリカを中心に発展してきた。アメリカ企業によるリスクの問題への対処は古く，19 世紀後半，ある鉄道会社が保険購買部門を設置したところまでさかのぼることができる。その後，保険購買部門の設置は，石油業やその他の製造業へと広がったが，20 世紀初頭においてはまだだ未成熟な状態であった。ところが，1929 年の世界大恐慌を契機として，アメリカ企業のリスク対応は大きく変貌する。それまで，多くの企業は主体的にリスク・コストを認識するという状況にはなかったが，大恐慌を運よく切り抜けた一部の企業が，当時，相当の金額に達していた保険料を，コストと便益の比較という観点から合理的に見直そうとする動きを活発化させた。それは，単に，保険料を減らすというだけの後向きのものではなく，リスク・コストを全面的に見直すことによって，不要なコストは減らし必要なコストはむしろ増やすといった，

前向きの変化であった。このことが契機となって，企業の保険管理（insurance management）の時代が本格的に到来する。

　その後，企業の大規模化，経営の複雑化や高度化が進むにつれて，リスクの規模や範囲も拡大し，多くの利害関係者に影響を及ぼすようになる。こうしたなか，従来の保険管理には限界が生じるようになり，1950 年代以降，損失の頻度や強度（大きさ）の制御を目的としたロス・コントロール（本章第 3 節参照）という考え方を含む，包括的なリスクマネジメントが導入されはじめた。さらに，1960 年代に入ると，リスクを工学的手法によって定量的に評価するとともに，財務的手段を通じてリスクを処理するための意思決定プロセスとして，リスクマネジメントが理解されるようになった。それでもなお，この時期までのリスクマネジメントの中心的課題は保険の購買であり，その対象は保険可能なリスクであった。

　ところが，1970 年代以降，資本の国際化などを背景に，企業はそれまで以上に，為替リスクをはじめとする価格リスクへの対応を迫られるようになった。その一方で，1970 年代は，ブラック（Fisher Black, 1938–95），ショールズ（Myron S. Scholes, 1941–　　），マートン（Robert C. Merton, 1944–　　）らによる，いわゆる金融工学の理論的基礎が形成された時期でもあった。また，情報処理技術の進歩ともあいまって，デリバティブ取引を用いたリスク移転や，より精緻なリスク評価手法の開発など，その後のリスクマネジメントの劇的な発展の土台が築かれた。

　このような時代背景のなか，一部のリスクのみを対象とする伝統的なリスクマネジメントだけでは時代の要請に応えられなくなり，1980 年代後半には，従来の保険が対象としてきたリスクの範囲を超えて，リスクマネジメントの再定義をめぐる議論が活発化した。ちょうどこの時期，保険の入手や購買が著しく制限される保険危機が世界的に生じており，デリバティブ取引をはじめとするリスク移転手段が次々と登場し，その後の保険と金融の融合という流れが方向づけられることになった。

　1990 年代に入るとこうした流れはさらに加速する。カリフォルニア州オレンジ郡，ベアリングス証券などで，1990 年代半ばに相次いで発生したデリバティブ取引による巨額損失事件は，いわゆる全社的リスクマネジメント（enterprise risk management, ERM）導入の議論の契機となった。ERM については，後述する COSO が，「事業体の取締役会，経営者，その他，組織内のすべての者によって遂行され，事業体の戦略策定に適用され，事業体全体にわたって適用され，事業

Column ❺　保険管理からリスクマネジメントへ

　世界大恐慌を生き残ったアメリカの各企業は，リスク・コストを意識した合理的な保険管理に取り組みはじめたが，このような動きは，職能別団体の設立のきっかけにもなった。1930 年，アメリカ経営者協会の財務部会が保険管理をテーマとする会議を開催し，その翌年，保険部会が正式に発足した。さらに，保険部会に出席した企業の担当者の一部が，保険部会とは別の独立組織を設立するための話合いを始め，1932 年 5 月には，アメリカ経営者協会の賛助のもと，ニューヨークのメトロポリタン地区所在の企業を中心として，ニューヨーク保険購買者会が組織された。その後すぐに，この組織はリスク研究会としてアメリカ経営者協会から独立し，1950 年秋には，全国的組織として法人化され，全国保険購買者協会，さらに，アメリカ保険管理者協会と名称変更されるに至った。

　アメリカ保険管理者協会は，企業における専門的なリスクマネジャーの職能団体であったが，リスクコストやリスクマネジメントという概念はまだまだ一部の専門家の用語にすぎなかった。そこで，アメリカ保険管理者協会は，リスクマネジャーに対する社会的な認知度を高めるために，体系的なリスクマネジメント教育を積極的に展開し，たとえば，実務家向けの教育事業や大学におけるリスクマネジメント講座の設置を推進した。その後，1975 年には，アメリカ保険管理者協会は，リスク保険管理者協会（Risk and Insurance Management Society, RIMS）と名称変更し，現在に至っている。

　ところで，保険管理からリスクマネジメントという方向に大きくシフトしはじめていた 1950 年代，アメリカのリスクと保険に関する学術団体であるアメリカ保険学会も，アメリカ保険管理者協会に協力するため，独自に教育委員会を設置した。実は，学会もこの時期，リスクマネジメントと保険に関する教育を体系化する必要性に迫られていたのである。1904 年に当時のペンシルバニア大学ウォートン校の教授であったヒューブナー（Solomon S. Huebner）が，はじめてアメリカで保険の経済的考察に関する大学レベルのカリキュラムを編成し，13 年にウォートン校の独立の学科として保険学科を組織して以来，経済・経営系の大学では保険教育が盛んな時期が続いてきた。ところが，1950 年代には，保険に関する経済・経営系のカリキュラムはある種の限界に直面していた。こうしたなか，学会教育委員会の初代委員長のシュナイダー（H. Wayne Snider）は，当時のアメリカの保険教育に対して，保険研究と教育が狭い領域で専門化されすぎており，各教科間の内容に重複が多いということを指摘した。リスクマネジメントの理論を体系化するなかで保険教育を再活性化することを模索しはじめたのである。その後，アメリカ保険学会は，アメリカ・リスク保険学会（American Risk and Insurance Association, ARIA）へ，その機関誌も *Journal of Insurance* から *Journal of Risk and Insurance* へ名称変更している。

目的の達成に関する合理的な保証を与えるために事業体に影響を及ぼす発生可能な事象を識別し，事業体のリスク選好に応じてリスクの管理が実施できるように設計された，1つのプロセスである」（COSO 編〔八田進二監訳〕[2006]『全社的リスクマネジメント フレームワーク篇』東洋経済新報社，を参照）と定義しているが，広い意味では，企業価値の創造（ないしは最大化）を目的とした戦略的意思決定ととらえることができる（企業価値については第Ⅰ部補論①および第 20 章を参照）。「純粋リスクは保険管理部門または総務部門で，法務関連のリスクは法務部門で，財務リスクは経理部門または財務部門で」というように，伝統的なリスクマネジメントでは別々の部門で個別に管理されてきたリスクが，ERM では全社的な観点から統合的に管理されることになる。その結果，企業全体のリスクが軽減され，個々の企業が必要とする資本を節約することができ，社会全体の資本の効率的利用が可能となるのである。

　21 世紀に入ると，企業のリスクマネジメントに対する関心をよりいっそう高める事件が相次いだ。とりわけ，2001 年 12 月のエンロン社の経営破綻やその直

前の同時多発テロの発生は，世界中の企業に主体的なリスク対応の必要性を痛感させた。こうしたなか，アメリカのみならず，国際的な動向として，内部統制の強化という観点から，企業のリスクマネジメントへの関心が急速に高まってきた。内部統制とは，経営の有効性と効率性を高め，財務報告の信頼性を確保し，経営に関わる法規の遵守を促すことを目的として，企業内部に設定・運用される仕組みであり，ロス・コントロールに関わるものである。2002 年には，アメリカでサーベインズ＝オクスリー法（Sarbanes–Oxley Act）が成立し，大規模な内部統制の強化が制度として整備され，2003 年 7 月には，トレッドウェイ委員会組織委員会（The Committee of Sponsoring Organizations of Treadway Commission, COSO）が，『全社的リスクマネジメント：統合的フレームワーク』（*Enterprise Risk Management: Integrated Framework*）をまとめ，内部統制に関する共通の枠組みを構築する動きも加速している。

2　リスクマネジメントの目的と意思決定

2.1　リスクマネジメントの目的

リスクとは，一般に，結果が不確実な状況のことをいう。前章で議論したように，具体的には，期待値まわりの変動性，損失の期待値，特定の結果に関する確率を示すことが多い。いずれのリスクにおいても，その存在は経済的価値を減少させる。つまり，リスクは個人の厚生や企業の価値を減少させるという意味で，コスト（リスク・コスト）を生じさせる存在なのである。そして，リスクにはコストが生じるがゆえに，リスクマネジメントが必要となる。もし，リスクがまったく存在しないような理想的な世界であれば，そもそもリスクマネジメントという発想は必要ないだろう。しかし，現実の世界はリスクに満ちあふれているので，コストを意識したリスクのマネジメントという発想が生まれるのである。結局，リスクマネジメントは，リスク・コストの最小化を通じて，個人の厚生や企業の価値を最大化するための意思決定だといえる（(2.1) 式）。

$$\text{リスクを伴う価値} = \text{リスクを伴わない価値} - \text{リスク・コスト} \qquad (2.1)$$

リスク・コストの最小化によって価値最大化が実現する

2.2 リスクマネジメントにおける間接損失の重要性

事故等によって生じる損失（損害）は，直接損失（損害）と間接損失（損害）とに分類できる。**直接損失**とは，1つの事故等から，他の事故等の媒介なしに生じる損失であり，**間接損失**とは，直接損失が生じた結果，二次的に発生する損失である。リスクマネジメントの意思決定においては，直接損失のみならず間接損失への配慮も重要である。

実際の事例として，2003年9月8日に発生したブリヂストン栃木工場（栃木県黒磯市）の火災が，間接損失の重要性を物語っている。同社の工場火災では，その直後のプレスリリース（2003年9月24日）において，火災による直接損失に加えて，工場が復旧するまでの営業損失（事業中断による損失），焼失した精練工程再建等に要する再投資額を含めた総額として，400億円の損失見込みと発表された。また，工場復旧後も，通常の7～8割程度の操業水準がしばらく続いたため，かなりの大きさの逸失利益が生じていた。こうしたなか，2004年1月，同社は，社長のリーダーシップによってリスク管理委員会を設置するとともに，6月には副社長など10人の処分を決定した。

工場火災など，特定商品や特定原材料を集中的に生産している拠点で事業活動の継続に支障をきたすような事態が生じた場合は，企業が供給義務を果たせないことによる顧客からの信頼の喪失や賠償責任の発生などにつながり，その結果，中長期的な業績ならびに財政状態に悪影響を及ぼす可能性がある。このような事業中断リスクを認識し，**事業継続計画**（business continuity plan, BCP）を適切に策定することによって，将来のキャッシュアウトフローをできるだけ低減することが，よりいっそう求められている。

3 リスクマネジメントの意思決定とその手法

3.1 リスクマネジメントの意思決定

リスクマネジメントは，①リスクの認識，②リスクの分析・評価，③リスクマネジメント手法の選択，④選択された手法の実行，⑤実行結果のモニタリングとフィードバック，といった一般的な意思決定プロセスを経る。第1段階のリスク

の認識は，困難な作業であるが重要である。そもそも意思決定主体に認識されないリスクは，当然ながらリスク・コストも認識されない。リスク・コストが認識されないということは，リスクマネジメントの意思決定が始まらないということを意味するので，この第1段階は重要な段階となる。

　リスクの認識は，企業内部の財務データや外部の資料などを活用する定量的アプローチだけでなく，企業内部の各部門の担当者などへのインタビューを活用する定性的アプローチも有効である。また，前節で述べたように，企業のリスクマネジメントの目的がリスク・コストの最小化を通じた企業価値の最大化であるとすれば，上場企業の場合，株主は，みずからの代理人（エージェント）である経営者によるリスクマネジメントの巧拙をモニタリングする誘因をもつ。そうであるならば，その前提として，経営者が自社のリスクをどのように認識しているかについても知りたいと思うだろう。

　これに関して，日本では，有価証券報告書で「事業等のリスク」に関する情報が2004年3月期決算から開示されている。これは，企業の将来キャッシュフローに影響を与えうる事業リスクについて，定性的ないしは定量的な情報を株主に与えるものである。さらに，2020年3月31日以後に終了する事業年度に係る有価証券報告書においては，「事業等のリスク」が顕在化する可能性の程度やその時期，リスクの事業へ与える影響の内容，リスクへの対応策についても説明が求められるなど，その開示内容が拡充されている。直近では，2023年3月31日以後に終了する事業年度に係る有価証券報告書において，サステナビリティ情報の「記載欄」が新設され，その必須記載事項の1つとして「リスク管理」が明記されることになった。このように，リスクマネジメントに関する情報開示が充実する中，企業はみずからのリスクマネジメントの方針・内容について，よりいっそう投資家への説明責任が必要とされるはずである。

　第2段階は，認識されたリスクの定量化とモデル化を通じてリスクの分析と評価を行う段階だが，確率論や数理ファイナンス分野の発展はこの段階の精緻化にとって重要な役割を果たしている。たとえば，価格リスクの定量化の代表的な方法として，バリュー・アット・リスク（value at risk, VaR）がある。これは，一定期間後に，ある信頼水準で被る可能性のある損失の最大値を求める手法である。また，認識されたリスクについて，損失の発生頻度と大きさ（強度）を軸としてマッピングすることで，リスクの評価に役立てようとする方法として，リスク・

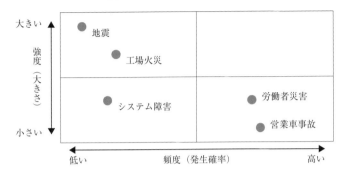

図2-1　リスク・マップの例

マップがある。リスク・マップを作成することで，発生頻度と予想される損失の大きさ（強度）の組合せでリスクを分類，整理できるので，第3段階のリスクマネジメント手法の選択にとって有用な情報提供が期待される（図2-1参照）。

　第3段階の，リスクマネジメント手法は，ロス・コントロールとロス・ファイナンシングに分類される（詳しくは次項参照）。ロス・コントロールが損失発生の確率そのものを小さくするなど，リスクの性質そのものを変化させる手法であるのに対して，ロス・ファイナンシングはリスクを制御してもなお損失が発生した場合のファイナンス（資金調達）手法のことをいい，リスク負担の配分問題を扱うものである。後は，選択した手法を実行し（第4段階），その結果をモニタリング（第5段階）することで意思決定のプロセスは一巡する。

　もちろん，こうした意思決定プロセスが実効性をもつためには，それを支える組織体制が整備されている必要がある。リスクが部門ごと，業務ごとに管理されている状態では，リスクの認識もまちまちであり，対応する社内用語も共通化されていないことが多い。全社的な観点からリスクマネジメントを実施するためには，組織横断的なコミュニケーションが不可欠となる。この問題への1つの答えとして，リスクマネジャーという専門職能を設置したり，最高リスク責任者（chief risk officer, CRO）を中心にした組織体制を敷くことがしばしばある。また，最高経営責任者（chief executive officer, CEO）みずからがリスクマネジメントを統括する場合もある。いずれにせよ，リスクマネジメントをトップマネジメントの重要な機能として位置づけ，ERMを実施する企業が増えつつある。

3.2 リスクマネジメントの手法

リスクマネジメントの手法は，伝統的に，回避・制御・保有・移転と分類されるが，本章では，ロス・コントロール（回避と制御）ならびにロス・ファイナンシング（保有と移転）という観点から整理する（図2-2）。

ロス・コントロール

ロス・コントロール（あるいはリスク・コントロールともいう）とは，コントロール可能なリスクについて，発生するであろう損失の頻度や予想される損失の大きさを軽減し，損失の期待値を低減する手法の総称であり，損失予防と損失低減の2つに大別される。損失予防とは，発生するであろう損失の頻度を減少させるような行動をいう。たとえば，航空会社に対して航空機事故が与える影響を例に考えてみよう。航空機事故の発生によって，多額の損害賠償請求や，企業イメージの低下による見込み顧客の減少などが生じてしまい，将来のキャッシュフローや企業価値は大きく低下してしまうだろう。このような場合，損失予防としては，航空機事故の発生頻度を減少させるべく，航空機の定期検査やパイロットの訓練時間などにコストをかけることが考えられる。また，**損失低減**とは，発生するであろう損失の大きさを減少させるような行動をいう。たとえば，ホテル会社が，火災によって生じるであろう損失を軽減するべく，天井にスプリンクラーの設備を取り付けたり，耐熱素材を利用したりするなどしてコストをかけることは，損失低減の具体例である。もちろん，実際のロス・コントロール活動は，厳密に損失予防と損失低減に分けることは難しく，両方の要素を兼ね備えていることがある。

ところで，より広い意味でロス・コントロールをとらえるならば，①リスクのある活動を一定水準に継続しつつ，さまざまな対策を講じることで期待損失（頻度と強度の積）を小さくする場合（損失予防ならびに損失低減）と，②リスクのある活動の水準そのものを制限する場合の，2つに分けて理解することができる。たとえば，運送会社の交通事故のリスクを例にとれば，①については，ドライバーに対する安全運転講習の徹底などが考えられ，②については，1日当たりの運行時間制限を社内規定で整備することがあげられる。

また，②の極端な場合として，リスクのある活動を完全に制限（停止）することも考えられるが，これを**リスクの回避**という。たとえば，ある家電メーカーが

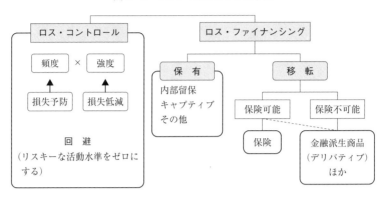

図2-2　リスクマネジメントの手法

海外で現地生産を行っているとしよう。ところが，その国で深刻な伝染病が流行し現地工場の操業に重大な影響を及ぼすとき，最悪の場合，家電メーカーは海外現地生産から撤退することも検討するだろう。このように，リスクの回避とはリスクのある活動を完全に停止してしまうことであり，そのリスク・コストは活動継続によって獲得できたであろう利益，つまり逸失利益を意味する（第6章で学習するリスク回避者の概念と混同しないこと）。

ロス・ファイナンシング

　ロス・ファイナンシング（またはロス・ファイナンス，リスク・ファイナンスともいう）とは，リスクの存在によって結果的に生じてしまうであろう損失に対する財務的な備えとしての手法の総称であり，保有と移転に分類される。これは，認識されたリスクがコントロール不可能な場合のみならず，コントロール可能な場合にも考慮されるが，大別すると2つのケースが考えられる。1つは，ロス・コントロールのコストが高すぎる場合である。もう1つは，ロス・コントロールによっても防ぎきれない場合である。すべてのリスクを完全にコントロールすることが不可能だとすれば，ロス・ファイナンシングの問題は必ず生じてくる。

　ところで，ロス・ファイナンシングは保有と移転に分類されるが，保有とは，生じるであろう損失に関するリスクを企業が内部に抱え込むことをいう。たとえば，損失に備えて内部留保を厚くしておくことがある。また，自家保険やキャプティブ（いずれも第14章参照）の設立も保有の具体例である。他方，移転とは，生じるであろう損失に関するリスクを第三者に移転することをいう。保険はその

代表例である。もちろん，保険を付けることが不可能である場合のみならず，保険を付けることが可能（保険可能なリスク，第8章参照）であっても，費用対効果の観点からより優れた手法がある場合には，保険以外のリスク移転として，金融派生商品によるヘッジ（第Ⅰ部補論②参照）や，その他契約による移転といった手法も考えられる。

【練習問題】

1　なぜリスク・コストの最小化によって価値最大化が達成されるのか，説明しなさい。

2　なぜリスクマネジメントにおいて間接損失の管理は重要なのか，説明しなさい。

3　ロス・コントロールとロス・ファイナンシングの相違は何か，説明しなさい。

第 3 章

保険の構造と特徴

◉この章で学ぶこと◉

□ リスクを処理する観点から，保険を機能的に定義すれば，保険は経済主体間における「リスクの移転または負担」と，集団における「リスクの結合または分散」である。

□ 大数の法則，収支相等の原則および給付反対給付均等の原則は，保険の技術的および数理的基礎である。これらは，保険制度を支える理論的根拠である。

□ プーリングは通常，参加者のリスク（期待損失の変動），集団のリスクを低減する効果をもつが，多様な取引コストやリスクを伴う。保険者は，プールの管理・運営者として，これらのコストを小さくする役割を果たす。

□ 保険の二大機能として，リスク負担機能（保障・補償機能）と金融（仲介）機能があり，そのほかに所得再分配機能などがある。

□ 保険の経済効果として，社会的費用の軽減，不確実性の減少，信用補完，資本形成，損害防止・予防などがある。

◉キーワード◉

保険プロセス，収支相等の原則，給付反対給付均等の原則，大数の法則，
リスク・プーリングの取決め，リスク・シェアリング，リスク負担機能，
金融機能

---

1 保険の構造

　現代社会において多様なリスクに直面する個人・企業などの経済主体は通常，リスクを処理する欲求をもつ。保険は，自己責任と私有財産制を基盤とする資本主義社会において，リスクに不安を抱く経済主体が経済的保障を確保または経済必要を充足するための手段および制度として発展してきた。家族や共同体のリスク分散機能が低下する一方，市場と政府による保険が損失のファイナンスの充実に大きく貢献している。それでは保険の構造とは，どのようなものだろうか。

1.1 保険の定義

保険の利用は，リスクを処理する意思決定を表す。そこで，2つの視点から，リスクがどのように処理されるかに注目して保険を機能的に定義しよう。第1に，保険は，経済必要の充足または経済的保障を得るために，自分でリスクの負担を望まない経済主体がそれを引き受ける意思と能力のある経済主体へリスクを移転する形式のファイナンス手段である。リスクの移転とは，ある経済主体が一定の条件のもとで被るおそれのある損失（不利益を含む）を他の経済主体が負担することをいう。通常，市場経済では取引を通じて保険企業がリスクを負担するが，社会保険などのように，一定の政策目的を達成するために，政府が保険提供者としてリスクを負担する場合もある。

第2に，保険は，多数の経済主体が結合することで，リスクが顕在化して損失が発生した場合に，その損失を集団全体で分担する技術的な仕組みである。保険のリスク分散（リスク・プーリング）は，家族や共同体の場合と異なり，保険提供者によって形成された集団内で行われる。別の表現をすれば，保険は，損失を被るおそれのある多数の経済主体がリスクを移転するために支払った保険料を原資に，プール（蓄積）された資金のなかから，実際に損失を被った経済主体に保険金が支払われる過程を表す。これを保険プロセスとよぼう。このようなリスク分散を有効に行ううえで，保険企業が果たす役割はきわめて重要である。

以下では，経済主体間における「リスクの移転または負担」と，集団における「リスクの結合または分散」の機能の面から，保険の構造を説明する。

重要な保険用語

これから行う説明を理解するのに必要な基本保険用語を簡潔に述べよう。

(1) 保険者：リスク負担者として保険事業を運営する。保険者は，大きく公法人と私法人に分けられる。

(2) 保険契約者：リスク移転者としての個人・企業（団体を含む）である。

(3) （純）保険料：保険者が提供するリスク負担（サービス）の対価として，保険契約者が支払うべき料金をいう。

(4) 保険金：保険事故が発生した場合に，保険者が支払う給付金をいう。

(5) リスク集団または保険団体：同質のリスクをもつ多数の経済主体で構成する集団をいう。

1.2 保険制度を支える2つの等価原則

収支相等の原則

損失を被るかもしれない n の経済主体から保険料 P を集めた資金のすべてが，n のうち実際に損失を被った r の経済主体に保険金 Z として，過不足なく支払われる場合，これを理念型の保険とよぼう。この保険プロセスにおける保険収支の関係式は，次のように表される。

$$nP（総収入）= rZ（総支出） \tag{3.1}$$

これを収支相等の原則という。

給付反対給付均等の原則

リスクを移転するために経済主体が支払う保険料 P は，理念型の保険のもとでは，収支が等しくなるように決定されるが，(3.1) 式の両辺を n で割ることで求められる。

$$P = \frac{r}{n}Z = wZ \tag{3.2}$$

$\frac{r}{n}$ は，集団全体において損失を被り保険金を受け取る者の割合である。後述の大数の法則に従い，この割合が（経験的）確率 w を表すと仮定すると，保険料は，経済主体が将来受け取るかもしれない保険金の数学的期待値に等しい。これを給付反対給付均等の原則という。すなわち，ある確率で保険金を支払うという保険者の給付と保険料を支払うという保険契約者の反対給付は，等しい関係にある。このとき，保険契約者と保険者の収支の期待値は，それぞれゼロである。

保険料公平（公正）の原則

リスク移転（負担）の対価として保険契約者が支払う（個別）保険料は，損失の発生確率と規模との積で表されるリスクの大きさによって決定される。リスクに応じた公正な保険料を負担することで，契約者間の公平性が確保される。したがって，給付反対給付均等の原則は，保険料公平（公正）の原則ともよばれる。

ところで，(3.2) 式より，保険料 P は集団全体で等しく分担する平均損失額 $\frac{rZ}{n}$ でもあるため，平均保険料とよばれることがある。理念型の保険では，すべての経済主体は同質のリスク（同一の確率分布）をもつと想定している。そのため，それぞれの分担額（平均保険料）と期待値は等しい。しかし，リスクの大きさにかかわらず，すべての経済主体が均等な保険料を負担しても，保険収支は等しく

なりうる。また，本章4.1項でもう少し詳しく説明するが，社会保険料はリスクの大きさでなく，経済主体の経済的な負担能力に応じて分担されることが多い。市場取引の基本は等価交換であり，保険市場においては給付反対給付均等の原則と保険料公平（公正）の原則が適用される。一方，これらの原則が適用されない保険については，互酬性や再分配の原理が適用される。

簡単な数値例

「同質のリスク」，すなわち仕様，走行距離，使用目的などが同じ200万円の自動車をもつ1000人が保険取引を通じて，自動車の損傷のリスクを移転しようと考えている。ただし，これらの自動車は，衝突した場合，必ず全損し，保険金200万円が支払われると仮定する。統計データに基づき，衝突事故による全損の発生率を$\frac{3}{1000}$とすれば，1000台のうち3台が全損するであろうと予想できる。

この予想に基づくと，3（台）×200（万円）＝600（万円）の損失が発生するから，契約者集団の（予想）平均損失額または平均保険料は，600（万円）÷1000（人）＝6000（円）で，1人当たりの（予想）分担額を表す。他方，契約者が受け取るかもしれない保険金の期待値（期待損失）または個別保険料は，$\frac{3}{1000}$×200（万円）＝6000（円）である。

しかし，現実に全損する自動車は予想より多い5台かもしれないし，少ない1台かもしれない。その結果，実際の分担額は予想と異なる可能性がある。保険金の額を容易に知ることができるのであれば，事故発生確率の信頼性が問題となる。

1.3 保険制度を支える統計法則──大数の法則

過去の統計資料を基礎に，将来の事故発生とその結果としての損失を完全に予想することはできないが，大数の法則に立脚することによって予想の正確性および信頼性を高めることができる。**大数の法則**は，簡単にいえば，偶然事象の観察数が多くなればなるほど，それだけ確実に，実際の結果が予想の結果に近づくであろうという法則である。次の式にあるように，観察数が増大するにつれて，ある事象の相対頻度$\frac{r}{n}$は，その事象Eの真の確率wに限りなく近づき，安定する。このようにして求められる確率を，客観的確率または経験的確率という。

$$\lim_{n \to \infty} \frac{r}{n} = P_r(E) \tag{3.3}$$

個々にとっては偶然の出来事も，十分に多数の者についてみれば，その発生率

が確実に予測できる。(3.2) 式の P と $\frac{r}{n}Z$ に十分に多数な n を掛け，保険団体を形成（リスク分散）すると，大数の法則により，収支相等の原則が達成される。

　もちろん，保険契約者が事前に支払う保険料と事後的な総支出に対する分担額が必ず一致するとは限らない。たとえば，先の例で自動車 1000 台のうち 3 台が全損するとの予想に基づく保険料は 6000 円であったが，実際に自動車が 5 台全損した場合，予想より多い 2 台分の損失額 400 万円（1 人当たり 4000 円）が不足する。これを前払確定保険料方式に基づく保険技術的リスクまたは保険契約時のコスト未確定性という。契約者が少ないと，このリスクは大きいが，契約者が増えるにつれて，大数の法則により，リスクは低減する（分散化の利益）。

2　リスク・プーリングと保険企業——保険制度への原理的接近

　プーリングは，共同出資，共同計算を意味する。いま，2 人以上が将来発生するかもしれない偶然損失のコストを均等に分担することに同意する，いいかえれば，各人が平均損失額を支払うことに同意する。このことをリスク・プーリングの取決めとよぼう。

2.1　リスク間が独立している（相関関係がない）場合のプーリング効果

　A と B はともに，0.8 の確率でまったく損失を被らないが，0.2 の確率で 500 万円の損失を被る状況に直面している。ただし，A に事故が発生するかしないかは，B に事故が発生するかしないかに影響を与えない（逆も同様）。つまり，A と B のリスクは独立している。

　各人の期待損失額とその変動を表す標準偏差は，表 3-1 のように求まる。

表 3-1　取決め前の個人の確率分布

起こりうる結果	確　率	損　失　額
無　事　故	0.8	0 円
事故発生	0.2	500 万

期待損失額 $= 0.8 \times 0 + 0.2 \times 500 = 100$（万円）
標準偏差 $= \sqrt{0.8 \times (0 - 100)^2 + 0.2 \times (500 - 100)^2} = 200$（万円）

表3-2 取決め後の個人の確率分布

起こりうる結果	確　率	全体の損失額	1人当たり損失額 （平均損失額）
AもBも無事故	0.8×0.8＝0.64	0円	0円
Aだけ事故発生	0.2×0.8＝0.16	500万	250万
Bだけ事故発生	0.8×0.2＝0.16	500万	250万
AもBも事故発生	0.2×0.2＝0.04	1000万	500万

1人当たり期待損失額 ＝ $0.64×0 + 0.32×250 + 0.04×500 = 100$（万円）

標準偏差 ＝ $\sqrt{0.64×(0-100)^2 + 0.32×(250-100)^2 + 0.04×(500-100)^2} ≒ 141$（万円）

リスクの結合（分散）

表3-2は，この両者がプーリングの取決めを行った場合の状況を示す。それ
ぞれのリスクを結合した結果，AとBはともに，まったく損失を被らない確率が
0.8から0.64に減少し，新たに250万円の損失を被る確率が0.32生じるものの，
500万円の損失という最悪の事態が発生する確率も0.2から0.04に減少する。参
加者が増えると損失を被る者が増えるが，分担者も増えるため，確率分布は0円
から500万円までの間で結果が多様化する一方，分布の平均まわりに集中する。

プーリングのリスク低減効果は，大数の法則により，取決めへの参加者が増え
るほど，分布の平均である期待損失は同じであるが，そのばらつきを表す標準偏
差（リスク）が減少し，ゼロにまで近づく。これは1人当たりの損失額が各人の
期待損失額に等しくなる可能性が高くなることを意味する。そして，取決め後の
各参加者の偶然損失の確率分布（平均損失分布）は平均μ，標準偏差$\frac{\sigma}{\sqrt{N}}$で，正規分
布に近づく。これを中心極限定理という。表3-1より，取決め前の各人の標準
偏差は200万円である。参加者が100人になれば，標準偏差は20万円（$=\frac{200}{\sqrt{100}}$）
に減少し，参加者が1万人になれば，標準偏差は2万円（$=\frac{200}{\sqrt{10000}}$）に減少する。

2.2 リスク間に相関関係がある場合のプーリング効果

次に，Aに対する事故の発生（不発生）が，Bに対する事故の発生（不発生）に
依存する場合を考えよう（逆も同様）。たとえば，地震や台風，感染症は，ある地
域に集中的に損失をもたらす。これをリスク間に正の相関関係があるという。図
3-1(a)のように，この場合のプーリングによるリスク低減効果は，相関関係が
ない場合よりも小さい。とりわけ，完全に正の相関関係にある場合，AとBは

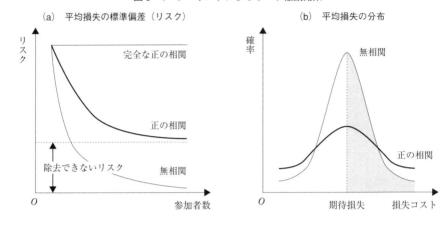

図3-1　プーリングによるリスク低減効果

(a)　平均損失の標準偏差（リスク）

リスク

完全な正の相関

正の相関

除去できないリスク

無相関

O　　　　　　　参加者数

(b)　平均損失の分布

確率

無相関

正の相関

O　　　期待損失　損失コスト

0.8の確率でともに損失を被るか，0.2の確率で損失を被らないかのいずれかとなり，取決め前と変わらないため，リスクを共有する効果はまったく生じない。

　これを直観的に説明すると，Aが期待損失を超える損失を被る場合，Bも期待損失を超える損失を被る可能性が高い（逆も同様）と考えられる。このため，図3-1(b)のように，確率分布において，平均損失分布の両側の発生確率が増え，期待損失の確率が減少する。したがって，平均損失額の予測が困難になり，また，その信頼性は低下する。リスク間の正の相関は，保険経営に大きな影響を及ぼす。

2.3　リスク・プーリングのコスト軽減——保険企業の役割

プーリング取決めのコスト

　以上，リスク・プーリングの効果をみてきたが，この取決めには当然，多様なコストが発生する。これらは，業務コスト，リスク負担コスト，逆選択およびモラルハザードのコストに分けられる。なぜ保険企業が存在し，プーリングの取決めが保険契約を通じて行われるのだろうか。保険企業は，規模の経済やリスク処理の専門能力により，これらの取引コストを軽減できるからであり，その結果，リスクの負担を望まない主体との間で分業が進んだ（分業または専門化の利益）。

業務コスト

　まず，このような取決めを結ぶのに多くの主体が必要である。それらの者の募集や，契約条件の特定にはコストがかかる。これを流通コストという。次に，た

　浦沢直樹画，勝鹿北星作『MASTER キートン』（小学館）は，生活のために保険調査員という仕事をしている考古学者志望の平賀キートンという人物を主人公としたコミックの名作。ロイズや保険会社の調査依頼を受けて，世界を飛び回って調査をするうちに，事件に巻き込まれ九死に一生を得るというような小話を集めたものである。記述等については，作者らの周到な事前調査が行われているらしく，緊迫したストーリーに引き込まれるとともに，画についても考証がきっちりしていて素晴らしい作品である。

　正確さを欠く箇所もあるが，随所に保険に関する詳細な記述がなされており，保険は，このコミックのユニークな売りの1つである。

　「保険を教えてるんだったら，このくらい読んでおかなくては駄目だよ」といって，同僚がわざわざ筆者の自宅までもってきてくれたのはもう30年も昔の頃であった。読んでみるとなかなか面白いので，保険論のショート・テストにキートンさんを登場させてみたら，履修者の評判がよかった。

　このコミックが，戦後世代のもっていた保険に対するネガティブなイメージを打ち破ったことは特筆に値する。戦前・戦後を体験した世代には保険に対して悪いイメージが定着しているが，『MASTER キートン』の世代には，そのようなイメージはほとんどみられない。この世代が，有名保険会社を就職希望先トップに押し上げたのかもしれない。ただし，作品中，キートンが生命保険のことを「一定期間以内に，加入者が死ぬか死なないかに金を賭け合うビジネス」だという謎に満ちた発言をする場面がある。この教科書の「使用前」と「使用後」で，この発言に対するあなたの意見が変わっていたら，それは学習の効果というものだ。

だ単に多くのリスクを集めればよいのではなく，独立した同質のリスクをもつ者でなければならない。ここに，リスクを選択する必要が生じる。これをアンダーライティングのコストという。また，保険金を支払う際，詐欺などの不正を防ぐために，保険金請求を監視しなければならず，監視コストが生じる。保険業務においては，契約者と保険会社間の情報の非対称性に起因する逆選択とモラルハザードのコストを軽減することが重要である（第6章参照）。

リスク負担（不確実性の）コスト

　プーリングは期待損失を変えずにその変動（リスク）を低減する効果があるが，完全に取り除くことができないため，参加者は残余のリスクと実際に期待損失を上回る損失が発生した場合のコストを負担しなければならない（図3-1(b)参照）。保険契約では通常，保険者がこのような保険技術的リスクを負担する。

表3-3 保険購入後の個人の確率分布

起こりうる結果	確　率	損　失　額
無　事　故	0.8	100万円
事　故　発　生	0.2	100万

期待損失額 $= 0.8 \times 100 + 0.2 \times (500 - 500 + 100) = 100（万円）$

標準偏差 $= \sqrt{0.8 \times (100 - 100)^2 + 0.2 \times (100 - 100)^2} = 0（円）$

　先ほどと同じ例で，Aが0.2の確率で損失を被った場合，500万円の保険金を受け取る契約を結んだとしよう。プーリングの取決めと同様，保険契約を通じて，Aの偶然損失の確率分布が変化する。比較すると，プーリングの取決めでは，各人の一部のリスクが集団に移転され標準偏差が減少するのに対して，この保険契約ではAが期待損失に相当する（純）保険料を保険者に支払う結果，事故が発生するしないにかかわらず，確実に100万円を失うため，標準偏差はゼロである。これは，すべてのリスクが保険者に移転されていることを意味する（表3-3参照）。

　もっとも，期待損失（＝平均損失）を上回る損失が発生した場合（図3-1(b)参照），保険者はそれを負担しなければならない。そこで，保険会社は支払不能のリスクに備えて，自己資本を充実するほか，安全割増として，多めに保険料を徴収するか，他の保険者と保険（再保険）取引を行うなどして，リスクを管理する。

保　険　料

　経済主体は，被るおそれのある大きな損失の負担を避けるために，保険契約を結び，小さく確実な損失を負担する。保険契約者が支払う保険料は，リスクの対価としての純保険料（期待損失）と付加保険料からなる。付加保険料は保険者が保険業務を行い，サービスを提供するためのコストである。

保険経営の原則

　プーリング効果を高めるための保険経営の原則として「リスク大量性の原則」「リスク同質性の原則」および「リスク分散の原則」が確認できる（第8章参照）。

3 リスク移転の基本形態（リスク・シェアリング）
——保険取引におけるリスク負担構造

　保険は典型的なリスク移転手段である。リスクの移転とは，ある経済主体が被るおそれのある損失を他の経済主体が負担することをいう。いいかえれば，ある主体が損失を被った場合，他の主体から資金を調達する権利を取得することをい

う。通常，それはリスクの商取引として，市場を通じて行われる。

　損害保険を利用する際，個人・企業は，すべてのリスクを保険会社へ移転するか，部分的にリスクを移転するかのいずれかである。リスクを部分的に移転する場合，リスクを引き受ける保険会社だけでなく，移転する個人・企業もリスクを負担または保有する。このため，個人・企業もみずから保険に参加する（自己保険）とみなされる。このような個人・企業と保険会社のリスク負担関係は，リスク・シェアリング（共有または分担）とよばれる。

　たとえば，リスクの評価額が3000万円の住宅について，保険契約者が2000万円の損害保険を購入してリスクを保険会社に移転し，みずから1000万円を保有する場合がそうである。いいかえれば，3000万円のリスクについて，保険契約者が1000万円，保険会社が2000万円を負担する。

　リスク・シェアリングの基本形式は，各主体の負担額が損害額に比例するかしないかで分けられる。ここでは，比例するタイプを「比例型」，比例しないタイプを「非比例型」とよぼう。図3-2から，それぞれペイオフのパターンが異なることがわかる。それでは，上記の例で，3000万円の住宅に600万円または2400万円の財産損害が発生した場合，リスク・シェアリングの形式が異なると，保険契約者が受け取る保険金（保険会社の負担額）はどうなるだろうか。

比　例　型

　図3-2(a)のように，比例型は，3000万円のリスクを縦に1：2に分割して（図の点線）分担する「縦割り」のイメージである。これは発生した損害についても，保険契約者と保険会社の間で1：2の割合で分担することを意味する。したがって，損害額が増えるにつれて，保険会社と保険契約者の負担額（アミかけの部分）は比例的に増加する。たとえば，600万円の損害が発生した場合，保険契約者は保険金400万円（$=600\times\dfrac{2000}{1000+2000}$）を受け取る。同様に，2400万円の損害が発生した場合，保険契約者は保険金1600万円（$=2400\times\dfrac{2000}{1000+2000}$）を受け取る。

　損害保険契約において，保険契約者がリスクをすべて移転せず，その一部を保険会社に移転することを一部保険というが，この場合，保険会社と契約者間の共同保険とみなされる。このように，移転したリスクの大きさに比例して損害が填補される方法を比例填補方式という（第9章参照）。

非 比 例 型

　これに対して，非比例型は，図3-2(b)のように，3000万円のリスクを横に

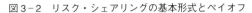

図3-2 リスク・シェアリングの基本形式とペイオフ

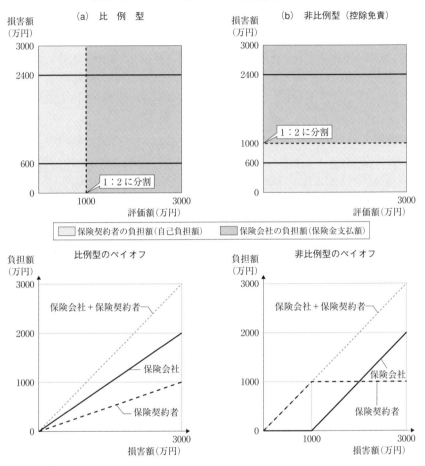

1：2に分割して（図の点線）分担する「横割り」のイメージである。これは発生
した損害額について，一定額までは保険契約者がすべて損害を負担するが，その
額を超えると保険会社が超過分の損害を負担する。したがって，損害額が増えて
も，保険会社と保険契約者の負担額（アミかけの部分）は比例的に増加しない。た
とえば，600万円の損害が発生した場合，1000万円の自己負担額を超えないため，
保険契約者の受け取る保険金はゼロである。2400万円の損害が発生した場合，
保険契約者は1000万円を超える損害について，保険金1400万円（=2400-1000）

を受け取る。

　損害保険契約において，このような保険契約者の自己負担の方式は通常，控除免責（ディダクティブル）とよばれる。反対に，リスクを負担する順序を入れ替えて，保険会社が一定額まですべて損害を填補する契約も可能である。これらの損害填補の方法を実損填補方式という。または第一次危険の保険ともいう。

　リスク・シェアリングは，比例型と非比例型を組み合わせることが可能である。また，保険会社と契約者間だけでなく，複数の保険会社間，保険会社と再保険会社の間でも行われる（第19章第3節を参照）。先に述べたリスク・プーリングも，リスク・シェアリングの一形態である。

4　保険の機能と経済効果

4.1　保険の機能

　本章では，経済主体間における「リスクの移転または負担」と，集団における「リスクの結合または分散」の視点から，リスクを処理する方法に注目して保険を定義した。これらの定義を踏まえて保険制度の機能を整理すると，リスク負担機能（保障・補償機能），金融（仲介）機能などがあげられる。

リスク負担機能

　保険は利用者の観点からみて，リスクを処理または管理するための手法である。リスクに直面する個人・企業などの経済主体は経済的不安を抱くため，リスクを処理する欲求をもつ。リスク処理の欲求とは，リスクの現実化によって生じる入用または経済必要を充足することであり，リスクに対する経済的保障を獲得することである。リスク負担機能は，損害が発生した場合の補償（保障）と保険者がそれを約束することによる安心感からなる。

金融機能

　金融取引は，時間を通じて消費・支出パターンを最適化したり，流動性を供給したりするなど，さまざまなかたちで資源配分の効率化に役立つ。損失を被るかもしれない多数の者が保険会社に保険料を支払い，蓄積された資金から，実際に損失を被った者に保険金が支払われる保険プロセスは，金融取引といえる。保険会社は保険取引を通じて蓄積された資金（準備金など）を投資・運用しており，

金融仲介機関として，金融機能を果たしている（第19章参照）。

再分配機能

その他，とりわけ社会保障に関連する機能として，再分配機能がある。政府などがある人々から資源を集め，他の人々に与えることを再分配という。保険の再分配は，事故による個人の所得変動を縮小するために，損失を被るかもしれない者から保険料を集めて，実際に損失を被った者へ保険金を支払う方式の資金提供である。それは保険的所得再分配（所得移転）とよばれる。

その際，理念型としての保険（民間保険）では，同様のリスクをもつ者が均等に負担するのが公平とされる。また，本章1.2項でもみた通り，リスクの大きい者ほど負担は大きくなるため，保険料はリスクの大きさに比例する。この保険料公平（公正）の原則により，リスクの分類・細分化が必要になる。しかし実際は，技術およびコスト面での制約から，一定程度同質なリスク集団に平均的な保険料率が適用されることになる。その結果，低リスクの者から高リスクの者への「内部補助」が生じる（一部の共済のように，相互扶助または平等の観点から平均保険料が利用されることがある）。

他方，社会保障政策の目的を達成するための手段である社会保険では，保険プールに発生した総損失額が通常，政府と参加者の経済的負担能力に応じて分担される。保険本来の経済必要が生じた者への資源再分配機能に加え，個人間に存在する所得格差を是正するために，リスクに（一部）関係なく高所得者がより多く負担する，所得再分配機能をもつ。これを「応能負担の原則」という。そのため，前述の通り，社会保険では給付反対給付均等の原則は成立しない（第24章参照）。

4.2 保険の経済効果

最後に，保険の機能がもたらす経済効果を考えるうえで大切な視点は，「もし保険制度がなかったら，どうなるだろうか」ということであろう。

社会的コストの軽減効果

リスク負担機能によってもたらされる最初の効果は，機会コストの軽減である。保険が入手できないときは，個人・企業は各種のリスクに対して，貯蓄するなどみずから対処（自己保険）しなければならない。家計においては，消費が減少し，企業においては投資が減少するかもしれない。これらの経済主体の機会コストは，社会的にみれば社会的コストである。

たとえば，個々の製造者が負担すべき損害賠償コストを，賠償責任保険の利用などによって製造者の間で分散して負担させることで，個々の製造者は損害賠償コストの負担を軽減することができる。さらに，加害者の賠償資力の確保による被害者救済効果がはたらく。

不確実性の軽減効果

保険を利用する前よりも，契約者の財務状態の変動は縮小するため，保険者のリスク負担による安心感は，損失を被るかもしれないおそれがあることに対する精神的な不安を除去または軽減する。リスクに関わる不安や心配に起因する肉体的，精神的ストレスを取り除く。個人・企業の効用を高め，取引が円滑になり，積極的な投資活動が可能になる。こうして，資源配分の効率化が促進される。

信用補完効果

財務が健全で信用力の高い保険者へリスクを移転することで，信用基盤の弱い個人・企業が資金などを借入れしやすくなる。たとえば，住宅ローンを組む場合，通常，借り手は団体信用（生命）保険契約を結ぶ。また，長期火災保険を購入して，その保険金請求権のうえに銀行のための質権を設定する必要がある。火災により担保物が焼失するおそれがあるため，銀行は融資の担保として建物に抵当権を設定する。この信用補完を通じて，貿易，流通，商業および投資が促進される。

資本形成効果

保険料は，一般に確定前払方式で払い込まれるため（これに対して，事後的に保険料を徴収することを賦課方式とよぶ），保険金が支払われるまでの間，保険料，各種の準備金のかたちで蓄積される。とりわけ生命保険契約は長期間に及ぶため，生命保険会社は長期資金の提供者として重要な役割を果たしている。

損害の予防・防止効果

保険者は健康増進，防災，犯罪防止など，多様な損害予防・防止活動に取り組んでいる。保険契約には，保険料割引など，事故発生を抑止する誘因が含まれている。保険契約後の事故抑止行動は，保険会社のモニタリングとよばれる。リスクおよびそのコストを未然に小さくすることは，社会にとっても望ましい。

【練習問題】

　① 保険制度を日本にはじめて紹介した福澤諭吉は，それを次のように説明している。「災難請合とは，商人の組合ありて，平生無事の時に人より割合の金を取り，万

一其人へ災難あれば，組合より大金を出して其損亡を救う仕法なり。其大趣意は，一人の災難を大勢に分ち，僅の金を棄て大難を遁るる訳にて，（略）」（福澤諭吉著『西洋旅案内』1867 年）。

(1) 「請合」「割合の金」「大金」「僅の金」を保険用語で示しなさい。

(2) 福澤諭吉の説明を現代語でまとめなさい。

2 住宅の所有者がその家に火災保険を購入する場合，その個人は保険会社を相手に自分の家が焼けることについて賭けをしているようにみえるが，むしろ反対に火災保険を購入しない者こそ，保険料を節約するために賭けをしているという。また，本章のコラム❼の記述も参考に，保険とギャンブルの類似点と相違点を述べなさい。

3 ある地域の住宅 1 万戸当たりの火災発生件数は，年間 20 件である。

火災損害額の分布は下表の通りである。この地域だけで営業している損害保険会社の火災保険料（経費などを除くリスクの対価）に関する，以下の問いに答えなさい。ただし，この地域の住宅はすべての構造・用途などが同じであると仮定する。

火災件数	9980 件	17 件	2 件	1 件
損害額	0	50 万円	500 万円	1000 万円

(1) 住宅 1 万戸当たりの総損害額を求めなさい。

(2) 収支相等の原則より，保険料を求めなさい。

(3) この保険料が，住宅 1 万戸当たりの火災発生率に（被災した住宅の）平均損害額を掛けたものに等しいことを，確かめなさい。

(4) 住宅所有者の期待損失額を計算し，保険料と等しいことを確かめなさい。

(5) 保険会社がこのようなリスクを引き受けることができる理由を「大数の法則」という用語を用いて説明しなさい。

4 潜在的損失の範囲がゼロから 4000 万円，期待損失額が 1000 万円の個人がプーリングの取決めに参加すると仮定しよう。次の場合における平均損失の確率分布を簡単に描きなさい。

　　　①参加者が 1 人（プーリングされない），② 100 人，③ 1000 人

5 インシュアテックの 1 つである P2P（peer to peer）保険の仕組みを調べて，プーリングの取決め（取引コストを含む）と比較しなさい。

6 図 3-2 の設例で，住宅に 1200 万円の損害が発生した場合，保険契約者の負担額はそれぞれいくらになるか。また，比例型と非比例型（控除免責）ではどちらの保険料が高いだろうか。理由を説明しなさい。

7 マクロ経済学的な観点からは，純保険料は移転支払い，保険金は移転所得とみなされ，家計または企業の所得を変化させるが経済の生産を反映しない。したがって，保険取引を通じて直接経済の生産を反映するのは付加保険料に相当する部分に限られる。リスク負担機能が経済の生産に間接的に貢献することを説明しなさい。

第 4 章

保険契約の基礎

●この章で学ぶこと●

□ 保険契約は，保険者が一定の事由が生じたことを条件として財産上の給付を行うことを約束し，保険契約者がこれに対して当該事由の発生の可能性に応じたものとして保険料を支払うことを約束する契約の総称である。それは，大きく損害保険契約（傷害疾病損害保険契約を含む），生命保険契約，および傷害疾病定額保険契約に分けられる。

□ 損害保険契約は，一定の偶然の事故を原因として損害が生じた場合，損害が塡補される。生命保険契約は，人の生存または死亡が生じた場合，一定の保険給付が行われる。傷害疾病定額保険契約は，人の傷害疾病に基づき一定の保険給付が行われる。

□ 保険契約の性質として，諾成・不要式契約性，双務・有償契約性，射倖契約性，附合契約性がある。

□ 保険契約者および関係者を規律づける法理として，損害塡補，被保険利益，代位，告知義務，通知義務などがある。

●キーワード●

傷害疾病定額保険契約，射倖契約，最大善意の契約，附合契約，保険者，
保険契約者，被保険者，保険金受取人，告知義務，被保険利益，全部保険，
一部保険，超過保険，モラル・リスク

1 保険契約とは何か──保険取引の法的側面

1.1 保険契約の意義

　保険取引は，企業・個人と保険会社が保険契約を結ぶことで行われる。契約とは通常，相互に対立する当事者の意思表示の合致により，法律上の権利・義務（債権・債務）を生じさせる約束をいう。経済的保障または経済必要の充足を得るために，「リスクを移転したい」企業・個人と「リスクを引き受ける」保険会社

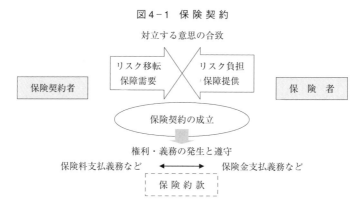

図4-1 保 険 契 約

対立する意思の合致

リスク移転　　リスク負担
保障需要　　　保障提供

保険契約者　　　　　　　　　　　　保 険 者

保険契約の成立

権利・義務の発生と遵守

保険料支払義務など　←→　保険金支払義務など

保 険 約 款

表4-1　保険契約の局面と要素

	生命保険契約 （傷害疾病定額保険契約）	損害保険契約
契約の申込み， 成立，責任の開始	保険募集に関する保険者等の説明義務，告知義務，責任開始条項，保険料の支払い，保険証券など	
契約関係の変動Ⅰ （内容等の変更）	保険金受取人の指定（変更），契約者貸付，保険金額の増減など	通知義務（危険の増加・減少，保険価額の減少，目的物の譲渡）
契約関係の変動Ⅱ （契約の終了）	保険契約の解除・無効・終了，解約返戻金（生保）など	
保険金・給付金の 支払い	保険金の支払事由，免責事由，事故発生の通知義務，保険金の支払い，代位（損保）など	

　の間で，どのような約束が交わされるのだろうか。また，約束を守るために，どのような権利・義務が発生するのだろうか（図4-1参照）。

　保険法によれば，保険契約は，当事者の一方（保険者）が一定の事由が生じたことを条件として財産上の給付（保険給付）を行うことを約束し，相手方（保険契約者）がこれに対して当該事由の発生の可能性（危険）に応じたものとして保険料を支払うことを約束する契約の総称である。保険契約のうち，保険者が偶然の一定事故によって生じることのある損害を塡補することを約束するものを「損害保険契約」，人の生存または死亡に関し，一定の保険給付（金銭の支払い）を行うことを約束するものを「生命保険契約」，人の傷害または疾病に基づき一定の保険給付（金銭の支払い）を行うことを約束するものを「傷害疾病定額保険契約」と

いう。保険契約は大きく4つの局面に分けられる（表4-1参照）。

　保険契約の成立により，保険者は，約定の事故または損害の発生を条件とする保険金支払義務（いわゆる危険負担義務）を負うのに対し，保険契約者は保険料支払義務を負う。そして，後述するように，これらの本質的義務に付随して，契約の成立前後に多様な義務が生じる。なお，保険契約の詳細な内容は，保険約款による（第8章参照）。

保険制度と保険契約の関係

　保険契約は，保険契約関係の集合体またはリスク分散の仕組みとしての保険制度を形成・維持するための法制度である。しかしながら，保険契約は保険者と保険契約者の関係を示すにすぎず，前章で述べたような多数経済主体の集団および技術的特徴といった保険制度の基本要素が規定されていない。経済制度としての保険を法律制度，つまり保険契約として再構成する過程において，これらの要素が暗黙の前提とされている点に注意する必要がある。

1.2　保険契約の性質

諾成・不要式契約性

　まず，保険契約の成立に関する性質をみてみよう。当事者の合意だけで契約が成立し，効力が生じる契約を諾成契約という。これに対して，契約成立の要件として，当事者の合意に加え，当事者の一方が物の引渡しなどの給付を必要とする契約を要物契約（たとえば，消費貸借）という。また，契約の成立に一定の形式が必要とされる契約を要式契約（たとえば，婚姻）という。

　保険契約は諾成契約である。しかし，契約当事者間の合意は，（第1回）保険料が支払われるまでは保険者の責任が開始しないと定める保険約款の条項を通常含むため，実務上は要物契約に近い。

　契約者の申込みの意思表示は，保険商品の内容説明・確認後，保険契約申込書の必要欄に記入し，署名・捺印（記名・押印）することで行われる。このため，保険契約は不要式契約であるものの，実務上は要式契約に近い。

　保険者の承諾の意思表示は，損害保険契約の場合，保険会社または契約締結の代理権をもつ損害保険代理店が契約申込書を受領することで行われる。生命保険契約および傷害疾病定額保険契約の場合，被保険者の告知・医的診査の結果を踏まえて保険者が引受けを決定することで行われる。

保険契約が成立すると，保険者は署名または記名・押印のうえ，所定の事項が記載された書面（保険証券）を保険契約者に交付しなければならない。ただし，契約者がウェブサイト上で契約内容を確認できるようにすることで，保険証券を発行しない場合がある。書面には，保険契約の要素として，保険者の氏名・名称，保険契約者の氏名等，被保険者の氏名等，保険金受取人の氏名等（生命保険および傷害疾病定額保険），保険事故（生命保険および損害保険），給付事由（傷害疾病定額保険），保険期間，保険金額（損害保険），保険の目的物（損害保険），保険価額（損害保険），保険給付の額およびその方法（生命保険および傷害疾病定額保険），保険料および支払いの方法，通知事項などが記載されている。

双務・有償契約性

次に，契約成立後の権利・義務関係についてみてみよう。売買契約のように，当事者の双方が互いに債務を負担する契約を双務契約という。保険契約が成立すると，保険者は一定の期間内（保険期間）において保険給付債務，契約者は保険料支払債務を負う。ただし，保険給付債務は，保険事故または給付事由の発生を条件とする債務である。

また，保険者の提供する危険負担給付と保険契約者の支払う保険料給付は，等しい関係にある。このように，当事者双方が互いに対価的意味をもつ給付を行う契約を，有償契約という（第3章1.2項中の「給付反対給付均等の原則」を参照）。

射倖契約性

契約者の負担する保険料支払債務が確定債務であるのに対して，保険者の負担する保険金給付債務は条件つきの債務である。このように，契約当事者の給付義務の発生・不発生または義務の内容が偶然な出来事によって左右される契約を射倖契約といい，保険契約は射倖契約に含まれる。少額の保険料で高額の保険金が得られる可能性があることから，不労利得を目的に保険制度が悪用されるおそれが生じる。したがって，一般の契約以上に民法の信義誠実の原則が契約者に求められる。この意味で，英米法では，保険契約は最大善意の契約とよばれる。

附合契約性

複雑で大量の商品を簡易，迅速かつ安全に取引するために，契約自由の原則（内容の自由）が制限され，定型化，標準化された契約を附合契約という。電気・ガス・運送などと同様，不特定多数の者を取引の相手方として行う保険契約において，契約の内容が画一的であることは，契約当事者双方にとって合理的である

フランスに「ビアジェ」（viager：終身という意味）というリバース・モーゲージに類似した不動産売買契約制度がある。高齢者が持ち家を売り，住宅評価額の20～30％相当の一時金を受け取り，さらに死ぬまでの間，一定金額の年金を受け取る。契約時の取決めにより，その家に住み続けることも可能で，ほとんどの売り主が売却後も自分の家で暮らしている。

買い主は売り主が死亡すると，年金の支払いが終了し，不動産を取得する。古代ローマ時代から利用されているビアジェは，現在，年間5000～6000件の契約が成立しており，家族・親族や第三者（篤志家など）による個人間の相対契約が多くを占めるが，最近では保険会社などの法人が増加傾向にあるという。

このように，ビアジェ契約は売り主の死亡という偶然事象により，給付額が変化するため，フランス民法典では，「射倖契約」に分類されている。

売り主にとっての魅力は，終身，年金の給付が保障され，長生きのリスクに対応できる。また，最大70％まで所得税から控除されることなどがあげられる。

他方，買い主にとっては，金利負担がなく，売り主が早く死亡するほど，総支払額が少なくてすむ。また，不動産価格が高騰した場合は，魅力的な投資対象となる。しかし，売り主が予想以上に長生きする場合や，不動産価格が下落すると，損失を被ることがある。

と考えられる。

保険者が作成した契約条項の総体である保険約款は，民法で定める定型約款である。一般に，保険契約は保険約款が契約の内容となって，または契約に組み入れられて有効に成立するため，保険約款は法律と同じように関係者の法律関係を規律づける「拘束力」をもつ。しかし，保険約款を完全に理解することは難しく，契約条件を十分認識しないまま契約を結ぶことも少なくない。その結果，当事者間で約款の解釈をめぐりしばしば紛争が生じている。そこで，保険約款の内容について，行政的（保険約款の設定・変更に関する認可）および司法的（「疑わしきは約款作成者不利に」）規制が加えられている。もちろん，保険契約においては，保険者等が説明義務を果たす必要がある（第8章参照）。

1.3 保険法の意義と特徴

保険法は，保険契約（成立，効力，履行，および終了）に関する一般的な契約ルールを定めた法律である。保険法はまた，私人間の法律関係全般を規律する一般

法である民法の特別法であり，民法にない独自の規定（告知義務や契約締結時の書面の交付など）が存在する。他の法律で特別な規定が設けられている場合を除き，保険契約には保険法が適用される。

保険法と保険約款の関係について，約款が保険法の規定と異なる定めをした場合，保険法よりも保険契約者等が不利なものは無効となる。このような保険法の規定を「片面的強行規定」といい，告知義務や保険金等の支払期限に関する規定などがある。また，公序良俗に関する規定など，保険法には，当事者の意思よりも法律の規定が優先し，当事者の意思で変更できない「強行規定」がある。強行規定に反する約款の定めは，当然無効である。さらに，当事者の意思内容により適用しないことや，その規定と異なる意思を表示することが可能な「任意規定」がある。任意規定と約款の定めが異なるときは原則，保険約款の規定が優先されるが，保険契約者が消費者の場合，民法の信義則に反して消費者の利益を一方的に害するものは無効となる（消費者契約法第10条）。

2008年6月公布，10年4月1日施行の保険法は，およそ100年前の商法の保険契約に関する規定を，社会経済情勢の変化に対応させて改正したものである。商法からの主要な改正点は次の通りである。①共済契約への適用範囲の拡大，②傷害疾病保険に関する規定の新設，③保険契約者等の保護のための規定の整備，④損害保険契約に関するルールの柔軟化，⑤責任保険契約における被害者の優先権の確保，⑥保険金の受取人の変更についての規定の整備，⑦モラル・リスクの防止のための規定の新設，⑧表記の平仮名・口語体への変更。

2 保険契約の当事者・関係者と義務

2.1 保険契約の当事者・関係者

保険者と保険契約者

保険契約の当事者は，保険者と保険契約者である。保険者は一方の当事者として，自分の名前で保険契約を結び，保険事故が発生した場合，保険金支払義務を負担する者をいう。日本では，保険者は免許制がとられ，保険業法で定められた，一定規模以上の株式会社または相互会社に限られている。保険契約者は相手方として，自己の名前で保険契約を結び，保険料支払義務を負担する者をいう。

損害保険契約の被保険者

損害保険契約の関係者が被保険者である。損害保険契約の被保険者は，約定の保険事故による損害発生の可能性（被保険利益）をもつ者である。保険事故が発生した場合，保険者に保険金を請求することができる。

生命保険契約および傷害疾病定額保険契約の被保険者

これに対して，生命保険契約の被保険者は，その人の生存または死亡が保険の対象とされている者をいい，傷害疾病定額保険契約の被保険者は，その人の傷害または疾病が保険の対象とされている者をいう。したがって，契約当事者である保険契約者だけでなく，当事者以外の者も被保険者になることができる。ただし，契約者本人でない他人を保険の対象とする場合，保険の悪用や人格権の侵害が生じるおそれがある。そこで，契約当事者以外の者を被保険者とする死亡保険契約および傷害疾病定額保険契約が有効に成立するためには，当該被保険者の同意が必要である（傷害疾病定額保険契約には例外規定がある）。同意の方式・時期について保険法の規定はなく，実務では，保険契約申込書に被保険者が署名・捺印することで同意があったとされる。

保険金受取人

保険契約において，保険事故または給付事由が発生した際に保険給付を請求する権利をもつ者を保険金受取人（受益者）という。損害保険契約では，被保険者は常に保険金受取人であるが，生命保険契約および傷害疾病定額保険契約では，被保険者と保険金受取人が異なる場合があり，両者は別概念である。これらの保険契約においては，保険契約者と被保険者と保険金受取人は，すべて同一人物の場合もあれば，別人物の場合もある。保険金受取人の指定は，保険契約者が保険契約申込書の保険金受取人欄に記載することで行われるのが通例であるが，契約成立後も保険事故または給付事由が発生するまでは変更することができる。遺言によっても可能である。なお，死亡保険契約および傷害疾病定額保険契約の保険金受取人の変更は，被保険者の同意が必要である。

第三者のためにする契約

保険契約は，契約者本人のためだけでなく，第三者のために結ぶこともできる。これを第三者または他人のためにする保険契約といい，保険契約の効果として生じる利益を直接第三者（受益者）に帰属させることができる。たとえば，生命保険契約において，保険契約者以外の者が保険金受取人になる場合である。

保険仲介人

保険契約成立の要素ではないが，保険契約を結ぶ際，保険仲介人は取引の補助者として大きな役割を果たす。保険仲介人は，保険代理商，保険仲立人，保険者の使用人などに大別される。それぞれの例として，一定の能力をもち，登録を受けた損害保険代理店，保険ブローカー，生命保険営業職員があげられる。

損害保険契約を結ぶ場合，損害保険代理店は契約締結の代理権をもつため，契約申込書を受領して申込みを承諾した段階で保険契約が成立する。他方，生命保険契約を結ぶ場合，通常保険者みずからが被保険者の医的診査を経てから申込みを承諾するか否かを決定するため，生命保険営業職員に契約締結の代理権は一般に与えられていない。

2.2 保険者および保険契約者・被保険者等の義務

保険者の義務には，保険給付義務，保険料返還義務などがある。損害保険契約における保険給付は損害填補であるが，金銭の支払い以外の給付（現物給付）も含まれる。生命保険契約と傷害疾病定額保険契約の保険給付は金銭の支払いに限定されている。もっとも，2014年以降，生命保険会社は保険金に代わり，介護や葬儀などのサービスによる現物給付を提供できるよう規制が緩和された。

保険給付義務は，条件つきの義務であるから，保険給付を行うにあたって調査を行う必要がある。一方で，迅速な保険給付が期待されていることから，保険給付の履行期に関する規定が保険法で定められている。すなわち，約款で保険給付の期限を定めている場合，期限到来前でも，保険給付を確認するための合理的な期間を超えたときから，また，期限の定めがない場合については，保険給付の請求後当該請求に関する事項の確認のために，客観的に必要な期間を経過したときから，保険者は履行遅滞の責任を負う。

損害保険契約における保険給付に関して，損害額の算定，保険の付け方による取扱い（一部保険，重複保険），責任保険契約における被害者保護のための先取特権，代位などが定められている。保険代位とは，保険金の支払いによって，保険者が被保険者の有する権利を取得することをいい，残存物代位と請求権代位（求償権代位）の2種類がある（第21章図21-2参照）。

一方，保険契約一般において，後述する告知義務違反，危険増加，または重大事由（保険金取得目的の事故招致，保険詐欺など）により，保険者が契約を解除した

場合，保険事故・給付事由が発生しても，原則保険給付義務を負わない。

次に，保険契約者・被保険者等の義務には，保険料支払義務，告知義務，通知義務，損害保険契約における損害防止義務などがある。

保険料支払義務

保険契約の定義により，保険料は保険者の危険負担の引受けに対する報酬であるから，これは保険契約当事者の意思に基づく効果である。損害保険契約の場合，契約者は契約成立後，保険期間の開始前に保険料を支払う。保険料支払義務の不履行に関して，保険料の払込みがあるまでは保険者の責任は開始しないものと約款で定めるのが通例である（責任開始条項）。生命保険契約の場合，契約者は契約申込みの意思表示をした後で，通常，（第1回）保険料相当額を支払う。申込みを承諾した保険者の責任は，契約成立前の保険料受領時にさかのぼって開始する（責任遡及条項）。なお，近年では，クレジット・カードで（初回）保険料を支払う「保険料クレジットカード扱（払）特約」を適用する商品が増えている。この場合，保険会社がカードの有効性などを確認し，カード会社に保険料を請求した時点で，保険料の払込みがあったものとする。

告 知 義 務

保険契約者または被保険者は，保険契約を結ぶ際，損害，保険事故または給付事由の発生可能性（危険）に関する重要な事項のうち保険者が告知を求めたものについて，事実の告知をしなければならない。これを告知義務（質問応答義務）という。告知義務に違反して，保険契約者または被保険者が故意または重大な過失により，事実の告知をしないか，不実の告知をした場合，保険者は保険契約を解除することができる。保険契約の解除は原則将来に向かってのみ効力を生じるが，保険者は契約が解除されたときまでに発生した損害，保険事故または給付事由に関して損害填補または保険給付を行う責任を負わない（オール・オア・ナッシング主義）。ただし，告知義務違反が認められても，告知されなかった事実と保険事故との間に因果関係がない場合には，保険者は免責されず，保険給付を行う責任がある（因果関係不存在の特則）。

重要な事項とは，危険測定すなわち保険事故の発生率の測定に関して重要な事項である。それに関する情報は，保険契約者等の側に偏在しているためである。

通 知 義 務

保険契約を結んだ後，告知事項についての危険が高くなり，保険契約で定めら

れている保険料が当該危険を計算の基礎として算出される保険料に比べて不足する状態になることがある。この状態を危険の増加という。危険の増加が生じた場合，保険契約者または被保険者は遅滞なく保険者に通知しなければならない。保険契約者または被保険者が故意または重大な過失により契約で定める通知義務に違反した場合，保険者は当該保険契約を解除することができる。

　損害保険契約の保険契約者または被保険者は，保険事故による損害が生じたことを知ったときは，遅滞なく保険者に対してその旨を通知しなければならない。死亡保険の保険契約者または保険金受取人が，被保険者が死亡したことを知ったとき，傷害疾病定額保険契約の保険契約者または被保険者または保険金受取人が，給付事由（入院，高度障害，死亡など）が発生したことを知ったときも，同様の通知義務が発生する。保険者は，損害，保険事故または給付事由発生の有無を監視することができないからである。通知義務違反の効果について，保険法上の規定はないが，一般には保険者が被った損害額，たとえば義務違反による調査費用の増加などを，支払うべき保険金の額から控除できると解されている。

　保険法の規定にはないが，損害保険契約の約款では，ある保険契約を結んだ後，同一の保険の目的物に対する同種の危険を担保する他の保険契約を結ぶときにも，保険者に通知しなければならない。これを他保険契約の通知義務という。この義務に違反した場合，通常，解除権が発生する。

3　保険契約の内容と保険契約者・被保険者の規律づけ

3.1　損害保険契約の内容

保険事故

　損害保険契約における保険事故とは，保険期間内に保険者が契約上填補すべき（保険金を支払うべき）損害を発生させる事実をいう。保険事故は，「一定の」「偶然の」ものでなければならず，発生した損害と因果関係がなければならない。ただし，保険事故が発生しても，例外的に保険者が填補責任を負わない場合がある。これを免責事由という。免責事由には，法律によるものと約款によるものがある。保険法は，保険契約者または被保険者の故意または重大な過失（責任保険契約においては故意），戦争その他の変乱を規定している。保険約款は，保険の目的物の性

質・瑕疵または自然の消耗，地震・噴火・津波など，あらゆる免責事由を規定している。保険者が免責される理由として，公序良俗違反など公益上の要請，モラルハザードの防止，保険技術などがある。

被保険利益

被保険利益とは，損害（偶然な事故の発生により被った経済的不利益）の発生によって滅失するおそれのある利益をいう。被保険利益の存在は，損害発生の可能性を意味するため，損害塡補を目的とする損害保険契約において，被保険利益のない契約は無効である。損害塡補原則は，実際に被った損害を超えて保険給付を行うことができないとする「利得禁止原則」を指す。もっとも，今日では，公益の観点から容認されないほど著しい利得だけを禁止するという柔軟な解釈がなされている。いずれにしても，これらの法理・条項は，モラルハザードを抑制し，契約コストを軽減する効果がある。

被保険利益はまた，ある特定の主体の物に対する意思的な関係であるため，1つの保険の対象となる目的物に対して所有者としての関係，担保権者としての関係，債権者としての関係から，保険契約を結ぶことが可能である。

被保険利益は，金銭に見積もることができなければならず，その評価額を保険価額という。保険価額は契約後変動しうるため，一定の価額を約定することがある（約定保険価額）。支払保険金額の最高限度額として，保険契約で約定する金額を保険金額という（第9章参照）。保険価額と保険金額は必ずしも一致しない。保険金額と保険価額が等しい場合を全部保険といい，保険金額が保険価額より小さい場合を一部保険，大きい場合を超過保険という。

3.2 生命保険契約の内容

保 険 事 故

生命保険契約の保険事故は，満期における被保険者の生存または保険期間内における死亡の事実である。保険法では，被保険者の自殺，保険契約者または保険金受取人による故殺，あるいは戦争その他の変乱による死亡を，免責事由と定めている。このうち，現行の保険約款では，契約成立後，一定期間（免責期間）経過前の自殺に限り，免責事由とするのが通例である。経過後の自殺は，保険金取得を目的とするものではないと推断し，保険事故とされる。免責期間の設定は保険者に委ねられているが，過去高い水準で推移した自殺の誘発を防ぐために3年

とし，それが継続している。

他人の生命の保険契約

被保険者の同意を要件として，他人の生命の保険契約を認める同意主義をとる。生死の対象とされている者の同意がある限り，通念上，不労利得などの不法な目的がないものと推断するわけである。

保 険 金 額

生命保険契約においては，保険事故の発生により，具体的な損害の有無・程度に関係なく，約定の保険金額が保険金受取人に支払われる。したがって，損害保険契約のように，被保険利益や関連する概念は適用されない。しかしながら，定額給付は生命保険を悪用，濫用するなど，モラル・リスクを誘発するおそれがある。このため，経済的損失の回復という保険制度本来の目的から，何らかの制約が課せられるべきであろう。

3.3 傷害疾病定額保険契約の内容

傷害疾病定額保険契約の保険事故は，保険期間内における被保険者の傷害または疾病の事実だけでなく，それによって発生した入院，手術，高度障害など保険給付の事由を指す。したがって，契約を結ぶ前（責任開始前）に発病していた疾病について保険期間開始後に給付事由が発生しても，保険事故の対象とならない。保険約款も，契約前（責任開始前）発病不担保条項を定めているものがある。しかし，保険加入時に被保険者に自覚症状がないこともあるため，保険会社の実務では，契約前の診査や検査等で異常を指摘されていたなどの事実がなく，かつ自覚がなかったと客観的に認められる場合には，保険者は，契約前発病について不担保を主張しないこととしている。また，責任開始から2年を経過した場合には，責任開始前の発病を直接の原因とする入院等であっても，それを責任開始後の原因によるものとみなす旨の規定（不可争期間）を約款で定めているものがある。

免責事由について，保険法では，被保険者，保険契約者または保険金受取人の故意または重大な過失により給付事由を発生させたとき，保険者は保険給付を行う責任を負わないとしている。

3.4 保険契約者・被保険者の規律づけ

保険契約が約款および保険法において，保険契約者・被保険者に多様な義務を

課すと同時に，義務違反をした場合に厳しい制裁を科すことで，規律づけを行うのはなぜだろうか。理由の1つとして，保険契約に適用される法原則または基本法理を確立して，契約コストを軽減するという法システムの役割があげられる。

契約者・被保険者を規律づける根拠として，次の要素が考えられる。もちろん，これらの要素は相互に関連する。

(1)　保険契約の構造，特質。

(2)　保険契約における情報の非対称性（モラルハザード，逆選択）。

(3)　射倖契約一般。

(4)　契約法一般に内在するもの（公序良俗，信義則）。

(5)　保険制度の原則または保険技術。

保険契約者・被保険者に対してこのような負担を課す本質的な原因は，逆選択とモラルハザードである（第6章を参照）。とりわけ，保険金殺人や放火などの犯罪により，保険金を詐取しようとする極端な逆選択およびモラルハザード（日本の保険業界や保険法の理論では，しばしばこれをモラル・リスクとよぶ）は，反社会的であり，犯罪を誘発する保険制度はその存在意義を問われることになろう。

もっとも，過度に厳しい規律づけは，一般の保険契約者・被保険者に多大な負担を課すことになりかねず，保険制度本来の目的が達成できないおそれが生じる。契約コストを軽減し，これらのバランスをどのようにとるかが重要である。

【練習問題】

1　メーカー保証終了後，一定期間内に発生した家電製品の故障に対して家電量販店が無料で交換や修理サービスを行うことを約束し，それと引換えにユーザーから対価を受け取る場合，この約束は損害保険契約として成立するだろうか。

2　損害保険契約および生命保険契約における契約の成立と責任の開始を比べなさい。

3　もし被保険利益がない場合でも，損害保険契約が有効に成立するとすれば，どのような問題が生じるだろうか。モラルハザードの観点から述べなさい。

4　自殺免責期間が終了した後の自殺について，生命保険会社が保険金を支払うべきとする理由を述べなさい。また，支払うべきでないとすれば，どのような場合だろうか（最高裁判所平成16年3月25日判決参照）。

第 **5** 章

リスクに対処する諸制度

●**この章で学ぶこと**●
□ リスクに対処するさまざまな手法（手段）が，歴史的にみると保険だけではないことを知る。
□ 保険，冒険貸借，無尽および頼母子，代替的リスク移転，金融派生商品について，それらの仕組みと機能に焦点を絞り明らかにする。
□ 純粋リスクのカバーに関して，保険が重要な制度として存在してきたことが明らかになる。
□ 資本市場の発展，金融技術の進展により，保険を補完する新たなリスク対応手段が出現した理由を学ぶ。

●**キーワード**●
冒険貸借，無尽，頼母子，代替的リスク移転，金融派生商品

1 冒険貸借の仕組みと機能

　人類の長い歴史を振り返ると，現代的なリスク概念が「発見」される以前から，ビジネス・リスクに対処するために，さまざまな手段が用いられ，またそれを支える制度が発達してきたことがわかる。

　リスクを処理する方法は，基本的には保有，移転，分散および回避という4つが考えられる。リスクを認識する主体は，いずれかの方法を選択するか，あるいはこれらの組合せによってリスク処理を行ってきた。さらに重要なことに，初期においては，その処理方法のなかに，リスクを処理するという保険機能ばかりでなく，資金を調達するという金融（財務）機能がビルトインされる場合が多かった。そのため近代保険の確立は，同時に保険機能の自立過程と考えることができる。その反面，本章の第4節および第5節は，近年再び保険機能と金融（財務）機能が融合するという傾向があることを説明する。

　本章では過去に存在したさまざまなリスク処理方法について，歴史的特殊性を

捨象して比較することによって，保険と金融（財務）の分離と融合について考える材料を提供する。

1.1 冒険貸借の仕組み

近代的な海上保険が制度として定着するまで，**冒険貸借**は，海上危険をめぐるビジネス・リスクに対処する方法として，地中海を中心とする交易圏を中心に普及していた。その形態は，国際貿易の質と量の拡大とともに変質したといわれているが，ここでは，冒険貸借を歴史具体的に述べるのではなく，冒険貸借の基本的な仕組みについて概説する。

はじめに，企業家である船主と資金提供者を想定しよう。企業家（船主）が，ある条件で借金を行うとし，資金提供者が条件つき貸付けに応ずる。その条件とは，無事に航海が終了したあかつきには，資金提供者に対して高額の利子を支払うが，難破などが生じて航海に失敗すれば，元本の返済が免除されるというものである。これが冒険貸借とか，海上賃借とかよばれるものである。

古代および中世の貿易はリスクが大きく，ひとたび貿易が成功すると収益は莫大なものとなったが，失敗すると投資したすべてを失うことになった。企業家（船主）は，まさに一攫千金を求めて貿易に乗り出したが，その際に冒険貸借というかたちで，海上危険によって生じるリスク（財産の変動）を出資者に移転する手段を利用した。もちろん，このようなカバーがいつでも容易に得られたわけではないし，またリスクを完璧に移転することも困難だった。しかし，海上保険が普及する以前においては，海上危険に関するリスクをカバーする有力な手段であった。

1.2 冒険貸借の機能——資金提供機能とリスク移転機能

冒険貸借には，船主に対する資金提供機能とリスクの移転機能という2つの機能が含まれている。船主は，貿易に関する自分のベンチャーを開始するにあたって，投資家から資本の提供を受けられる。事業の失敗率が高い代わりに，成功した場合の利得も大きい，つまり期待収益率が相当に大きければ，出資者の投資インセンティブは大きなものとなる。他方，船主にとっても，海難事故で損失が生じたときに，保険金というかたちではないが，借金の返済が免除されるというかたちで損害に対する補償が行われるという，海上保険の機能と同様の損失金融の

効果をもたらした。

1.3 リスク移転機能としてみた場合の特徴と問題点

冒険貸借という契約をするにあたって，保険企業のような特別な組織は必要ない。ベンチャー企業主と資金提供者が相対（あいたい）で契約を締結すれば，冒険貸借が成立する。保険制度がアンダーライティング（本章3.3項および第17章参照）を実質的に行える保険企業（まれに個人企業）の存在を前提とし，かつ損害調査等の保険金支払いに伴う組織や制度を必要とするのに対して，きわめて簡便である。

その反面，海上保険と比較して次のような限界がある。第1に，補償限度が出資金元本を限度としていること，第2に保険料を徴収しないが，いわゆる成功報酬というかたちで事後的に巨額な「保険料」を徴収されること，第3に事業資金以外のリスクについては補償することができないこと，そして第4に実損填補が行われることが難しいこと，などである。

さらに保険制度と比較すると，冒険貸借に内在する次のようないくつかの制度的欠点を指摘できる。

冒険貸借は，資金調達機能とリスク移転機能を兼ね備えたものであるが，資金コストおよびリスク移転コストが渾然（こんぜん）一体として融合しているために，技術的に両者のコストを分離し，しかも合理的に計算することが困難である。さらに期待収益率については，冒険貸借の当事者双方の思惑において相違が生じやすく，その乖離が大きい場合には，船主は自己資本（あるいはそれに準ずる資金調達）によって事業を行うことを選び，資金提供者はこの「投資」から手を引く。したがって相対取引を基本としている冒険貸借は，契約が成立しないという可能性が大きいのである。

さらに冒険貸借が成立した場合においても，船主のモラルハザードという問題が残る（第6章第2節参照）。資金提供者は，船主の行動を完全には監視できないので，船主は資金提供者の利益よりも，自己の利益を優先する行動を選択する可能性が高い。たとえば，「保険事故」によって自分自身が失う損失が少ないために，必要以上の資金を導入したり（過剰投資），通常以上に無謀な事業に手を出したりするかもしれない。

このような欠陥をもっているが，これらのインセンティブ問題を解決するような歴史的条件，たとえば商人世界の取引当事者のプライドが尊重されるとか，商

人間での評判の価値が重要とされるなどの条件が社会に備わっているならば，ある程度は解決される。この制度が歴史的に存在してきた背景を理解するためには，「他人に知られないならば，利己的な行動をとるのが合理的な人間である」という経済学（契約理論）の前提条件自体を疑ってみる必要があるかもしれない。

2 無尽および頼母子の仕組みと機能

2.1 無尽および頼母子の仕組み

　無尽および頼母子の誕生は中世にさかのぼるが，ここでは近世に確立し明治時代まで伝えられた無尽および頼母子を典型事例と考えて，そこから捨象したイメージをもとに，その仕組みを解説する。無尽および頼母子は，地域的に，いわば自然発生的に生まれた互助組織（この組織のことを「講」という）である。地域によって無尽とも頼母子ともよばれている。無尽および頼母子は，寺社の改築，橋梁の建設などの共同体的な目的のために結成される場合が多いが，単に参加者間の親睦と互助のために結成されるものもある。

　その仕組みは次の通りである。無尽とか頼母子とかよばれる「講」を組織する講元が会員を募集し，会員から徴収した定額の掛金をプールする。会員は，あらかじめ定められた条件（偶発的事故，困窮度など）を満たした場合，拠出金の全額あるいは一部を受け取る。なお給付については，偶発的事故や困窮などの「保険事故」によるものだけではなく，くじ引きあるいは「競り」といった手段で決定される場合もある。くじ引きによる給付方式では，構成員が30人だとすれば，30年間くじ引きを継続すれば，最終的には全員が給付金を得ることができる。この場合，金利を考えると，早く当籤した者が有利となる。

　競りでは，給付を希望する者が競りを行い，もっとも高利を提示した者に給付される。それによって生じる利益から運営費の支出や参加者への配当が行われるため，くじ引き方式以上に貯蓄性が鮮明となる。

2.2 無尽および頼母子の機能

　無尽および頼母子は，共同体的きずなの再確認機能，庶民金融機能，および流動性リスクに対する保険機能の3つの機能をもっている。

無尽および頼母子の仕組みは，早い時期に給付を受けてしまった参加者が脱退することによって崩壊する。したがって講が安定的に運営されているという事実は，逆にいえば講が属する共同体のきずなの強さの再確認ということである。また講の剰余金を活用して，参加者の懇親会が開かれることが多いが，それは共同体的きずなを再確認する機能を果たすものである。また先に述べたように，寺社の改修費用など，いわゆる共同体の範囲内での公共事業を遂行することを目的に結成される無尽および頼母子は，講の存在自体がこの機能の発揮とみることができる。

　次に庶民金融機能について説明しよう。無尽および頼母子講において，給付者を競りで決めるなど，資金需要の強い者に対して小口の資金融通を行う機能をもつ場合がある。また，講の参加者にわずかな配当を行うことにより庶民に対する貯蓄機能を発揮できる。さらに，金銭的手元不如意というリスク（流動性リスク）に対する保険機能をもっている。貨幣経済の浸透が遅れた村落部など，ストックに対して相対的にフローが少ない地域においては，まとまった現金支出が必要となる冠婚葬祭のような家計のイベントによる流動性リスクが大きかった。このような場合においては，無尽および頼母子を利用して集団的に流動性リスクを減少することが期待されたのである。

2.3　特徴と問題点

　無尽および頼母子の講の組織的特徴は，会社形態を採用する保険会社のようにゴーイング・コンサーン（継続事業体）ではなく，結成時と終了日がはっきりしていることである。講元および設立メンバーが匿名の参加者に入れ替わることはないので，設立の目的を果たした時点で解散するのが通例である。

　無尽および頼母子は相互救済の手段として理想的であるかのように思われるが，制度的に次のような限界と問題がある。第1に，無尽および頼母子の提供する保障の対象からは，極貧者とかよそ者といったような，集団と融和しにくいリスクをもった人間は排除される。無尽および頼母子は，加入者数を制限するとか，加入者資格を限定するなど，排他的な相互救済手段であることが多い。第2に，すでに述べたように機会主義的行動を行う参加者によって，組織が崩壊するという脆弱性をもっている。歴史的には，この脆弱性を補強するうえで，金銭動機以外の社会的規制が重要であった。しかしながら，この諸規制こそが，無尽および頼

母子という相互救済組織が近代化するうえでの最大の障害となっていた。

3　保険の仕組みと機能

3.1　保険の仕組み

すでに第3章で保険の構造について述べているので，ここでは電球を購入する消費者のリスクを例にあげて，やや通俗的な説明によって保険の仕組みを明らかにしてみよう。まず，次のような前提をおく。

(1)　電球の生産個数を N 個とし，購入者も N 人とする。

(2)　電球の平均寿命を500時間とする。

(3)　電球の寿命は正規分布せず，一様に分布する。

図5-1は，縦軸に電球の生産個数を寿命の短い順に上から下まで並べ，横軸には電球の寿命を示したものである。電球の寿命は本来ならば正規分布するものと思われるので，図に示した曲線のように分布するはずであるが，(3)の仮定をおいたため直線となる。

さて，電球購入者が平均寿命500時間を想定して電球を購入すると，図5-1の左上の△ABOだけ損失が生じる。したがって，△ABOの面積である125N（時間）が期待損失時間である。これに対して図5-1の右下の△CDOは，予想よりも寿命が上回る時間の合計となる。ここで電球をレンタルする会社があって1時

図5-1　保険の仕組み

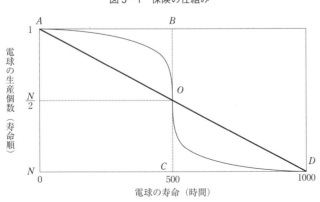

電球の寿命（時間）

間 10 円で貸し出すものとすると，期待損失額は，1250N 円（125N×10）となる。N 人が電球を購入すると，全体としては必ず 1250N 円の損害が生じるのであるから，N 人が最初に 1250N 円を拠出しておき，運悪く平均寿命に満たない電球を購入した者に対して，損失を補償するということが考えられる。つまり，個々が 1250 円 （$\frac{1250N}{N}$）という金額を拠出すれば，すべての者が損失補償を得ることができる。

　以上のことから，保険の仕組みは，期待損失額に対して，集団的に掛金（保険料）を拠出することによって，そのリスクが実現して損害が生じた者に対して損失を補償するものであることがわかる。

　ここで重要なことは，期待損失額を合理的に予測し，正確かつ契約者に公平な保険料を計算できるというアンダーライティングの能力（保険数理技術などを含む）および利得のチャンス（図 5-1 の右下の△CDO）がありながら期待損失に対してリスク回避的な行動を選択する購入者の存在，そして損失が生じたときに補償（保険金支払い）を確実に行いうるような保険の仕組みを運営する主体と組織の存在である。

　ここでは，保険の運営費および正当な利潤については考慮していない。したがってこの通俗的なモデルでは，購入者がなぜ期待損失額以上の保険料を支払ってまで保険を購入するのかということは明らかにされていない。これをより深く理解するためには，期待効用仮説および公正保険料という考え方を学習する必要がある（第 6 章，および米山高生 [2012]『リスクと保険の基礎理論』同文舘出版，を参照）。

3.2 保険制度の機能・特徴

　保険制度は，純粋リスクのカバーを中心に，利用者のリスク軽減機能を担ってきた。海上保険，火災保険そして近年の自動車保険は，いずれも主として純粋リスクを対象とするものである。これらの市場の大きさから考えると，保険制度がもっとも重要なリスク・カバーを提供する存在であることはまちがいない。

　しかし価格リスクと信用リスクに対しては，保険制度は十分には対応してきていない。さらに純粋リスクについても，第 4 節以降に述べるような，新しいリスク処理方法の出現によって，保険制度によらずにリスクを処理することも可能になっている。保険制度の提供するリスク・カバーの機能は，必ずしもオールマイティーではないのである。

3.3 保険制度のメリットとデメリット

保険制度は，無尽および頼母子と比較すると，不特定多数を対象にリスクを引き受けることができ，なおかつ共同体的な規制や理念によらずに，近代的かつ合理的に個別のリスクをカバーすることが可能となる点で優れている。その反面，保険相互会社の総代会の形骸化が指摘されるように，相互救済という理念の意味は実態的に薄れることは否めない。

代替的リスク移転（本章第4節参照）や金融派生商品（本章第5節参照）と比較すると，保険会社がアンダーライティングの専門能力に投資するインセンティブが強いのに対して，金融派生商品や代替的リスク移転は商品設計能力に投資するインセンティブが強い。保険会社にとって，個別リスクを統計的に正確に計測して危険選択すること（アンダーライティング能力）は，企業競争力の源泉の1つである。そのためには，商品企画力・商品設計能力に依存するばかりではなく，保険ニーズの把握から保険商品の設計・募集・契約の維持保全，そして保険金支払いに至るまでの一連のプロセスにおいて顧客と常に接点をもつビジネス・モデルが重要である。これに対して，金融派生商品と代替的リスク移転は，リスクを合理的にプライシングでき，しかも市場で引受け手を見出すことが重要課題である。そのためリスクの由来や質的特徴についての情報収集は重要ではあるが，どのような顧客がリスク移転を望んでいるのかということについて，それほど関心を注ぐ必要はない。

4 代替的リスク移転（ART）の仕組みと機能

代替的リスク移転（ART）および金融派生商品（デリバティブ）に関する業界共通の定義は定まっていないが，本章では，両者の制度的特徴に大きな相違があるものと理解して両者を別々に論じる。現実には，理論よりも商品設計が先行しており，両者の概念は必ずしも明確に区別されていないということをあらかじめ指摘しておく。

4.1 代替的リスク移転の仕組み

代替的リスク移転を意味する ART は alternative risk transfer の略であり，巨

大災害の発生やロイズ危機などによって再保険市場がハードとなった1990年代中頃に急速に発展したリスク処理手段である（以下，ARTと略称）。簡単にいえば，顧客が移転を希望するリスクをSPC（特別目的会社）を経由して証券化し，資本市場で消化することによって，リスクを分散するものである。具体的に地震リスクをあげて考えてみると，地震が発生するか否か，また発生したとすればマグニチュードの程度と証券の利率・元本償還などの条件をリンクさせて巧みに証券化を行い，価格づけをして資本市場で売却するのである。たとえば，直下型でマグニチュード7以上ならば元本償還なしとなるが，地震が発生しなければ元本および高い利払いが行われるというような有価証券を発行するわけである。SPCが介在する主な理由は，有価証券売却代金の運用・管理をリスク移転元から分離して移転元の信用リスクを遮断する必要があるためである。

4.2 代替的リスク移転の機能

ARTは，リスク移転を希望する顧客に対して，資本市場の投資家にリスクを分散することによって，リスク移転の受け皿となる。とくにこの手法は，巨大リスクや異常損害危険などに対するリスク処理機能を発揮することが期待されている。また巨大な純粋リスクをすべてARTで処理するというのではなく，伝統的な保険制度と補完することによって，リスクの移転を希望する顧客に対して合理的で総合的なリスク処理方法を提供することができる可能性がある。たとえば，サイドカーとよばれる手法はこれにあたる。

さらに，投資家に対しては，新しい投資対象を提供することができる。一般に，保険リスク関連の事象は，株式や債券のリターンと相関をもたないことが知られている。そのため保険リンク証券（ILS）への投資は，仮にその期待収益率が低かったとしても，投資家にとってポートフォリオを組む際に好都合な証券である。

4.3 代替的リスク移転の制度的特徴と問題点

伝統的な保険会社は，巨大リスクを国際的な再保険ネットワークを背景に分散することによってリスク処理を行ってきたが，ARTでは，市場を通してリスクを売却（分散）することが特徴である。すでに述べた冒険貸借は，市場でリスクを処理していたわけであるから，古典的なARTといえなくもない。冒険貸借とARTの違いは，金融技術の進歩を別とすれば，ARTにおいては，リスクを引き

受ける市場が広く，かつ深くなっていることである。

　しかしグローバルな資本市場をバックボーンとした ART でも，問題点がある。第1に，伝統的な保険に対して，必ずしもコスト優位であるとは限らないことである。ART は，損害調査等のコストをかけない分だけコストが安いようにみえるが，現実には，証券化およびプライシングにかける技術的コストは小さくない。さらに，第1章でも触れた AIG の経営危機の原因となった CDS のように，プライシングを間違えるという危険もある。あるいは，証券化とプライシングが達成されても，市場で投資家を見出せないという場合もありうる。また証券を組成するときに，リスクの分散効果を狙ってさまざまなリスクを組み合わせる場合，それぞれの本来のリスクに対する認識を鈍化させてしまう可能性がある。サブプライムローンに関連する証券化商品の問題点も，複雑な証券化によって本来のリスクがみえなくなってしまったことにある。

5　金融派生商品（デリバティブ）の仕組みと機能

5.1　金融派生商品の仕組み

　金融派生商品は，一般にデリバティブとよばれている（以下，デリバティブとする）。これを一言で説明すれば，先物取引のように，現物取引に伴って派生する取引のことを指すが，ここでは，コラム❾に掲載する天候デリバティブを例にあげて，仕組みを紹介する。天候と清涼飲料卸売会社の収益とに相関があることは容易に想像ができる。コラムの例では，日照時間が平均日照時間を下回った場合に補償金を支払うが，上回った場合には補償金を払わないという契約である。具体的には，7〜9月の1日当たりの平均日照時間が2時間54分を6分下回るごとに清涼飲料卸売会社に対して25万円が支払われる。契約（保証）料は50万円なので，日照時間が2時間42分を下回ると清涼飲料卸売会社の取り分（ペイオフ）が多くなる計算になる。

　コラム❾で紹介する日照時間デリバティブは，平均日照時間によって以下のように価格が変化する証券を，権利行使期に，権利行使価格（たとえば，この場合は $X=50$）で購入する権利を買うコール・オプションと考えることができる。

　　　3時間00分の証券価格＝ $(X-25)$ 万円

Column ❾　天候デリバティブの発売

『日本経済新聞』（2002年4月4日）で報じられた日照時間デリバティブの発売について紹介する。

　「三井住友海上保険は，夏に日が照らずにジュースなどが売れなかった場合に損失を穴埋めするデリバティブ（金融派生商品）を開発，関東の飲料卸業者と契約した。7，8，9月の3カ月間の日照時間があらかじめ決めた時間を下回った場合に補償金を支払う。

　（中略）これまで夏の飲み物は『暑いほど売れ，寒いほど売れない』というのが定説だった。しかし，同社が改めてこの卸業者の販売データを解析したところ，気温よりもむしろ日照時間が売り上げを左右することが判明。新しいデリバティブの開発に結びついた。

　今回の契約の場合，7～9月の1日あたり日照時間の平均が2時間54分を6分下回るごとに25万円を飲料卸業者に支払う。契約料は50万円なので，日照時間が2時間42分を下回ると業者の受け取り分の方が多くなる。補償額が最大となるのは，日照時間がゼロの場合で，725万円となる。

　基準となる日照時間は，契約する業者の営業地域の状況に合わせて決める。」
この商品は，図5-2で示すように，オプション商品と考えることができる。

$$2時間54分の証券価格 = X \quad 万円$$
$$2時間48分の証券価格 = (X+\ 25) \quad 万円$$
$$2時間42分の証券価格 = (X+\ 50) \quad 万円$$
$$2時間36分の証券価格 = (X+\ 75) \quad 万円$$
$$2時間30分の証券価格 = (X+100) \quad 万円$$
$$\vdots$$
$$0分の証券価格 = (X+725) \quad 万円$$

　日照時間が2時間54分よりも長い場合は，権利行使しても意味がなく顧客のペイオフは，保証料を考慮するとマイナス50万円となる。2時間48分よりも短い場合には，権利行使を行うが，2時間48分の場合は，75万円の証券を50万円で購入できるのだから差引き25万円の利得となるが，保証料を考慮すればペイオフはマイナス25万円である。2時間42分よりも短くなると，保証料を控除した顧客のペイオフは，0よりも大きくなり，利得を生じる。

　なおこの契約は，一定の日照時間を下回った場合に価格が下がる証券を仮想し，価格X万円で売る権利を，保証料50万円を支払って購入する契約と考えること

図5-2　日照時間デリバティブ

（a）　日照時間デリバティブのオプション構造

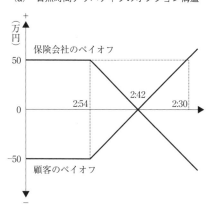

（b）　実際の日照時間デリバティブのペイオフ

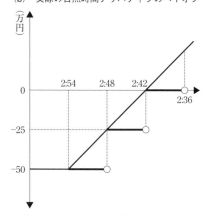

> コラム❾で紹介した日照時間デリバティブは，図のようにオプション料（50万円）を支払うコール・オプションに類似するものである。

> 平均日照時間2時間54分を6分下回るごとに25万円支給されるので，50万円の契約料を支払ったデリバティブ購入者のペイオフは，2時間48分から2時間42分未満の間マイナス25万円，2時間42分から2時間36分未満の間0円と段階的になっている。

ができる。つまり，上記のコール・オプションに対して，プット・オプションで考えることも可能である。

5.2　金融派生商品の機能

デリバティブには，価格リスクに対するヘッジ機能において優れているものが多い。またデリバティブは，基本的には損益が相殺される価格リスクを対象としているので，オプション評価を利用したり，逆相関するリスクを交換したりすることによって，保険制度で扱うよりも安価にリスクをヘッジできるという可能性をもっている。

トリガーの設定やオプション価格の計算などにおいて，今後ますます信頼できる理論的進展がみられることが期待されるうえに，保険業法の規制によらず販売できることから，ビジネスとしての広がりも期待される（コラム❿を参照）。

天候デリバティブが普及するためには，天候リスクに関する正確なデータが必要不可欠であるが，気象庁は，降水量や気温などの予想確率をきめ細かくはじき出すことができる「アンサンブル予報」を企業の業績予想に取り入れるノウハウについて公表した。以下は，『日本経済新聞』（2003年9月3日）からの引用である。

　「アンサンブル予報は，観測データにわざと誤差を与え，複数の計算をすることで最適な平均値を導く。この手法で降水量や気温などの『確率分布』をきめ細かくはじき出せる。

　長期予報は通常『気温は平年並み』などと発表されるが，同時に確率も併記。

　今夏も，5月発表の3カ月予報では，北日本について『平年より低い』30%，『平年並み』50%，『平年より高い』20%と『涼しい夏になる可能性は示唆できていた』（同庁気候情報課）。実際には，『X度になる確率はY%』というさらに詳細な情報を得ることもできる。

　同庁は，企業のリスク分析の結果が確率分布で公表されることに注目。確率の形で数値化した天候情報と合わせ，リスク管理する手法を考案した。

　同庁は，実際にガス会社のデータを使用して試算。冬の3カ月の経常利益予想で，過去30年の気温の単純分布を使った場合と，アンサンブル予報を使った場合を比較した。その結果，20回に1回の確率で現れる経常利益の下限値を，1億円以上改善するなど，一定のリスク回避が可能となったという。」

5.3　金融派生商品の制度的特徴と問題点

　市場を通してリスクを分散するという意味では，デリバティブとARTは同じであるといえるが，ここにあげたデリバティブの場合は，証券そのものを売買するのではなく，証券に関連するオプションを売買するという意味でARTとは異なっている。また，トリガーの選定とリスク移転者の期待損失との間の相関について，ART以上に投機的要素が入り込む余地がある。さらにデリバティブ販売に際しては，SPC（特別目的会社）を設立する必要はない。しかしながら次のような問題点も存在する。第1に実損と支払金が乖離するという，いわゆるベーシス・リスクが大きく，投機的要素が大きくなると，本来のヘッジの機能が希薄化してしまうおそれがあること。第2に，SPCが介在しないために，販売主体の信用リスクとデリバティブ商品との間にリスク遮断が適切に行われていないおそれがあり，補償の確実性が損なわれる危険があることである。

6 まとめ——金融と保険の分離と融合

　金融と保険の融合が叫ばれている。この融合現象を機能的な側面からみると，本章で明らかにしたように，歴史的には金融と保険が融合していた状態（冒険貸借）から，保険機能が分離（保険制度）するという潮流が存在した。保険制度は純粋リスクをカバーするのに優れていたために，リスク処理手段といえば実務的には保険制度しか考えられない時代が長く続いた。しかし近年では価格リスクや信用リスクに対する処理手段も重要とされるようになり，また1990年代初期のロイズ危機，再保険市場のハード化，および金融工学の飛躍的な発展などを背景として，伝統的な保険に代替するリスク処理方法（ART）が，活用されるようになった。同時に，オプション評価式によってプライシングされたデリバティブ商品の開発も顕著となった。これらの傾向を金融と保険の融合とみることができる。

　伝統的な保険とARTやデリバティブとのリスク処理方法の相違を要約し，本章の結びとする。

　第1に，損害保険においては実損填補が行われるのに対して，ARTやデリバティブにはそのような概念が希薄であり，実損との乖離（これをベーシス・リスクとよんでいる）がある。保険制度は，実損填補の達成のために，契約の保全や保険金支払いに際する損害調査の費用がかかる点でコスト劣位にある。また損失填補の迅速さについても優れているとはいえない。しかしベーシス・リスクの存在は，リスクを移転する顧客がリスクを完全に移転できていないことを意味するわけであり，そのため，ARTやデリバティブは，保険制度ほど完璧なリスク移転手段とはいえない。

　第2に，保険制度が，損害保険において実損填補の原則などを設けている理由は，保険が射倖契約であるので，逆選択・モラルハザードのようなインセンティブ問題に留意して制度（商品）設計を行う必要性があるためである。このためエージェンシー・コストが過大になると，市場では販売不能となる。これに対して，ARTやデリバティブの場合，このようなエージェンシー・コストの問題にとくに配慮する必要はない。しかしすでに述べたように，資本市場に受け入れられなければ，そもそもリスクの分散はできない。保険商品もまた市場で売買されるのではあるが，販売チャネルを通して顧客と密接につながっている。だが，ART

やデリバティブにおいては，まさにマーケットにおいて投資家と向かい合うことになる。ARTやデリバティブも「プライシングの失敗」と同様，「市場を見出せない失敗」という問題を常に抱えている。ここに，両者の大きな相違の1つをみることができる。

　第3に，上記と関連するが，保険が顧客を向いているのに対して，ARTやデリバティブは投資家を向いているという特徴の相違がある（天候デリバティブの場合は顧客であるが，ベーシス・リスクが大きくなれば，投資要素も大きい）。保険は，本書の第Ⅱ部で学ぶように，市場調査から保険商品の設計，募集，契約の維持管理，損害査定，保険金の支払いという一連のプロセスのすべてにおいて，顧客との関係を保つ必要がある。また企業保険あるいは再保険契約などでは，損害率の変動についても顧客企業との長期的な取引関係のなかで事後的に損益を調整することができる。これに対して，ARTやデリバティブは，マーケットによるスポット的な売買に焦点が絞られているために，長期的・継続的なリスク処置をほとんど期待できない。

【練習問題】
　　1　冒険貸借と代替的リスク移転の類似点を明らかにしなさい。
　　2　無尽および頼母子と相互生命保険との相違点について解説しなさい。
　　3　損失の塡補について，天候デリバティブと事業中断保険（イベント保険）の相違点を明らかにしなさい。
　　4　証券化の手法の発達が，リスクに対処する手段を生み出している。証券化を利用した新たな手法の事例を1つあげて説明しなさい。

第 **6** 章

保険の経済分析

●この章で学ぶこと●

□ 不確実性下の経済主体の合理的行動基準として，期待効用仮説について学ぶ。

□ リスク回避者がなぜ保険を購入するのかについて理解する。

□ 保険市場の特徴である情報の非対称性と市場の機能を制約する2つの問題，逆選択とモラルハザードが発生するメカニズムについて理解する。

□ 逆選択に対処する考え方として，強制保険，シグナリング，スクリーニング，分離均衡について理解する。

□ モラルハザードに対処する考え方として，モニタリング，控除免責，塡補限度額，経験料率を理解する。

●キーワード●

不確実性，情報の非対称性，条件つき財，期待効用，効用関数，
期待効用仮説，リスク回避者，リスク・プレミアム，逆選択，
市場の失敗，強制保険，シグナリング，スクリーニング，分離均衡，
モラルハザード，モニタリング，一部保険，控除免責，塡補限度額，
経験料率

1 保険の経済分析

　経済学による保険市場の分析は，不確実性の経済学や情報の経済学といった新しい経済理論を基礎としつつ，飛躍的に発展してきた分野である。とりわけ情報の経済学については，ジョージ・アカロフ（George A. Akerlof, 1940- ），マイケル・スペンス（A. Michael Spence, 1943- ），ジョセフ・スティグリッツ（Joseph E. Stiglitz, 1943- ）といった，その理論的基礎を形成してきた3人が2001年のノーベル経済学賞を受賞したことをみても，この分野の発展ぶりがわかる。本章では，保険市場を経済学の観点から分析することによって，保険会社と保険申込者が出会う「場」である保険市場がどのような特徴と限界をもっているのかについ

て明らかにする。

1. 1 条件つき財としての保険

　保険も，テレビや自動車，パンや米と同じく財の一種である。経済学では市場で取引されるもののことを財というので，保険も保険市場で取引される財の一種であるといえる。ただし保険が他の多くの財と異なる点は，保険が条件つき財であるという点である。それでは，条件つき財とは何であるのか。

　その前に，まず不確実性という言葉の意味を整理しておこう。**不確実性**は，情報という観点から次の2つのタイプに分類される。1つは，誰もが事前には知ることができないような情報に関する不確実性である。たとえば，翌日の天気がわからないということである。これを情報の欠如といい，これに起因する不確実性のことを外生的不確実性という。もう1つは，特定の人々は知っているが他の人々は知らないという情報に関する不確実性である。たとえば，本当の病状について，患者は知らないが主治医は知っているような場合である。これを**情報の非対称性**（情報の偏在，非対称情報）といい，これに起因する不確実性のことを内生的不確実性という。

　不確実性のある世界では，将来，さまざまな状態が生じうる。たとえば，明日の天気がどうなるかはわからない，わかったとしても晴れが30%，曇りが50%，雨が20%の確率で生じるといったことだけである。このような不確実性のある世界では，ある特定の状態が生じたときに限って，その引渡しが行われるという条件つきの財が存在しうる。このような財のことを，**条件つき財**という。たとえば，馬券などはその典型例である。自分の賭けている馬が勝てば，馬券は相当額のお金と交換されるが，勝たなければそれは一文の価値もなくなってしまう。馬の勝ち負けは将来の状態であり不確実なものであるので，馬券はまさに条件つき財の1つであるといえる。

　以上，条件つき財がどのようなものであるかを理解できたならば，保険がその典型例であることは容易に理解できる。保険は保険事故が発生した場合にのみ保険金が支払われるという財である。たとえば，火災保険を例にするならば，火災による家屋の焼失という状態が生じたときに保険金が支払われる。また，生命保険（死亡保険）の場合は，被保険者の死亡という状態が生じたときに保険金が支払われる。保険はまさに条件つき財の典型例なのである。なお，ギャンブルとし

ての馬券と保険との本質的な相違について理解するためにはより進んだ学習が必要であるが，ここではひとまず条件つき財としての特徴のみに注目しておく。

1.2 期待効用仮説

不確実性のない世界では，経済主体の行動基準は効用最大化である。効用とは，消費から得られる喜びや満足と理解しておけばよい。では，不確実性がある世界における行動基準にはどのようなものがあるのだろうか。これに対する答えとして，**期待効用**（expected utility, EU）という概念を導入する。

簡単な例を考えてみよう。ある学生が学園祭で焼き鳥の販売を企画しているとしよう。この学生が直面している不確実性として天気を想定し，晴れと雨しか発生しないとする。また，晴れか雨かは事前に知ることはできないが，それらの起こる確率がそれぞれ 70% と 30% であることは事前に知っているとする。さて，晴れると学園祭に多くの人が訪れるので，焼き鳥の店は繁盛し，この学生は 4 万円の所得を得ることができる。ところが，雨が降ると，お客はあまり来ないので所得が 1 万円にしかならないとする。このように，この学生は，各状態（晴れまたは雨）で起こる結果（所得 4 万円または 1 万円）とその確率（70% または 30%）で表される不確実な状況に直面しているといえる。このような状況のことを見込み（L）といい，$L\{40000, 10000 ; 0.7, 0.3\}$ と示す（表6-1）。このとき，所得の期待値（期待所得）は，3 万 1000 円（＝ 4 万円 × 0.7 ＋ 1 万円 × 0.3）である。

それでは個人は，この見込みをどのように評価するのであろうか。この問題を考えるために，個人の所得と効用がどのような対応関係になっているかについて，次のような関数を設定する。個人の所得を y，効用を u とし，$u = U(y)$ という関数で表現する。このような関数のことを**効用関数**という。効用関数は，たとえば所得が y_1 のときの効用が $U(y_1) = u_1$ であるということを示しているが，所得 y は不確実な状況にある。そこで，不確実性のある世界では，それぞれの状態における効用をそれぞれの確率で重みづけした期待効用（効用の期待値）を，経済主

表6-1 見込み L（リスクありのケース）

状　態	生起確率	結　果
晴　れ	70 %	4 万円
雨	30	1 万

期待効用仮説は不確実性のある世界での経済主体の合理的な行動を説明するうえで，たいへん重宝されている。ところが，期待効用仮説では説明できない人々の行動に関心が集まるとともに，仮説そのものの公理に対する再検討も行われている。すべての再検討を紹介するのは紙面の都合上できないので，例として，モーリス・アレ（Maurice Allais, 1911-2010）のパラドクスを紹介しておこう。次の2つの実験を考えてみる。

実験Ⅰ：
選択肢(1)　100％の確率で10万円が手に入る。
選択肢(2)　89％の確率で10万円，10％の確率で50万円，1％の確率で0
　　　　　円が手に入る。

読者はどちらを選ぶだろうか。実験によれば多くの被験者は選択肢(1)を選んだ。次に実験Ⅱを考えてみる。

実験Ⅱ：
選択肢(1)　11％の確率で10万円，89％の確率で0円が手に入る。
選択肢(2)　10％の確率で50万円，90％の確率で0円が手に入る。

今度はどちらを選ぶだろうか。実験によれば多くの被験者は選択肢(2)を選んだ。それでは，これらの実験結果を期待効用仮説の考え方に従って評価してみよう。効用関数を $U(\cdot)$ とすると，実験Ⅰの場合，選択肢(1)の期待効用は，

$$1 \times U(10万円)$$

である。他方，選択肢(2)の期待効用は，

$$0.89 \times U(10万円) + 0.1 \times U(50万円) + 0.01 \times U(0円)$$

である。したがって，実験Ⅰの結果をみると，人々は以下のように評価している。

$$1 \times U(10万円) > 0.89 \times U(10万円) + 0.1 \times U(50万円) + 0.01 \times U(0円) \quad \cdots ①$$

同様に実験Ⅱについて考えてみると，人々は以下のように評価している。

$$0.11 \times U(10万円) + 0.89 \times U(0円) < 0.1 \times U(50万円) + 0.9 \times U(0円) \quad \cdots ②$$

ところが，①式の両辺から $0.89 \times U(10万円)$ を引き，$0.89 \times U(0円)$ を加えて式を整理すると，次のような式が成立する。

$$0.11 \times U(10万円) + 0.89 \times U(0円) > 0.1 \times U(50万円) + 0.9 \times U(0円) \quad \cdots ①'$$

つまり，被験者が同じであるにもかかわらず，②式と①′式では評価がまったく逆になっているのである。このことは，期待効用仮説の独立性の公理に反しているといわれる。興味のある読者は専門書で学んでもらいたい。ちなみに，アレは1987年のブラック・マンデーの発生を予測した経済学者として有名なだけでなく，88年にはフランス人として初のノーベル経済学賞を受賞している。

体の効用として記述できると考える。すなわち，不確実性下における経済主体の合理的行動は期待効用を基準として行われると考えるのである。このような考え方のことを期待効用仮説という。先ほどの焼き鳥販売の例で，たとえば効用関数を，$u = \sqrt{y}$ と設定するならば，期待効用 $EU(L)$ は，

$$EU(L) = 0.7 \times \sqrt{40000} + 0.3 \times \sqrt{10000} = 170$$

のように記述されることになる。

1.3 リスクに対する経済主体の態度

先ほどは，不確実性のある世界における経済主体の行動基準として，期待効用仮説についてみてきた。ここでは，期待効用仮説のもとで，経済主体がリスク（期待値まわりの変動性）に対してどのような態度をとるのかについて考える。

先ほどの例を思い出してみよう。焼き鳥を売っている学生は天気が晴れか雨かによって所得が異なっているが，その期待所得，つまり，この学生が平均的に得られるであろう所得の大きさは3万1000円であった。図6-1はこの学生の期待効用，期待所得，各状態における所得，各状態における所得に対応した効用を示している。ここで，この焼き鳥販売の期待所得3万1000円をリスクなしに実現するような見込み L' を考えてみよう。つまり，晴れても雨が降ってもどちらでも3万1000円という同額の所得が得られるような見込み L' {31000，31000；0.7，0.3} である（表6-2）。

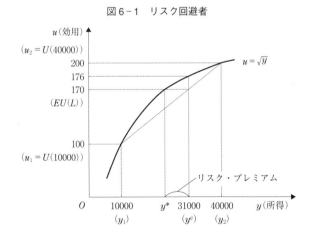

図6-1 リスク回避者

表6-2 見込み L'（リスクなしのケース）

状 態	生起確率	結 果
晴 れ	70％	3万1000円
雨	30	3万1000

この場合の期待効用 $EU(L')$ は以下のようになる。

$$EU(L') = 0.7 \times \sqrt{31000} + 0.3 \times \sqrt{31000} = 1 \times \sqrt{31000} = 176.068\cdots\cdots$$

さて，ここで考えてもらいたい。リスクありの見込み L（表6-1）とリスクなしの見込み L'（表6-2）における期待所得は同額である。しかし，図6-1のような効用関数を前提とすると，それぞれの期待効用は170と約176であるから，$EU(L) < EU(L')$ となり，同じ期待所得でもリスクなしのほうが効用水準は高いことがわかる。このように，期待所得が一定であればよりリスクの小さな状況を選好する経済主体のことをリスク回避者という。逆にいえば，リスク回避者がより大きなリスクを負担する場合には，それに見合った期待所得の増加を要求することになる。なお，リスクに対する態度としては，このほかに効用関数の形状によって，リスク愛好者，リスク中立者が存在する。リスク愛好者とは，期待所得が一定であればよりリスクが大きい状況を選好する経済主体のことをいい，リスク中立者とは，期待所得の大小のみに関心がありリスクには無関心な経済主体のことをいう。保険の需要行動を考える場合，リスク回避者を前提とすることが一般的であるので，以下ではリスク回避者を仮定して議論を進めることにする。

話を元に戻そう。リスク回避者は保険を購入しようとする。なぜか。この問題に答えるために再び図6-1をみてもらいたい。表6-1で示された見込み（リスクありのケース）で示された期待効用 $EU(L)$ と同じ水準の効用を与える所得を y^* とすると，それは，リスクのある状況での期待効用 $EU(L)$ と同一水準の効用をリスクなしで実現する所得といえる。ここで，リスク回避者を仮定して，表6-1の見込み L の期待所得 y^e とこの所得 y^* とを比較して，その差 $y^e - y^*$ を認識するならば，それはリスク・プレミアムと定義される。リスク・プレミアムとは，リスク回避者がリスク移転の対価として支払ってもよいと思う最大額である。したがって，リスク回避者はリスク・プレミアムに相当する金額までは保険料を支払い，保険を購入しようとするインセンティブがはたらくのである。

2 逆選択とモラルハザード

2.1 情報の非対称性

保険の機能を制約する2つの問題

保険市場はリスクを処理するメカニズムとして機能することが期待されている。しかし，保険会社と保険申込者（または保険契約者）との間に情報の非対称性が存在するとき，保険の機能を制約する2つの問題が生じてくる。逆選択（adverse selection）とモラルハザード（moral hazard）である。逆選択もモラルハザードも本来的には保険固有の概念として用いられてきたが，最近では，保険の領域に限定されることなく，拡大して用いられている。

元来，保険固有の領域では，モラルハザードに関して，厳密にモラルハザードとモラールハザード（morale hazard）との区別が行われてきた。モラールハザードとは，気の緩みなどによって事故率が結果的に上昇してしまう現象であり，（厳密な意味における）モラルハザードとは，たとえば，保険金詐欺のように，意図的に事故を起こしてしまう（100%の事故率に上昇させてしまう）現象をいう。なお，（厳密な意味における）モラルハザードは，保険実務の世界では，モラル・リスクとよばれることが多い。このような厳密な言葉の分類に関しては，過失と故意の相違を言葉の定義上，明示するか否かということであろう。しかし，いずれにせよ経済現象としては，保険契約が締結されることによって，事後的な事故率が上昇してしまうことを意味している。そこで，経済的な分析に主眼をおく本章では，こうした問題が情報の非対称性の存在する市場において普遍的に見受けられるものであると考え，保険固有の定義にとどまらず，より一般的な理解に基づき，逆選択とモラルハザードという現象について整理する。

隠された情報と隠された行動

そもそも，2つの経済主体の間で一方が他方よりも情報を多く有している場合，両者の間に情報の非対称性が存在するといい，相対的に多くの情報を有していることを情報優位，より少ない情報しかもたないことを情報劣位という。情報の非対称性は契約関係締結のタイミングによって2つのタイプに分けられる。1つは契約締結前の情報に関する非対称性であり，情報優位者にとって操作不能なもの

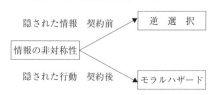

図6-2 逆選択とモラルハザード

隠された情報　契約前　　逆　選　択

情報の非対称性

隠された行動　契約後　　モラルハザード

である。たとえば，中古車の品質や医療保険の保険申込者の健康状態などがその
例である。もう1つは契約締結後の情報に関する非対称性であり，情報優位者に
とって操作可能なものである。たとえば，就職後の労働者の勤務状況や自動車
保険加入後の運転手の安全運転度合いなどはその例である。ちなみに，ケネス・
アロー（Kenneth J. Arrow, 1921-2017）は，前者のことを「隠された情報」（hidden
information），後者のことを「隠された行動」（hidden action）とよび，両者を区別
している（図6-2）。

2.2 逆　選　択

レモンの原理

　契約締結前の情報の非対称性を原因とする問題として逆選択がある。この逆選
択の問題を最初に明示したのは，本章の冒頭でも紹介したアカロフである。アカ
ロフは，アローが指摘した「隠された情報」に起因する逆選択の問題を，中古車
市場を例に分析している。

　売り手（または中古車ディーラー）は，自分の中古車の品質に関して買い手より
も質，量ともに多くの情報をもっているが，買い手は，その中古車がどのように
使用されてきたかを知らない。ここに，中古車の品質に関する情報の非対称性が
存在する。ここで，分析の単純化のために，中古車市場には品質の良い車（ピー
チ）と悪い車（レモン）の2種類しか存在しないと仮定し，良い車だと q_g が，悪
い車だと q_b という価格がつくとしよう。そして，情報優位にある売り手はみず
からの車が良い車か悪い車かを契約締結前に知っているが，情報劣位にある買い
手はそれを知らないものとする。ただし，買い手は，どの車が良い車か悪い車か
の区別はできないものの，吟味している車が良い車である確率が λ であることは
事前に知っているものとする。このとき，任意の中古車の平均価格 q_m は以下の
ようになる。

$$q_m = \lambda q_g + (1 - \lambda) q_b$$

ところが，このように計算される平均価格 q_m（ただし，$q_g > q_m > q_b$）には問題がある。売り手の車が良い車だとしよう。このとき，売り手は自分の車を平均価格 q_m で売りに出すだろうか。答えは否である。なぜなら，売り手の車は良い車なので，本来ならば，q_g という価格で売ることができるのに，中古車市場では，それよりも低い価格 q_m で取引されるからである。つまり損な取引なのである。他方，売り手の車が悪い車だとすると，この問題はどうなるだろうか。この場合は，売り手は喜んで自分の車を q_m という価格で売りに出すだろう。なぜなら，その車は悪い車なので，本来ならば，q_b という価格でしか売ることができないのに，中古車市場では，それよりも高い価格 q_m で取引されるからである。つまり，得な取引なのである。

さて，このような取引が行われると，中古車市場では品質の悪い車ばかりが取引されることになる。品質の良い車が市場から退出して，悪い車だけが市場に残るならば，市場に残っている車の平均的な品質は低下し，中古車の平均価格はさらに低下することになる。このようなことが繰り返されると最終的には，中古車市場には最悪の品質の車しか供給されなくなり，そのような車はもはや誰も買おうとしなくなるので，市場は崩壊してしまうのである。このように，契約締結前の情報の非対称性が存在する世界で市場取引を行うと，価格メカニズムを通じて悪質な財のみが選択され，良いものが淘汰されるという意味で，逆選択が生じてしまうのである。これをレモンの原理という。

保険市場の逆選択

以上，逆選択のメカニズムについて中古車市場を対象に議論してきたが，保険市場の場合も確認しておこう。保険市場の場合は，中古車市場における売り手を保険申込者，買い手を保険会社と読み替えればよい。つまり，保険の取引において，保険申込者はみずからのリスクをよく知っており，保険会社は個々の加入者のリスクを識別することができない。たとえば，入院や手術の際に保険金が支払われるような医療保険の場合，保険申込者はみずからの健康状態をよく知っているが，保険会社はそれを完全には知りえないという状況にある。すなわち，ここには，健康状態に関する情報の非対称性が存在し，保険申込者は情報優位に，保険会社は情報劣位にあるといえる。

さて，保険金額 1000 万円の医療保険を例に考えてみよう。いま，健康状態の

良いグループ（標準体）と悪いグループ（標準下体）がそれぞれ 1 万人いるとし，前者の疾病率を 0.02％，後者の疾病率を 0.08％ と仮定する。また，それぞれのグループに属する個人は自分の健康状態が良いか悪いかを知っているものとする。他方，保険会社は個々の保険申込者の質（健康状態）を識別することはできないが，申込者全体の疾病率や人数は知っているため，平均的な疾病率は計算できるものとする。このとき，保険会社によって算定される平均的な疾病率は，次のようになる。

$$（1 万人×0.02％＋1 万人×0.08％）÷（1 万人＋1 万人）×100％＝0.05％$$

したがって，保険会社が設定する平均的な保険料は 5000 円（＝1000 万円×0.05％）となる。

さて，こうして算定された平均的な保険料が設定される保険契約は，それぞれのグループに属する保険申込者の立場からみるとどうだろうか。まず，健康状態の悪いグループに属する保険申込者にとっては，このような保険契約は魅力的である。このような人々にとって，損失の期待値は 8000 円（＝1000 万円×0.08％）なので，5000 円という保険料は割安だと認識するからである。他方，健康状態の良いグループに属する保険申込者にとっては，その逆である。このような人々にとって，損失の期待値は 2000 円（＝1000 万円×0.02％）なので，5000 円という保険料は割高だと認識するのである。割高だと認識した健康状態の良い人々は，みずから進んで保険に入ろうとしない。その結果，健康状態の悪い人々はほとんど全員，進んで保険に加入するが，良い人々は全員加入しないか，一部の人しか加入しないことになるので，平均的な疾病率は悪化し，平均的な保険料も上昇する。このように，中古車市場において，価格の下落が供給される車の平均的品質を低めたのと同じ原理で，保険市場においても，保険料の上昇が保険申込者の平均的な質（この場合，健康状態）を悪化させてしまい，最終的には保険市場が成立しなくなるのである。

逆選択への対処

逆選択を放置しておくと，理論的には保険市場は最終的に崩壊してしまう可能性がある。市場がみずからの力で資源を効率的に配分するのに失敗した状態のことを市場の失敗（market failure）というが，逆選択はまさにその典型例といえる。以下では，逆選択という社会的に望ましくない状態の改善策として提起されてきた代表的な考え方，すなわち，強制保険，シグナリング，スクリーニングの 3 つ

の議論を紹介する。

　はじめに，**強制保険**という考え方について，先ほどの例を使って説明しよう。そもそも，健康に関する情報の非対称性が存在する状況では，相対的にリスクの低いグループに属する保険申込者が，提示された平均的な保険料を割高と判断し，その結果，保険取引に応じないという状況が想定されていた。これは，保険申込者の経済合理的な行動の結果としては当然である。強制保険にするということは，このような保険申込者の自発的行動を制限するということを意味している。すなわち，ある種の強制力をもって，平均的な保険料ですべての保険申込者を加入させてしまうのである。その結果，相対的にリスクの低いグループに属する保険申込者も，みずからのリスクに照らして割高感という不満をもつものの，結局，保険取引に応じることになり，強制的ではあるが逆選択を防ぐことができる。

　しかしながら，強制保険によって逆選択を防ぐためには，ある種の強制力を正当化するための規範と，その強制力を行使する主体（たとえば政府のような存在）が必要となる。したがって，この方法によって逆選択に対処することができるのは，政策的な立場からの保険制度の場合に限られる。後の章で詳しく述べるが，日本の自賠責保険制度は，その代表例であろう（第10章参照）。それでは，強制保険という手法以外で逆選択を抑制するための対処策にはどのような考え方があるのだろうか。

　そもそも，逆選択の原因は保険市場における情報の非対称性の存在であった。したがって，何らかの方法によって，保険申込者と保険会社との間にある情報の非対称性を緩和することができれば，おのずと逆選択の問題も軽減される。このように，そもそもの原因である情報の非対称性を緩和するための考え方として，シグナリング（signaling）とスクリーニング（screening）がある。

　シグナリングとは，情報優位にある側が，みずからの品質を代表する何らかのシグナルを，情報劣位にある側に対して表明する行動をいう。これは，情報の非対称性の問題について，私的情報を有する側から自発的に対処することによって，逆選択の問題を軽減しようというのである。

　たとえば，自動車保険であればゴールド免許（優良免許）保有者に対して割安の保険料が提示されることがある。これは，自動車事故のリスク（期待損失）が小さい保険申込者がみずからの品質を保証するために，ゴールド免許というシグナルを利用していると解釈できる。ここで重要なことは，ゴールド免許というシ

アカロフは，情報の非対称性（情報偏在，非対称情報）のもとでの市場に関する研究として，「レモン市場：質の不確実性と市場メカニズム」という論文のなかで，中古車市場における逆選択の問題を分析した。いわゆる「レモンの原理」である。レモンという言葉には，いわゆる食べ物のレモンという意味のほかに，「欠陥商品，欠陥自動車」という意味があるので，中古車市場における「レモン」つまり「欠陥自動車」という意味から「レモンの原理」とよばれるようになった。

他方，スペンスは，「市場のシグナリング」という論文のなかで，非対称情報下での雇用関係における教育の役割について論じている。そこでは，雇用主である企業と労働者の間に，労働者の質に関する情報の非対称性が存在していると仮定し，そうした非対称情報下で，企業がいかにして有能な労働者を見分けるかという問題が取り上げられている。そのうえで，学歴がシグナルとして機能するということを指摘している。まず，有能な人は高い学歴を安いコストで入手するが，普通の人は高い学歴を入手するために相対的に高いコストがかかると考える。すると，企業側は高い学歴の人には高い賃金を，普通の人には低い賃金を設定することによって，労働者の経済合理的な行動の結果として，有能な人と普通の人を区別することができると考えたのである。

グナルが保険申込者の品質をきちんと代表しているだけでなく，それが政府（警察）という第三者によって客観的に証明されているということである。

最後に，スクリーニングとは，情報劣位にある側が，情報優位にある側にその私的情報を明らかにするように促す行動をいう。すなわち，情報劣位者は，複数の選択肢を情報優位者に対してあらかじめ提示することで，私的情報を有する側から自発的にみずからの属性やリスクのタイプを明らかにさせるのである。

たとえば，ある患者がその主治医の診断について疑念をもっているものの，その患者は医療に関しては素人なので，主治医の診断の品質については，情報劣位の立場にあるとしよう。このような場合，患者は主治医に対して，他の病院で主治医以外の医師の意見を求めるべく，カルテの開示を求めるという行動，すなわち，セカンド・オピニオンの利用を主張するかもしれない。もし，主治医が診断の品質の良否をよく理解しているとすれば，品質の高い診断をしている主治医はカルテの開示をするだろうし，そうでない場合はその開示を拒むだろう。これは，スクリーニングの典型例である。つまり，診断の品質に関して情報劣位にある側（患者）が，情報優位にある側（主治医）に対して，その私的情報（診断の良否）を

自発的に明らかにするよう促していると解釈できるのである。

スクリーニングと分離均衡

保険会社（情報劣位者）が2種類の保険契約を提示する。それに対して低リスクか高リスクかといったタイプの異なる保険申込者（情報優位者）が，別々の保険契約に応じようとする。その行動の結果をみて，私的情報をもたない保険会社も間接的に保険申込者のリスクのタイプを識別することができる。これが，スクリーニングのメカニズムである。以下，この分析を行ったロスチャイルド（Michael D. Rothschild, 1942–　）とスティグリッツの議論（Rothschild, M. D. and J. E. Stiglitz［1976］"Equilibrium in Competitive Insurance Markets: An Essay on the Economics of Imperfect Information," *Quarterly Journal of Economics*, Vol. 90, No. 4, pp. 629–649）を紹介する。

結論を先取りするならば，保険会社は，保険料は高いが損失が全額補償されるような全部保険と，保険料は安いが損失の一部しか補償されないような一部保険といった2種類の保険契約を提示することによって，リスクの高い申込者は前者の契約に応じ，リスクの低い申込者は後者の契約に応じるので，結果としてリスクの異なる申込者を識別することができる。このような均衡のことを分離均衡（separating equilibrium）という。

ある人の初期資産額は W_0 であり，もし病気になった場合は初期資産から治療費が差し引かれた残額 W_L がその人の資産水準となるとしよう。もちろん，病気にならなかった場合は，初期所得 W_0 がその人の資産水準である。図6-3は横軸に W_0，縦軸に W_L をとったグラフである。ここで，図6-3の45度線がもつ意味を考えてみる。45度線上にあるということは，この人が疾病の有無にかかわらず，常に同じ資産水準が達成されるということを意味している。このことは別の表現を用いれば，病気になった場合に必要となる治療費を全額補償するような全部保険に加入している状況といえる。

さて，この個人が保険に加入しておらず，A 点がその不確実性下の資産状態を示しているとしよう。すなわち，健康なときには W_0^A という資産水準にあるが，疾病時には大幅な治療費がかかってしまうため，わずか W_L^A という水準まで，その資産が減少してしまう状況を示している。ここで，線分 AP_L と線分 AP_H をみてみよう。線分 AP_L は，低リスクの保険申込者の期待損失に等しい保険料で保険を購入する場合の機会集合であり，線分 AP_H は，高リスクの保険申込者の

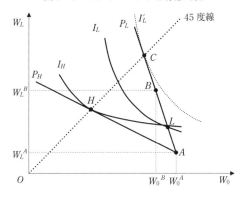

図6-3　スクリーニングと分離均衡

期待損失に等しい保険料で保険を購入する場合の機会集合を意味している。たとえば，線分AP_L上の点Bは，低リスクの人が低リスク者向けの保険料で一部保険を購入した場合の資産水準の組合せ(W_0^B, W_L^B)を示している。したがって，点Aから点Bへの移動は保険に加入していなかった人が低リスク者向けの保険料で一部保険に加入することを意味している。具体的には，$W_0^A - W_0^B$は保険料支払いを，$W_L^B - W_L^A$は保険金給付を示している。同様に，点Aから点C，つまり線分AP_Lと45度線との交点への移動は，保険に加入していなかった人が低リスク者向けの保険料で全部保険に加入することを意味している。また，同様の解釈によって，点Aから線分AP_H上の点の移動が意味することは，保険に加入していなかった人が，高リスク者向けの保険料で保険に加入することだと理解できる。もちろん，線分AP_Hと45度線との交点であるHへの移動は，全部保険の購入を示している。

　ところで，なぜ傾きが緩い線分AP_Hのほうが高リスク者向けの保険料による保険購入を示しているといえるのだろうか。この点について簡単に確認しておこう。図6-3からすぐに確認できるように，傾きが緩いということは，縦軸の移動が同じであっても横軸の移動が相対的に大きいということを意味している。これは，同じ保険金給付に対して，より大きな保険料負担が必要な保険契約であることを示している。第3章で学んだように，公正な保険料は期待損失に等しく決定されるので，高リスク者にはより高い保険料が課せられる。したがって，傾きが緩い線分AP_Hのほうが高リスク者向けの保険料による保険契約を示している

と解釈できる。

次に，低リスクの人と高リスクの人の無差別曲線についても確認しておく。無差別曲線 I_L は，低リスクの人にとって，その効用が同じ水準になるような健康時と疾病時における資産水準の組合せの集合である。他方，無差別曲線 I_H は，高リスクの人にとって，その効用が同じ水準になるような健康時と疾病時における資産水準の組合せの集合である。なぜ，I_L のほうが I_H よりもきついカーブを描いているのかという点については，前段落までの線分 AP_L と線分 AP_H で用いた説明と基本的には同じである。つまり，同じ保険金給付ならば低リスクの人のほうがより少ない保険料の負担でないと同じ水準の効用は達成されないので，I_L のほうが相対的にきついカーブを描くことになるのである。

ここで，保険会社が 2 種類の保険契約を提示するとしよう。1 つは，高リスク者向けの保険料で損失が全額補償されるような全部保険（点 H で示される）であり，もう 1 つは，低リスク者向けの保険料で損失の一部しか補償されないような一部保険（点 L で示される）である。このとき，みずからのリスクが高いと認識している人は，点 H で線分 AP_H と接する無差別曲線 I_H が点 L よりも上側を通る限り，点 H のほうがより高い効用を達成できるので，経済合理的な行動の結果として点 H，すなわち保険料は高いが損失が全額補償されるような全部保険を自発的に選択するだろう。その一方で，みずからのリスクが低いと認識している人は，点 L で線分 AP_L と交わる無差別曲線 I_L が点 H よりも右上の領域，すなわち高い効用が達成できるので，経済合理的な行動の結果として点 L，すなわち保険料は安いが損失の一部しか補償されないような一部保険を選択することになる。

このように，情報劣位にある保険会社が，保険料と保険金の給付の組合せをうまく設計した契約を複数提示することで，保険申込者に対して，自発的に私的情報を顕示するように仕向けることができる。別の表現を用いると，高リスク者の無差別曲線 I_H が点 L よりも上側を通るように，低リスク者向けの保険料による一部保険をあらかじめ設計すればよいのである。その結果，保険会社と保険申込者との間に存在する情報の非対称性の問題は軽減され，逆選択が緩和されるのである。

ただし，スクリーニングによっても，情報の非対称性に起因するコストは生じていることに注意すべきであろう。すなわち，もし，保険会社が事前に保険申込者のリスクのタイプを完全に識別できたならば，低リスクの人の均衡は点 C と

なる。つまり，低リスク者向けの保険料による全部保険の購入が実現したはずである。ところが，保険会社が保険申込者のリスクのタイプを事前に識別できないため，均衡は点 L となり，低リスクの人は一部保険を購入することになる。点 L を通る無差別曲線 I_L と点 C で接する無差別曲線 I_L' とを比べると，後者のほうが右上に位置しているのは自明である。このように，スクリーニングがうまく機能したとしても，低リスクの人は情報の非対称性が存在しない場合よりも低い効用しか実現できていないのである。この効用の低下分こそが情報の非対称性のコストだといえよう。

2.3　モラルハザード

直観的な理解

次に，契約締結後の情報の非対称性を原因とする問題として，モラルハザードについて説明する。火災保険を例に直観的に考えてみよう。火災の発生は，財産の喪失を意味するので，本来は，火災を引き起こさないように細心の注意を払うであろう。そのような細心の注意を前提にして保険料が設定されるとするならば，平均的な保険料は，そうでない場合よりも安くなるだろう。

ここで，ある人が火災保険に加入したとしよう。保険に加入していれば，保険契約者は，万が一火災が発生したとしても，喪失した財産に相当する金額の補償を受けるので，火災の発生は保険加入者に大きな負担を強いることはないだろう。そのため，保険契約者は，保険に加入しなかった場合よりも注意を怠るようになり，火災発生の確率は当初想定していたものよりも高くなってしまう。結果として，当初の保険料は割安なものとなってしまい，保険会社は損失を被ることになる。

そうすると，保険会社はこの保険料での保険の引受けを躊躇するだろうし，保険料が固定されてしまうならば，いずれは保険市場に保険を供給しようとする者がいなくなってしまい，その結果，保険市場は崩壊してしまう。

このように，契約締結後の情報の非対称性が存在する世界で市場取引を行うと，契約締結によって一方の経済主体の行動そのものを変化させてしまい，それによって経済取引の円滑な遂行を阻害する状況，すなわちモラルハザードが生じてしまうのである。

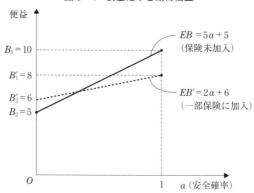

図6-4　安全確率と期待便益

モデル分析

　以上，モラルハザードのメカニズムを直観的にみてきたが，以下ではもう少し厳密に理解すべく，次のような簡単なモデルを設定する。まず，年間所得をx，火災発生による損害をd，火災の発生確率を$1-\alpha$とする。また，個人の便益は，可処分所得の増加関数$B(\cdot)$である。このとき，この個人の便益は，火災が発生しない場合，火災が発生した場合で次のようになる。

　　　　火災発生なし：$B_1=B(x)$　　（なお，分析の簡単化のために$B_1=10$とする）

　　　　火災発生あり：$B_2=B(x-d)$　　（なお，分析の簡単化のために$B_2=5$とする）

　$B(\cdot)$は増加関数なので当然，$B_1>B_2$であるが，不確実性下における個人の便益は各状態における便益の期待値である期待便益（EB）によって示され，次のようになる。

　　　　$EB=\alpha B(x)+(1-\alpha)B(x-d)=10\alpha+5(1-\alpha)=5\alpha+5$

　この期待便益を縦軸にとり，横軸に安全確率α（火災の発生確率の補数）をとると図6-4のようになる。図6-4からもわかるように，安全確率が1（火災が絶対に発生しない）のとき，個人の期待便益は最大であり，逆に安全確率が0（火災が必ず発生する）のとき，個人の期待便益は最低になっている。直線は安全確率が高まれば期待効用も正比例的に高まるということを示しているのである。また，今回のモデルでは，安全確率が1%上昇するときの追加的な期待便益の増分は5%である。すなわち，限界便益は5（＝0.05÷0.01）であり，これは直線の傾きで示されている。

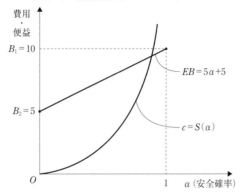

図6-5　安全確率とロス・コントロール

さて，個人は火災が発生するかどうかという不確実な状況に直面しているのだが，火災が発生しないように事前に努力することは可能である。つまり，建物に耐熱材を用いたり，火災報知器やスプリンクラーを設置したり，喫煙エリアの管理を徹底したりと，さまざまなロス・コントロール（第2章参照）を実施することによって，安全確率を高めることができる。ただし，火災報知器の設置費用など，さまざまな金銭的支出は当然のことながら，非金銭的支出，たとえば喫煙エリアの徹底管理による喫煙従業員の勤労意欲喪失によって生じるかもしれない労働生産性へのマイナスの影響なども考えられる。

　もちろん，どんなにロス・コントロールに費用をかけても，火災の発生確率をゼロ（安全確率を1）にすることは不可能かもしれない。ただ，少なくともロス・コントロールのための費用をかければかけるほど安全確率は高まることは理解できるので，このような費用総額を c とおけば，α は c の増加関数，$\alpha = R(c)$，と表現でき，この逆関数 $S(\cdot)$ をとると，$c = S(\alpha)$ と表される。このことを示したのが図6-5である。

　図6-5では，横軸に安全確率をとり，縦軸に期待便益とロス・コントロールのための費用総額をとっている。また，安全確率を1％上昇させるための追加的な費用の増分，つまり限界費用は，図6-5の総費用曲線の傾きで示されることになる。直観的にわかることだが，ほとんど火災防止の費用をかけていない状況で，多少の費用をかけて耐熱材や消火器を設置したならば，その効果は大きい。

　しかし，かなりの程度，費用をかけて手を尽くしきった状況で，追加的に安全

図6-6　ロス・コントロール水準の決定とモラルハザード

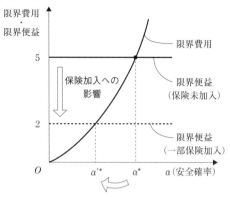

安全確率の低下（モラルハザードの発生）

性を高めることは並大抵の努力ではないだろう。したがって，このモデルでは，安全確率が比較的小さいところでは，それを1%増加させるために要する追加的費用の増分は小さいが，安全確率が比較的大きいところでは，それは大きくなるように設定されている。つまり，総費用曲線の傾き（限界費用曲線）は安全確率の増加関数となっているのである。

　以上で分析のための準備は整った。ここで，図6-6をみてもらいたい。図6-6では，横軸に安全確率を，縦軸に限界便益と限界費用をとっている。この図からわかることは，限界便益曲線と限界費用曲線の交点で最適な安全確率の水準，つまり最適なロス・コントロールの水準が決定されるということである。このモデルでは，最適な安全確率はα^*に決定される。なぜなら，安全確率がα^*よりも低い領域では，安全確率を追加的に1単位上昇させることによって得られる追加的な便益が費用を上回るので，安全確率を上昇させようとする誘因がはたらく。

　ところが，安全確率がα^*を超えてしまうと，安全確率を追加的に1単位上昇させることによって得られる追加的な便益が費用を下回ってしまうので，逆に，安全確率を高めれば高めるほど，正味の限界便益（限界便益から限界費用を控除した残額）が減少してしまう。したがって，このような領域では，安全確率を引き下げようとする誘因がはたらく。その結果，最適な安全確率の水準はα^*に決定するのである。

　ここで，この個人が火災保険（ここでは保険金額が保険価額を下回る一部保険を想

定している。一部保険については第9章も参照）に加入する場合を考えてみる。図6-4では、火災保険に加入した場合の期待便益直線（EB'）が破線で示されているが、火災保険に加入していない場合のそれと比べると、切片が高めに、傾きが緩やかになっている。これは次のような理由による。火災保険に加入すると、個人は保険料を支払い、火災発生により保険金を受け取る。保険料をp、保険金をs（ただし、$s<d$）とすると、この個人の便益は、火災が発生しない場合、火災が発生した場合で次のようになる。

火災発生なし：$B_1' = B(x-p)$（なお、分析の簡単化のために $B_1' = 8$ とする）

火災発生あり：$B_2' = B(x-p-d+s)$（なお、分析の簡単化のために $B_2' = 6$ とする）

このとき、期待便益（EB'）は次のようになる。

$$EB' = \alpha B(x-p) + (1-\alpha)B(x-p-d+s) = 8\alpha + 6(1-\alpha) = 2\alpha + 6$$

要するに、火災が発生しない（安全確率1）ときの便益は保険料を支払っている分小さくなり、火災が発生する（安全確率ゼロ）ときの便益は保険料を上回る保険金を受け取るためその分大きくなるので、図6-4の期待便益直線（EB'）となるのである。

このような期待便益直線（EB'）の傾きは2なので、火災保険に加入しない場合よりも小さくなる。したがって、図6-6にあるように、火災保険に加入した場合には、限界便益曲線が下方にシフトする。その結果、最適な安全確率が小さくなり（$\alpha^* > \alpha'^*$）、最適なロス・コントロールの水準も低下してしまう。ここに、保険加入によるモラルハザードが生じてしまうのである。しかも、もし、全部保険（保険金額と保険価額とが同額であって、生じた損害の全額が填補される保険であり、$d=s$ となる）に加入したならば、期待便益曲線が水平になるため限界便益はゼロになり、安全確率はゼロにまで低下してしまう（各自確認してみること）。

このように、保険加入によってモラルハザードが生じるため、もともとの安全確率が低下し、火災の発生確率が高まる。ここで、はじめに設定した保険料の水準に固定したまま経営を行うと、保険会社の期待利潤はマイナスになってしまい、保険会社は保険料の引上げか保険金の引下げ、またはその両方を実施する必要が出てくる。こうしたことが繰り返されるうちに、最終的には、保険がまったく供給されなくなる可能性が出てくるのである。

モラルハザードへの対処

　モラルハザードの問題を放置しておくと，理論的には保険市場が崩壊してしまう可能性がある。そこで，この問題にいかに対処するかは，保険の理論ならびに実務においてきわめて重要な課題である。それでは，どのような対処策が理論的に考えられるのだろうか。そもそも，モラルハザードは，契約の締結後，情報優位者（たとえば，保険契約者）の行動を，情報劣位者（たとえば，保険会社）が十分には観察できないため生じると説明されてきた（「隠された行動」）。ただし，これには暗黙の前提がおかれていた。すなわち，両者の間に利害の不一致があるという前提である。仮に，両者の間に契約締結後の情報の非対称性が生じていたとしても，お互いの利害の方向が一致しているならば，モラルハザードという問題は生じないだろう。というのも，両者の利害が一致していれば，隠された行動は，情報劣位者に不利な行動にはならないからである。ここでは，モラルハザードの原因に着目することによって，その主な対処策について議論することにしたい。

　はじめに考えられる対処の方向としては，契約締結後の情報の非対称性を緩和するというものである。保険市場の場合，保険契約者の行動をモニタリング（監視）することが考えられる。ただし，モニタリングにはコストがかかるので，そのコストと便益を勘案してモニタリングの水準を決定しなければならない。

　次に考えられる対処の方向としては，情報劣位者（保険会社）と情報優位者（保険契約者）との利害をある程度一致させるような仕組みを保険契約に内在化させるという方法である。別の言い方をすれば，保険会社と保険契約者間のリスクの負担（リスク・シェアリング）の構造をうまく設計するということにほかならない。第3章で説明したように，これには比例型と非比例型の2種類がある。比例型のリスク・シェアリングの方法としては，損失の一定割合を被保険者に負担させる形態である一部保険などがあり，非比例型の方法としては，ある一定金額の損失までは保険契約者が負担する控除免責（deductibles）や，ある一定金額以上の損失について，保険会社は負担しないという塡補限度額（policy limit）の方法などが考案されてきた。

　これ以外にも，保険申込者の過去の損失経験を反映して保険料率が決定される経験料率（experience rating）という仕組みも利用されている。たとえば毎年契約が更新される自動車保険を例にとれば，自動車保険料に経験料率の仕組みが用いられていることを知っている保険契約者には，次年度の自動車保険料の負担をよ

り少なくしようというインセンティブがはたらくだろう。つまり，将来の保険料がみずからの行動に依存することを知っている保険契約者は，経験料率のもとで，現在の予防努力水準を維持しようとする利害が発生し，これは，情報劣位者（保険会社）の利害と一致することになるのである。

【練習問題】

① 所得 (y) にのみ依存して効用 (u) が決まる人を考える。この人の所得は景気に左右され，40％の確率で400万円，60％の確率で900万円を得ることができる。この人の所得に関する効用関数が次のように表されるとき，以下の(1)〜(3)の問いに答えなさい。

$$u = \sqrt{y}$$

(1) この人の所得の期待値（期待所得）を計算しなさい。

(2) この人の所得からの期待効用を計算しなさい。

(3) この人のリスク・プレミアムを計算しなさい。

② 下記の文章を読んで以下の(1)，(2)の問いに答えなさい。

「犯罪を事前に防ぐという観点からは，自由刑よりも罰金刑のほうが有効であるとの考え方がある。しかし，犯罪者が罰金を支払う能力がない場合には，罰金刑の有効性は損なわれてしまう。もし，犯罪者が破産してしまったならば，司法は自由刑を用いざるをえないことになる。ところが，世の中に罰金保険というものがあればどうだろうか。たとえば，罰金刑を対象とする1000万円の保険に犯罪者が加入していれば，財産が100万円しかない犯罪者に対しても500万円の罰金を科すことが可能となるだろう。しかし，現実には，世界中の国の法律は，罰金刑をカバーする保険の販売を禁止している。」（参考資料：クーター，R. D. ＝ T. S. ユーレン〔太田勝造訳〕［1997］『法と経済学』新版，商事法務研究会，524-525ページ）

(1) なぜ，罰金保険は禁止されているのか。モラルハザードの概念を用いつつ論じなさい。

(2) 現実には罰金保険は禁止されているが，もしその再考の余地があるとしたら，どのような議論が考えられるか。モラルハザードへの対策という観点から論じなさい。

第 7 章

保険の歴史

◉この章で学ぶこと◉

□ 近代的な保険が出現する以前の時代を概観した後，海上保険，火災保険，生命保険の順で，概説する。

□ 保険の歴史を知識として身につけるばかりではなく，保険制度が誰のために，どのようにして発展してきたのかという視点から考えていく。

◉キーワード◉

海上保険，アンダーライター，火災保険，生命保険

1 はじめに

　第Ⅰ部の他の章がリスク概念をめぐる基礎理論を学ぶためのものであるのに対し，本章は歴史的事実についての叙述が中心となる。従来の保険論の教科書においては，最初に保険の歴史が割り当てられているものが多いが，本書は，形式的にも，また内容的にも，そのような常套的手段を用いなかった。保険史・保険産業史・保険経営史は，古くからある研究分野であるが，同時に未開拓の領域が残されているチャレンジャブルな学問である。紋切り型の記述によって教科書の前座的な役割を果たすよりも，補論的な位置づけをすることによって，むしろ歴史研究の面白さを読者に伝えることができるのではないかと考えた。ただし，補論的に扱っているからといって，保険史研究が，保険研究にとって重要でないというわけではない。保険制度を深く理解するためには，保険史に関する理解は重要である。

　本章は，近代保険が他国に先がけて発達したイギリスを取り上げて，海上保険，火災保険，生命保険という順番で記述される。傷害保険，自動車保険などの新種保険については紙幅の関係で省略する。また社会保険の歴史も重要であるが，第Ⅳ部の各章に記述されているので参照されたい。

2 海上保険

2.1 保険の誕生

海上交通の発達とともに，貿易商人たちによって海難事故などの海上危険が意識されるようになった。すでにフェニキア人が海上危険をカバーしていたと主張する研究もある。この説の当否については異論もあるが，すでに学習した冒険貸借などのように，金融と保険が機能的に融合した形態での海上危険の担保は，比較的早い段階から行われてきたことは確かである。

最初の保険である海上保険は，14世紀イタリアのジェノバ，ピサ，フィレンツェなどの商業都市において誕生したといわれている。このことは，保険機能を担当する保険者とリスク移転を希望する保険契約者の間に保険契約が取り結ばれ，かつそのような契約に実効性を与える諸制度が確立されたことを意味している。最近の研究では，海上保険条例として著名な1432年バルセロナ条例以前にも重要な保険条例が成立しており，それらの一連の保険条例が今日の海上保険，ひいては保険そのものに重大な影響を与えていることが明らかにされている。

2.2 地中海からロンドンへ

北部イタリア諸都市にはじまり，スペイン，フランドル地方のブリュージュ，そして少し遅れてロンドンに伝播した海上保険は，新大陸および東インド航路の発見によってその揺籃期を脱し，本格的な確立期に入った。国際貿易の中心地が北部イタリア諸都市からオランダを経てロンドンに移動するとともに，ロンドンが海上保険営業において重要な位置を占めるようになった。当初は，ロンドンにおいても，イタリア商人の影響が強く，またほとんどのアンダーライター（保険引受人）は，同時に商人であって，保険営業に専門化している者はいなかった。また，当時の慣習として一隻の船舶をまるごと所有している船主はめったに存在せず，ほとんどの船舶は所有権が細分化されていたために，少額な船荷に対して保険契約が行われることが多かった。しかしながら，16世紀から17世紀にかけて，ロンドンにおいて保険をめぐる諸制度が形成されはじめ，17世紀末までには，ロイド・コーヒー店に集まった海事関係者のなかに，保険引受けを専門にす

るアンダーライターが生まれるようになった。その後，ロイド・コーヒー店は，海上保険取引の「場」として重要な存在となり，紆余曲折を経ながらも，現代のロイズの起源となった。

2.3　海上保険における4つの転機

海上保険の発達をイギリスに絞ってみると，現代に至るまでに4回の転換点があった。第1の転換点は，有名な1720年の泡沫条例である。この法律によって，海上保険の営業が，同年に設立された2つの特許会社の独占とされた。しかしロイズに集まるアンダーライターにとって幸いなことに，この独占権は会社形態による海上営業に限定されていた。会社形態ではない個人営業のロイズ・アンダーライターたちは，迅速かつ柔軟なビジネスを実現できなかった2つの特許会社を相手に，同法のおかげで優位な競争を展開した。

第2の転換点は，1769年におけるロイズの自己変革である。18世紀はギャンブルの時代であり，ロイズにおいても被保険利益のない投機的な保険が横行した。良識ある一部のアンダーライターは，1769年に本来の取引であった海上保険に専念しているアンダーライターを集め，新ロイズを結成した。

第3の転換点は，1825年の泡沫条例の廃止である。この廃案過程のなかで，銀行家ロスチャイルド（Nathan Mayer Rothschild, 1777-1836）は，海上保険を兼営するアライアンス保険会社を新設した。そのほかにも，会社形態を採用する海上保険会社が続々と設立され，なかには優秀なロイズ・アンダーライターがそれらの企業から引き抜かれるようなこともあった。これによって，19世紀前半においてロイズの海上保険市場に占める割合は低下する傾向を示しはじめた。これに対し，ロイズは，海上保険以外の保険種目に多角化するなどの諸改革を実行し，ロイズ保険市場の地位の低下をくい止めた。

第4の転換点は，第一次大戦前後の大規模合併運動である。保険種目の多様化，保険市場の拡大，および保険企業の国際的な発展などを背景として，大規模組織ですべての保険種目を販売することにより，規模と範囲の経済性を達成しようとする大規模兼営保険会社が出現した。この合併過程において，ほとんどすべての専営海上保険会社は，大規模兼営保険会社に買収されてしまった。しかしロイズに関しては，保険需要の増大を十分につかんでおり，保険会社の合併運動から過度な影響を受けることはなかった。

2.4 現代の海上保険

20世紀に生じたもう1つの傾向を指摘して海上保険の結びとしよう。それは，保険種目中に占める海上保険の比重の長期的凋落である。第二次大戦以前においては，海上運輸の盛況によってその重要性を維持したが，第二次大戦以後の交通体系の変化と海上運輸の相対的停滞によって，保険会社における海上保険の占める比率は漸減傾向から急激な減少に至った。海上保険は，保険契約および保険制度の基本であるから学問の対象としての海上保険の重要性は低くなるものではないが，ビジネスの次元ではその影響力は小さくなっていることは否めない。

3　火　災　保　険

3.1　イギリスにおける火災保険会社の誕生

火災保険会社が出現するまでは，不動産に対する火災危険をカバーする手段は，互助的な組織を利用する以外にはなかった。また海上危険とは異なり，産業革命以前においては，工場などの企業物件が少なかったことも手伝って，家屋について火災保険をかける慣習はあまりなかった。このような考え方に変化をもたらした事件は，サミュエル・ピープス（Samuel Pepys, 1633-1703）の有名な日記でも触れられている1666年のロンドンの大火であった。大火は3日3晩燃え続け，1万3000棟以上の家屋を全焼させ，436エーカーを焼き尽くしたと伝えられている。この大火がロンドン市民に与えた衝撃は大きく，災害の記憶を永遠にとどめるために，著名な建築家のクリストファー・レン（Christopher Wren, 1632-1723）による設計で，火元から東に202フィート離れた場所に，202フィートの高さのモニュメントとよばれる塔が建設された。この大火の衝撃に対するリアクションは，モニュメント建設だけではなかった。大火を教訓として，ロンドン市内にレンガ造りの耐火建築が増え，同時に火災保険の発起計画が進んだ。1681年頃には，ニコラス・バーボン（Nicholas Barbon, 1640?-98）という人物によってイギリス最初の火災保険相互会社が設立された。この種の発起計画は数多くあり，そのほとんどが相互保険によるものであった。その主な理由は，特許会社の特典を得るには莫大な費用がかかることであったが，加入者のモラルハザードを配慮したため

とも考えられる。これらの火災保険計画のなかでもっとも長命であったのは，1695年に設立されたハンド・イン・ハンドとよばれる火災保険会社である。同社は1905年にコマーシャル・ユニオン社に合併されるまで210年間火災保険営業を続けた。

3.2 火災保険営業に関する初期的限界とその突破——19世紀前半

海上保険が生まれながらにして国際的であったのに対して，火災保険は，その地域的な営業範囲から脱するまでに時間がかかった。大陸諸国でも火災保険の発起計画が進められたが，営業を特定の地域に限定する慣行であった。その最大の問題が，防火努力の抑制などのモラルハザード問題であった。この限界を最初に打ち破った会社が，1710年に設立されたサン・ファイア社であった。同社は，ロンドン以外の地域の家屋にも火災保険契約を締結し，またロンドン市内の消防活動にも積極的に関与することによって，18世紀を通してイギリス火災保険業を先導する企業となった。また特許会社ロイヤル・エクスチェンジ社（1720年設立），フェニックス・ファイア社（1782年設立）に同社を加えた3社は，19世紀初頭においてイギリス火災保険営業の主要なシェアを占めていた。

このロンドン3社が市場を支配する体制は，1820年頃からアライアンス社（1824年設立），ガーディアン社（1821年設立）などの有力な新規企業が続々と参入することによって大きく変化した。また地方からも，イングランド東部のイーストアングリア地方で誕生したノリッジ・ユニオン社（1797年設立）が，ロンドン市場に参入するなどの動きがみられた。

3.3 保険産業構造の変化——19世紀後半

イギリス火災保険市場に大変化をもたらす契機となったのは，またしても大火であった。1861年にロンドン・サザーク地区トゥーリー街で大火が生じ，その結果，火災保険に関して，2つの変化が生じた。第1に，1833年以降，ロンドン主要火災保険会社の自己資金によって行われてきた消防活動が限界と考えられるようになり，1866年に公的な出資による官営の消防隊が設置された。これに際して，火災保険会社の所有していた消防施設と装備はすべて官営消防隊に寄贈された。第2に，より重要なことであるが，大火後の協定料率の引上げに強硬に反対した商人たちによってマーカンタイル・ファイア社とコマーシャル・ユニオン

社という 2 つの強力な新規会社が設立された。その契機となった保険料率の引上げは，大火以前の料率に対して最大で 5 倍というものであった。

　この 2 社は，非協定料率会社として，既存企業に対するライバル企業として活動したが，同時にロイヤル社（1845 年設立），リバプール・ロンドン・グローブ社（1836 年設立），ロンドン・ランカシャー社（1861 年設立）などのイングランド北部に本拠をもつ有力な地方火災保険会社も，伝統ロンドン 3 社に対する有力な対抗勢力となった。これらの新興企業は，大英帝国の版図拡張に伴って，積極的に海外営業を行った。その結果，19 世紀末には，伝統ロンドン 3 社であるサン・ファイア社，ロイヤル・エクスチェンジ社，フェニックス・ファイア社の保険料収入の合計額が 270 万ポンドであったのに対して，ロイヤル社，ロンドン・ランカシャー社，リバプール・ロンドン・グローブ社の 3 社の保険料収入は，790 万ポンドとなっていた。この保険料収入額の差は，海外市場への積極的な展開から生じたものであった。

3.4 保険企業の大合併運動

19世紀後半に保険市場で生じた変化は，火災保険にとどまるものではなかった。損害保険では，傷害保険や雇用者責任保険などの新種保険が成長し，また20世紀になると自動車保険も急成長する兆しをみせはじめた。また法人企業の資産が大きくなり，いわゆる企業リスクが増大すると，個別の専業保険企業では新たなニーズに対応できなくなってきていた。さらにロイズの海上保険以外の保険への参入などが，保険会社の危機意識をあおることになった。このような事情を背景にして，1880年代頃から，火災保険会社を基軸にした合併運動が始まり，1920年代はじめまでに，ほとんどの有力保険会社は大規模兼営保険会社として生まれ変わった。これらの産業構造の再編成によってイギリス保険企業の大規模化が進展したのであるが，興味深いことに，国際的に活躍する再保険会社の発展はみられなかった。これは，大規模兼営保険会社の出現によって，火災保険に対する保有限度が飛躍的に増大したこと，および再保険については一歩先をいくロイズの存在が大きかったためである。有力な再保険会社が，むしろ大陸（ミュンヘンやスイス）で発達したことは興味深いことである。

4 生 命 保 険

4.1 生命保険のもう1つの近代性——誰が生命保険に加入したのか

賦課式による生命保険は18世紀以前から存在したが，近代的な生命保険は，1762年に設立されたイギリスのエクイタブル生命保険会社であると，どの教科書にも記載されている。近代性の根拠は，死亡表の利用による科学的保険料の計算，および平準保険料による終身保険の提供ということになっている。この指摘は，保険技術の発展という観点からみれば妥当である。しかしながら，生命保険に加入した者という観点からその近代性を検討すると，若干これまでとは異なったイメージが浮かんでくる。ここでは，誰が保険商品を購入したのかという新たな観点から，生命保険の近代性を再検討してみたい。

イギリスに現存するもっとも古い生命保険証書は，ウィリアム・ギボンズという人を被保険者とする保険金額382ポンド6シリング8ペンスの1年間の定期保険である。この証券は，エクイタブル社設立から約200年さかのぼった1588年に保険登録所（Chamber of Assurance）に登記されたものである。16世紀末から17世紀にかけて，この契約のように定期保険以外の生命保険は出現していなかったが，18世紀のはじめになると，加入者数を制限した共済組合によって，未亡人や遺児のための年金が提供されるようになった。そのうちでもっとも長く存続した組織の1つとして有名なのが，1706年に設立されたアミカブル・ソサエティ社であった。18世紀はじめの生命保険市場はかなり狭隘であって，アミカブル社のような相互保険組織に代わるものは，1720年に設立された2つの特許会社だけという状態であった。しかもこの2つの特許会社の主要な営業種目は火災保険であり，生命保険の営業成績はきわめて限られたものであった。

エクイタブル社が誕生するきっかけとして，アミカブル社が思いがけない役割を果たすことになる。エクイタブル社の社史は，次のようなエピソードを記している。

高齢という理由で，1756年にアミカブル社への加入を拒絶された人物がいた。その人物とは，ユグノー教徒の数学者エイブラハム・ドゥ・モワーブル（Abraham de Moivre）の弟子であったジェームズ・ドッドソン（James Dodson）という男であった。この加入拒絶にショックを受けたドッドソンは，死亡率を勘案した保険料を設定すれば，高齢を理由に加入を拒絶するようなことはないはずだと考え，年齢と死亡率を勘案した生命保険料体系を備えた保険を提供する保険会社の設立を準備した。ところが，ドッドソンは1757年に亡くなってしまった。危険選択に関していえば，アミカブル社の判断は結果的に正しかったことになる。しかしこの設立計画は，ドッドソンの遺志を継いだ共同設立者たちによって継承された。この設立計画に対して，既存のアミカブル社と2つの特許会社の反対は激しく，1761年に国王勅許状の取得に失敗するなどの経験をしながらも，1762年には特許によらない擬似法人形態によって会社設立をし，加入時の年齢によって異なるが，一度決まったら加齢によって保険料が変わることのない終身保険を提供する世界最初の保険会社，エクイタブル社が誕生したのである。

4.2 19世紀前半の生命保険ニーズ──富裕階級と中産階級

エクイタブル社の場合，裕福な階級を顧客にしており，1件当たりの保険金額はかなり大きかった。現代の私たちが想像するような，大衆の生活保障手段としての生命保険ではなかった。同社の提供する終身保険は，19世紀はじめまでイ

ギリス生命保険契約シェアの大半を占めていたが，その契約者は，貴族や有力大商人を中心とする富裕層であった。

19世紀の前半は，生命保険市場の急激な拡大はみられなかったが，特徴のあるいくつかの生命保険会社が設立されて，いわゆる中産階級の生命保険ニーズを満たすようになっていた。1823年に設立されたロー・ライフ社は，法曹界の人々を代理人に組み込むことによって契約を増大させた。また医師，技師，会計職などの専門職をターゲットにした保険会社も設立された。さらに宗教運動をベースとして倹約・貯蓄の促進のために設立された倹約組織も生命保険を取り扱い，中産階級から上層労働者階級に属する人々の生命保険ニーズを受け止めはじめた。1932年に設立されたフレンズ・プロビデンツ社は，クエーカー教徒によって設立された相互生命保険会社である。この種の会社として，ナショナル・プロビデント社（1835年設立），スコティッシュ・プロビデント社（1837年設立）があるが，とくに連合王国プロビデント会社（1840年設立）は，加入者に絶対的禁酒禁煙を要求するものであった。

4.3 大衆の生命保険ニーズ

19世紀前半においては，大衆（賃労働者）に対する生命保険の提供は保険企業によって行われず，もっぱら友愛組合や労働組合などの互助組織がそのニーズを受け止めていた。とはいっても彼らのニーズは，コラム❶にみられるように，恥ずかしくない程度の埋葬に必要な，わずかな（とはいっても彼らにとっては大変な）金額のニーズであった。だが友愛組合などの互助組織の経営は一般的にいって不安定であり，また信頼性が薄いものが多かった。さらに大衆への保険提供の場合，保険金が少額であるのに対し，保険料の徴収は週払いが基本であり，集金経費が非常に高くなるという問題があった。

このような大衆（賃労働者）を対象とした小口週掛保険に最初に本格的に参入したのは，1848年に設立されたプルデンシャル社であった。同社は，普通生命保険の募集を目的として設立されたが，経営者はすぐに簡易生命保険（industrial life assurance）とよばれていた労働者向けの小口週掛保険に転換することが同社の成長につながることを悟った。同社は，小口週掛保険を提供していた零細な保険会社と友愛組合を次々と買収し，全国的な保険募集・集金ネットワークをすぐさま築き上げた。このように集金経費の問題を規模の経済性によって解決しつつ，

再び『メアリ・バートン』から引用してみよう。メアリと葬式用の喪服の裁縫を
する親友のマーガレットとの会話である。

『誰のなの？　聞いたかしら？』

『オックスフォード通りで八百屋をしているオグデンさんのよ。飲んだくれの
ご主人が亡くなったの。奥さんはご主人が生きていたときはずっと，主人のや
り方に泣き通しだったけれど，死なれてみると，ひどく辛そうだわ』

『暮らしていけるだけのお金は残ってるの？』とメアリは服地に触りながら尋
ねた。『これはとても上等で手触りのいいボンバジーンだわ』

『いいえ，ごく僅かだと思うわ。それに幼い子供が何人もいるのよ，3人の娘
の他にも』

『女の子なら，自分で縫えばいいと思うわ』とメアリが言った。

『本当にそうだと思うわ，娘がたくさんいるんだから。でも今はお葬式の準備
でみんな忙しそうなの。おおごとになりそうで，朝ごはんに20人ほど人がくる
んだと，チビちゃんが言ってたわ。その子は賑やかなのが好きなようで，奥さん
にはその準備をすることが慰めになっていたと思うのよ。私が台所で待っていた
とき，ハムをボイルしたり，鳥を焼いたりするとても良い匂いがしていたわ。お
葬式というより，結婚式のようだったわ。何でも，お葬式に60ポンドもかける
という噂よ』

『生活が苦しいと言ったでしょう？』とメアリは言った。

『そうよ。ご主人が一銭残らず酒代に使ったので，あちこちから請求書がきて
いるといってたわ。でも葬儀屋は例によって，これは習わしだとか，お供えには
あれが普通だとか，これはみんながすることだとか強く勧めるでしょう，だから
かわいそうに奥さんはいいなりになってしまうのよ。それにたぶん奥さんは──
人が亡くなるといつもそうだけど──今は硬く冷たくなったご主人にあれこれ言
ったり，さんざん冷たい態度をとったことでとても悲しい思いをしているんだわ。
だから盛大なお葬式をして，いわば埋め合せをしようと考えているのよ。その費
用を支払うためにはおかみさんも子供たちも長いこと苦しい生活をすることにな
るのでしょうけど』（ギャスケル，E.〔松原恭子・林芳子訳〕[1998]『メアリ・
バートン：マンチェスター物語』彩流社，49-50ページ）。

強力な組織能力を構築すると同時に，労働者向けの小口生命保険という市場を創
出したのである。1860年には3万3133件しかなかった契約件数が，1870年には，
29万6935件に増えた。その後，業績が急激に進展し，1891年に保有契約が
1000万件となり，1948年には3000万件に到達した。

同社のライバル企業としては，レフュージ社，ウェズレーヤン・ジェネラル社，ロイヤル・ロンドン社，そしてブリタニック社などがあげられる。このうち1866年に設立されたブリタニック社を除けば，ほとんどが友愛組合から簡易生命保険会社に組織転換した企業である。プルデンシャル社の先行投資企業としての優位性にもかかわらず，いくつかの挑戦者企業が出現したのは，19世紀後半の産業発展を背景に，労働者階級の規模が拡張し，また彼らの実質賃金が上昇したことによって，市場自体が急膨張したためであった。

4.4　日本の初期生命保険会社と生命保険ニーズ

　日本の生命保険の歴史と重ね合わせてみると，生命保険および年金の需要者サイドから，エクイタブル社のような富裕層だけを対象とした保険会社は設立されなかった。あえていえば，戦前の日本で営業していたニューヨーク・ライフ社などの外国生命保険会社は，高額所得層をターゲットとして募集していた。日本の戦前の生命保険会社は，むしろ19世紀前半以降にイギリスで設立された普通生命保険会社のように，医師，技師などの専門職や大会社の社員，あるいは地主を中心とした農村需要をターゲットにして生命保険を販売する会社に似ていた。その意味で，日本の初期生命保険会社は，保険技術に関していえば，エクイタブル社の近代性を継承しながらも，保険の提供先は，工業化の展開によって数を増大してきたいわゆる中産階級および比較的裕福な農村の地主層であった。

　上層の職工（工場労働者）の保険ニーズも，やがて保険会社が満たすようになった。しかし大衆の埋葬一時金程度の保険ニーズは，各種庶民金融と1916（大正5）年から開始された郵便局による簡易保険によって満たすことが可能であった。さらに徴兵保険という日本の大衆を対象とした貯蓄性の高い保険商品を提供する会社が大正末期頃から急成長を遂げ，いわゆる保険の大衆化を促進した。

　戦後は，高度成長による「一億総中流化」を基盤とした生命保険ニーズに対応して保険商品が提供された。俸給生活者に月給制が定着し，大企業において職員と職工の区別がなくなるなどの変化が生じることにより，かつては低所得層を対象に開発された，保険料月払方式とか，募集と集金をかねるデビット制とよばれるセールス・チャネルの導入が図られた。

　現代の生命保険会社から過去を振り返ると，保険技術としてはエクイタブル社の近代性を継承し，契約者としては中産階級に対する近代的保険ニーズを継承し，

さらには保険料の月払制度という現代性の端緒をたどれば，プルデンシャル社の低所得者向けの労働者の保険と関係がある。このように生命保険の近代性の軸を少々ずらしてみるだけで，保険史の多様性を垣間みることができる。しかも，本書の視座が保険史をみる唯一のものではない。多様な見方は，歴史研究の豊饒な世界に踏み込むための出発点なのである。

【練 習 問 題】

1 近代社会において，リスクをカバーする手段として，保険制度がもっとも重要な役割を果たすようになった理由について指摘しなさい。

2 イギリスのエクイタブル社が，近代的保険会社であるとされる理由を述べなさい。

3 19世紀後半に発達した新種保険を3つあげなさい。

リスクマネジメントと企業価値

1　企業価値評価とリスク

　ここでは，第2章で紹介したリスクマネジメントの目的について，企業価値評価の観点から掘り下げて考えてみよう。ここでいう企業価値とは，企業に対する請求権を有するすべての投資家（自己資本および他人資本）にとっての価値である。その評価額は，以下の式で示されるように，企業にもたらされる将来のキャッシュフローの期待値を，この企業にとって適切な割引率で割り引くことによって算定される（第20章も参照）。

$$FV = \sum_{t=1}^{\infty} \frac{cf_t}{(1+r)^t}$$

　　　　FV：企業価値
　　　　cf_t：t期にもたらされる正味キャッシュフローの期待値
　　　　r　：割引率

　なお，適切な割引率とは，投資家がこの企業の将来キャッシュフローと同じリスク（期待値まわりの変動性）水準の代替的な投資プロジェクトに対して要求する収益率である。したがって，割引率が大きいということはこの企業の将来キャッシュフローのリスクが大きいということであり，割引率が小さいということは将来キャッシュフローのリスクが小さいということを意味している。

　企業価値の評価式によれば，分母の割引率が一定であれば，分子の将来キャッシュフローが大きくなればなるほど，企業価値が増大するということがわかる。つまり，リスクマネジメント活動によって将来キャッシュフローの期待値を最大化できれば，企業価値を最大化することができる。もちろん，将来キャッシュフローは，企業から流出していくキャッシュフロー（キャッシュアウトフロー）と流入するキャッシュフロー（キャッシュインフロー）との差額なので，厳密には，リスクマネジメント活動がそれぞれに与える影響を考慮しなければならない。

2　リスクマネジメント活動は割引率に影響を与えるか

　前項では，リスクマネジメント活動が企業価値の評価式の分子（将来キャッシュフローの期待値）に与える影響のみを考慮していたが，分母（割引率）への影響は考慮しなくてよいのだろうか。実は，一定の条件が満たされる状況では，リスクマネジメント活動は割引率（分母）に影響を与えないと考えられる。以下，この点について掘り下げた検討を加えてみよう。

　そもそも分母の割引率は，投資家がこの企業の将来キャッシュフローと同じリスク（期

待値まわりの変動性）水準の代替的な投資プロジェクトに対して要求する収益率を意味しており，①貨幣の時間価値を反映する部分と，②企業の将来キャッシュフローのリスクに対して投資家が要求する収益率部分に分解できる。前者をリスクフリー・レートないしは安全利子率（無リスク利子率）といい，後者をリスク・プレミアムとよぶ。投資家は一般にリスク回避者（第6章参照）であり，それなりの見返りがなければリスクを負担しようとは思わないので，リスクに対する割増料として，リスク・プレミアムを要求するのである。結局，割引率は，貨幣の時間価値とリスクの対価から構成されるのである。

　さて，貨幣の時間価値部分は国債の利子率などに反映されるものであり，リスクマネジメントが個別企業による意思決定である以上，操作不可能なものである。したがって，個別企業レベルで操作可能性があるとすれば，リスク・プレミアム部分ということになる。ここで，資本市場において投資家が十分な分散投資をコストゼロで行うことができる状況を仮定する。これを分散化制約のない状況とよぶことにする。この場合，合理的な投資家であれば，さまざまな株式に分散投資することで，個々の株式に固有のリスクを相殺消去することができるので，十分な分散投資によって除去可能なリスクについては，コストゼロで除去できる。その結果，彼らは，十分な分散投資によって除去不可能なリスクに対してのみ関心をもつことになる。前者をアンシステマティック・リスクといい，後者をシステマティック・リスクとよぶ。システマティック・リスクは，十分な分散投資によっても除去できない属性をもつもので，たとえば，景気の変動や税制改正の影響など，市場全体に影響を及ぼす要因から生じる。これに対して，アンシステマティック・リスクは，たとえば，工場火災や不祥事による株価下落，原油価格の高騰による業績の低迷など，個別企業にとって固有の要因から生じるものである。

　したがって，割引率の構成要素であるリスク・プレミアムは，分散化制約のない状況を仮定する限り，システマティック・リスクのみを意味する。ところが，ロス・コントロールや保険購入，デリバティブによるヘッジといったリスクマネジメント活動は，それが個別企業レベルの意思決定である以上，市場全体に影響を与えるような要因にはたらきかけることは一般に難しく，企業固有の要因であるアンシステマティック・リスクのみを軽減することになる。このように，分散化制約のない状況では，リスクマネジメント活動によって割引率（分母）は変化せず，企業価値への影響はないと考えられる。

3　簡単な数値例——製薬会社が直面するリスク

　ここでは，簡単な数値例を使って，リスクマネジメント活動が将来キャッシュフローの期待値（評価式の分子）に対してどのような影響を与えるかを考察する。ある製薬会社が新薬を開発しているとする。この新薬が発売されれば，既存の薬品よりも格段に効果が見込まれるが，その一方で予想外の副作用が発生する可能性もある。この新薬の副作用によって健康を害してしまった利用者は製薬会社に賠償金を請求し，その結果，会社に損失が生じるかもしれない。つまり，新薬による副作用のリスクは，この製薬会社の将来キャッシュフローの期待値を減少させ，企業価値の低下をもたらす可能性がある。そこで，製薬

会社は副作用の発生を抑制するために，安全テストを実施したり（ロス・コントロール），賠償金支払いに備えて保険を購入することで（ロス・ファイナンシング），企業価値の低下を最小限に抑える努力をするだろう。以下では簡単な数値例を用いて，このことを説明してみよう。

　いま，新薬を開発し，その販売を検討中の製薬会社 A を想定しよう。A 社は副作用が発生しなければ，新薬の販売を含めた収益が 100 億円であるが，1 年後に副作用が発生した場合には，賠償金 50 億円を見積もっている。A 社の割引率は 10％ である。なお，安全テストを何ら実施しない場合の副作用の発生確率は 5％ であるが，1.5 億円の費用をかけて安全テストを実施すると，それは 1％ まで低下する。さらに，品質管理にこだわって追加的な安全テストを実施すれば，費用はさらに 1.5 億円かかるが，副作用の発生確率は 0.5％ まで低下する。また，A 社は保険にあらかじめ加入しておくことで，副作用が発生した場合の賠償金 50 億円を保険金でカバーできるだけでなく，保険会社から損失予防（第 2 章参照）に関する専門的サービスを受けることができる。上記の設定のもと，まずは，安全テストや保険購入といったリスクマネジメント活動をまったく実施しない場合の企業価値を計算する。

$$\frac{0.05 \times (100-50) + 0.95 \times 100}{1+0.1} \fallingdotseq 88.64 \ (\text{億円})$$

　分子は副作用のリスクを考慮した A 社の将来キャッシュフローの期待値であり，97.5 億円である。それを 10％ 割り引くことで，企業価値 88.64 億円が算定される。ところで，十分な分散投資が可能な株主を前提とすれば，リスクマネジメントの実施は，原則として割引率に影響を与えないので，以降の考察では，割引率は 10％ で一定と仮定する。そこで，安全テストや保険購入といったリスクマネジメント活動が，分子の将来キャッシュフローの期待値に与える影響を検討することによって，企業価値への影響を考察してみよう。

　はじめに，1.5 億円の費用をかけて安全テストを実施した場合を考えよう。このとき，副作用の発生確率は 1％ まで低下するので，将来キャッシュフローの期待値を計算すると，以下の通りである。

$$0.01 \times (100-50) + 0.99 \times 100 \underbrace{- 1.5}_{\text{安全テストの費用}} = 98 \ (\text{億円})$$

　これは，リスクマネジメントをまったく実施しない場合の将来キャッシュフローの期待値，97.5 億円よりも大きいので，企業価値も大きくなる。ところが，追加的な安全テストを，さらに 1.5 億円の費用をかけて実施した場合の将来キャッシュフローの期待値は，

$$0.005 \times (100-50) + 0.995 \times 100 \underbrace{- (1.5+1.5)}_{\text{安全テストの費用}} = 96.75 \ (\text{億円})$$

となってしまうので，むしろ企業価値を低下させてしまう。したがって，追加的な安全テストは意思決定上，望ましくない。

　次に，賠償金の支払いに備えた保険の購入を検討する。いま，A 社は独自では安全テ

ストをいっさい実施しない代わりに，年払保険料 2.4 億円を支払って保険会社と保険契約を結ぶという状況を考えよう。なお，保険会社から損失予防に関するサービスを受けた結果，副作用の発生確率は 5% から 4% に低下している。このとき，将来キャッシュフローの期待値を計算すると，以下の通りである。

$$\underbrace{0.04 \times (100 - 50 + 50)}_{\text{保険金}} + 0.96 \times 100 - \underbrace{2.4}_{\text{保険料}} = 97.6 \ (\text{億円})$$

これは，追加実施のない安全テストのみを行った場合の将来キャッシュフローの期待値，98 億円よりも小さいので，企業価値は低下する。したがって，保険購入のみという意思決定は望ましくない。

ところで，なぜ年払保険料が，2.4 億円と設定されたのだろうか。簡単に確認しておこう。第 3 章で説明したように，公正な保険料は期待損失に等しく決定され，これを純保険料という。ただし，実際に支払う保険料は，純保険料に加えて，保険会社の経費部分をまかなう付加保険料が上乗せされる（第 18 章参照）。今回の数値例では，期待損失（純保険料）は 2 億円（0.04×50 億円）であったので，これに付加保険料がその 20% 相当分，つまり，0.4 億円（2 億円×0.2）だけ上乗せされていると想定したのである。

さて，話を戻そう。今度は，独自の安全テスト（費用 1.5 億円）を実施するとともに，保険を購入することを考える。このとき，安全テストの実施と保険会社による損失予防サービスの結果，副作用の発生確率が 0.5% まで低下すると予想すれば，期待損失は 0.25 億円（0.005×50 億円），付加保険料は 0.05 億円（0.25 億円×0.2）となり，年払保険料は 0.3 億円となる。この結果，将来キャッシュフローの期待値は，

$$\underbrace{0.005 \times (100 - 50 + 50)}_{\text{保険金}} + 0.995 \times 100 - \underbrace{1.5}_{\text{安全テストの費用}} - \underbrace{0.3}_{\text{保険料}} = 98.2 \ (\text{億円})$$

で，最大となる。したがって，今回の数値例では，安全テストと保険購入の組合せが，企業価値の最大化という観点からもっとも望ましいということがわかる（表を参照）。

以上の数値例からわかったことを要約しておこう。副作用のリスクに直面した製薬会社は，まったくリスクマネジメントを行わなかったならば，期待損失がそのままリスク・コストになる。そこで，そのリスク・コストを少しでも軽減すべく，副作用の発生を未然に防ぐための安全テストを実施する。ただし，安全テストをどの程度までコストを費やして行うかは，そこから得られる便益（期待損失の低減分）との比較考量によって決まる。また，事後的に生じうる損失の埋合せのために保険の購入を検討することもあるが，付加保険料部分が新たなリスク・コストとして認識されるので，ここでも，コストと便益の比較考量によってその意思決定が行われる。

重要なことは，各々のリスク・コストの間にはトレードオフ関係が存在するということである。たとえば，安全テストに十分なコストをかければ，副作用の発生確率が低下する。しかしその結果，期待損失が小さくなるので，企業が直面する保険料は安くなる。こうしたトレードオフ関係を考慮したうえで，将来キャッシュフローの減少を軽減すべく，さまざまな手法の最適な組合せをうまく選択すれば，リスク・コストの総額を最小化すること

表　安全テストと保険購入による企業価値への影響

	安全テスト (費用 1.5 億円)	追加安全テスト (費用 0.5 億円)	保険購入 (付加保険料 20%上乗せ)	将来キャッシュ フローの期待値	企業価値
ケース 1	実施しない	実施しない	実施しない	97.5	
ケース 2	実施する	実施しない	実施しない	98	
ケース 3	実施する	実施する	実施しない	96.75	
ケース 4	実施しない	実施しない	実施する	97.6	
ケース 5	実施する	実施しない	実施する	98.2	最大

ができる。上記の数値例は，あくまで一例にすぎず，状況次第で選択される手法の組合せはいくらでも変化しうるが，基本的な考え方は変わらない。このような考え方に従って，企業価値の最大化を志向することこそ，リスクマネジメントの目的であるといえる。

　なお，以上の数値例では，新薬の副作用の発生による損失として，被害者への賠償金のみを想定していたが，副作用の発生によって製薬会社全体のブランド・イメージが低下し，同社が製造・販売するその他の製品の売上げに支障をきたすかもしれないし，場合によっては企業の存続そのものが困難になるかもしれない。第2章でも述べたことだが，このように，賠償金の支払いという直接損失に加え，それに付随して生じるさまざまな間接損失を理解しておくことは，リスクマネジメントの意思決定においてきわめて重要である。

【練習問題】
　TK 社は，火災のリスクにのみ直面している（1 年間のみ営業）。火災が発生しなければ，1 年後に 1000 万円の収益が見込まれるが，発生した場合，工場の価値の毀損など，その直接損失は 100 万円である。なお，リスクマネジメント活動をまったく行わない場合，火災は 10% の確率で発生する。また，この間，TK 社の割引率（資本コスト）は 10% で一定である。このとき，以下の問題に答えなさい。なお，解答にあたっては，1 万円未満は切り捨てること。

1　リスクマネジメント活動をいっさいしない場合の TK 社の企業価値はいくらか。

2　10 万円の費用をかけて損失予防活動のみを行った結果，火災の発生確率が当初の 2 分の 1 に低減した。このとき，TK 社の企業価値はいくらか。

3　12 万円の年払保険料を払って直接損失すべてを補償する火災保険に加入することのみを検討中である。なお，この火災保険は実損すべてを補償してくれる。このとき，TK 社の企業価値はいくらか。

4　10 万円の費用をかけて損失予防活動を行い，さらに，直接損失すべてを補償する火災保険（年払保険料は 6 万円）に加入することを検討中である。このとき，TK 社の企業価値はいくらか。

⑤　あなたが TK 社のリスクマネジャーならば，どのようなリスクマネジメント活動を行うか。なお，意思決定にあたっては上記以外の条件はいっさい考慮しないものとする。

⑥　仮に，300 万円の直接損失に加えて，工場火災の発生によって事業中断の損失 200 万円が間接的に生じると予想するならば，あなた（TK 社のリスクマネジャー）は，どのようなリスクマネジメント活動を行うか。なお，意思決定にあたっては上記以外の条件はいっさい考慮しないものとする。

価格リスクの移転手段としての金融派生商品

　本書で中心的に学ぶ保険は，純粋リスクの主要な移転手段である。これに対して，価格リスクの移転は，デリバティブ（金融派生商品）とよばれる手段によって行われることが多い。そこで，この補論では，デリバティブによる価格リスクの移転について，簡単な例を用いて説明する。

1　金融派生商品（デリバティブ）とは何か

　金融派生商品（デリバティブ）とは，農作物，債券，株式，通貨，金利もしくはそれらの指数といったような原資産（underlying asset）の価値に依存して，その価格が決定される証券や契約の総称である。具体的には，先渡し契約（forward contract），先物契約（futures contract），オプション契約（option contract）などがそれにあたる。「〜から派生する」という意味を英語で表現すると"derive from"であるため，原資産からの派生物という意味で「デリバティブ」（derivative）とよばれる。

先渡し契約と先物契約

　先渡し契約とは，対象となる原資産を，あらかじめ定められた将来時点（満期）に，あらかじめ定められた価格（先渡し価格）と数量で取引する契約である。先渡し契約は，もともと，農作物のように天候によって価格が変動する商品について，その価格リスクをヘッジする手段として考え出されたものである。以下，簡単な例を使ってその仕組みを説明しよう。

　いま，農家と商人の2者がいるとしよう。農家は農作物を生産し，商人は農作物を仕入れて最終消費者に販売することで生計を立てているとしよう。このとき，農家は予想外の豊作で農作物の値段が下がるかもしれないので，収穫を待たずして，今現在の農作物の値段で売りを確定しておきたいと思うかもしれない。他方，商人は，予想外の不作で農作物の値段が上がるかもしれないので，収穫を待たずして，今現在の農作物の値段で買いを確定しておきたいと思うかもしれない。このような場合，あらかじめ農作物の売買価格を両者の間で確約しておくことで，収穫時に決まる実際の農作物の価格（現物価格）にかかわらず，あらかじめ取り決められた売買価格で取引するほうが，農家と商人のお互いのニーズに合致するだろう。これが先渡し契約の起源といわれる。

　このような先渡し契約をより進化させた契約として，先物契約がある。先物契約とは，対象となる原資産を，あらかじめ定められた将来時点（満期）に，あらかじめ定められた価格（先物価格）と数量で取引する契約である。ただし，先渡し契約と違って，先物契約には，契約時点から満期まで毎日の取引終了後に，先物契約のみから得られた損益を評価（値洗い）するという独特の清算の仕組みがある。これによって，取引所への上場が可能

となり，取引参加者の信用リスクの軽減と，取引の流動性の大幅な向上を実現しているのである。

先物契約の特徴をよりよく理解するために，先渡し契約から先物契約への進化の過程を簡単に説明しておこう。原始的な先渡し契約では，先ほどの例にあったように，農家と商人のような農作物の生産や消費に直接関わっている者だけが取引に参加していた。ところが，ある時期から，農作物価格のリスク・ヘッジ目的ではなく，投機目的の取引参加者が登場した。彼らは，投機を目的として，農作物の価格が将来値上がりすると予想すれば買建ての先渡し取引を実行し，逆に，農作物の価格が将来値下がりすると予想すれば売建ての先渡し取引を実行したのである。

たとえば，ある投機家が将来の農作物の価格上昇を予想して，買建ての先渡し契約を行ったとしよう。しかし，先ほどの農家と違って，実際に農作物を生産しているわけではないので，満期時点で生産による農作物の入手可能性はない。そのため，満期時に農作物を現物価格で購入し，それを先渡し価格で売り渡すほかないのである。仮に，予想に反して，農作物価格の下落が生じてしまったならば，満期時点の先渡し価格と現物価格の差額が投機家の損失となる。他方，予想通り，農作物価格の上昇が生じたならば，投機家には利益がもたらされることになる。

このような投機的取引が活発に行われるようになると，満期時に農作物の受渡しと現金の授受による清算を同時に行うことが不便になってくる。そこで，将来のある時点での農作物の売買を約束しても，実際には農作物自体の売買を実行せずに，清算時の農作物の価格に応じて，売買の差益ないしは差損のみを現金で授受することによって，清算が行われるようになった。このような過程を経て，先渡し取引から先物取引へと取引は進化してきたのである。

オプション契約

オプション契約とは，対象となる原資産を，あらかじめ定められた将来時点（満期）や一定期間内に，あらかじめ定められた価格（行使価格）で売買する権利を取引する契約である。したがって，オプション契約は，売る権利と買う権利の2種類に大別でき，前者をプット・オプション，後者をコール・オプションという。また，権利の行使が将来の一定時点（満期）に限るものをヨーロピアン・タイプといい，満期までの一定期間内で権利行使を認めるものをアメリカン・タイプとよび区別している。

なお，オプション契約は，権利の売買という点にその特徴があるため，権利の購入者は，先渡し契約や先物契約と違って，将来の原資産の価格が確定した段階で，権利を行使するか放棄するかの意思決定が可能となる。つまり，みずからにとって有利な場合のみ，権利を行使すればよいことになる。他方，権利の売却者は，対象となる原資産の価格リスクを負担することになるので，あらかじめリスク移転の対価を受け取ることになる。この対価のことをオプション価格，またはオプション・プレミアムという。

あるハンバーガーチェーンのリスクマネジメント

ある仮想のハンバーガーチェーン（XYZバーガー社）が直面する牛肉の価格リスクを

題材に，デリバティブの利用によるリスクマネジメントを考えてみよう。XYZ バーガー社は，1個100円という低価格ハンバーガーの販売で成功しているが，単に安いというだけでは，その成功はなかった。低価格のハンバーガーを安定的に消費者に供給できたからこそ，成功できたのである。それではなぜ，低価格かつ安定的供給が可能となったのだろうか。同社の取組みを振り返りつつ，価格リスクのマネジメントについて考えてみよう。

　XYZ バーガー社のハンバーガーの原価構成（1個当たりに換算）は，牛肉 20円，その他 70円と仮定する。この原価構成が維持できる限り，1個販売すれば，同社は 10円の利益を獲得できる。ただし，牛肉の仕入値は日々変動しており（簡単化のためその他の原価70円は一定と仮定する），それは 10円（1個当たりに換算，以下同様）になることもあれば，30円に高騰することもある。これでは，安定的に低価格でハンバーガーを供給することは難しい。大きな問題に直面した牛肉購買担当の A さんは，牧場農家である知人の言葉を思い出した。「これだけ，牛肉の売り値が安くなってしまったら，生活ができないね。別に大儲けしようとは思ってないけど，最低限の収入がないとやっていけないよ。困ったなあ……」

　そこで，A さんは，牧場農家の知人と連絡をとり，次のような取引をもちかけた。「明日の牛肉の価格がいくらになっても，明日必ず 20円で買いたいと思いますが，売買の約束をしてもらえませんか」。つまり，先渡し契約の提案である。たまたま，知人は，翌日の牛肉価格が下落すると予想しており困っていたので，快く A さんの提案を受けることになった。こうして，牛肉の仕入れを安定的な価格で実現でき，低価格バーガーの戦略も成功したのである。他方，牧場農家も安定収入を得ることができたので，大満足な結果となった。

　図1は，買建ての先渡し契約を締結した A さんの損益を示している。たとえば，翌日の牛肉価格が 30円に値上がりした場合には（横軸），A さんは 20円の先渡し価格でそれを購入できるので，10円の利益となる（縦軸）。逆に，牛肉価格が 10円に値下がりした場合には（横軸），A さんは 20円の先渡し価格でそれを購入しなければならないので，10円の損失が出る（縦軸）。同じように，さまざまな正の値をとりうる牛肉価格を横軸にとれば，先渡し契約の買建てのグラフは 45度線で描かれることになる。

　しばらくして，A さんは，図1の先渡し契約のみから得られる損益についてじっくり考えてみたところ，安定的な価格での購買には成功したものの，何か心残りを感じていた。それは，翌日の牛肉の価格が予想に反して安くなった場合，たとえば，10円に下落した場合でも，牧場農家から 20円で購入していたからである。約束は約束である。A さんの心残りとは，「これを何とかできないものだろうか……」というものだったのである。

　こうしたなか，A さんの友人で商社に勤務する B さんに，みずからの心残りについて相談してみた。すると，B さんは，A さんに，次のような取引を提案してきた。「明日の牛肉の市場価格がいくらになっても，明日 20円で牛肉を買う権利を売ってあげるよ。ただし，契約時点で 1円をいただくけどね」。つまり，コール・オプション契約の提案である。A さんは，1円という前払いの対価は割に合うと思い（この価格が理論的にどうやっ

図1　Aさんの先渡し契約（買建て）の損益　　図2　Aさんのオプション契約（買建て）の損益

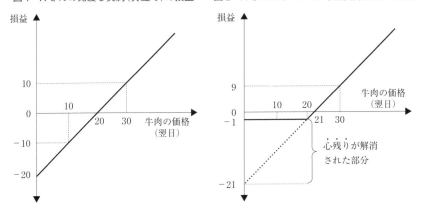

て決まるかについては次に詳しく説明する），Bさんの提案を受けることにした。

　図2は，買建てのコール・オプション契約を締結したAさんの損益を示している。たとえば，翌日の牛肉価格が30円に値上がりした場合には（横軸），Aさんは20円の行使価格でそれを購入できるので，あらかじめ支払った1円を差し引いた9円が利益となる（縦軸）。逆に，牛肉価格が10円に値下がりした場合には（横軸），Aさんは権利行使をしないので，あらかじめ支払った1円のみが損失となる（縦軸）。同じように，さまざまな正の値をとりうる牛肉価格を横軸にとれば，コール・オプション契約の買建てのグラフは，行使価格20円のところまでは，−1円で水平となるが，それ以上の牛肉価格では45度線となるように描かれる。

　以上の例からわかるように，価格リスクは先渡しやオプション契約といったデリバティブによってヘッジできる。いいかえれば，価格リスクに関するリスクマネジメントの手法として，デリバティブはきわめて有用なものだといえる。

2　保険とオプション

　保険の経済的機能は何か。現在も多くの論者によって議論されている本質的なテーマであるが（詳しくは，吉澤卓哉［2006］『保険の仕組み：保険を機能的に捉える』千倉書房，を参照），少なくとも，リスク・プーリング（第3章参照）とリスク移転は，その主要な機能として理解されている。もちろん，リスクマネジメントの手法という観点からは，保険とデリバティブはともにリスク移転の機能を有しており，その意味で両者は類似した存在である。そこで，リスク移転の対価としてのオプション価格と保険料について，その類似性を確認するとともに，オプション価格の決定メカニズムについて2項モデル（binomial model）を用いて説明する。

保険とオプションの類似性

　ここでは，保険とオプションの類似性を理解するとともに，基本的なプット・オプションのモデルで，通常の火災保険をどの程度うまく説明できるかを確認する。別の言い方をすれば，基本的なプット・オプションのモデルで火災保険を説明するためには，どの程度の仮定を必要とするか，また，どのようなモデルの修正が必要かを明らかにする。

　はじめに，家主が保険会社にあらかじめ保険料を支払うことで，火災による家屋の焼失という損害の全部が補償されるという火災保険を考えよう（第9章参照）。この場合，保険の契約期間中に火災が発生して損害が生じれば，家主は保険会社から保険金を受け取れるが，火災が発生しなければ受け取ることができない。ただ，少なくとも，家主は契約期間中の安心という満足を得ている。逆に，保険会社は，保険料をリスク負担の対価として保険契約を引き受け，保険契約者から請求があれば，損害査定を行ったうえで，保険金支払いを行うという義務を負っている。これに対して，プット・オプションは，対象となる原資産を，あらかじめ定められた将来時点（満期）や一定期間内に，あらかじめ定められた価格（行使価格）で売る権利の取引である。

　保険期間が1年の年払いの火災保険を考えてみる。保険期間中，もし火災による損害が発生したならば，契約後1年が経った時点で実損部分を補償する契約である。さて，ここでは，この火災保険について，家屋の価値変動のリスク・ヘッジを目的とするプット・オプションで解釈してみよう。このとき，原資産価格は家屋の価値，行使価格は契約締結時の家屋の価格（5000万円），満期は保険期間終了時（1年後）である。なお，オプション価格は10万円である（オプション価格の決定メカニズムについては後述）。

　ただし，以下のことが暗黙のうちに仮定されている。第1に，満期は1年後であるが，満期時の現物価格は，火災による損失が発生した場合の損失額を契約時の家屋の価格から控除した金額である。たとえば，火災によって1000万円の損失が生じた場合，満期時の現物価格は4000万円（＝5000万−1000万）ということになる。したがって，火災による損失が契約期間中に発生しなかった場合は，満期の現物価格は契約時の家屋の価格と等しくなる。第2に，説明の単純化のため，家屋の価値の変動要因として火災のみを考える（火災以外の経済的要因，たとえば，近隣地価の上昇などは無視する）ので，家屋の価値変動のうち，火災による価値喪失である下落部分のみを考慮すればよい（したがって，以下の図では上昇部分を破線で示している）。

　図3は，火災保険に加入していない状態の，家屋の満期時の価値を示している。原資産価格（家屋の価値，横軸）が，火災によって下落した場合，縦軸の価値は正比例的に低下するので，右上がりの45度線が描かれている。図4は，火災保険の購入（プット・オプションの買建てのポジション）のみから得られる満期時の価値を示している。たとえば，火災によって全損が生じた場合は，満期時に5000万円が保険金として支払われるので，あらかじめ支払っていた保険料10万円を控除した4990万円が満期時の価値となる。これは，あらかじめオプション料（価格）10万円を支払ったうえで，満期時に行使価格5000万円のプット・オプションを行使し，価値ゼロの家屋を5000万円で売却した状態と経済

図3　火災リスクに直面した家屋の満期の価値　　図4　火災保険の購入による補償の満期の価値
　　　（火災保険なし）

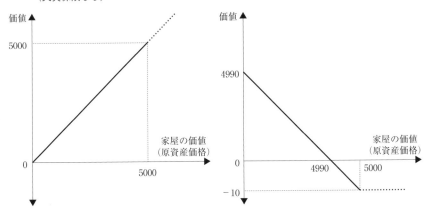

図5　火災リスクに直面した家屋の満期の価値（火災保険あり）

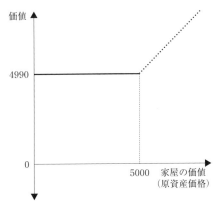

的には同じである。

　最後に，図5は，図3と図4を合成した価値を示している。つまり，「家屋を所有する
とともに火災保険に加入している状態」，または「原資産を保有すると同時にプット・オ
プションを購入している状態」を意味している。さて，図5からは，以下のことが読み
取れる。すなわち，満期時の原資産価格（家屋の価値）が，行使価格（契約時の家屋の価
格），つまり5000万円を下回った場合には権利が行使される（保険金が支払われる）。そ
の結果，あらかじめ支払っていたオプション価格（保険料）10万円を差し引いた4990万
円という価値が安定的（横軸と水平）に享受できるという状態が実現している。このよう
に解釈すれば，若干のモデルの修正は要するものの，基本的には，火災保険はプット・オ
プションで説明が可能だといえる。

リスク移転の対価はどうやって決まるのか——オプション価格の評価

　ここまで，保険とオプションの類似性について，簡単な数値例を用いて説明してきた。その結果，両者の類似性は確認され，リスク移転の対価としては，オプション価格と保険料はともに同じ意味をもちうることがわかった。それでは，オプションの理論価格は，どのような原理によって決まるのだろうか。先ほどの例でいうと，10万円と仮定されていたオプション価格（年払いの火災保険料）はどのようなメカニズムで決まるのかという問題である。この問題を考えるために，以下では，原資産をH社株とするプット・オプション取引（ヨーロピアン・タイプ）を考えてみよう。

　現在のH社の株価を1万円とし，この株価が1期間後，すなわち満期に，1万1000円に上昇するか，9000円に下落するかのどちらかしか起こらないと仮定する。このプット・オプションの権利行使価格を1万円とし，この間の金利水準（安全利子率）を1%とする。はじめに，満期におけるポートフォリオの損益が株価の価格変動の影響を受けないようなパターン（ヘッジ・ポートフォリオという）を構築する。つまり，（価格）リスクのまったくない投資プランである。そのために，H社株を，現時点でx単位購入するとともに，プット・オプションを1単位購入することを考えよう。

　ここで，満期において株価が下落した場合を考える。この場合，株式を現時点でx単位購入していて，それが9000円まで下落している。また，プット・オプション取引では，現物市場なら9000円で売却しないといけないものを，行使価格1万円で売却できるのだから，プット・オプションを行使する。この結果，プット・オプションからは，1000円の利益が生じる（ここではとりあえずオプション価格を考慮しない）。プット・オプション取引は1単位しか買い建てていないので，以上，まとめると，ポートフォリオ全体で，

$$9000x + 1000 \text{（円）}$$

という価値になる。

　次に，満期において株価が上昇した場合を考える。この場合，株式を現時点でx単位購入していて，それが1万1000円まで上昇している。また，プット・オプション取引では，現物市場なら1万1000円で売却できるものを，わざわざ行使価格1万円で売却するはずがない。つまり，プット・オプションは行使しない。この結果，プット・オプション取引からは，プラス・マイナス・ゼロの損益である（ここではとりあえずオプション価格を考慮しない）。プット・オプション取引は1単位しか購入していないので，ポートフォリオ全体で，$11000x$（円）という価値になる。

　結局，満期において株価が下落しようが，上昇しようが，どちらが生じても満期のポートフォリオ全体の価値が同一であればよい。つまり，今回の例では，現在の株価が1万1000円に上昇するか，9000円に下落するかのどちらかしか発生しないと仮定しているので，上で述べた2つのキャッシュフローのパターンが同一であれば，すなわち，それは，「満期におけるポートフォリオの損益が株価の価格変動の影響を受けない」ということを意味するのである。したがって，

$$9000x + 1000 = 11000x$$

が成立するので，これを解くと，$x=0.5$ となる。

　以上のプロセスをまとめると，次のようなことがわかる。すなわち，株式（原資産）を 0.5 単位購入し，同時にプット・オプションを 1 単位購入することで，満期の株価（原資産価格）がどうなろうとも，確実に，5500 円（$9000 \times 0.5 + 1000$，または 11000×0.5）を獲得できる。つまり，このようなヘッジ・ポートフォリオは，リスクなしで，満期に 5500 円の価値をもたらす投資だといえる。

　さて，このヘッジ・ポートフォリオとまったく同一の投資効果をもたらすプラン，すなわち，1 期間，安全利子率で運用するプランを考える。ここで，このプット・オプションの価格を p とすると，現時点の H 社の株価が 1 万円だったので，「H 社株式（原資産）を 0.5 単位購入し，同時にプット・オプションを 1 単位購入する」というヘッジ・ポートフォリオを構築するためには，

　　　　$0.5 \times 10000 + p$（円）

の投資資金が必要である。したがって，この投資資金を安全利子率で 1 期間運用すると，確実（リスクなし）に，$(1+0.01) \times (0.5 \times 10000 + p)$ のキャッシュフローを獲得できる。そして，将来同一のキャッシュフローをもたらす 2 つの投資案は，現在においても同一の価値でなければならないということを考えれば（もし，そうでない場合が生じていたならば，必ず裁定取引が発生して，そのようなゆがみは解消されてしまうから），以下の等式が成り立つ。

　　　　$(1+0.01) \times (0.5 \times 10000 + p) = 5500$

これを解くと，$p = $ 約 445（円）となる。このようなメカニズムでオプション価格の理論値は決定されるのである。

【練 習 問 題】

　1　原油を原資産とするオプション契約を考える。行使価格が 1000 円（1 単位当たり），プットならびにコールのオプション価格がともに 100 円（1 単位当たり）であるとき，このプット・オプション契約の買い手と売り手，ならびに，コール・オプション契約の買い手と売り手について，それぞれの満期時の損益図を描きなさい。

　2　現在の H 社の株価を 1 万円とし，この株価が 1 期間後，すなわち，満期に，1 万1000 円に上昇するか，9000 円に下落するかのどちらかしか起こらないと仮定する。ここで，H 社の株式を原資産とするコール・オプション契約を考える。権利行使価格が 1 万円であり，この間の金利水準（安全利子率）を 1％とするとき，このコール・オプションの理論価格はいくらになるか。

■ 第Ⅰ部の理解を深めるために ─────────

❏ 関連サイト
研究所またはシンクタンク系

　生命保険経営学会　　https://www.seihokeiei.jp

　SOMPO インスティチュート・プラス　　https://www.sompo-ri.co.jp

　SOMPO リスクマネジメント　　https://www.sompo-rc.co.jp

　損害保険事業総合研究所　　https://www.sonposoken.or.jp

　第一生命経済研究所　　https://dlri.co.jp

　東京海上ディーアール　　https://www.tokio-dr.jp

　ニッセイ基礎研究所　　https://www.nli-research.co.jp

　年金シニアプラン総合研究機構　　https://www.nensoken.or.jp

　MS＆AD インターリスク総研　　https://www.irric.co.jp

　明治安田総合研究所　　https://www.myri.co.jp

　ゆうちょ財団　　https://www.yu-cho-f.jp

　（旧郵政総合研究所　　https://www.yu-cho-f.jp/research/old/research）

保険マスコミ系

　保険毎日新聞社　　https://www.homai.co.jp

　保　険　社　　https://www.hokensha.com

❏　より詳しく学ぶ人のために

米山高生［2008］『物語で読み解くリスクと保険入門』日本経済新聞出版社。

米山高生［2012］『リスクと保険の基礎理論』同文舘出版。

堀田一吉［2021］『保険学講義』慶應義塾大学出版会。

堀田一吉・中浜隆編［2023］『現代保険学』有斐閣。

Dionne, G. ed. ［2013］ *Handbook of Insurance*, 2nd ed., Springer.

山下友信［2005］『保険法』有斐閣。

山下友信・竹濱修・洲崎博史・山本哲生［2019］『保険法』第4版，有斐閣。

山下友信・米山高生編［2010］『保険法解説：生命保険・傷害疾病定額保険』有斐閣。

羽成守・乙守順市編著［2009］『新保険法でこう変わる！　告知義務から説明責任へ』
　　第一法規。

原弘明・山本哲生・潘阿憲・山野嘉朗・土岐孝宏［2023］『保険契約法』2023 年版，
　　損害保険事業総合研究所。

酒井泰弘［1996］『リスクの経済学：情報と社会風土』有斐閣。

日本リスク研究学会編［2000］『リスク学事典』TBS ブリタニカ。

柳瀬典由・石坂元一・山﨑尚志［2018］『リスクマネジメント』中央経済社。

諏澤吉彦・柳瀬典由・内藤和美［2022］『リスクマネジメントと損害保険』2022 年版，

損害保険事業総合研究所。

諏澤吉彦［2018］『リスクファイナンス入門』中央経済社。

柳瀬典由編著［2024］『企業のリスクマネジメントと保険：日本企業を取り巻く環境変化とERM・保険戦略』慶應義塾大学出版会。

Harrington, S. E. and G. R. Niehaus［2003］*Risk Management and Insurance*, 2nd ed., McGraw-Hill.（米山高生・箸方幹逸監訳［2005］『保険とリスクマネジメント』東洋経済新報社。）

Doherty, N. A.［2000］*Integrated Risk Management: Techniques and Strategies for Managing Corporate Risk*, McGraw-Hill.（森平爽一郎・米山高生監訳［2012］『統合リスクマネジメント』中央経済社。）

Hull, J. C.［2023］*Risk Management and Financial Institutions*, 6th ed., Wiley.（竹谷仁宏訳［2008］『フィナンシャルリスクマネジメント』ピアソン・エデュケーション，原著初版の訳。）

Hull, J. C.［2001］*Introduction to Futures and Options Markets*, 4th ed., Prentice Hall.（小林孝雄監訳［2001］『先物・オプション取引入門』ピアソン・エデュケーション，原著第3版の訳。）

Milgrom, P. R. and J. Roberts［1992］*Economics, Organization and Management*, Prentice-Hall.（奥野正寛・伊藤秀史・今井晴雄・西村理・八木甫訳［1997］『組織の経済学』NTT出版。）

宮川公男［2022］『基本統計学』第5版，有斐閣。

土方薫［2003］『総論 天候デリバティブ』シグマベイスキャピタル。

吉澤卓哉［2006］『保険の仕組み：保険を機能的に捉える』千倉書房。

トーア再保険株式会社編［2011］『再保険：その理論と実務』改訂版，日経BPコンサルティング。

『損害保険研究』第64巻第1号，2002年5月（ARTおよびデリバティブに関する特集号であり，いくつかの重要な論文が掲載されている）。

近見正彦［1997］『海上保険史研究：14・5世紀地中海時代における海上保険条例と同契約法理』有斐閣。

ブラウン，H.（水島一也訳）［1983］『生命保険史』明治生命100周年記念刊行会。

レインズ，H. E.（庭田範秋監訳）［1985］『イギリス保険史』明治生命100周年記念刊行会。

印南博吉編［1966］『現代日本産業発達史 XXVII 保険』現代日本産業発達史研究会。

宇佐見憲治［1984］『生命保険業100年史論』有斐閣。

第 II 部
個人・企業を取り巻くリスクと保険

❑ **第 II 部の構成**

第 II 部では，消費者・利用者の視点からリスクとそれに対応する民間保険，そして保険利用のポイントについて学習する。

まず第 8 章では，どのようなリスクが付保可能か，保険商品とはどのようなものか，保険契約の内容をチェックするにはどうすればよいかなど，保険を利用する際の基本事項を学ぶ。

第 9 章では，火災，風水災，地震，盗難など，生活の重要な基盤である住まいのリスクが，火災保険を基礎に幅広くカバーされていることを学ぶ。また，世界でも有数の地震国である日本の地震保険制度についてその概要を述べる。

第 10 章はくるまのリスクと保険を取り上げる。自動車事故のリスクはヒト・モノ・カネ・コトのすべてに関係するため，補償内容も多様であり，通常セット商品として販売される。また，交通事故の被害者を救済するための自動車損害賠償保障制度の特徴を述べる。

第 11 章では，日常生活や旅行などで身近なリスクであるけが・病気のリスクと保険を学ぶ。これらの保険は傷害疾病保険（いわゆる第三分野の保険）とよばれ，生命保険や損害保険と異なる特徴をもつ。

第 12 章では，生活・家族のリスクと生命保険について学ぶ。生命保険は保険事故を基準に死亡，生存，生死混合保険に分類されるが，保険料の払込方法，保険金の支払方法，危険選択の方法など各種の要素を組み合わせることで，多種多様な生命保険が商品化されている。代表的な商品の説明を通じて生命保険商品の変遷が明確にされる。

第 13 章は生命保険商品の活用について述べる。住宅に次ぐ大きな買い物とよばれる生命保険について，消費者の視点からライフサイクルに応じた活用の仕方，契約後の保障の見直しに役立つ諸制度や契約者配当，税制との関連を学習する。

最後に，第 14 章は企業のリスクと保険である。企業は個人と異なり保険以外の方法で損失を処理することが可能なため，保険以外の各種の財務手法についても簡単に述べる。そして財産，純収益，賠償責任，人的リスクに対応する企業保険の概要を説明する。

第 **8** 章

保険可能なリスクの分類と保険商品

●**この章で学ぶこと**●

☐ この章では，第Ⅱ部の全体を概観し，消費者・利用者の視点からリスクと保険を学ぶことを明らかにする。

☐ 保険取引は，リスクの範囲・規模において限界が存在する。リスクの保険可能性は主に，保険技術的条件を基礎に，保険取引条件，すなわち需要と供給で決定される。

☐ 保険可能なリスクは，リスクの対象を基準に，ヒト・モノ・カネ・コトに分類される。

☐ 保険商品とは，保険取引の対象となる財・サービスをいい，本来的な機能，その機能を高める諸要素，そして関連サービスから構成される。

☐ 保険約款は，保険商品の性能・品質を表し，契約当事者の権利・義務を定める。このため，契約者は約款の内容について十分理解するように努める必要がある。

●**キーワード**●

リスクの大量性，リスクの同質性，リスクの独立性，異常危険，
普通保険約款，特別保険約款，知覚リスク，消費者契約法，
金融商品販売法

1 保険可能なリスクとは

　保険制度は，自己責任と私有財産制を基盤とする資本主義社会において，リスクに不安を抱く個人・企業が経済必要の充足または経済的保障を確保するために生成され，発展した。個人・企業は，リスクを自分で負担するよりも低いコストで負担してくれる保険会社が存在すれば，その保険会社へリスクを移転し，処理することを望む。他方，リスク管理に関する専門知識および技術をもつ保険会社は，個人や企業が負担を望まないリスクを引き受けることができる。

　したがって，保険制度は，保険会社と個人・企業の間でリスクをめぐる商取引

Column ⓰　イスラームの保険制度

　　イスラーム社会では，欧米諸国の伝統的保険制度（とくに生命保険）に対しては，ガラール（不確実性），マイシール（投機），およびリーバ（利子）のハラム（イスラーム法の禁止事項）を含むため，消極的・否定的であった。保険は神があらかじめ定めた運命に対する反逆の試みであると主張したイスラーム学者もいた。保険可能性は，経済的条件だけでなく，文化・社会的条件にも影響を受ける。

　　イスラーム保険（タカフル）とは，イスラーム法（シャーリア）を遵守する保険をいい，保険契約・保険商品・保険業務において，過度の不確実性・投機・利子を排除するよう工夫されている。タカフルは，アラビア語で相互扶助を意味し，将来の災難に備えるためにムスリム（イスラーム教徒）が拠出した相互扶助基金に，この概念を取り入れたものである。したがって，保険料は基金への寄付（喜捨）を意味する。また，資産運用やリスク引受けにおいて，養豚・豚製品，アルコール，ギャンブル，およびセックス産業は対象から除外される。タカフルの仕組みとして，利益分配モデル（ムダーラバ），手数料モデル（ワカーラ），混合モデルの３つが代表的である。生命保険は家族タカフル，損害保険は一般タカフルとよばれる。いずれも保険資金と運用資金が明確に区分され，透明性が高い点が特徴である。

　　現在，ムスリム諸国におけるイスラーム保険のシェアは大きくないが，今後経済成長とともに広く普及していくと予想される。

が適正かつ効率的に行われるための公式のルールと規範を表す。第７章で述べられているように，保険制度は海上保険から，火災保険，生命保険，そして各種の新種保険へと発展した。さらに，近年では純粋リスクだけでなく，一部の投機的リスクも保険化されている。このように，社会や経済が発展し，リスクが高度化，多様化し，複雑化するのに伴い，保険の対象範囲も拡大してきた。

　しかしながら，すべてのリスクを保険で取引できるわけではない。たとえば，デフレによる実質的な住宅ローン債務の増加リスクは保険化されていない。地震のリスクは保険化されているとはいえ，補償内容は限定的である（第９章参照）。これに対して，震度や降水量，気温などの観測された指標に基づき定めた条件に従って保険金が支払われるインデックス（パラメトリック）保険は，従来の保険を補完し，保険可能な範囲を広げる役割が期待されている。

　リスクが保険可能であるか否かまたはその程度は，保険カバーの範囲や金額などに影響する。保険可能性の条件をめぐっては，保険技術，経済，法律，社会，文化など多様な視点が存在する。以下では，保険技術と経済について概説する。

1.1 保険技術的条件

第3章の保険の仕組み・原理を思い出そう。保険技術的な条件とは，収支相等の原則・給付反対給付均等の原則を支える大数の法則と中心極限定理をよりよく適用するための条件であり，大きく2つに分けられる。

1つは，保険の対象となるリスクの大量性，リスクの同質性，リスクの独立性である。たとえば，火災保険の場合，価額，構造，材質，使用目的などが「同じ」住宅をもつ契約者を「多数」集める必要がある。また，「独立」とは確率の独立事象または統計的独立を意味し，大地震のような異常危険により，多くの契約者が同時に損害を被らないことである。

もう1つは，対象リスクの測定値に関する信頼性である。確率変数または確率分布で表されるリスクの重要なパラメータは，平均または期待損失であり，過去の経験に基づく推定である。信頼性を高めるためには，時，場所，原因および額について損害を確定しなければならないし，契約者の観点から事故・損害が偶然でなければならない。

1.2 経済取引（需給）条件

技術的に保険可能であっても，需要と供給が対応しなければ，保険取引は成立しない。保険需要者と保険供給者の要因の2つに分けられる。

需要者サイド

付加保険料を含む保険取引のコストを考慮に入れると，小規模な損害や発生頻度の高い損害に対する保険購入は合理的でない。一般に，一度発生すると自分で負担することが難しいリスクが保険購入の対象となる。

供給者サイド

保険技術的条件は，供給者側の制約条件であるが，実際のリスクは理想的な条件を十分に満たしていない。とくに，地震や台風，戦争，原子力事故および伝染病は，一度に多数の契約者が損害を被り，異常損害をもたらす集積危険として知られる。リスクの独立性を失い，リスク間の相関が高い場合，保険集団の予想平均損失額のばらつき（期待損失まわりの変動）もまた大きくなる（図3-1参照）。したがって，保険会社が支払不能に陥る可能性も高くなる。これらは，保険契約において，免責危険として担保危険または補償範囲から除外されることが多い。

このような異常災害リスクを負担する方法として，保険カバーの縮小，契約地域の分散，再保険の活用，異常危険準備金の積立て，自己資本の充実などがあるが，最終的には，保険者のリスク負担能力に依存する。支払不能の確率を下げるために，保険者は多額の資本を保有しなければならない。この資本を調達し，保有するには大きなコストがかかる。

モラルハザードと逆選択は，リスクに関する情報が保険契約者（被保険者）に偏在することで発生する契約者または被保険者の機会主義的行動である。これらに対応するためのコストがあまりにも大きいと，優良リスクの個人・企業が保険市場で（十分に）リスクを移転できないおそれがある（第6章参照）。

1.3 政府によるリスクの引受け

いわゆる「市場の失敗」により，保険市場で取引することが困難なリスクは，しばしば政府が一定の政策目的を達成するために，保険または再保険を通じて引き受ける。たとえば，農業保険，漁業保険，貿易保険，中小企業信用保険などがある。これらのうち，社会保険は，社会的リスク（生活リスク）に対して基礎的な保障を提供する。

2 保険可能なリスクの分類——利用者の視点

保険可能なリスクを分類する方法はさまざまであるが，ここではリスクの対象を基準に分類してみよう。これらは損害の形態（ただし，ヒトについては事故の形態）とおおむね一致する。
- ヒト（死亡，生存，けが，病気，失業，退職）
- モノ（損傷，滅失）
- カネ（支出の増大，収入の減少）
- コト（賠償責任の負担）

図8-1の「○○のリスク」の○○には，海外旅行，自動車運転，工場操業などがあてはまる。たとえば，海外旅行のリスクの場合，旅行中の病気・けが，携行品の盗難・破損，救援者費用など，さまざまな賠償責任請求があげられる。

ヒト—カネ系

死亡，後遺障害，退職など，ヒトに関する事故は，収入の減少・支出の増加と

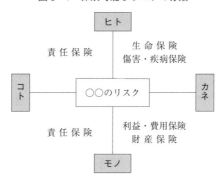

図8-1 保険可能なリスクの分類

関係がある。リスク評価の考え方として，ヒューマンライフ・バリュー・アプローチと必要アプローチがある（第13章参照）。

モノ―カネ系

モノに関する事故は，典型的な損害である。そのうち，直接損害は，1つの危険（事故）から，他の危険の媒介なしに被保険利益に生じた損害をいう。間接損害は，直接損害が生じた結果，二次的に発生する損害である。たとえば，損害防止費用，特別費用，逸失利益などがある。保険は基本的に直接損害を補償し，間接損害は約款上，個別に明示されない限り補償されない。

ヒト―コト系

コトに関する事故は，人に危害を与えた結果生じる賠償責任請求である。

モノ―コト系

コトに関する事故は，財産に損害を与えた結果生じる賠償責任請求である。

3 保険商品とその特徴

3.1 保険商品とは何か――概念の規定

一般に，欲求やニーズの充足を目的として，注目され，入手され，使用され，消費されるために，市場で商取引の対象となる財・サービスのことを「商品」という。この定義によれば，保険商品とは，保険取引――保険契約を通じて，その対価と引換えに，保険者が個人・企業のリスクを引き受ける行為またはその一連

の過程——の対象となる財・サービスである。

しばしば,「保障または経済必要の充足という無形のサービスを,保険約款によって目にみえるようにしたものが保険商品である」といわれることがあるが,マーケティングの視点からみる場合,保険商品は保険約款よりも広い概念である。

保険商品の構成要素

一般の商品は通常,次の3つの要素から構成される。

(1) 消費者が商品により得られると期待する利益や満足,便益といった欲求を満たす,「コアの便益またはサービス」。

(2) パッケージング,ブランド,品質(客観的品質・主観的品質),スタイリング,機能特性。

(3) メンテナンス,保証,無料配達,クレーム対応など商品関連サービス。

これを保険商品に適用してみよう。図8-2のように,第1に,保険商品のコア機能は,将来損失を被るかもしれない状況において生じる欲求を満たす役割を果たす。すなわち,約定の保険事故(および損害)が発生した場合における保険金の支払い(経済必要の充足)と経済的保障の約束(リスク負担)から得られる安心感の2つの要素を内容とする無形のサービスである。安心感は,比喩的に,「保険はお守り代わり」といわれることがあることからも明らかである。

保険商品のサブコアの機能は,貯蓄,投資,配当などの金融サービスである。もっとも,商品としてコアまたはサブコアのどちらを重視するかは,販売戦略に依存する。たとえば,保険は事故の発生確率の低さによるニーズの潜在性から,弱需要商品,低関与商品といわれる。そこで,養老保険や積立型の保険など,貯蓄性を付与した商品が販売される。

保険商品の特徴は,第1に,契約内容の変更,転換など,多様なオプションが組み込まれている点である。しばしば,保険は「オプションのパッケージ」といわれ,利便性が高いのは望ましいが,内容が複雑化するのは好ましくない。

図8-2 保険商品の概念

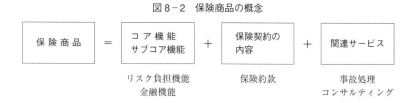

第2に，保険商品の保障・補償サービスの機能を発揮させる諸要素である。それらのうち，商品の性能・品質にあたるものが，保険約款である。保険約款は，契約当事者の権利・義務を含む保険契約のもっとも基本的な取決めである点で，きわめて重要であり，その内容を十分理解するよう努める必要がある。

　第3に，保険サービス自体と密接な関係をもつサービス活動であり，それを保険商品関連サービスという。契約締結に至るまでの「コンサルティング・サービス」は，その典型である。保険は複雑な商品のため，一般の消費者はアドバイスを必要としているからである。その他，保険金支払いに関する技術的サービスである損害調査，とくに自動車保険における示談交渉サービス，また，保険・リスク関連の情報提供サービスなどがあげられる。

　ところで，保険金の支払いは保険サービスの「生産」といわれる。保険契約の当事者・関係者はしばしば，保険金を受け取ることで，感謝，感動し，保険の効用を実感するからである。マーケティングにおける経験価値の視点からも重要である。対面で行う保険販売の場合，人間関係から生まれるサービスがある。

　保険商品の購買の意思決定は，一般の商品と同様，必要な情報を得たうえで，価格を含むこれらの要素を総合的に考慮して行われる。

3.2　保険約款と契約分析の視点

保 険 約 款

　保険商品の品質・性能を示す保険約款は，一定の保険契約に共通して使用される一般的かつ標準的な条項を定めた**普通保険約款**（生保の主契約に対応する）と，それを変更，拡充または排除する**特別保険約款**（特約）に分けられる。

　普通保険約款の変更としては，免責事由の追加や一部削除がある。たとえば，自動車保険契約において，運転者30歳未満不担保というように，一定年齢以上の者が運転する場合だけを補償の対象とする特約がある。また，住宅総合保険に担保危険を追加する個人賠償責任担保特約がある。

　最後に，「特別条項記載の事故により」「特別約款の規定に従い」というように，特約を引用し，具体的な事故や事由の定義を「特約」の規定に委任することがある。もっとも，あらゆる事態を想定して契約を結んだわけではなく，いわゆる経済学でいうところの不完備契約である。

　保険約款に定められた主な事項は，次の通りである（保険業法施行規則第9条）。

①保険金の支払事由，②保険契約の無効原因，③保険者としての保険契約に基づく義務を免れるべき事由，④保険者としての義務の範囲を定める方法および履行の時期，⑤保険契約者または被保険者が保険約款に基づく義務の不履行のために受けるべき不利益，⑥保険契約の全部または一部の解除の原因および当該解除の場合における当事者の有する権利および義務。

契約分析の視点

保険契約を分析する基本は，5W1H の視点から，必要なカバーまたは保障を確認することである。すなわち，いつからいつまでカバー（担保）されるのか，カバーされる場所はどこか，誰がカバーされるのか，どのような事故・損害がカバーされるか，どのくらいカバーされるのか，保険事故が発生した場合どのような手続きを行えばよいか，などである。複数の保険によるカバーの重複や漏れにも注意する必要がある。社会保険や企業の福利厚生の内容も重要である。

図 8-3 は，保険カバーの範囲（種類）と金額をイメージしたものである。追加・拡張カバーは，基本カバーに加えて，対象範囲を拡大する。たとえば，火災保険は，火災による損害を補償する一方，火災以外の各種のリスクを特約で担保したり，多様な種類の担保をまとめたセット商品として販売されている。

反対に，企業分野の火災保険では，基本カバーに含まれるリスクを対象から除外・縮小することで，保険料の節約が可能である。

増額カバーは，たとえば時価ではなく新価（再調達価額）を基準とすることで，塡補限度額を引き上げる。生命保険の場合，保険金額が一定の割合で増加する逓

図 8-3　保険カバーの構造（イメージ）

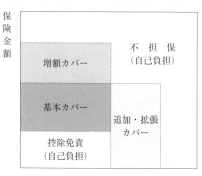

増定期保険特約（逓減定期保険特約はその逆），災害割増特約などがある。

4 消費者保護

4.1 消費者保護の理論と消費者基本法

　自己の欲望を充足するために，事業者（生産者・販売業者）の供給する商品・サービスを購入し，利用する者を消費者といい，事業者に対立する概念である。消費者は事業者に対する情報，知識，および交渉力の格差から，取引において不利な立場におかれており，情報入手を含む多大なコストを負担しなければならない。このため，いわゆる契約自由の原則を消費者の視点から修正する必要がある。結果として，事業者に規制が行われる。

　消費者保護に関する基本法として，消費者保護基本法が全面改正された消費者基本法が，2004年に成立，施行された。安全の確保，選択の機会の確保，必要な情報の提供，教育の機会の確保，意見の反映，および被害の救済を，消費者の権利として尊重する一方，消費者がみずからの利益を擁護し増進するため自主的かつ合理的に行動することができるよう消費者の自立を支援することが，法律の基本理念となっている。事業者については，「消費者の安全および消費者との取引における公正の確保」，「消費者に対し必要な情報を明確かつ平易に提供すること」，「消費者との取引に際して，消費者の知識，経験および財産の状況等に配慮すること」（適合性原則）などが，新たな責務として規定された。事業者団体については，事業者と消費者との間に生じた苦情処理の体制整備や事業者みずからがその事業活動に関し遵守すべき基準の作成を支援するほか，消費者の信頼を確保するための自主的な活動に努めることが規定された。

　さらに，消費者教育を総合的かつ一体的に推進することを目的として，2011年には消費者教育の推進に関する法律が成立，施行された。このうち学校教育については，年齢層別の発達段階に応じて行うことが望ましい。近年，金融・保険リテラシー向上に向けての取組みが進んでいるが，2022年よりリスク管理を含む金融教育が高校家庭科で義務化された。

4.2 保険契約における消費者保護

知覚リスク

消費者は，保険商品の購入にあたって，情報や知識の獲得に努めなければならない。その際，多様な情報源があるが，たとえば「保険の契約にあたっての手引」（生命保険文化センターおよび日本損害保険協会のウェブサイトを参照）などが参考になろう。もっとも，保険商品は内容が複雑・難解であるといわれ，保険金を受け取る出来事を経験することは少ない。したがって，消費者は商品の内容や選択，購入の時期などについてリスクを強く抱いている。マーケティング分野では，モノやサービスの購入前に消費者が抱く不安やリスクのことを知覚リスク（perceived risk）という。さらに，保険加入時に不安を解消しリスクを軽減できたとしても，保険金・給付金の支払いをめぐりトラブルが生じることが少なくない。

保険に関する相談・苦情件数の概況

国民生活センターは，社会保険を含む保険のトラブルに関する相談などを受け付けるとともに，重大な事案については注意喚起を行っている。近年では，外貨建て生命保険や住宅修理に対する保険利用をめぐるトラブルがあげられる。

主な消費者保護の法規制

保険会社は，保険業法や保険法その他の法規制と，保険業界の自主規制などを通じて，消費者保護に取り組んできた。募集または契約締結について，保険業法では不正話法をはじめとする保険募集に関する禁止行為（保険業法第300条）を定めているが，重要事項の説明として，2006年から「契約概要」と「注意喚起情報」（クーリングオフ〔第13章参照〕，告知義務等の内容，責任開始期，セーフティ・ネット，支払事由に該当しない場合など）を作成し，販売・勧誘の際に顧客に交付するようになった。さらに2007年からは，適合性原則を踏まえて，「意向確認書面」を作成し，顧客へ交付するとともに保険会社でも保存している。

また，消費者と事業者の契約（消費者契約）一般を対象とする消費者契約法は，契約の取消し・契約条項の無効化を保険契約者が民法より有利に行うことを可能にしている。金融商品販売法は，保険商品の場合，保険会社の信用リスク・価格変動リスクの説明義務を金融商品販売業者に課しており，販売業者に説明義務違反に対する損害賠償請求を行うことができる。変額保険・年金および外貨建て保険については，さらに金融商品取引法と同様の厳しい規制が適用されている。

トラブルの解決については，2010年に，「生命保険相談所」と「そんぽADRセンター」が，それぞれ保険の裁判外紛争解決手続き（ADR）を行う指定紛争解決機関に金融庁から指定された（金融ADR制度）。ADRは，中立・公正な立場から裁判所での訴訟に代わる斡旋・調停・仲裁などの当事者の合意に基づく解決を図るもので，手続きが簡単で，費用が安く，専門的・迅速である点を特徴とする（第21章コラム㉝参照）。

　最後に，セーフティ・ネットとして，保険業法に基づいて設立された生命保険および損害保険契約者保護機構は，保険会社が破綻した場合，破綻保険会社の保険契約の移転（移転，合併，株式取得）における資金援助などを通じて，契約者保護を図っている。ただし，破綻処理の際に，予定利率の引下げ等により契約条件が変更されることがある。

顧客本位の経営

　2017年に金融庁はプリンシプル・ベース・アプローチに基づく「顧客本位の業務運営に関する原則」を策定し，それを受け入れた保険会社はよりよい保険サービスの提供に向けて取り組むよう求められている。また，2016年から消費者庁が推進する「消費者志向経営」にも保険会社は賛同し，「消費者志向自主宣言」を行っている。このように，保険会社が契約者保護だけでなく，契約者の利益を追求し，さらに協働して社会価値を創出することをサポートしている。

【練習問題】

1. A保険会社は，リスクが同質の100万円の自動車80台と500万円の自動車20台の保険を引き受ける。B保険会社はリスクが同質の180万円の自動車100台の保険を引き受ける。予想平均損失額のばらつき（保険会社のリスク）は，どちらが大きいだろうか。また，このリスクを縮小するには，どのような方法があるだろうか。
2. 利用者の視点からみて，損害額が小さい場合，リスクは付保されないと考えられるが，なぜだろうか。また，保険会社は付保させるためにどうすればよいだろうか。
3. 利用者の視点からみて，損害の発生確率が大きい場合，リスクは付保されないと考えられるが，なぜだろうか。
4. 離婚に伴う諸費用をカバーする離婚保険や留年による授業料の負担をカバーする留年保険は，実現可能だろうか。その理由も述べなさい。
5. 新しい保険商品を企画してみよう（保険商品の名称・ネーミング，主要顧客層，開発理由，簡単な普通保険約款の作成〔モラルハザード対策を盛り込む〕，関連サービスなど）。

第 9 章

住まいの保険（火災保険・地震保険）

●この章で学ぶこと●

□ 火災，盗難，地震，その他の自然災害など，住まいを取り巻くリスクの種類と性格を概観する。

□ 住まいを取り巻くリスクに対処する手段としての火災保険の種類と補償内容を理解する。

□ 地震保険制度の必要性と，地震保険の付帯方法および補償内容の概要を理解する。

●キーワード●

住宅総合保険，保険の目的物，保険金額，保険価額，再調達価額，時価額，比例填補方式，実損填補方式，住宅火災保険，積立型の火災保険，地震保険

1　住まいに関わるリスク

　住まいに関わるリスクとは，生活の基盤である住宅などの財物が火災などを原因として損壊し，それを修繕，建替えまたは買替えを行う費用が発生するおそれであるといえる。では，ここでいう損壊するおそれのある財物にはどのようなものがあるだろうか。また，それらの財物の損壊の原因となるものは何か。そして，その結果生じる損害にはどのようなものがあるか。以下では，これらについてみていく。

1.1　住まいとは何か

　火災などによって損壊するおそれのある住まいに関係する財物として，まずあげられるのが住宅などの建物である。一戸建ての場合，建物の壁，柱，梁および屋根など，主要構造部が建物そのものにあたる。また，建物を住居として使用するために付加される畳，建具などの従物や，電気設備，給排水設備などの付属設備も，建物と一体となっているものである。これらが火災などに遭い著しく損壊

すれば，住まいとしての機能を失うことになる。

　次に，建物に収容されている家財や設備・什器といった動産も，生活を支える財物である。たとえば，家具や家電製品が損害を受け使用できなくなれば，生活するうえで大いに不便を被ることとなる。さらに，門や塀，車庫をはじめとする屋外設備・装置など建物に収容されない付属物も，損壊した場合には通常の生活に支障をきたすことになり，住まいに関わる財物に含めることができるだろう。

1.2　損害の原因

　これらの建物や動産，従物，付属物など住まいに関わる財物が損害を受ける原因となるものは何であろうか。もっとも多く発生するのは火災であろう。火災とは，物質が酸素と化合する際に多量の熱や光を発生させる現象である。この現象は，可燃物，酸素および熱の3要素がそろうことによって生じ，酸化反応が連鎖していくことによって継続するものである。

　また，火災と関係が深いものに，落雷や破裂・爆発があげられる。たとえば，落雷により火災が発生することもありうるし，火災が発生した後，爆発物に引火し，損害がさらに拡大することも考えられる。

　火災のみではなく，台風，旋風（つむじ風），暴風，暴風雨などの風災によっても建物などの財物は損傷することになる。さらに，降雹により窓ガラスや屋根が損壊することもあり，地方によっては，豪雪やなだれなど雪災により建物が倒壊するおそれもある。給水設備の破損，ひび割れ，物詰まりなどの事故や，集合住宅での漏水など水濡れも損害の原因となる。

　さらに，飛行機の墜落や，車両の飛込み，投石，さらにクレーンの倒壊など建物外部からの物体の落下・飛来などや，また，騒擾，労働争議に伴う暴力行為，破壊行為によっても建物などの財物は損壊するおそれがある。

　盗難も住まいに関わる財物が損なわれる原因となる。盗難に遭えば，建物に収容されている家財を失うことになり，また侵入される際に鍵や窓を壊されたり，室内を土足で歩き回られたりすることによって建物やその従物，その他の家財が損害を受けるおそれがある。

　地震国である日本では，全国どこで地震が起こっても不思議ではない。地震の揺れによって建物が倒壊したり家財が破損したりすることもありうるし，地震に伴う津波によりそれらが流出するおそれがある。さらに地震が原因で火災が発生

し，これらの財物が焼失することもありうる。また，噴火が起これば，溶岩流や火山灰などで建物や家財が倒壊，埋没するかもしれない。

1.3 損害の種類

このように火災や自然災害が原因となって住まいに関わる財物が損壊することにより，どのような負担を強いられるのであろうか。

個人および家計が使用する住宅およびそれに収容される家財が損傷または破壊された場合，その住宅を修繕し，場合によっては建て替えるための費用がかかる。家財についても同様に修理や買替えが必要となる。これらは，財物に直接発生する損害，すなわち直接損害である。また，直接損害に付随して，さまざまな間接損害も発生する。たとえば，火災に遭った建物を建て替えるには，焼け跡の残存物を除去する費用が必要になる。そして，建物や家財等を使用できなくなることに伴い，ホテルなどの宿泊施設を利用する費用がかかる。さらに，自宅から出た火が近隣に燃え移った場合，見舞金を支払うなどの対応も必要であろう。商店などの場合は，店舗が使用できなくなったために休業を余儀なくされ，その間に得られたはずの利益を失うことになる。

2 火災保険の概要

2.1 火災保険の種類

以上のように，私たちは，住まいを取り巻くさまざまなリスクにさらされている。これらのリスクに対処するための保険が，火災保険である。

火災保険は，文字通り住まいが損害を受けるもっとも一般的な原因である火災による損害を補償する保険として誕生した。その後，それに付随するさまざまなリスクを取り入れ，住まいや店舗を取り巻くリスクに総合的に対処する保険として発達してきた。

企業活動に関連して工場や倉庫についても火災保険が付されるが（第14章参照），家庭生活に関する火災保険（家計分野の火災保険）として，個人の住宅や商店を対象にさまざまな保険が保険会社によって提供されている。以下では，そのなかでもっとも代表的な保険商品である住宅総合保険を取り上げその内容をみた

うえで，その他の火災保険商品として，住宅火災保険，店舗総合保険，共同住宅のための保険，および積立型の火災保険の特徴について述べる（各保険の名称は保険会社により異なる）。

2.2 住宅総合保険の概要

保険の目的物

前節で述べた損害が生じるおそれのある財物を火災保険の対象とする場合，これらを保険の目的物とよぶ。住宅総合保険において保険の目的物となるものは，住居専用住宅と，門や塀，物置等の付属物である。さらにこれらに収容されている家財（収容動産）も，その多くが保険の目的物とされ，「家財一式」として自動的に住宅総合保険でカバーされる。

一方で，他の保険の対象となる自動車（第10章参照）や，盗難のリスクが高く損害の認定の困難な通貨，有価証券，および預貯金証書などは，一般的に保険の目的物に含まれない。しかしながら，預貯金証書などは，総合保険化の流れのなかで，保険会社によっては保険の目的物として限定的に担保するものもみられる。

また，貴金属，宝石，書画・骨董などの美術品でその価値が一定金額を超えるものは盗難リスクが高いことを理由として，稿本，設計図などはその金銭的価値の判定が困難であることを理由として，通常は保険の目的物から除外され，契約時に明確に合意した場合のみそれに含まれる。

保険金額の設定

保険金額は，保険事故が発生した際に支払われる保険金の上限を示し，契約に際して契約者が任意に設定できるものである。火災保険の保険金額は，保険の目的物となる建物や家財の評価額，すなわち保険価額を基準に設定される。一般に保険価額は，再調達価額または時価額のいずれかに基づき決定される。再調達価額は，建物・家財を新たに建築したり，再取得したりするために必要な金額を示し，一方，時価額は，再調達価額から経年・使用による消耗分を差し引いた金額を指す。その関係は，以下の算式で示すことができる。

$$時価額 = 再調達価額 - 経年減価額$$

時価額を基準に保険金額を設定すれば，保険金は事故発生時の建物・家財の時価に基づいて計算されるため，火災発生前と同等の建物・家財を建て直したり，買い替えたりするためには，契約者が不足分を自己負担しなければならなくなる

おそれがある。このような問題を解消するため，近年は，住宅総合保険においては再調達価額を基準に保険金額を設定することが一般的となっている。契約時に価額協定保険特約などとよばれる特約を付帯することで，再調達価額に基づいて計算された保険金を受け取ることができる。

また，火災保険の保険金の支払方式には，保険金を，保険価額に対する保険金額の割合によって決定する**比例塡補方式**（比例払方式）と，実際の損害額に基づいて決定する**実損塡補方式**（実損払方式）がある。保険金額が保険価額より下回るいわゆる一部保険の場合，比例塡補方式では，一般に以下の算式で保険金が決定される。

$$保険金 = 損害額 \times \frac{保険金額}{保険価額 \times 一定割合（たとえば80\%）}$$

このため，比例塡補方式では，契約者は復旧に必要な金額が得られないおそれもある。一方，実損塡補方式では，保険金額を上限に実際の損害額が保険金として支払われる。現在，住宅総合保険では，上記の再調達価額ベースの保険金額の設定と合わせて，実損塡補方式で保険金を支払う契約が多くなっている。

補償内容

住宅総合保険では，損害の原因および支払われる内容によって，損害保険金，持出し家財保険金，水害保険金，費用保険金が支払われる。

損害保険金は，保険の目的物に，前節で述べた損害の原因となるもののうち，以下にあげる事故により損害が生じた場合に支払われる保険金である。

（1）　火災。

（2）　破裂・爆発。

（3）　落雷。

（4）　風災・雹災・雪災。

（5）　建物外部からの物体の落下・飛来・衝突。

（6）　水濡れ。

（7）　騒擾・集団行動・労働争議に伴う暴力・破壊行為。

（8）　盗難。

（9）　水災。

これらの原因による損害に対して支払われる保険金は，損害保険金または水害保険金とよばれる。損害保険金は，前述の比例塡補方式または実損塡補方式に基

　近年，台風，洪水，集中豪雨など異常気象による自然災害が，世界的に頻発している。火災保険は，その名称の通り，元来は火災による損害を対象とする保険であったが，その後の経済成長とそれに伴う生活の向上を受け，家庭生活または企業活動の一定の領域におけるリスクを包括的にカバーするものとして，その補償範囲を拡大してきた。これに伴い，洪水や台風などの大規模自然災害も対象とするようになったが，これらのリスクは保険の対象となりうるもの，すなわち保険可能性が高いものであろうか。

　大規模自然災害は，発生頻度が比較的低いものの，いったん発生すれば，広範囲の地域に影響を及ぼし，多数の契約者が同時に損害を被るおそれがある。このように，大規模自然災害は，契約者間での損害発生の相関が高く，第8章で述べた保険の技術的要件の1つである「リスクの独立性」を満たさないおそれがあり，保険で処理することがしばしば困難となる。さらに，大規模自然災害は，最終的な損害額がいくらになるのかも不確実であり，いわゆるパラメータ不確実性が高い。このようなリスクを保険会社が引き受けるためには，起こりうる多額の保険金支払いに備えるため，高額の保険料を徴収することとなる。保険料が高くなりすぎれば，保険需要は低下し，これらのリスクを対象にする保険商品は存在しないか，カバーが縮小されることとなる。

　このような保険可能性の低い大規模自然災害リスクを保険会社が引き受けることを可能にしてきたのは，伝統的には再保険の利用である。再保険取引により，保険会社は，引き受けた契約の一部を，他の保険会社または再保険会社に出再したり，反対に保有する契約と相関の低い契約を受再することで，保険会社・再保険会社間でリスクを分散することができる。さらに，カタストロフィ・ボンドとよばれる債券を発行することにより，大規模自然災害リスクを保険・再保険市場よりはるかに大きい資本規模をもつ金融市場に移転することも行われている。

づき支払われる。水害保険金は，洪水・高潮・土砂崩れなどの水災によって保険の目的物である建物が床上浸水となった場合に，損害額の保険価額に対する割合などに基づき支払われる。また，保険の目的物となっている建物に収容され，保険の目的物となっている家財が，一時的に他の建物に持ち出され，そこで上記の事故により損害が生じた場合には，持ち出し家財保険金が支払われる。たとえば，カメラやモバイル PC，鞄などを外出や旅行の際に一時的に持ち出した場合などがあげられる。通常，これらの家財の種類は限られ，またそれほど高価なものはないことから，1回の事故について一定額または家財の保険金額の一定割合（たとえば 100 万円または損害保険金額の 30%）を限度として支払われる。これらに加え，

事故の発生に伴い生じる各種の費用については，費用保険金が支払われる。これには，宿泊費や交通費などにあてるための臨時費用保険金，残存物取片づけ費用保険金，近隣への見舞金にあてるための失火見舞費用保険金，被保険者やその親族，使用人が死亡したり，後遺障害となったり重傷を負ったりした場合に支払われる傷害費用保険金が含まれる。また，費用保険金には，地震・噴火・津波を原因とする損害により，建物については半焼以上，家財については全焼となった場合に支払われる地震火災費用保険金も含まれ，後述の地震保険を補完している。

2.3 住宅火災保険・店舗総合保険・共同住宅のための保険

家計分野の火災保険には，住宅総合保険のほか，住宅火災保険，店舗総合保険，および団地保険などがあり，以下のような特徴をもっている。

住宅火災保険は，住宅総合保険より補償内容が狭く，火災および落雷，破裂・爆発，風・雹・雪災によって生じた損害をカバーするものである。したがって，水災，他物の衝突，水濡れ，騒擾・労働争議，盗難による損害は補償されない。また，持出し家財に生じた損害も補償の対象外となる場合が多い。

店舗総合保険は，店舗・事務所と住居との併用住宅といった小規模な商業物件を対象とするものであり，家計分野と企業分野の中間的な位置づけのものである。また，商品・製品など家財以外の動産も保険の目的物とすることができる。

共同住宅のための保険は，マンションなどの共同住宅の建物や家財を補償する保険であり，マンション・団地（用）保険といった名称でもよばれる。その補償内容は，住宅総合保険と類似しているが，共同住宅の特徴を考慮し，リスクの小さい水災を不担保とするなど一般に住宅総合保険と扱いが異なる場合が多い。また，借家人賠償責任保険や個人賠償責任保険，傷害保険などが組み込まれているものもある。

2.4 積立型の火災保険

火災保険は，他の損害保険と同様に火災などにより損害を被った場合に保険金を支払うことにより，それにみずから対処するための経済的準備を不要にし，また安心を提供するなど，保険期間中，常にサービスが提供されているとみることができる。しかしながら，実際には，保険金が支払われなければそのサービスを実感することができず，保険料を支出して保険を購入することが躊躇される場合

もある。積立型の火災保険は，このような契約者の掛捨て感を緩和するものである。

　積立型の火災保険では，保険金の支払いにあてられる純保険料および保険会社の経費にあてられる付加保険料（第18章参照）に加え，積立保険料を上乗せすることにより，保険期間の終期すなわち満期時に返戻金を支払うものである。積立保険料を運用するため，保険期間は通常一定年数以上（たとえば3年，5年，10年）の長期に設定されている。

3　地震保険の概要

3.1　地震保険の必要性

　地震災害は，短期間での発生傾向が予測しにくいこと，いったん発生すればその損害が甚大となり，また，広範囲にわたり影響を及ぼすことがあるなど，その他の住まいを取り巻くリスクとは異なる特殊な性質を有している。このため地震による損害は，火災保険において免責となっており，火災で建物や家財が焼失しても，それが地震を原因とするものであれば補償されない。

　しかしながら，日本は世界でも有数の地震国であり，いつどこであっても大地震が起こりうるといえる。このように，誰もが経験しうる地震による住居や家財

の損害に備える保険が，地震保険である。

3.2 地震保険創設の経緯と変遷

地震保険制度の創設については，1923年の関東大震災をはじめ大きな地震災害が発生するたびに保険による補償を求める世論の高まりを受けて，繰り返し検討が行われてきた。しかしながら，前述の通り，地震のリスクが損害保険に馴染みにくく，保険会社の資力のみでこれをカバーするのは困難であることから，長く実現には至らなかった。

地震保険制度導入の直接の契機となったのは，1964年の新潟地震である。この地震の後，地震保険の必要性をめぐる議論が交わされるなか，政府の施策として地震保険制度の導入が推し進められ，損害保険業界もこれに協調することとなった。その結果1966年に地震保険法が施行され，地震保険制度が誕生した。この際，政府が再保険を引き受けることとし，また，保険の目的物が全損となった場合のみを保険金支払いの対象とし，さらに保険金額の限度額や，1回の地震によって全保険会社が支払う保険金の限度額（総支払限度額）を設けるなど，各保険会社の保険金支払いが過大とならないような方策がとられた。

その後，契約者のニーズや物価上昇を考慮し，保険金額の限度額や総支払限度額の引上げが順次行われてきたが，これらの見直しも，1978年の宮城県沖地震や，87年の千葉県東方沖地震など大きな地震の発生が契機となっている。さらに，1993年の釧路沖地震と北海道南西沖地震，94年の北海道東方沖地震や三陸はるか沖地震，95年の阪神・淡路大震災といった地震被害の頻発を経て，96年には引受限度額が引き上げられ，それ以降建物については5000万円，生活用動産については1000万円となっている。さらに2011年3月11日，三陸沖を震源として発生した東北地方太平洋沖地震（いわゆる東日本大震災）の発生以降，全国的に契約数が増加したこともあり，総支払限度額は順次引き上げられ，21年以降は1回の地震などについて12兆円となっている。

3.3 地震保険の付帯方式

個人の住宅などに付す家計地震保険は，単独で契約することができず，前述の住宅総合保険や店舗総合保険など火災保険に付帯するかたちをとっている。契約者が地震保険を希望しない場合は，特約を外すことが可能であるが，地震のリス

クの重大性を考慮し，契約者はとくに付帯を希望しない場合を除き自動的に火災保険とセットにする原則自動付帯方式をとっている。もちろん，契約時に地震保険を付帯しないことを選択した場合であっても，保険期間の中途での付帯が可能である。

3.4 地震保険の補償内容

保険の目的物

地震保険の対象となる財物（保険の目的物）は，住居用建物と家財（生活用動産）である。住居用建物は，全部または一部を住居の用に供するものをいい，専用住宅だけでなく店舗や事務所との併用住宅も対象となる。また，現実に居住しているものだけでなく，居住可能な状態のもの，建築中の住宅で完成後居住可能となるものを含む。さらに門，塀および物置など付属物も，住宅に付随して保険の目的物としている。家財については，生活に用いられるものは補償対象となるが，営業用什器・備品や商品，30万円を超える価額を有する貴金属，宝石，骨董，通貨および有価証券，さらに，自動車などはこれに含まれない。

補償の対象となる損害

地震保険の補償対象となるのは，地震・噴火，さらにこれらによって引き起こされる津波を直接または間接の原因として前述の保険の目的物である建物や家財が火災に遭ったり，損壊，埋没または流失したりした場合の損害である。たとえば，地震による倒壊・破損，地震によって生じた火災による焼損，地震によってダムや河川の堤防が決壊し洪水となったため生じた流失，噴火に伴う溶岩流，火山灰や爆風による倒壊・埋没，津波による流失などである。

保 険 金 額

前述のように，地震による損害は巨額となるおそれがあり，それをカバーするには，政府再保険という手段を用いても万全とはいえない。そこで，保険金額の制限を設けることにより個々の契約の支払額を抑制している。すなわち，地震保険の保険金額は，これを付帯する主契約である火災保険の保険金額の30〜50％の範囲で定め，建物については5000万円，家財については1000万円の限度額を超えてはならない。たとえば，建物に2000万円，5000万円，1億5000万円の火災保険の保険金額を付している場合の地震保険の保険金額は，それぞれ表9-1の通りとなる。

表9-1 地震保険の保険金額計算例

火災保険の保険金額	地震保険の保険金額
2000万円	600万円（＝2000万円×30％）〜1000万円（＝2000万円×50％）
5000万円	1500万円（＝5000万円×30％）〜2500万円（＝5000万円×50％）
1億5000万円	4500万円（＝1億5000万円×30％）〜5000万円（＝限度額）

3.5 地震保険料率

　誰もが被るおそれのある地震による損害を補償する地震保険については，その高い公共性から，損害保険料率算出機構が基準料率を算出している（第23章参照）。また，地震保険料率には，保険会社の利潤は算入されず，できる限り低い水準に設定されている。地震のリスクは地域により異なるため，表9-2の通り都道府県を，保険料率の低い順に1〜3の区分（等地区分）のいずれかに分類している。また，建物が木造か，鉄筋コンクリート造・鉄骨造かによって損害が生じる頻度および損害額が異なるため，保険料率も異なっている。

　さらに，鉄骨造・鉄筋コンクリート造か木造かといった住宅の構造による区分，耐震性能による割引として，1981年の改正建築基準法施行後に建築されたものに対する割引，耐震等級割引，耐震診断割引，免震建築物割引が，10〜30％の範囲で適用される。

表9-2 地震保険の等地区分

等地区分	都 道 府 県
1	北海道，青森県，岩手県，秋田県，山形県，栃木県，群馬県，新潟県，富山県，石川県，福井県，長野県，岐阜県，滋賀県，京都府，兵庫県，奈良県，鳥取県，島根県，岡山県，広島県，山口県，福岡県，佐賀県，長崎県，熊本県，大分県，鹿児島県
2	宮城県，福島県，山梨県，愛知県，三重県，大阪府，和歌山県，香川県，愛媛県，宮崎県，沖縄県
3	茨城県，埼玉県，千葉県，東京都，神奈川県，静岡県，徳島県，高知県

（注）　保険期間の始期が2022年10月1日以後の契約に適用される。

【練習問題】

1 保険価額が 2000 万円の住宅に，保険金額が 1000 万円の住宅総合保険を付していて火災に遭い，損害額が 1000 万円であった場合に，比例填補方式ではどのような問題が生じるか。また，その問題を解消するために，現在ではどのような保険金支払方式が多くみられるようになっているか。第 21 章の財産保険の損害調査のポイントに関する議論を踏まえて述べなさい。

2 保険可能性の低い大規模自然災害リスクが，実際には火災保険商品によってカバーされる場合がある理由について，第 19 章の再保険の仕組みと機能に関する議論との関連で述べなさい。

3 地震のリスクは，元来保険で対処することが困難な場合がある。その理由について，コラム❼および第 8 章の保険可能なリスクに関する議論との関連で述べなさい。

第10章

くるまの保険（自動車保険）

●この章で学ぶこと●

☐ 賠償責任を負うリスク，けがをするリスク，車両に損害を受けるリスクなど，自動車を取り巻くリスクの種類と性格を概観する。

☐ 自動車を取り巻くリスクに対処する手段としての自動車保険の種類と補償内容を理解する。

☐ 自賠責保険の自動車事故被害者救済に果たす役割と，その制度の概要を理解する。

●キーワード●

自賠責保険，対人賠償責任保険，対物賠償責任保険，自損事故保険，
無保険車傷害保険，搭乗者傷害保険，車両保険，過失責任主義

1　自動車を取り巻くリスク

　自動車は，通勤・娯楽など日常の移動手段として，また，さまざまな物品の輸送手段として，生活するうえでなくてはならない存在となっている。その一方で，自動車によって引き起こされる事故の実態は決して見過ごせるものではない。国内での自動車事故件数は近年減少傾向にあるものの，2021 年に全国で 30 万 5196 件，負傷者数および死亡者数は，順に 36 万 2131 人，2636 人となっており（公益財団法人交通事故総合分析センター調べ），誰もがその当事者になりうることがわかる。また，自動車の保有台数は 2022 年 3 月末において約 8200 万台を超えており（一般財団法人自動車検査登録情報協会調べ），多くの人が自動車を所有したり使用したりする機会をもっている。このような自動車の所有・使用に伴って，以下に述べるような，自動車事故の相手側に賠償責任を負うリスク，みずからまたは同乗者が受傷したり死亡したりするリスク，そして自動車自体が損害を受けるリスクにさらされることになる。

1.1 賠償責任を負うリスク

自動車事故の発生は，どれほど注意していても完全に防ぐことはできない。みずからの不注意などで事故を引き起こした場合，免許の取消し・停止などの行政上の処分を受けたり，場合によっては，業務上過失致死傷罪などにより刑罰を受けたりすることになるが，それだけではない。自動車事故を起こすことにより，相手側に損害を与えた場合，加害者は被害者に対して金銭により損害賠償をしなければならない。

すなわち，自動車事故により，他人に傷害を負わせた場合の医療費，傷害により就業できなくなった場合の休業損害，後遺障害や死亡した場合の逸失利益はもちろん，精神的苦痛に対する慰謝料など，多額の賠償金を支払うこととなる（次節および第21章参照）。

このような人身損害だけでなく，他人の自動車や，家の塀などに衝突し，これらを損壊した場合も，財産損害（第21章参照）について損害賠償責任を負うこととなる。被害物件が家屋や店舗，電車の場合や，高額の積荷であった場合には，賠償金は対人賠償と同様に非常に高額となることがある。

これらの損害賠償責任を負うことにより相手側に支払わなければならない損害賠償金は，とくに事故が重大であった場合には高額となり，個人で負担することが非常に困難となるおそれがある。たとえば，死亡や重度後遺障害の場合，逸失利益や慰謝料を含めた損害賠償金が5億円を上回るケースもみられる。

1.2 けがのリスク

自動車を使用することは，他人や他人の財産を傷つけ，損害を与えるだけではなく，自分自身や同乗者が傷害を負ったり，後遺障害を負ったり，最悪の場合は死亡するおそれもある。傷害の結果，医療費が必要となることはもちろん，治療のために通常の業務に就けなくなった場合には休業損害が発生することになる。後遺障害の場合には，労働能力が低下することによる将来得るはずだった利益を失い，死亡した場合も，生きていれば得られたであろう利益が失われることとなる。これらは，逸失利益とよばれる。

相手がある事故で，その相手側に賠償責任を問うことができる場合は，損害賠償金を請求することができるが，相手方が損害額をカバーしうるほど十分な賠償

資力をもたない場合も考えられる。また，単独で事故を起こした場合は，賠償請求を行うことはできず，上述の損害はすべて自分で負担しなければならなくなる。

1.3　車両損害のリスク

さらに，自動車が，他物と衝突・接触したり，転覆したりした場合，車体自体が損傷を受けるおそれもある。単独事故であれば，当然みずからその損害を負担することとなり，たとえ非単独事故で損害賠償金が請求できたとしても，十分な支払いが受けられるかどうかは相手側の賠償資力に依存するということになる。また，運転中でなくとも駐車中に，火災や台風・洪水などが起こり，自動車が損傷を受けることもありうる。さらに，自動車盗難に遭った場合，盗まれた自動車の回収は非常に困難である。

このように，自動車自体が損傷を受けたり全損したりした場合，これを修理したり，買い替えるために，多大な金銭的負担を強いられることになる。

2　自動車保険の補償内容

このような自動車を所有・使用することによってさらされるさまざまなリスクに対処するために，どのような保険が存在するだろうか。図 10-1 は，日本において保険会社により一般的に提供されている自動車保険を，その対象とするリスクごとに分類し示したものである。

このうち，自動車損害賠償責任保険（自賠責保険）は後述する通り付保が義務化されており，その他の保険は契約者が付保するか否かを選択できる任意自動車保険である。任意自動車保険については，自動車を取り巻くリスクとそれに対処するための保険の種類が多様であるため，通常は複数の保険の種類をパッケージ化した保険商品が提供されている。契約者は，保険会社によって提示されるさまざまなパッケージ商品から，自分に合ったものを選択することが可能である。

以下では，これらの自動車保険について，図 10-1 の分類に沿って概観する。

2.1　賠償責任負担リスクの保険

前述の通り，自動車を所有・使用することによって加害者として賠償責任を負うこととなった場合，負担する損害賠償金は高額になるおそれがある。なかでも，

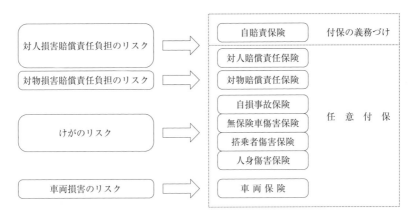

図10-1　自動車を取り巻くリスクと自動車保険

対人損害賠償責任負担のリスク	⇒	自賠責保険	付保の義務づけ
対物損害賠償責任負担のリスク	⇒	対人賠償責任保険	
		対物賠償責任保険	
けがのリスク	⇒	自損事故保険	任　意　付　保
		無保険車傷害保険	
		搭乗者傷害保険	
		人身傷害保険	
車両損害のリスク	⇒	車　両　保　険	

　他人を死傷させることによって負う賠償責任について加害者の賠償資力を確保することは，自動車事故の被害者を救済するためにも重要である。このため，日本では，人身損害について賠償責任を負うリスクに対処するものとして，付保義務のある自賠責保険と，任意付保の対人賠償責任保険が存在する。また，自賠責保険により補償されない財産損害に関する賠償責任負担のリスクについては，任意保険の対物賠償責任保険によりカバーされる。

自賠責保険の補償内容

　自賠責保険は，次節において詳述するように，自動車事故被害者の救済を目的として，基本的な補償をする保険である。したがって，人身事故による損害賠償（対人賠償）のみを保険金支払いの対象としており，対象とする事故も自動車を運行することによって生じたものに限っている。さらに，支払保険金には限度額が設けられており，死亡の場合，被害者1名につき葬儀費，逸失利益，および慰謝料などが3000万円まで，後遺障害の場合，その障害の程度に応じて逸失利益および慰謝料などが75万円から4000万円まで支払われる。傷害の場合，治療費，休業損害，および慰謝料などに関して被害者1名につき120万円まで支払われる。

対人賠償責任保険の補償内容

　このように自賠責保険には，補償内容および補償額に制約があるため，これのみでは，被害者が十分な補償を受けられない場合が起こりうる。任意保険である対人賠償責任保険は，損害賠償額が，自賠責保険で支払われる保険金の限度額を

超えた場合に，その超過分に対して保険金を支払うものである。つまり，自賠責保険の上積み保険であるといえる。

また，自賠責保険が自動車の運行による事故のみを対象としているのに対し，対人賠償責任保険は，より広く自動車の所有，使用または管理に起因して生じた事故によって損害賠償を負担することによって被る損害を塡補するものである。たとえば，車庫内に駐車中の自動車が爆発し，賠償責任が生じた場合も保険金支払いの対象となる。

支払保険金は，被保険者が損害賠償請求者に対して負担する損害賠償責任の額および損害防止軽減に要した費用の合計から，自賠責保険などで支払われる金額を差し引いた額で，契約時に約定した保険金額を限度として計算される。保険金額は任意に設定できるが，無制限が選択される場合が多い。このほか，被害者への見舞品代および香典等の費用，訴訟費用なども支払われる。自賠責保険と対人賠償責任保険を別々の保険会社と契約している場合，被保険者が2つの請求手続きをしなければならないという不便を解消するため，対人賠償責任保険の保険会社が自賠責保険部分を含めて一括して保険金を支払い，後に自賠責保険部分をその引受保険会社から回収する仕組みが設けられている。

また，損害賠償問題について十分な知識・経験をもっていることが少ない被保険者が，責任の有無や損害額の決定などをみずから円滑に行うことは容易でない。そのため，保険会社は，折衝，示談，調停または訴訟の手続きについて協力・援助を行っている。このような保険会社の示談交渉は，対人賠償だけでなく，次に述べる対物賠償についても行われる。

対物賠償責任保険の補償内容

対人賠償責任保険が，他人に傷害を負わせたり，死亡させたりすることに伴う人身損害に関する賠償責任をカバーするものであるのに対し，**対物賠償責任保険**は，自動車相互の衝突や，建物への衝突などで他人の財産に損害を与えたことにより賠償責任を負担するような場合に備える保険である。すなわち，自動車の所有，使用または管理によって他人の財産に損害を与え賠償責任を負うこととなった場合に，それによって被保険者が被った損害について保険金を支払うものである。保険金は，損害賠償額に損害防止軽減費用，求償費用などを加えた額で，保険金額が限度となる。また，保険金額の枠外で，保険会社の承認を得て支出した示談交渉費用，訴訟費用，弁護士報酬などについても，保険金が支払われる。

2.2 けがのリスクの保険

自損事故保険

　みずからが加害者として賠償責任を負う場合とは反対に，自動車を運行することにより自分自身が傷害を負う場合もある。相手側に過失があれば，損害賠償請求をすることが可能であるが，単独で起こしたいわゆる自損事故の場合や，非単独事故でも，センターライン・オーバーにより相手自動車と衝突して受傷し相手側に過失がまったくなく賠償責任が発生しないような場合には，何らの救済も受けられないこととなる。このような自損事故などにより死傷するリスクに対処する保険として**自損事故保険**が対人賠償責任保険に自動付帯されるかたちで提供されている。

　自損事故保険で支払われる保険金は，死亡保険金，後遺障害保険金，介護費用保険金，医療費用保険金であり，支払保険金の額を契約時にあらかじめ約定する定額給付方式（第11章参照）で支払われる。

無保険車傷害保険

　自動車事故において被害者となった場合に，相手方に賠償責任を問える場合であっても，相手側が自賠責保険や対人賠償責任保険を付していない場合や，これらを付していても対人賠償責任保険の保険金額が低額であった場合には，被害者は十分な補償が得られないこととなる。**無保険車傷害保険**は，このように事故の相手側が損害賠償義務を履行できない場合に，みずからの契約した保険会社から，その損害賠償に代わる保険金給付を受けることができるものである。

　補償内容は対人賠償責任保険と同じく，人身損害に限る。また，支払われる保険金は，自損事故保険のように定額給付ではなく，加害者の負う損害賠償額により決定される実損填補方式（第11章参照）がとられている。すなわち，加害者の負う損害賠償額が保険金として支払われることとなる。

搭乗者傷害保険

　搭乗者傷害保険は，傷害を負うリスクをより広くカバーするもので，自動車の搭乗中にその運行に起因して受傷したとき，または自動車の運行中に，飛来中もしくは落下中の他物との衝突，火災，爆発または自動車の落下によって受傷したときに保険金が支払われるものである。ここでいう搭乗中とは，自動車のドアや床に手や足をかけたときから，下車しようとしてドアや床から手足をすべて離し，

両足を車外の地面などにつけるまでの間として，広くとらえている。一方で，トラックの荷台など正規の乗車装置でない場所に搭乗していた場合などは，保険金は支払われない。

保険金は，死亡保険金，座席ベルト装着者特別保険金，後遺障害保険金，重度後遺障害特別保険金，重度後遺障害介護費用保険金，および医療保険金に分けられ，定額給付方式で支払われる。

死亡保険金は，被保険者が事故発生日から一定期間（たとえば180日）内に死亡した場合に，契約時に約定した保険金額の全額が支払われるものである。死亡の場合で，座席ベルト装着中であった場合は，座席ベルト装着者特別保険金が保険金額とは別枠で支払われる。

事故発生日から一定期間内（たとえば180日以内）に後遺障害が生じた場合に，障害の程度により保険金額の一定割合が後遺障害保険金として支払われる。また，後遺障害が重度であり，介護を必要とする場合は，保険金額とは別枠で重度後遺障害特別保険金および重度後遺障害介護費用保険金が支払われる。

医療保険金は，被保険者が事故の結果，生活機能または業務能力に支障をきたし，治療のため一定期間（たとえば5日）以上入通院したときに，平常に回復するまでの治療日数に対し，事故日から一定期間（たとえば180日）を限度として支払われるものであり，契約時に約定した入院保険金日額および通院保険金日額に入院・通院日数を乗じて計算される。

人身傷害保険

人身傷害保険は，契約した自動車や他の自動車に乗車中，また歩行中に自動車事故で死傷した場合，または後遺障害を負った場合に，事故の相手側の賠償責任の有無にかかわらず，みずからが契約した保険会社から保険金が支払われるものである。

従来の対人賠償責任保険においては，事故の当事者双方が損害額および過失割合を決定したうえで，それらに基づいて保険金が支払われることになるため，保険金支払いまで長期間を要することもあり，また，過失割合によっては保険金が減額されることもある。これに対して人身傷害保険は，過失の有無や過失割合を考慮しない，いわゆるノーフォルト型の保険であり，相手方との示談交渉を要しないため，よりスムーズな保険金の支払いが可能である。また，みずからに過失があった場合でも保険金の減額が行われないため，十分な補償を受けることがで

きる。

　人身傷害保険の名称や契約方法は，保険会社によりさまざまであるが，他の自動車保険とセットとする方式や，特約として付帯するか否かを選択できる方式がある。

2.3　車両損害のリスクの保険

　自動車自体が損傷を受けるリスクは，任意保険である車両保険によってカバーされる。車両保険は，衝突や接触，墜落，転覆，他物の落下，火災，盗難など偶然な事故によって被保険自動車が受けた損害を補償するものである。被保険者の故意や酒酔い運転などは偶然の事故とはとらえず，補償の対象とならない。また，地震・噴火・津波および戦争など異常な社会・自然現象は免責としており，保険金は支払われない。

　車両保険に，さらに特約を付すことにより車両相互衝突の場合に限定して保険金が支払われることとしたり，反対に盗難など衝突以外の危険に限定したりすることも可能である。

被保険自動車の範囲

　保険金支払いの対象となるのは，被保険自動車の受けた損害であるが，ここでいう被保険自動車は，自動車本体の他に警告反射板や消火器など法令により自動車に定着・装備されているもの，カーステレオ，空調設備，時計など一般的に装備されているものなども含む。

保険金額の設定

　前章で述べた火災保険と同様に，車両保険においても保険金額が設定され，それを限度に保険金が支払われる。保険金額は，事故発生時の保険価額（時価または市場販売価格相当額）と一致することが望ましいが，自動車の保険価額（車両価額）は時間の経過による減価が著しいため，契約時と事故発生時では大きく異なる。また，減価の程度も，個々の自動車の使用状態などに依存する。したがって，契約締結の際に車両価額を評価し，それに基づいて保険金額を定めることは技術的に困難である。

　この問題を解消するために設けられているのが，車両価額協定特約である。これは，保険契約締結時に，被保険自動車と同一車種・同年式で同じ損耗度の自動車の市場販売価格相当額を車両価額とすることを取り決め，保険期間中は保険金

額が常に車両価額に一致しているとみなすというものである。これにより，損害
額の評価に関するトラブルや，超過保険，一部保険という不都合を回避している。

控除免責金額の設定

　車庫入れの際に自動車を軽微に衝突させるなど，少額の車両損害はしばしば発
生するものである。これらの多くは，被保険者の自己負担で賄えるものである。
このような小損害を補償の対象外とすることにより，保険会社の保険金支払事務
を減らし，契約者の保険料負担の軽減を図るために設けられているのが控除免責
金額である。控除免責金額は被保険者の自己負担が可能な範囲で，たとえば保険
期間中１回目の事故については０円，２回目以降10万円といったように，１事故
ごとに設定される。

3　自賠責保険の目的と役割

　前述の通り，日本では人身損害に関する賠償責任を負うリスクに対処するため
の保険が，自賠責保険と任意の対人賠償責任保険の２本立てとなっている。すな
わち，自賠責保険が自動車事故被害者に対して人身損害の基本補償を行い，対人
賠償責任保険がその補償限度を超えた部分について保険金を支払う仕組みとなっ
ている。このように，事故被害者に対して一次補償を提供する自賠責保険制度は，
どのような目的で導入され，どのような特徴があるのであろうか。

3.1　自賠責保険の目的

　自動車は便利な交通手段として生活に不可欠な存在となっているが，その一方
で，個人が自分の行動にどれほど注意を払っても，また，交通ルールの遵守強化，
道路整備および安全教育などを実施しても，自動車事故の発生を完全に防止する
ことはできない。このため，日常生活のなかで誰もが被害者や加害者になるおそ
れがあるといえる。
　自賠責保険制度は，自動車が急速に普及し交通事故が急増するなか，自動車事
故被害者の救済が要請されるようになった1955年に自動車損害賠償保障法（自
賠法）の公布によって導入された。その目的は，同法第１条に謳われている通り
「自動車の運行によって人の生命又は身体が害された場合における損害賠償を保
障する制度を確立することにより，被害者の保護を図り，あわせて自動車運送の

健全な発達に資すること」である。すなわち，もはや現代社会において不可欠となった自動車運送の発達を損なうことなく，自動車事故被害者を救済するために，基本的な補償を提供しようというものである。

3.2　自賠責保険の特徴

自賠責保険が，自動車事故によって被害者の生命と身体を害されることに対して基本的な補償を提供する趣旨から，人身損害のみを対象とし，支払保険金に限度額が設けられていることは前述の通りであるが，このほか，被害者救済の目的を達成するため，自賠責保険は，以下の通り付保の義務化，過失責任主義の修正，過失相殺の限定適用，そして自動車損害賠償保障事業の実施といった特徴を有している。

付保の義務化

自動車事故の被害者救済という自賠責保険の目的を達成するためには，すべての自動車には保険が付されていなければならない。自賠法は，自賠責保険の付保なくして自動車を運行の用に供してはならない旨を定め，これに違反すると，1年以下の懲役または50万円以下の罰金が科される。このような罰則などに加え，付保を確実とするため，いくつかの制度をあわせて実施している。

第1に，自動車検査（車検）期間とのリンクがあげられる。自動車の登録または検査の際には自賠責保険証明書の提示を要し，その保険期間は自動車検査証の有効期間を完全にカバーしなければならないこととなっている。これにより，車検の対象となる自動車については，自賠責保険の付保が確保されることとなっている。

しかしながら，登録・車検制度の適用がない検査対象外の原動機付自転車などについては，車検によるチェックができない。そのためこれらの保険契約者に対して，保険証書に加え，保険標章（ステッカー）を交付している。これらの自動車は，この保険標章を貼付していなければ運行することができず，街頭検査での取締りも容易となっている。

また，いったん自賠責保険が付けられてもその後に解約することが可能であれば，付保義務化の実効性を確保できない。そこで，契約者に告知義務違反（第17章参照）があった場合や重複契約があった場合，廃車となった場合などを除き解約を行えないこととした解約の制限が自賠法に定められている。

さらに，保険会社が引受けの可否を決定することができる一般の保険と異なり，自賠責保険については，保険会社に契約の引受義務を課すことにより，付保の義務化を補強している。

過失責任主義の修正

一般の賠償責任保険においては，損害を被った側が過失の立証責任を負うという過失責任主義の原則がとられている。過失責任主義は，標準的な注意を払って行動していれば，処罰されたり，不測の損害賠償責任を負わされたりすることはないというもので，人々の自由な行動を保障することで近代社会・経済の発展の基盤をなしてきた。しかしながら，不可避に，かつ瞬時に発生する自動車事故において，被害者が加害者の過失を立証することは容易ではない。そこで，自賠責保険においては，立証責任を加害者側に転換することにより，加害者がみずからに故意・過失がなかったことを証明しない限りは賠償責任を負うこととし，被害者救済の実効性を高めている。

さらに，過失相殺の適用についても，任意の対人賠償責任保険を含むその他の賠償責任保険とは異なり，被害者救済につながる仕組みがとられている。事故発生の責任が加害者および被害者の双方にあった場合，過失責任主義の原則のもとでは，支払われる保険金もその事故発生原因に寄与した割合に応じて減額されることになる。自賠責保険では，被害者への基本補償の提供を確実なものとするため，このような過失減額に制限を設けており，被害者に7割以上の重大な過失がある場合のみ保険金を減額するといういわゆる重過失減額が行われ，減額割合も，後遺障害・死亡に関しては最大5割減額，傷害は最大でも2割減額にとどめている。なお，損害額が前述の支払限度額を超える場合は，支払限度額から減額される。

自動車損害賠償保障事業

自賠責保険が被害者救済に効力を発揮できるのは，あくまで加害者が自賠責保険を付していた場合のみであることはいうまでもない。したがって，ひき逃げ事故や，無保険車による事故の被害者は，自賠責保険からは何ら補償が得られないこととなる。このような事態を防止するために設けられているのが，国土交通省により運営されている自動車損害賠償保障事業である。ひき逃げなど自動車の所有者が不明のため損害賠償請求ができない場合や，無保険車による事故や盗難車による事故など，自賠責保険の被保険者以外の者が賠償責任を負う場合，事故被

> **Column ⑲** 自賠責保険と逆選択
>
> 　本文でも述べている通り，自賠責保険には，用途車種など単純な料率区分しか設けられていない。平均的な保険料をすべての契約者に適用した場合，保険会社は契約者の真のリスクを知りえないため，高リスク契約者にとってその保険は割安に，低リスク契約者にとっては割高となる。その結果，高リスク契約者のみが保険を購入する事態，すなわち逆選択が引き起こされることは，第6章で述べた通りである。しかしながら，自賠責保険は付保が義務化されているため，逆選択は発生しにくいといえる。とはいえ，付保義務化が課されていたとしても，それを確実とするためには，無保険自動車のスクリーニングなどのコスト負担が生じることを忘れてはならない。この問題も，自賠責保険では，自動車検査期間とのリンクという方法により，効率的に解消しているといえる。

> **Column ⑳** 事故・無事故割増引制度と運転者の安全努力水準
>
> 　モラルハザードについては，第6章において述べた通りであるが，自動車保険においても，保険に加入することによって運転者が十分な安全努力を怠るおそれがあり，その結果，支払保険金の総額が，保険会社が保険料算出時に想定していたものより高額となってしまうおそれがある。しかも，保険会社は運転者を常にモニタリングすることが困難である。このようなモラルハザードの顕在化を効率よく防ぐ仕組みが，任意自動車保険に一般に設けられている事故・無事故割増引制度である。ノンフリート等級制度とよばれるこの仕組みは，経験料率の一形態であり，事故を起こさなければ保険料が割り引かれ，事故を起こし保険金請求を行えば保険料に割増が適用されるというものである。これにより，運転者の安全運転へのインセンティブを高めている。

害者は自動車損害賠償保障事業に請求を行うことができる。そのための財源には，主として自賠責保険料のなかに組み込まれている賦課金があてられる。

3.3　自賠責保険料率

　自賠責保険はこれまでみてきた通り，自動車事故被害者救済を目的とした保険であり，公共性の高いものであるといえる。したがって，その保険料についても適正原価主義がとられ，営利目的の介在は許されない。すなわち自賠責保険料率は「能率的な経営の下における適正な原価を償う範囲内でできる限り低いものでなければならない」（自賠法第25条）。

　さらに，自賠責保険は，前章で述べた地震保険とともに，基準料率制度がとら

れている。同制度のもとで、各保険会社は、損害保険料率算出機構が算出した保険料率について、これを使用する旨の届出を金融庁長官に行いさえすれば、みずからの保険料率として使用できることとなっている（第23章参照）。任意自動車保険の保険料率には、運転者の年齢、安全装置装備の有無、無事故・事故歴などによる区分が設けられているのに対して、自賠責保険の基準料率には、用途車種など最低限の区分しか設けられていない。

【練習問題】

1 自賠責保険契約の付保を確実なものとするために、どのような制度が設けられているか3つあげなさい。

2 過失責任主義に基づいた場合、自動車事故の被害者救済にどのような問題が生じるか、また、そのために自賠責保険制度ではどのような措置がとられているのか述べなさい。

3 自賠責保険が被害者救済に必要な最低補償のみを提供しているのはなぜか。その理由を、第6章とコラム⓳のモラルハザードおよび逆選択に関する議論との関係で述べなさい。

第11章

けがと病気の保険（傷害疾病保険）

●**この章で学ぶこと**●

☐ 医療費用・介護費用の発生，所得の喪失など，けがと病気に関わるリスクの種類と性格を概観する。

☐ 傷害疾病保険の位置づけと，その範囲を理解する。

☐ 傷害保険，医療保険，介護保険など，けがと病気のリスクに対処するための保険の種類と補償内容を理解する。

●**キーワード**●

傷害疾病保険（第三分野の保険），定額給付方式，実損塡補方式，
傷害保険，交通事故傷害保険，海外旅行傷害保険，医療保険

---

1 けがと病気のリスク

　家庭内，職場内，通勤途上，および旅行中など日常生活では，火災や自然災害，自動車事故以外にも，不慮の事故により傷害を負うおそれがある。家事でやけどを負ったり，階段から転落して骨折したりすることもありうる。また，自転車や電車などを利用している際に事故に遭い外傷を負ったり，スポーツ中に捻挫をしたりすることもあるだろう。傷害のみならず日常生活では，感染症やその他さまざまな病気にかかるおそれもある。日頃からどのように慎重に行動しても事故を完全に避けることはできず，どれほど健康に注意を払っていても病気を完全に防ぐことはできない。

　傷害を負った場合や病気にかかった場合，医療機関において治療を受けることが必要となるかもしれない。いうまでもなく，日本には生活保障システムの1つとして公的医療保険制度が設けられているが，治療を受けた場合，その費用の全額がこれにより賄われるわけではなく，自己負担分を支出しなければならない。けがや病気が重篤で入院が必要となった場合，そのための金銭的負担はより大き

なものとなる。さらに，けがや病気により通常の業務に従事できなくなった場合，収入が減少し，場合によっては途絶えてしまうこともありうる。

このような日常生活を取り巻くけがや病気のリスクに対処するために，どのような保険が存在するだろうか。以下では，これらのリスクを対象とする保険として，傷害疾病保険（第三分野の保険）を取り上げ，その位置づけとそれに含まれる主な保険の種類，さらにその補償内容をみていく。

2　けがと病気のリスクに対する保険

2.1　傷害疾病保険（第三分野の保険）の位置づけ

前節で述べたような傷害と病気のリスクは，誰もがさらされているきわめて普遍的なリスクであるため，生活保障システムとしての公的医療保険・介護保険などによってカバーされる。しかしながら，これらの公的保険では，必ずしも十分な補償が得られない場合がある。さらに，少子・高齢化が急激に進展している現在の状況を鑑みると，公的保険を補完するものとして，民間の保険会社が提供する保険の重要性は，ますます高まるものと考えられる。

けがや病気のリスクをカバーする私的保険としては，傷害保険や医療保険などの傷害疾病保険があげられる。けがや病気のリスクは，生命保険が対象とする生存・死亡のリスクと同様に人に関わるものであるが，傷害や疾病を繰り返し経験することもあれば，これらを長期間経験しない場合もあるため，生存または死亡のように必ずいずれかの状態にあるものではない。また，けがや病気のリスクは，日常の活動形態・生活習慣などによっても一部左右され，損害保険が対象としているような偶然の事故に関わるリスクとも異なる。そのため，生命保険と損害保険の中間的な存在であるという意味で，従来から第三分野の保険とよばれてきた。保険法および保険業法に基づいて，保険の種類と，それらの取扱いが可能な保険会社の種類を示せば，表11-1のようになる。同表の通り，傷害疾病保険には，損害額に関係なく一定額の保険金を支払うという定額給付方式のものと，損害額に応じて保険金を支払う実損塡補方式のものとがある。また，生命保険会社，損害保険会社の双方が契約を引き受けることができる。実際には，傷害疾病保険が独立して提供されるのではなく，これらを組み合わせた保険商品が販売される場

表 11-1　傷害疾病保険の位置づけ

保険法における保険契約の種類		保険業法における保険業免許の種類	
損害保険契約		第二分野	損害保険業免許
傷害疾病保険契約	実損塡補型	第三分野	
	定額給付型		
生命保険契約		第一分野	生命保険業免許

合が多い。

2.2　傷害疾病保険（第三分野の保険）の種類

　傷害疾病保険にはどのような種類があり，それぞれ傷害や病気に関わるリスクをどの範囲で対象としているのかを示すと，図 11-1 の通りとなる。

　以下では，これらの傷害疾病保険のうち，主に傷害のリスクに対応するための普通傷害保険，交通事故傷害保険，および国内・海外旅行傷害保険などの傷害保険についてその補償内容をみていく。また，けがと病気による休業のリスクに対処する保険として所得補償保険，けがと病気のリスクに対処する保険として医療保険についても述べる。傷害疾病保険は，とくに保険会社または保険商品により，契約方式や補償内容が多様化しているが，以下では標準的な内容をみていく。

2.3　傷 害 保 険

　傷害保険には，普通傷害保険・家族傷害保険，交通事故傷害保険，国内旅行傷害保険・海外旅行傷害保険などが含まれる。普通傷害保険や家族傷害保険は，生活上，通勤途上，業務中，旅行中など日常のあらゆる局面で負う傷害を対象としている。交通事故傷害保険は交通に関係する傷害を，国内旅行傷害保険や海外旅行傷害保険は旅行中の傷害などを，それぞれ対象としている。

対象となる事故

　傷害保険は，急激かつ偶然な外来の事故により，被保険者が傷害を負ったり，後遺障害となったり，死亡したりした場合に補償を提供するものである。

　事故の急激性とは，原因となった事故から結果としての傷害までの過程が直接的で，時間的間隔のないことや，事故の発生が被保険者にとって予測・回避できないものであることを意味する。したがって，同じ動作の繰返しのために緩慢に

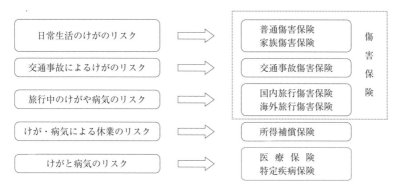

図11-1　けが・病気のリスクと傷害疾病保険

日常生活のけがのリスク	⇒	普通傷害保険 家族傷害保険	傷
交通事故によるけがのリスク	⇒	交通事故傷害保険	害
旅行中のけがや病気のリスク	⇒	国内旅行傷害保険 海外旅行傷害保険	保 険
けが・病気による休業のリスク	⇒	所得補償保険	
けがと病気のリスク	⇒	医療保険 特定疾病保険	

身体に生じた腱鞘炎などについては，急激性があるとはいわない。

　また，事故の偶然性とは，一般に事故の原因または結果の発生が被保険者にとって予知できなかったり，被保険者の意思に基づかないものであったことを意味する。つまり，傷害の原因となった事故が偶然であったこと，または，事故は偶然でなくても結果として発生した傷害が偶然であったことのいずれか，あるいはその両方をいう。たとえば，階段から転落して傷害を被った場合は，階段からの転落という原因の発生が偶然であるとみることができる。また，テニスなど激しいスポーツをしているときに捻挫をした場合は，結果としての捻挫が偶然であったと判断され，補償対象となる可能性が高い。

　事故の外来性とは，傷害の原因が身体の外からの作用によることをいい，多くの病気は対象としていない。ただし傷害保険は，傷害を，一般的な外傷の範囲より広く，皮膚表面に傷を伴うものに限定していない。たとえば，火災等の際の煙による窒息や，一酸化炭素中毒も，外来の作用によるものとして，前述の事故の急激性・偶然性を有していれば，傷害保険でカバーされる。一方，狭心症の発作により事故を起こして負った傷害など，疾病を原因とした傷害は，一般に補償の対象外であるが，疾病免責条項を設けていない一部の保険契約では保険金が支払われる場合がある。

被保険者の範囲

　普通傷害保険は，個人単位で契約をし，1保険証券でその個人1名を被保険者とするものである。これに対し，家族傷害保険は，家族単位で契約を行い，1保険証券で家族全員を被保険者とするものである。家族傷害保険の被保険者の範囲

は，本人とその配偶者，生計を共にする同居の親族，また生計を共にする別居の未婚の子をいう。

保険金の種類

　一般に傷害保険は，実際の損害額にかかわらず，契約時に取り決めた保険金額に基づいて一定の金額を保険金として支払う定額給付方式を採用している場合が多い。このことは，傷害に伴って実際に生じる損害の算定を正確・客観的に行うのが容易でないという問題を解消し，迅速な保険金支払いにつながるものである。

　定額給付の保険金には，一般に通院保険金，入院保険金，手術保険金，後遺障害保険金および死亡保険金などの種類がある。

　通院保険金・入院保険金は，傷害の直接の結果として，平常の業務に従事することができなくなった場合や，平常の生活に支障が生じたうえで通院または入院した場合に，事故日から一定期間内（たとえば180日以内）に，通院・入院した日数について通院・入院保険金日額が支払われるものである。通院保険金については支払期間を一定期間内（たとえば90日）に限定している。

　手術保険金は，入院保険金が支払われる場合で，事故日から一定期間内（たとえば180日）に傷害の治療のためにあらかじめ約款に定められた手術を受けたときに支払われるものである。これは，入院保険金に手術の種類に応じて定められた倍率（たとえば10倍，20倍，40倍）を乗じて計算される。

　後遺障害保険金は，事故の日から一定期間内（たとえば180日以内）に，傷害の直接の結果として後遺障害が生じた場合に，後遺障害の程度に応じて保険金額の一定割合（たとえば4〜100％）を支払うものである。また，死亡保険金は，同じく事故日から一定期間内に死亡した場合に，保険金額の全額を死亡保険金受取人または，その指定のないときは被保険者の法定相続人に支払うものである。

　これらの保険金は，公的医療保険，生命保険，労災保険などからの給付とは関係なく支払われる。

国内旅行傷害保険特約

　普通傷害保険には国内旅行傷害保険特約を付帯することが可能である。国内旅行傷害保険特約は，被保険者が旅行の目的をもって住居を出発し，住居に帰着するまでの間に傷害を負った場合に，前述の保険金が支払われるものである。なお，賠償責任，携行品損害，救援者費用，留守宅家財盗難などをカバーする特約を付すこともできる。

表 11-2　交通事故傷害保険における交通乗用具

軌道をもたない陸上の乗り物	自動車，スノーモービル，自転車，電動キックボード，そり，車椅子，ベビーカーなど
軌道上を走行する陸上の乗り物	電車，汽車，モノレール，ケーブルカー，ロープウェイなど
空の乗り物	飛行機，ヘリコプターなど
水上の乗り物	船舶
そ　の　他	エレベーター，エスカレーター，動く歩道など

2.4　交通事故傷害保険

交通事故傷害保険は，主として交通事故による傷害をカバーする保険である。ここでいう交通事故とは，自動車のみならず，広く乗り物一般に関わる事故を指し，このような乗り物を，傷害保険では，交通乗用具とよぶ。交通乗用具には，表11-2にあげるものが含まれる。

交通事故傷害保険は，運行中のこれらの交通乗用具との衝突，接触，交通乗用具の火災または爆発などにより被保険者が傷害を負った場合や，運行中の交通乗用具に搭乗している際に急激かつ偶然な外来の事故により傷害を負った場合，電車の改札口の内側など交通乗用具の乗降場構内にいる際に同様の事故により傷害を負った場合に保険金を支払うものである。

さらに，交通乗用具とは関係なく，道路通行中に建物や工作物等が倒壊したり，落下物があったことによって傷害を被ったり，崖崩れや土砂崩れ，火災，破裂・爆発などによって傷害を被った場合も保険金が支払われる。

保険金の種類は，前述の普通傷害保険・家族傷害保険と同じであり，定額給付方式に基づく。

2.5　海外旅行傷害保険

海外旅行傷害保険は，被保険者が，海外旅行の目的をもって住居を出発して帰着するまでの旅行行程に被るおそれのある傷害などに備える保険である。海外旅行傷害保険の基本契約では，他の傷害保険と同じく旅行中において急激かつ偶然な外来の事故による傷害を対象としているが，特約の付帯により疾病などに補償内容を拡大することが可能となっている。基本契約および特約により支払われる

表 11-3　海外旅行傷害保険の契約構成と保険金の種類

基 本 契 約	治療費用保険金（傷害） 後遺障害保険金（傷害による後遺障害） 死亡保険金（傷害による死亡）
疾病治療費用担保特約	疾病治療費用保険金
疾病死亡危険担保特約	疾病死亡保険金
救援者費用等担保特約	救援者費用等保険金
治療・救援費用担保特約	治療・救援費用保険金

保険金の種類は表 11-3 の通りである。

　傷害による治療費用保険金は，海外旅行中の事故により傷害を被ったため，医師の治療を受けた場合に支払われる保険金である。これは，事故日より一定期間内（たとえば 180 日以内）に要した治療費，入院費，緊急移送費，入通院のための交通費などについて妥当と認められる額が保険金額を限度として支払われるものである。また，傷害により後遺障害を負った場合，後遺障害保険金が，前述の普通傷害保険と同様に，障害の程度により保険金額の一定割合で支払われる。死亡した場合は，保険金額の全額が死亡保険金として支払われる。

　疾病治療費用保険金は，旅行中またはその直後（たとえば 72 時間以内）に発病した疾病で，その原因が旅行中に発生したものについて，医師の治療を受けた場合に，治療費，入院費，緊急移送費，入通院のための交通費の実費で妥当と認められる額が，保険金額を限度として支払われるものである。旅行中に疾病により死亡した場合，また，旅行中に原因が発生した疾病により旅行終了後一定期間内（たとえば 30 日以内）に死亡した場合には，保険金額の全額が死亡保険金受取人，またはその指定のない場合は被保険者の法定相続人に疾病死亡保険金として支払われる。

　救援者費用等保険金は，旅行中に死亡，入院，遭難した場合などに，保険契約者，被保険者，およびその親族が実際に支出した捜索救助費用，移送費用などについて，保険金額を限度に支払われるものである。

　これらの各保険金については，契約時にそれぞれ保険金額を設定しなければならず煩雑であるが，治療・救援費用担保特約を付帯することにより，傷害治療費用，疾病治療費用，および救援者費用などについて共通の保険金額を設定するこ

とが可能である。この場合，上記の各保険金が支払われるような事態となった場合，それぞれの費用の合計額が，治療・救援費用保険金として，共通の保険金額を限度に支払われることとなる。

2.6 所得補償保険

所得補償保険は，被保険者が傷害または疾病により就業不能となった場合に，喪失する所得を補償する保険であり，収入保障保険などともよばれる。この場合の就業不能とは，医師の治療を要し，業務にまったく従事できない場合をいい，就業能力の減退は含まれない。

保険契約締結に際しては，通常は直近 12 カ月間の被保険者の所得の平均月額に基づき 1 カ月当たりの保険金額が定められると同時に，一定期間保険金支払いの対象としない免責期間（たとえば 7 日間）と，保険金支払いの対象期間となる塡補期間（たとえば免責期間終了後 1 年間）が設定される。

保険金は，就業不能となった日が保険期間内であれば，支払いの対象となる。就業不能初日から免責期間が開始され，それが経過した時点から塡補期間となる。補償は，塡補期間内の就業不能期間 1 カ月につき，約定の保険金額が定額で保険金として支払われる。就業不能期間が 1 カ月に満たない場合や，1 カ月未満の端日数が生じた場合は，1 カ月を 30 日として計算した割合により保険金が計算される。なお，平均月間所得額が，保険金額を下回る場合は，平均月間所得額が保険金として支払われる。

2.7 医 療 保 険

公的医療保険制度では，医療費の一部は自己負担となっており，長期入院などの場合には高額の負担を強いられることとなる。このように，けがや病気で入院したり，手術を受けたりした場合に保険金を支払うことにより，被保険者やその家族の負担を軽減する保険が医療保険である。

医療保険の保険金の種類は，保険会社や保険商品によりさまざまであるが，定額給付方式の場合には，表 11-4 の通り，けがや病気で入院した場合に支払われる傷害・疾病入院保険金，手術を受けた場合の傷害・疾病手術保険金，退院後治療のために引き続き通院した場合の傷害・疾病通院保険金，先進医療費用保険金，葬儀費用保険金がある。入院保険金および通院保険金については，傷害・疾病の

表 11-4　医療保険の保険金の種類

保険金の種類	保険金の計算基礎
傷害入院保険金	傷害入院保険金日額または疾病入院保険金日額×入院日数
疾病入院保険金	
傷害手術保険金	傷害入院保険金日額または疾病入院保険金日額×所定倍率
疾病手術保険金	
傷害通院保険金	傷害通院保険金日額または疾病通院保険金日額×通院日数
疾病通院保険金	
先進医療費用保険金	先進医療費用保険金額
葬祭費用保険金	葬祭費用保険金額

別にあらかじめ定めた入院日額または通院日額に，入院または通院の日数を乗じた金額が保険金として支払われる。手術保険金は，傷害または疾病の入院日額に所定倍率を乗じて算定される。先進医療費用保険金および葬祭費用保険金は，それぞれに対してあらかじめ設定した保険金額に基づき支払われる。

　医療保険は，一定の保険期間を定めた定期型のものが中心であるが，一生涯保障を提供する終身型のものも選択可能である。一方，実損填補型の医療保険では，実際に医療費を自己負担した場合に，その費用を被保険者が被った損害とみなして，填補することになる。たとえば，治療費用保険金，入院諸費用保険金および高度先進医療費用保険金などがこれにあたる。治療費用保険金は，被保険者が，傷害または疾病の直接の結果として入院することとなったときに，入院中にその費用を一部負担したことによって被った損害に対して支払われるものである。入院諸費用保険金は，入院中に被保険者が負担した差額ベッド代，親族付添費用，ホームヘルパー雇入費用，入退院の際の交通費などの諸費用について支払われる。また，被保険者が入院中に高度先進医療を受け，それに要する費用およびそれを受けるための交通費を負担した場合，その費用負担分について高度先進医療費用保険金が支払われる。

　また，特定の病気のみを対象とする医療保険は，特定疾病保険とよばれ，がんを対象としたがん保険や，がんに急性心筋梗塞および脳卒中を加えたいわゆる三大疾病を対象とした三大疾病保険などがある。これらは，被保険者ががんまたは

　情報通信技術と大量のデータの利用可能性に基づいた革新的な保険商品やサービスは，インシュアテックとして知られ，保険商品開発，アンダーライティング，マーケティング，販売，保険契約保全，そして保険金支払いなど，保険業務のあらゆるプロセスにおいて，さまざまに試みられている。その1つとして，情報通信技術を利用して契約締結後に継続的にリスク評価を行う，健康増進型医療保険とよばれる保険商品が登場している。これは，契約後の被保険者の健康診断結果や，ウェアラブル端末から取得した被保険者の歩数などの健康増進活動に関する情報に基づき，あらかじめ設定された目標を達成すれば次期保険料に割引を適用したり，還付金を支払うという各種のリワードを付与するものである。

　このような疾病リスクに関わる指標の継続的モニタリングとリスク再評価，そして目標達成時のリワードの付与は，保険契約者や被保険者のモラルハザードを大きく緩和すると期待される。すなわち，保険契約者や被保険者は，リワードを得るために，進んで食事習慣や運動習慣などの生活習慣を改善したり，それを適切に維持しようと努力すると考えられる。一方で，リスク評価の精度が低く保険金が十分削減されなかったり，リスク評価のための費用負担が過剰に重かったりすれば，保険会社は契約者または被保険者に対して，行動変化を促すに足るリワードを提示できないかもしれない。今後，情報通信技術とデータ分析技術のいっそうの発展により，リスク評価に利用可能なリスク指標も増えていくと考えられるが，リスク評価の精度とそのための費用を十分考慮した保険商品設計が望まれる。

三大疾病と診断されたときに診断給付金が，また入院・手術時に入院保険金や手術保険金が，さらにその後，通院したときや在宅療養したときに通院保険金や在宅給付金がそれぞれ定額で支払われるものである。さらに，入院諸費用保険金，高度先進医療費用保険金が実損填補方式で支払われるものもみられる。また，がん保険や三大疾病保険は単独販売される場合もあるが，特約として他の保険に付加されている場合もある。

【練習問題】
1. 保険金の定額給付方式と実損填補方式について，その違いを述べなさい。
2. 傷害疾病保険の位置づけを，生命保険および損害保険との関係から説明しなさい。
3. 傷害保険の対象となる事故には，どのような要件が求められるか，3つあげ，簡単に説明しなさい。

第*12*章

生活と家族の保険（生命保険）

●**この章で学ぶこと**●
- □ 生命保険の分類について学ぶ。
- □ 主要な生命保険商品の特徴を理解する。
- □ 主要な個人年金保険商品の仕組みを理解する。
- □ 戦後日本における生命保険商品の変遷について理解する。

●**キーワード**●

死亡保険，生存保険，生死混合保険，定期保険，終身保険，
定期付終身保険，養老保険，定期付養老保険，個人年金保険，
変額個人年金保険，利率変動型積立終身保険（アカウント型保険）

1 生命保険の分類

人の死亡リスクや生存リスクに関して保険給付を行う生命保険は，各種基準により以下のように分類することができる。

(1) 保険事故による分類（基本的な分類）

保険事故によって生命保険を分類すると，死亡を保険事故とする**死亡保険**，生存を保険事故とする**生存保険**，および死亡と生存の両方を保険事故とする**生死混合保険**の3つに分けられる。生命保険は人の生死を保険事故としているから，この分類はもっとも基本的なものである。

(2) 保険料払込方法による分類

保険料払込方法に関しては，回数と経路によって分類することができる。保険料を払い込む回数には，一時払い，年払い，半年払いおよび月払いなどがある。

保険料払込経路には，口座振替えによる払込み，団体を通じての払込み，集金担当者への払込み，会社指定の口座への送金による払込み，および店頭持参による払込みなどがある。

（3）　保険金支払方法による分類

　　保険金支払方法を基準にすると，生命保険は保険金が一時金として支払われる一時金保険，一定期間ないし終身にわたって分割して支払われる年金保険などに分類される。

（4）　危険選択の方法による分類

　　医的診査の有無（危険選択の方法）により生命保険を有診査保険と無診査保険に分類することができる。

　　保険契約者または被保険者の告知に加えて医師の診査により危険選択を行うものを有診査保険という。これに対して，保険契約に際して医的診査を実施せず，申込書の告知と生命保険面接士の資格を有する者による面接などにより契約の引受けを行うものは無診査保険という。

（5）　被保険者の健康度による分類

　　被保険者の健康状態および職業等の危険状態を基準にすれば，その危険度が保険会社の定める危険の範囲内にある場合の標準体保険と，そうでない場合の標準下体保険に分けることができる。標準体は普通保険料率で契約できるのに対して，身体に医的欠陥があったり危険な職業に従事する人々（標準下体）は危険度が標準体のそれより高いので，その危険の程度に応じた特別条件（特別保険料徴収・保険金削減・特定部位不担保）をつけることにより保険の対象となりうる。

　また，これらの基準のほかに，契約者配当の有無（無配当保険，準配当保険，有配当保険），保険料払込期間（一時払込み，短期払込み，全期払込み，終身払込み），被保険者の人員（単生保険，連生保険，団体保険），年齢（小児保険，成人保険）などの基準により生命保険を分類することもできる。

2　主要な生命保険商品

　保険会社は，上述のように分類されるさまざまなものを組み合わせて多様な生命保険商品を消費者に提供しており，個人向けの生命保険だけでも何百もの商品があるといわれている。これらの生命保険の主契約（保険契約のもっとも基本的な契約部分であり，特約を付加する対象となっている主たる契約のことをいう）に成人病特約，通院特約，女性疾病入院特約，介護特約などの特約（主契約に付加する契約

であるが，単独では契約できない）を付加することができる。ここでは，主要な個人向け生命保険商品についてその概要を紹介する。

2.1 死亡保険

死亡保険とは，被保険者が死亡した場合に保険金（死亡保険金）が支払われるものである。なお，被保険者が疾病または傷害により両眼の視力を完全に失ったり，言語または咀嚼の機能を完全に失った場合など，約款に定められた所定の高度障害状態になると，死亡保険金と同額の高度障害保険金が支払われる。

死亡保険は保険期間に応じて，さらに以下のように分類することができる。

定 期 保 険

定期保険は，一定の期間（保険期間）内に被保険者が死亡した場合に保険金が支払われるタイプの死亡保険である（図12-1）。満期給付がなく死亡給付だけが行われるので，他の保険種類に比べて，低廉な保険料で死亡保障が得られることが特徴である。

終 身 保 険

保険期間が一定である定期保険に対して，終身保険は死亡保障が一生涯続くタイプの死亡保険である（図12-2）。つまり，いつ死亡しても所定の死亡保険金が支払われる。このため同じ保険金額の定期保険に比べて，終身保険の保険料は高くなる。

終身保険は，死亡保障のほかに，葬儀費用や相続税に必要な資金を準備するために適した保険といえる。

また，定期保険と異なり，終身保険の場合，責任準備金が年々積増しされるので（第18章図18-1参照），契約者は保険料払込期間が終了した後に，キャッシュバリューを使って，年金や介護保険など老後保障のための保険に移行することが

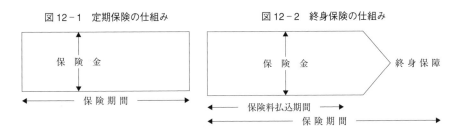

図12-1　定期保険の仕組み　　　　図12-2　終身保険の仕組み

図 12-3　定期付終身保険の仕組み

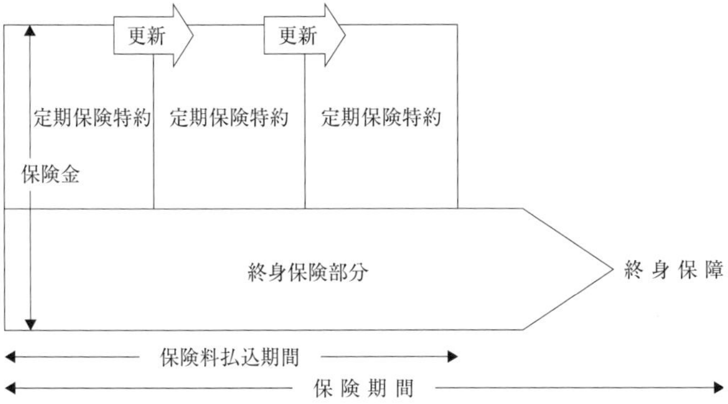

できる。

定期付終身保険

　死亡保障が一生涯続く終身保険に，定期保険を一定期間にわたる特約形式で付加し，その期間内の死亡保障を厚くしたものが**定期付終身保険**である。定期付終身保険には，定期保険特約の付け方によって全期型と更新型がある。全期型は，保険料払込期間を保険期間とする定期保険特約を付加し，保険料も加入から払込終了まで変わらないタイプである。それに対して，更新型は，全期型の定期保険特約を短期間ごとに分割し自動更新するタイプで，更新時における被保険者の年齢に応じて保険料が再計算される。更新型の定期付終身保険の仕組みを示したのが，図 12-3 である。

2.2　生存保険

　生存保険とは，被保険者が一定期間満了のとき，すなわち満期時に生存していた場合に限って保険金（満期保険金）が支払われるものである。したがって，被保険者が保険期間中に死亡した場合には何も支給されないことになるので，独立したかたちで商品化されることはない。実際に生存保険として販売されている年金保険，貯蓄保険やこども保険（学資保険ともよばれる）などには既払込保険料程度の死亡給付金が支払われるものが多い。また，こども保険の場合，小学校入学時，中学校入学時などの一定時点における生存を条件に生存給付金（祝金）が支払われている。図 12-4 はこども保険の仕組みを示したものである。

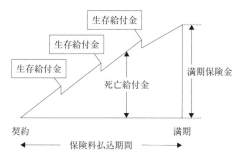

図12-4　こども保険の仕組み

2.3　生死混合保険

生死混合保険とは，死亡保険と生存保険を組み合わせたものであり，その代表的なものが養老保険である。

養 老 保 険

養老保険は，被保険者が保険期間内に死亡したときにも，保険期間中生存し満期を迎えた場合にも，同じ額の保険金が支払われる保険である。保障と同時に蓄積ができる（すなわち，満期保険金の給付を受けることができる）ことから，老後資金の準備などに利用される。また，この養老保険に定期保険を上乗せして死亡保障を厚くしたものが定期付養老保険である。図12-5と図12-6はそれぞれ養老保険と定期付養老保険の仕組みを示したものである。

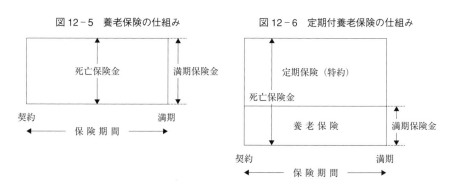

図12-5　養老保険の仕組み　　　　　　図12-6　定期付養老保険の仕組み

2.4 個人年金保険

　被保険者が所定の年齢に達すると毎年一定額の年金が支払われる生存保険が個人年金保険である。年金受取りが始まる前に被保険者が死亡した場合，払い込んだ保険料の累計額に相当する死亡給付金が支払われるのが普通である。

　年金を受け取る期間によって，個人年金保険には次のいくつかの種類がある。

(1)　終身年金：被保険者が生存している限り年金が支払われるタイプである。

(2)　保証期間付終身年金：保証期間中は被保険者の生死に関係なく年金が受け取れ，その後は被保険者が生存している限り終身にわたり年金が受け取れるタイプである。

(3)　確定年金：生死に関係なく契約時に定めた一定期間に年金が受け取れるタイプである。

(4)　有期年金：契約時に定めた一定の期間のなかで，毎年生きている限り年金が受け取れるタイプである。

(5)　保証期間付有期年金：保証期間中は生死に関係なく年金が受け取れ，その後は契約時に定めた年金受取期間中，被保険者が生存している限り年金が受け取れるタイプである。

(6)　夫婦年金：夫婦いずれかが生存している限り年金が受け取れるタイプである。

　図12-7と図12-8は，それぞれ保証期間付終身年金と確定年金の仕組みを示したものである。

　また，個人年金保険は，払込保険料の運用方法によって，定額年金保険と変額

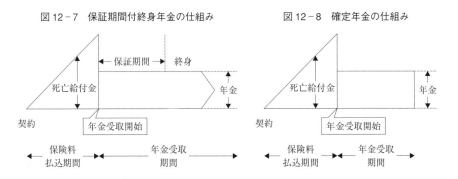

図12-7　保証期間付終身年金の仕組み　　　図12-8　確定年金の仕組み

Column ② 解約返戻金

　契約を保険期間の途中で解約したり，あるいは契約が失効した場合に，解約返戻金が契約者に支払われる。解約返戻金は責任準備金を基準にして定められるが，経過年数の浅い契約ほど高い割合で算定される解約控除金が差し引かれた残額しか払い戻されない。とくに加入後に短期間で解約したときは解約返戻金はほとんどない。

　また，最近では，解約返戻金を低い水準に抑えることにより保険料を引き下げる商品が販売されている。

図12-9　保証期間付終身タイプの変額個人年金保険の仕組み

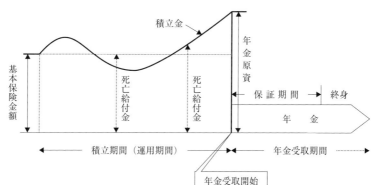

年金保険に分けられる。定額年金保険は，払い込まれた保険料が一般勘定（第19章第1節参照）で運用され，将来受け取る年金額が契約時に確定する個人年金保険である（たとえば，図12-7と図12-8参照）。一方，変額年金保険は，株式や債券を中心とした特別勘定（第19章第1節参照）で資産を運用し，その運用の実績によって年金や解約返戻金などが増減するハイリスク・ハイリターン型の個人年金保険である。年金額が年金受取開始後一定のタイプと，受取開始後も運用実績によって年金額が増減するタイプがある。年金原資（将来の年金支払いのために積み立てられる金額）は資産運用の実績によって変動するため，払込保険料の総額を上回る場合もあれば，下回る場合もある。

　変額個人年金保険には，年金の最低保証がなされないものが多いが，最低保証が定められた商品もないわけではない。逆に，年金受取開始前に被保険者が死亡した場合に支払われる死亡給付金には，最低保証があるのが一般的である。解約返戻金については，最低保証がない（図12-9は，保証期間付終身タイプの変額個人

年金保険の仕組みを示したものである）。

3　生命保険商品の変遷

　生命保険が明治期に欧米から日本に導入された当初は主として有産階級を対象に終身保険が販売されたが，明治末から大正にかけて死亡保障と貯蓄の両機能を備える養老保険が「貯蓄好き」の国民性にマッチして主力商品となり，このような傾向は戦後の 1950 年代まで続いた。しかし，経済の高度成長によるインフレの進行や核家族化の進展などによって少ない保険料負担で大きな保障を求めるニーズが高まり，さらに自動車の普及に伴う交通事故の多発によって死亡保障ニーズが増大したことを背景に，定期付養老保険の開発が盛んに行われ，これが養老保険に代わって主力商品の座を占めるようになった。定期付養老保険が販売された当初は，満期保険金額に対応する死亡保険金額の倍率が 2 倍，3 倍のものが中心であったが，1970 年代以降は 5 倍型，10 倍型，および 20 倍型などといった超大型保障の定期付養老保険が年々増加していった。

　1980 年代に入ってからは，平均寿命の著しい延びや生涯保障ニーズの高まりとがあいまって，生涯にわたる保障がなされ，キャッシュバリューを活用できる終身保険や定期付終身保険が注目され，その販売件数が急増した。また，高齢化社会の進展への不安，公的年金財政の逼迫等を背景に，老後保障に備えて自助努力の必要性が認識されるようになり，これまでほとんど普及していなかった個人年金保険が次々に開発・販売されるようになった。他方，この時期に消費者の金利選好意識が高まったことを背景に，生保各社は短満期（5 年ないし 10 年）の一時払養老保険を発売した。満期保険金の扱いが税制面で有利であったこともあり，一時払養老保険のもつ貯蓄性が他業界の金融商品と比較して利回りや税額の面で相対的に優位になり，爆発的な販売実績を示した。

　1990 年代に入ってからも引き続き終身保険や定期付終身保険の比重が高かったが，疾病保険や定期保険，疾病・傷害関係特約が急増してきたことから，生保商品の多様化が一段と進んだ。さらに保障内容にも変化がみられ，生前保障型商品（リビングニーズ特約など。詳しくは，第 13 章第 2 節を参照）が発売された。また1990 年代末には，投資性の高い変額個人年金保険や，より自在性・利便性を重視した利率変動型積立終身保険（アカウント型保険）などが出現した。アカウント

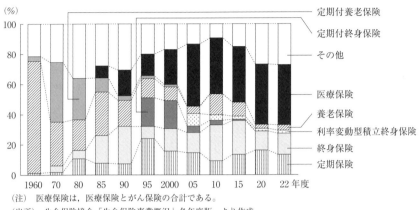

（注）　医療保険は，医療保険とがん保険の合計である。
（出所）　生命保険協会「生命保険事業概況」各年度版，より作成。

型保険は，主契約であるアカウントという仕組みが設けられ，特約として定期保険・医療保険・介護保険などを付加できるタイプである。アカウントが設けられることによって，保険契約の保障部分と貯蓄部分が明確化され，契約者は保障部分と貯蓄部分の内訳を自由に決めることができる。

　以上に述べた生命保険商品の変遷について，これを個人保険種類別の新契約件数構成比の推移の観点からまとめたものが図 12‐10 である。

【練習問題】
　1　保険事故を分類基準にすると，生命保険は死亡保険，生存保険および生死混合保険の3つに分けられる。この3種類の保険の代表的な商品をあげ，その仕組みについて説明しなさい。
　2　戦後の日本における生命保険商品の変遷について論述しなさい。

第13章

生命保険の活用

◉**この章で学ぶこと**◉

☐ ライフサイクルに応じた生命保険の活用について理解する。

☐ 生命保険商品などに関連する諸制度について理解する。

☐ 契約者配当について理解する。

☐ 生命保険に関する税制支援措置を理解する。

◉**キーワード**◉

中途増額制度，契約転換制度，移行制度，自動振替貸付制度，

延長定期保険，払済保険，契約者貸付制度，クーリングオフ制度，

三利源，契約者配当，生命保険料控除

1 ライフサイクルと生命保険

　人の一生には，出生から死亡に至るまでの間に，就職，結婚，子どもの誕生・進学・結婚・独立，住宅取得，退職，そして夫婦2人だけの老後の生活など，いくつかのライフステージがあり，このライフステージの変化をライフサイクルという。人々はそれぞれのライフステージにおいてさまざまな資金を必要とする。たとえば，生計維持者に万が一のことがあったときの遺族の生活資金，土地・住宅の購入資金，子どもの教育・結婚・独立資金，老後の生活資金，けがや病気などのときに必要となる資金，要介護状態になったときに必要となる資金などがそれである。

　以下では，万が一のときの遺族の生活保障と老後の生活保障を中心に，ライフサイクルに応じた生命保険の活用について説明する。

1.1 万が一のときの生命保険

死亡リスクと生命保険

　医療技術の進歩，生活水準の向上などにより日本人の平均寿命は戦後延び続け

　平均寿命は，0歳の子どもが生存しうる平均年数のことで，一般に0歳時の平均生存年数のことをいう。これに対して，平均余命は，ある年齢の者が今後生存しうる平均年数で，つまりあと何年生きられるかを示す数字であり，各年齢別，男女別に生命表で表される。したがって，平均寿命は0歳の平均余命となるわけである。

　戦後，日本人の平均寿命と平均余命はともに延び続けてきた。厚生労働省「令和4年 簡易生命表」によると，男性の平均寿命は81.05歳で，女性のそれは87.09歳となっており，戦後間もない1947年に比べて30歳も伸長した。平均余命については，たとえば20歳の男性と女性について1947年と2022年を比較すると，それぞれ40.89から61.39年へ，44.87年から67.39年へと20年も延びた。

（コラム㉓参照），女性が世界一，男性が世界4位となった（2022年）。しかし，その反面，心疾患，がん（悪性新生物），脳血管疾患といった三大成人病，事故などが原因で平均寿命に至るよりも前に死亡する人も少なくない。厚生労働省『令和4年 人口動態調査』によると，2022年の死亡者のなかで，死因別順位の第1位は悪性新生物（死亡総数の約24.6％），第2位と第3位はそれぞれ心疾患（同約14.8％）と老衰（同約11.4％）で，第4位が脳血管疾患（同約6.9％）であり，三大成人病による死亡者数は死亡総数の約5割を占める。

　一家の生活を支える生計維持者が不慮の事故，病気などにより死亡した場合，残された家族の生活が経済的に困窮状態に陥ることがある。家族が自立するまでの生活費，子どもの教育費，未返済の住宅ローン，葬儀費用など，生計維持者の万が一のときに家族にとって必要な資金はさまざまである。公的遺族年金や死亡退職金では一部しかカバーできないので，自助努力で資金準備をしておく必要がある。生命保険（死亡保険）はとりわけ死亡リスクに備えるための自助努力の一環としてもっともよくその機能を発揮する。

　「貯蓄は三角，保険は四角」といわれるように，貯蓄の場合，目標額に達成するためには年月を必要とするが，保険に加入すれば，直ちに保障が得られる（図13-1参照）。

　万が一のときの遺族の生活を保障するのに適した生命保険には，定期保険，終身保険，定期付終身保険などがある。また，最近の新しい商品としてアカウント型保険（利率変動型積立終身保険）がある。

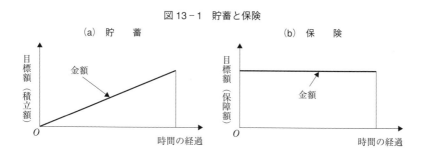

図 13 - 1 貯蓄と保険

（a）貯 蓄

（b）保 険

万が一のときに必要な家族の生活資金

　すでに述べたように，生計維持者が万が一のときに家族が必要とする生活資金
には，家族の生活費や子どもの教育費，葬儀費用，ローンなどがある。生命保険
文化センターの『2021（令和 3）年度 生命保険に関する全国実態調査』によると，
その平均年間必要額は 327 万円，平均必要年数は 17.1 年間で，平均総額は 5691
万円となり，世帯年収の 9.1 年分となっている。世帯主（生計維持者）年齢別にみ
ると，必要生活資金の総額は「29 歳以下」で 8543 万円ともっとも高く，それ以
降はおおむね年齢が上がるほど低くなっている（図 13-2 参照）。

　かかる必要生活資金の総額は，年間必要額に必要年数を掛けたものであるが，
既述のように，世帯主の年齢や世帯の年収によって異なる。ただし，公的遺族年
金や死亡退職金が支払われるのが一般的であることから，必要生活資金総額から

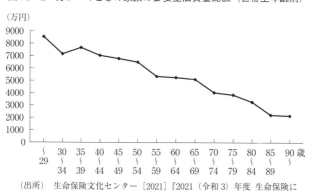

図 13 - 2　万が一のときの家族の必要生活資金総額（世帯主年齢別）

（出所）　生命保険文化センター［2021］『2021（令和 3）年度 生命保険に
　　　　関する全国実態調査』141 ページ，を基に作成。

それらの金額を引いた部分を準備しておけばよいといえよう。

死亡保険には，定期保険，終身保険，定期付終身保険，利率変動型積立終身保険などがあるが，それぞれ保険金額や保障期間が異なるので，死亡保障が必要な期間や世帯主の家計に対する責任の大小などに応じて選ぶことが大切である。

1.2　長生きの保険

長寿リスクと生命保険

日本人の平均寿命は，戦後 60 年足らずで 30 歳も延び，現在は人生 80 年時代に突入したといって差し支えない状況にある。60 歳の男性の平均余命は約 23 年，女性では約 28 年となっている。定年退職後 20 年以上に及ぶ老後生活を送るためには，定年退職までの間に十分な生活資金を備えておく必要がある。

現在日本では，社会保障が国民の老後保障のための基礎となっている（詳しくは第 24 章および第 25 章を参照）。しかし，全人口に占める高齢者（65 歳以上）の割合が 29.1 ％ に達しており（2023 年 9 月 15 日現在の推計人口），この比率は今後も増え続け，2040 年には 34.8 ％ になるとの見通しになっている。高齢化の急激な進展は，「世代間扶養」の色彩が強い社会保障財政を圧迫している。また，バブル崩壊後経済の低迷が続くなかで，企業は福利厚生制度の見直しに積極的に取り組んでいる。このような状況を踏まえると，国民には自助努力意識の強化が求められており，現役世代が早い段階から生活設計のことを考え，老後の生活資金，医療費，介護費用などを確保する必要性が高まっているといえよう。その際に適切な保険種類として，養老保険，個人年金保険，介護保険などがある。

老後の必要生活資金

生命保険文化センターの『2021（令和 3）年度 生命保険に関する全国実態調査』によると，夫婦の老後生活における 1 カ月の必要生活資金として公的年金（国民年金，厚生年金など）以外に必要と考える資金額は，世帯主が 60〜64 歳の間の平均額が月額 20.2 万円，65 歳以上では月額 16.1 万円となっている。公的年金以外の夫婦の老後の必要生活資金月額の分布をみると，「20 万円以上」の層が全体に占める割合は，世帯主が 60〜64 歳の場合で 54.1％，65 歳以上の場合は 32.9％ となっている（公的年金以外の夫婦の老後の必要生活資金月額の分布については，図 13-3 を参照）。

このように，ゆとりのある老後生活を送るためには公的年金だけでは足りず，

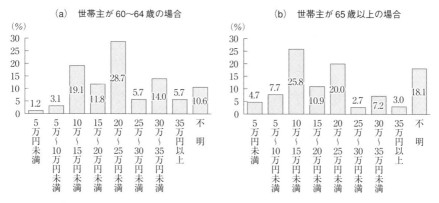

図13-3 公的年金以外の夫婦の老後の必要生活資金月額の分布

(a) 世帯主が60〜64歳の場合

(b) 世帯主が65歳以上の場合

(出所) 生命保険文化センター［2021］『2021（令和3）年度 生命保険に関する全国実態調査』153ページ,
を基に作成。

自助努力で十分な生活資金を準備しておく必要がある。その際に適切な保険種類
と考えられるのは，すでに述べたように個人年金保険と養老保険である。

　個人年金保険には，終身年金，有期年金，確定年金などの種類がある（詳しく
は第12章を参照）。個人年金保険の加入金額は公的年金の受取額を考慮したうえ
で決めるのがよいといえよう。個人年金保険のうち，有期年金と確定年金は，年
金受取期間があらかじめ決まっているため，「つなぎ年金」として利用すること
ができる。つなぎ年金とは，退職時点から公的年金支給開始時点までの空白期間
に対応するために加入する年金である。たとえば，退職年齢が60歳で，公的年
金支給開始年齢が65歳の場合に，60歳から65歳までの5年間を受給期間とす
る有期年金あるいは確定年金に加入すれば，その場合の有期年金または確定年金
がつなぎ年金とよばれるものである。

2　生命保険商品等に関連する諸制度

　ライフステージの移行や環境の変化に伴って，契約者の生命保険に対するニー
ズは変化する。いいかえれば，生命保険商品は長期にわたるものが多く，時間の
経過につれ契約内容と必要な保障との間に乖離が生じることがあるので，契約者
は加入後も保障の見直しをしていくことが大切になるのである。また，諸々の事

情の変化により保険料の継続支払いが困難となることもある。このような事態が生じた場合には，既契約を有効に生かした保障内容の見直しに役立つ方法を知っておく必要がある。以下では，これに関連する諸制度について説明する。

2.1 保障ニーズの変化への対応方法

中途増額制度・特約中途付加制度

中途増額制度は，既契約の保険期間中に保険金額を増額する制度である。この制度には，主契約の保険金額を増額するもの（主約款増額）と，定期保険特約や災害割増特約などを主契約に上乗せすることによって保障額を増額する特約中途付加制度によるものがある。特約中途付加制度を利用する場合，新しく発売された特約を既契約に付加することができるので，既契約を生かしながら新しい保障が得られるといえる。

契約転換制度

契約転換制度は，既契約の責任準備金を解約控除なしで全額活用して新契約の一部にあてるとともに，既契約の契約者配当（特別配当）の権利をそのまま新契約に引き継いで，既契約を新しい契約に転換させるものである。

この制度は，既契約を活用して同じ生保会社の新たな保険を契約する方法であるが，契約者は既契約の解約に伴う解約控除のデメリットを被ることなく，配当の権利を確保して保障額を高額化したり，医療特約等の新しく開発された特約を付加するなどして，最新の保険に加入できる。

転換制度には，転換価格（転換前契約の責任準備金や積立配当金等）を転換後の主契約部分の保険料に充当する方式，転換価格を特約部分の保険料に充当する方式，および転換価格を一定割合で分割し，主契約と特約部分の保険料にそれぞれ充当する方式の3つがある。

移 行 制 度

移行制度は，終身保険の保険料払込期間満了後あるいは個人年金保険の年金受取開始時に，責任準備金や積立配当金等を活用して，死亡保障から年金受取りや介護保障へ，単生年金（被保険者が1人）から連生年金（被保険者が複数）へなど，異なった保障内容に変更できる制度である。この制度は，契約自体は当初の契約が継続する点と，変更は保険料払込期間満了時以降に限られる点で，転換制度と異なっている。

2.2 契約継続のための方法

自動振替貸付制度

自動振替貸付制度は，保険料払込猶予期間内に保険料の払込みがない場合に，生命保険会社がその時点での解約返戻金（解約返戻金については，第12章のコラム❷を参照されたい）の範囲内で保険料を自動的に立て替え，契約の失効を防止し契約を有効に継続させる制度である。立て替えられた保険料には利息がつくが，この貸付利率は経済情勢の変化により変動する。契約者がこの制度を利用して借りた保険料を返済しないまま満期を迎えたり，被保険者が死亡したときは，それぞれ満期保険金・死亡保険金からその元金と利息が差し引かれる。契約者が自動振替貸付制度と後述の契約者貸付制度を利用して借りた金額と利息の合計額が解約返戻金を上回ると，保険料の立替えができず，契約は失効する。また，この制度は保険種類によって利用できない場合があるので，加入時にチェックしておくといいだろう。

延長定期保険への変更制度

延長定期保険への変更制度は，保険料の払込みを中止して，その時点での解約返戻金を元に，死亡保障のみの定期保険に変更するものである。この場合，解約返戻金は一時払保険料にあてられ，原契約の残余保険期間の範囲内で原契約と同じ保険金額の定期保険に変更される。つまり，死亡保険金は元の保険と同額であるが，保険期間が短くなることがある。

払済保険への変更制度

払済保険への変更制度は，保険料の払込みを中止して，その時点での解約返戻金を元に，保険期間をそのままにした保障額の少ない保険に変更するものである。保険種類も元の契約と同じままとし保険金額を減らす場合（原型払済み）と養老保険に種類変更をする場合とがある。

2.3 その他の制度

契約者貸付制度

契約者貸付制度は，契約者の申し出により，解約返戻金の一定範囲内で生命保険会社が契約者に貸し付けるもので，保険証券担保貸付制度ともいう。解約の場合に解約返戻金のない保険種類についてはこの制度を利用できない。

リビングニーズ特約

リビングニーズ特約は，生命保険の主契約に付加される特約であるが，原因の
いかんにかかわらず，被保険者の余命が6カ月以内と判断された場合に，死亡保
険金の一部または全部を生前に受け取れるものである。なお，この特約を付加す
るための保険料はとくに必要とされない。

クーリングオフ制度

クーリングオフ制度は，生命保険商品の販売の際に消費者を保護することを目
的に設けられたものである。これは，生命保険契約の申込みをした者が，第1回
保険料充当金を支払った日もしくは申込みの日のどちらか遅い日から8日以内で
あれば，書面（郵送）により契約の申込みを撤回することができる制度である。
ただし，会社によってはたとえば10日以内，15日以内あるいは30日以内とい
ったように，クーリングオフ適用期間を8日よりも長く設定しているケースもみ
られる。契約の申込みが撤回された場合には，払い込んだ金額は全額返金される。
ただし，契約にあたって医師による診査を受けた場合，保険期間が1年以内の契
約の場合および保険会社の営業所等の場所で申込みをした場合などは，この制度
が適用されない。

3　契約者配当

3.1　契約者配当とは

生命保険の保険料は予定死亡率，予定利率，予定事業費率に基づいて計算され
るが（詳しくは，第18章を参照），すでに述べたように生命保険は保険期間が長期
に及ぶものが多く，その間に死亡率の変化や経済状況の変化に伴う運用利回りや
事業費の変化は避けられないので，予定と実際との間に差異が生じる。とりわけ，
経営の安定を図るために計算基礎は保守的に設定されるので，実績値と予定の数
値との差が剰余金として現れる。剰余金の発生源は，死差益（実際死亡率が予定死
亡率を下回る場合），利差益（実際利回りが予定利率を上回る場合），費差益（実際の事
業費が予定事業費を下回る場合）であるが，これらを剰余金の三利源とよぶ。

生命保険会社は年度決算のときに生じた剰余金を契約者に配当として分配して
いる（契約者配当）。死差益を財源とする配当を「死差配当」といい，同様に利差

益と費差益を財源とする配当をそれぞれ「利差配当」と「費差配当」とよぶ。

　従来の生命保険は，剰余金が生じた場合に契約後3年目から毎年配当を行い（通常配当という），さらに長期継続の契約に対して，株式などの資産売却益を財源とした特別配当をこれに加えることが主流であった。しかし，近年では，配当財源を利差益のみにし，配当の分配時期を6年目から5年ごとに行う5年ごと利差配当タイプの商品が発売されるなど，配当制度が多様化している。

3.2　契約者配当の受取方法

　契約者配当の受取方法には，積立て，買増し，相殺，現金の4つがある。

　積立配当は，据置配当ともよばれるが，配当金を保険会社に積み立てておく方法である。生命保険会社に預けた配当金には利息がつき，また，その元利金は保険期間の途中で引き出すことができる。満期や死亡の場合には，保険金と一緒に受け取ることができる。

　買増配当は，配当金を一時払いの保険料として保険の買増しにあて，保険金を増額する方法である。死亡保障の金額を増やしたり，満期時の保険金を増やすことがその目的とされる。

　相殺配当は，保険料と配当金とを相殺する方法で，配当金の分だけ保険料負担が軽減する。

　現金配当は，配当金を現金で受け取る方法である。

　契約者配当の受取方法は，保険会社や保険種類によってあらかじめ指定される場合もある。また，契約時に選択した受取方法を途中で変更することができる場合もある。

4　生命保険と税制

　日本では，生命保険契約者の保険料の支払いおよび保険金の受取りに対して，税制上の支援措置が設けられている。

4.1　生命保険料控除

　日本の税制においては，保険契約者が支払った保険料に対して，一定の額を契約者のその年の所得から差し引き，所得税や住民税の負担を軽減する「生命保険

表 13-1　所得税・住民税の生命保険料控除額

		年間払込保険料額	控除される金額
旧制度	所得税	25,000 円以下の場合 25,000 円を超え 50,000 円以下の場合 50,000 円を超え 100,000 円以下の場合 100,000 円を超える場合	払込保険料全額 (払込保険料 $\times \frac{1}{2}$) + 12,500 円 (払込保険料 $\times \frac{1}{4}$) + 25,000 円 一律 50,000 円
	住民税	15,000 円以下の場合 15,000 円を超え 40,000 円以下の場合 40,000 円を超え 70,000 円以下の場合 70,000 円を超える場合	払込保険料全額 (払込保険料 $\times \frac{1}{2}$) + 7,500 円 (払込保険料 $\times \frac{1}{4}$) + 17,500 円 一律 35,000 円
新制度	所得税	20,000 円以下の場合 20,000 円を超え 40,000 円以下の場合 40,000 円を超え 80,000 円以下の場合 80,000 円を超える場合	払込保険料全額 (払込保険料 $\times \frac{1}{2}$) + 10,000 円 (払込保険料 $\times \frac{1}{4}$) + 20,000 円 一律 40,000 円
	住民税	12,000 円以下の場合 12,000 円を超え 32,000 円以下の場合 32,000 円を超え 56,000 円以下の場合 56,000 円を超える場合	払込保険料全額 (払込保険料 $\times \frac{1}{2}$) + 6,000 円 (払込保険料 $\times \frac{1}{4}$) + 14,000 円 一律 28,000 円

（注）　1. 旧制度においては，一般の生命保険料の場合と個人年金保険料の場合は同じである。
　　　　2. 新制度において，一般の生命保険料，介護医療保険料，および個人年金保険料の控除額の計算方法は同じであり，3 つの控除を合計した適用限度額は，所得税 12 万円・住民税 7 万円である。

料控除」という特典が設けられている。2011 年 12 月 31 日以前に締結した契約については，「一般の生命保険料控除」と「個人年金保険料控除」の 2 つがあったが，2010 年度税制改正により，12 年 1 月 1 日以後の契約については，上述の 2 つの控除に加えて「介護医療保険料控除」が新設された。一般の生命保険料控除および介護医療保険料控除が受けられる保険の範囲は，保険金受取人が，契約者かあるいはその配偶者，その他の親族（6 親等以内の血族と 3 親等以内の姻族）の生命保険の保険料である。ただし，保険期間が 5 年未満の貯蓄保険，財形保険，団体信用生命保険などはその対象から除かれる。これに対して，個人年金保険料控除が受けられる対象は，「個人年金保険料税制適格特約」を付加した個人年金保険の保険料である。この特約を付加するためには，以下の条件をすべて満たす

必要がある。すなわち，①年金受取人が契約者またはその配偶者のいずれかであること，②年金受取人は被保険者と同一人であること，③保険料払込期間が10年以上であること（一時払いは対象外となる），④年金の種類が確定年金や有期年金の場合，年金受取開始が60歳以降で，かつ年金受取期間が10年以上であることである。この特約を付加していない場合は，一般の生命保険料控除の対象となる。

　控除対象となる保険料は，その年の1月1日から12月31日までに払い込んだ保険料で，保険料の合計額からその年に割り当てられた配当金を差し引いた正味払込保険料である。所得税の生命保険料控除額と住民税の生命保険料控除額については表13-1を参照されたい。

4.2　保険金および年金等に対する課税

　契約者が一時金としての保険金や給付金を受け取った場合，かかる保険金や給付金は所得税・相続税・贈与税のいずれかの課税対象となる。ただし，身体の障害が原因で支払われる保険給付金（高度障害保険金，障害給付金，入院給付金）に関しては，被保険者またはその配偶者，直系血族または生計を共にするその他親族が受け取るときは非課税となる。

　課税される税金の種類は，契約者と被保険者・保険金受取人が誰であるかによって決まる。まず，契約者と保険金受取人が同一人である場合，死亡保険金も満期保険金も一時所得となり所得税が課される。これに対して，契約者と保険金受取人が異なる場合，下記の「みなし相続財産」になる場合を除き，贈与税が課税される。また，契約者と被保険者が同一人の場合の死亡保険金については，受取人のいかんを問わず「みなし相続財産」として相続税が課される。

　保険金・給付金が一時所得となり課税される場合は，所得から50万円を控除した額の半額が課税される。その際に，一時所得の課税対象金額は，

$$[受取保険金 - (払込保険料 - 受取配当金) - 50万円] \times \frac{1}{2}$$

という計算式から算出された金額となる。

　これに対して，保険金・給付金に贈与税が課される場合は，保険金・給付金から110万円を控除した金額が課税の対象となる。

　また，相続税の対象となる死亡保険金に対しては，受取人が相続人の場合，

（500万円×法定相続人の数）にあたる金額を非課税とする優遇措置がある。

　一時金（保険金）と比べて，年金払いに対する課税には次のような違いがある。まず，契約者と受取人が異なる場合，毎年受け取る年金は所得税（雑所得）の課税対象となり，さらに，年金受給権の評価額は贈与税の課税対象となる（贈与税の対象となる年金に対しては，110万円の基礎控除が適用される）。次に，所得税が課税される場合，一時所得となる保険金（一時金）と異なり，年金は雑所得となる。雑所得は，一時所得に比べて，50万円の特別控除などの課税の特典がない。

【練習問題】
　　① 保障の見直しに役立つ諸制度について述べなさい。
　　② 契約者配当の財源について説明しなさい。
　　③ 万が一に備えての生命保険の活用について述べなさい。

第*14*章

企業のリスクと保険

●この章で学ぶこと●

□ 企業の純粋リスクは損害の形態からみて，財産，純収益，賠償責任，
人的リスクに分類される。

□ ロス・ファイナンシング手段は，大きく保有と移転に分けられる。

□ 保有手段は，事前に資金を準備しないものとするものとに分けられる。

□ 自家保険の発展した形態であるキャプティブは，特有の仕組みをもつ。

□ 近年の企業保険は，基本補償を軸に，1つの契約で多様なリスクをカ
バーする総合型の保険商品が増えているのが特徴である。

●キーワード●

不法行為責任，無過失責任，キャプティブ，オール・リスク，
直接損害，間接損害，利益保険，総リスク・コスト

1 保険可能な企業リスクの分類と概要

現代の企業リスクは，多様化，大規模化，複雑化している。これらのリスクの
うち，保険を利用することが可能なリスクは，主に純粋リスクである（第1章参
照）。一般に，純粋リスクは損害の形態を基準に，相互に関連のある財産リスク，
純収益リスク，賠償責任リスク，人的リスクの4つに分類される。

1.1 財産リスク

企業の資産

リスクの対象としての企業の資産は大きく，有形資産と無形資産に分けられる。
有形資産はまた，土地やその定着物（建物，施設，工場など）である「不動産」と，
それ以外のすべての有体物（機械，原材料，商品など）である「動産」に分けられ
る。一方，無形資産は，「物質的実体のない識別可能な非貨幣性資産」（国際会計
基準〔IAS〕第38号）と定義され，ソフトウェアや特許権，商標権，顧客名簿な

どを含む。日本企業は，企業価値に占める無形資産の割合がアメリカなどと比べて低く，研究開発（R&D）など無形資産への投資が課題となっている。保険の対象となる企業の資産は，主に有形資産である。無形資産は，経済的評価・測定が困難なことなどから，保険の入手・利用は限定的である。

資産の損害

損害の原因となる偶然事故は，自然現象（気候変動や自然災害など），社会的現象（訴訟や法令違反など）および経済的現象（価格変動や不景気など）に分けられる。また，経済的便益を生み出す潜在能力を有する経済的資源である資産の損害は，偶然事故により生じる経済的資源の毀損すなわちキャッシュを生み出す潜在能力の低下または喪失を表す。

1.2 純収益リスク

企業活動においては，企業を構成する多様な資産が一体となってキャッシュを生み出す。偶然事故が企業活動に影響を及ぼし，企業は損害がなければ得られたであろうキャッシュフローを失う。このようなリスクを純収益リスクといい，「収入の減少」または「支出の増加」として表される。たとえば，火災や爆発による工場操業の中断，食中毒による休業損失，取引先などの火災による部品供給の停止などがあげられる。悪天候によるイベントの中止，冷夏や猛暑などの異常気象，システムダウンによる売上の減少なども含まれる。損害の原因が不祥事による場合，評判やブランド，信用にダメージを受け，企業価値が大きく毀損されるおそれがある。

1.3 賠償責任リスク

不法行為責任

このリスクは，企業が法律上の損害賠償責任を負担することにより生じる資産の減少または経済的負担に関するものである。

法律上の損害賠償責任は，契約（債務）不履行責任と不法行為責任に分けられる。契約（債務）不履行責任とは，当事者の一方が契約上の義務に違反した結果，相手方に損害を与えた場合にその者が負うべき損害賠償責任をいう。**不法行為責任**とは，ある者が故意または過失により，他人の権利または法律上保護される利益を侵害した結果，他人に損害を与えた場合にその者が負うべき損害賠償責任を

いう（民法第709条）。加害者と被害者の間に契約関係はないが，他人に損害を与えるべきでないという一般的な義務違反としてとらえることができる。民法では，一般不法行為責任と特殊不法行為責任（使用者責任や土地工作物責任など）を規定するほか，製造物責任（PL）法など特別法で定める損害賠償責任がある。

過失責任主義とその修正

「過失なければ責任なし」といわれるように，不法行為責任の重要な成立要件として，加害者の故意・過失が要求される。これを過失責任原則または過失責任主義といい，近代法の責任原理とされ，活動の自由を側面から支える役割を果たしてきた。しかしながら，現代社会では事故による被害が深刻さを増す一方，加害者の過失の立証がきわめて困難であることが少なくない。とりわけ，企業が加害者，消費者・生活者が被害者である場合，情報や知識，経済的格差が著しく，被害者は不利な立場におかれる。

このため，一部の不法行為については，加害者に過失がなくても責任を負わせたり（無過失責任），過失の立証責任を被害者から加害者へ転換したりすることを通じて，過失責任主義が修正されている。たとえば，製造物責任の場合，被害者が，①損害の発生，②製品の欠陥の存在，③欠陥と損害の因果関係を立証すれば，過失の有無にかかわらず，製造業者などは被害者の生命，身体または財産に与えた損害に対して賠償責任を負わなければならない。使用者責任や工作物責任などの特殊不法行為責任においても，厳しい注意義務が課せられている。

不法行為責任制度の目的と機能

不法行為法における損害賠償制度の目的・機能は，被害者に生じた損害の塡補（原状回復）と加害者への制裁，加害行為・事故の抑制とされる。ただし，加害者への制裁に関して，日本には英米でみられる懲罰的損害賠償制度は存在しない。

不法行為責任制度の抑止機能は，企業に安全（ロス・コントロール）に対するインセンティブを与える。経済的には，安全に対する限界便益と限界費用が等しくなる水準まで，企業は事故を防ぐことが望ましい。また，不法行為責任制度の損害塡補機能は，被害者に対して暗黙の保険を提供する。たとえば，製造物責任に基づき，企業が多額の損害賠償金を支払った結果，その製品の価格が上昇したとしよう。消費者は暗黙の保険に対する保険料を負担することを意味する。損害賠償金を保険でカバーする場合は，保険加入企業が保険料を負担する。不法行為責任の制度設計は企業のリスクマネジメントに大きな影響を及ぼす（コラム㉕参照）。

1.4 人的リスク

組織の人的資源のリスクは，従業員の死亡，定年退職，要介護者の発生，けがや病気もしくは離職による損失に関するものである。これらは，個人・家計だけでなく，企業にも直接，経済的な影響を及ぼす。とりわけ，経営者や重要な人的資源（資本）を失った場合，企業に与える影響は大きい。

近年，ノウハウや能力，知識，技術，熟練や経験などの人的資本が企業価値の向上に重要な役割を果たしていると認識され，積極的な投資が求められている。無形（固定）資産と同様，定量化が難しい人的資本は保険の対象外であるが，上場企業などでは非財務情報の1つとして人的資本に関する情報開示が義務づけられており，開示項目のなかには健康・安全など，リスクマネジメントへの取組みを求めるものが含まれている。

2　保　　有

個人・家計がリスクを処理する際，保険に大きく依存するが，企業，とりわけ大企業は，保険のほかにも多様なファイナンスを利用している。これらの総称であるロス・ファイナンシングは，保有と移転に大別されるが，これらを組み合わせたハイブリッドな手段も存在する（表14-1参照）。

損失の費用を企業自身で負担することを，保有といい，最終的には企業の所有者が負担する。保有の財源は，主に事業が生み出すキャッシュフローを基礎とする企業内部の財源と，損失を回復するために企業外部から調達する資金である。

保有のもっとも単純な方法は，将来発生するかもしれない損失の費用に対する準備を行わず，実際に発生した損失を当期に負担することである。他方，企業内部に資金を留保し，未発生損失に備える方法として引当金・準備金などがある。

引当金・準備金

引当金は，当期以前の事象が原因で将来発生すると予想される特定の費用または損失をいう。ただし，企業会計原則によると，引当金の利用は「発生の可能性が高く，かつ，その金額を合理的に見積もることができる場合」に制限される。発生可能性の低いリスクにまで利用範囲を拡大すると，将来の準備は充実する反面，会計操作につながりやすいからである。引当金には，製品保証引当金，修繕

表14-1　ロス・ファイナンシング手段の分類

	資金の調達先（源泉）	
	企業の内部	企業の外部
保　有	当期費用，引当金，準備金，任意積立金，自家保険，自己資本	借入れ，証券発行
混　合		融資枠，ファイナイト保険
移　転		保険，オプション

引当金，債務保証損失引当金，工事補償引当金，損害補償損失引当金などがある。

　引当金と異なり，将来発生するかどうかが必ずしも明らかでなく，その金額を合理的に見積もることが困難である費用または損失を準備金という。準備金の利用は，会社法で定める法定準備金（利益準備金）のほか，海外投資等損失準備金のように租税特別措置法で認められる場合や，渇水準備金や異常危険準備金などのように特別法上，負債として計上が強制されている場合に限られる。

任意積立金

　任意積立金は，偶発損失積立金，自家保険積立金など，株主総会の決議に基づき任意に設定された利益留保性の積立金である。引当金が将来発生の可能性の高い，特定の費用支出を当期の事業の成果に負担させるのに対して，任意積立金は事業リスクに備えて設定される。

自家保険

　自家保険は，積極的または計画的な保有の形態の1つである。たとえば，多数の自動車を所有する企業は，自家保険を選択するかもしれない。そのためには，財務上のインパクトに十分耐えられる必要がある。約款の作成，事故処理などの保険関連サービスは，しばしば外部委託される。なお，保険は本来，第三者へのリスク移転を表すため，自家保険という名称は語義矛盾であることに注意しよう。

キャプティブ

　自家保険の発展した形態が専属保険子会社（キャプティブ）である。「捕虜・とりこ・親会社に支配された」を原義とするキャプティブ（captive）は，自社または関連グループのリスクを引き受けるために，通常ケイマン，バミューダのような租税回避地とよばれる低税率国・地域に設立される。欧米では大企業を中心に広く普及（およそ7000社）しているのに対して，日本では150社程度といわれる。

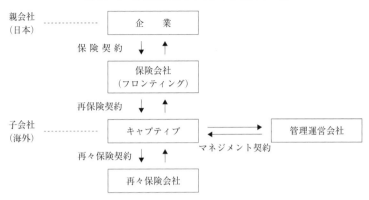

図 14-1　再保険型のキャプティブのスキーム

商社，自動車・バイク・メーカー，海運，航空，旅行代理店，石油精製・販売，メーカー（電機・エレクトロニクス，化学，食品，医薬品等）などの事例がある。

　図 14-1 は，典型的なキャプティブのスキームである。保険業法は，日本国内に所在する物件について，契約者が海外へ直接付保することを禁止しているため，国内の保険会社が元受けを行い（これをフロンティングという），再保険契約を通じて，リスクと保険料を海外のキャプティブへ移転する。その際，高額なリスクを抱えないように，再々保険を手配する。キャプティブを運営する場合，通常クレーム処理や再保険および一般管理業務は，外部委託する。なお，自社で設立しないで一部（セル）を借りるレンタ・キャプティブも利用されている。

　キャプティブを利用するメリットとして，多国籍企業，多角経営，小規模施設，チェーン店など分散している保険契約（ポートフォリオ）の一元的管理，保険料の低減，投資運用収益，一般の保険市場で入手不可能なリスクへの対応（オフバランス化），元受段階での規制回避（保険料率，約款など），再保険市場へのアクセス，節税効果（支払備金の損金算入，本国とキャプティブ設立国との税率差）があげられる。

借入れ・証券発行（債券・株式）

　借入れ・証券発行は，企業の外部からの資金調達方法で，事前の資金積立てを必要としない。借入れまたは債券は，将来企業が返済しなければならない点で，損失の費用を負担するタイミングと期間が他の保有手段と異なる。証券発行は規模の経済がはたらくため，大規模なリスクに適しているが，損失後の調達は通常コストが上昇するので難しい。このため，しばしば融資予約や新株予約権などの

ハイブリッドな手段が利用される。

3　企業のリスクに対する保険

　最後に，前述したリスクの分類に従い，それらに対応する企業の保険について概観する。個人向けの保険と比べて，企業保険は保険の種類も多く，内容も複雑である。また，個別のリスクごとに保険を手配するとコストがかさむため，複数のリスクを基本補償としてまとめる一方，必要に応じて補償を追加する総合保険化が進み，補償内容の充実が図られている。さらに，コンサルティングやロス・コントロールなどに保険会社が積極的に関与するものも増えている。

3. 1　財産リスクに対する保険

　企業向けの財物保険は，火災や風水災などの事故によって生じる建物や設備，商品・製品など多様な財物の損害を塡補する保険である。製造や建設，物流など，多様なビジネスシーンにおいて幅広く活用されている。建設工事保険や機械保険，動産総合保険などのように，基本契約（普通保険約款）でほとんどすべての偶然事故による損害を補償する保険を，オール・リスク型（包括責任または限定列挙方式）の保険という。一方，無形財産を対象とする保険には，売掛債権の貸倒れをカバーする取引信用保険などがあるが，保険化されているものは少ない。なお，保険実務では一般に，無形財の保険を財物保険に含めず，区別している。

直接損害と間接損害

　保険損害は，直接損害と間接損害に分けられる（第9章参照）。**直接損害**は，保険の対象物に直接生じた損害をいう。**間接損害**は，直接損害の結果，派生する損害をいう。たとえば，生鮮食品を積んだ保冷トラックが追突され，保冷装置が故障した結果，商品が腐敗した場合，直接損害は修理費用，間接損害は腐敗した食品の処分費用および代替商品の調達費用などである。一般に，間接損害は財物保険の対象外である。キャッシュフローの観点からすると，資産の損害を補償するには，直接損害に対する財物保険だけでは不十分であり，利益損失や営業継続費用など間接損害をカバーする保険が必要である。

企業向け火災保険

　企業向けの火災保険は，1970年代までは補償対象が火災に限定され，風水災

などは特約でカバーしていたが，現在では，基本契約で多様な災害・事故などに対する財物補償と休業補償をセットしてカバーする「企業財産包括保険」が一般的である。財物補償の場合，損害額から免責金額を控除した損害保険金が支払われる。保険金額が保険価額に達しない一部保険のときは比例填補原則が適用される。休業補償の場合，財物損害により生じた間接損害と電気・ガスなどの設備の損害により生じた利益損失および営業継続費用に対して費用保険金が支払われる。

　近年，設備の老朽化などを背景に大規模損害が増加傾向にあり，高額の保険金支払いが増えている。ロス・コントロールや事業継続計画（BCP）の強化・充実が課題となっている。

　企業保険においても地震は補償の対象外である。そこで，たとえば企業財産包括保険に地震危険補償特約（地震拡張担保）を付けるなど，企業は特約を利用して地震による損害に備えることができる。もっとも，政府が支援する家計向けの地震保険と比べて企業向けの地震保険加入率は低い（コラム❷参照）。

3.2　純収益リスクに対する保険（利益保険）

　利益保険は，企業の資産が偶然事故により損害を被った結果，営業活動の休止または阻害によって生じる休業損失（喪失利益）と損失の拡大を防ぐための収益減少防止費用や営業継続費用を補償する保険である。また，取引先の被災によりサプライチェーンが分断された場合，自社の資産に物理的な損害はないものの，サプライチェーンの毀損により生じた営業損失を特約でカバーする。

　喪失利益は，保険事故により損害が生じなければ獲得できたであろう営業利益と経常費の合計に相当する。保険金額を限度に，営業収益の減少割合（利益率）と約定の支払割合のいずれか低いほうを適用して保険金が支払われる。

　利益保険には，企業費用・利益総合保険や休業補償保険，興行中止保険などがある。日本は欧米と比べて，事業中断リスクに対する保険の普及が遅れているといわれている。また，パンデミックやサイバー攻撃など，財物の損害を伴わない事業中断リスクに対する保険の普及も課題である。

3.3　賠償責任リスクに対する保険

　責任保険は，被保険者が第三者（被害者）に対して，法律上の損害賠償責任を負うことにより生じる損害を填補する保険と，契約に基づく責任を負うことによ

2012年に震災復興研究センター（東北大学大学院経済学研究科）が，東日本大震災の被災地にある企業を対象にアンケート調査を実施した。これによると，店舗や工場，機械などの物的被害額は平均6513万円であったが，地震保険で補償された割合は12.7%にすぎなかった。

企業規模別の震災前の地震保険加入率は，従業員20人以下が32.8%，同21〜100人以下が22.3%，および同101〜300人以下が21.5%であり，小規模企業と中小企業の間に格差がみられる。地震保険は居住部分のある店舗や事務所も対象となるため（併用住宅），小規模企業の一部は政府の支援する（家計）地震保険に加入していると推察される。

企業向け地震保険では，火災保険などに特定地震危険担保特約または地震危険補償特約をセットして加入することで，地震による火災，破裂または爆発，津波，洪水あるいは倒壊などによって生じた損害がカバーされる。政府が支援する地震保険と異なり，東日本大震災後に保険会社が一時引受けを中止し，保険料を平均10%強値上げしたように，市場の影響を受けやすい。

これまでの企業向け地震保険は，物的損害だけを補償の対象としていたが，近年は休業損失や営業継続費用を補償するものも提供されている。2013年6月には損害保険ジャパンが，南海トラフ専用「特定地震危険補償利益保険」（主に中堅・中小企業向け）と「地震デリバティブ」（主に中堅・大企業向け）を発売した。

今回のアンケート調査によると，回答企業の32.6%が震災の復旧に向けて，新たに借入れを行い，二重債務を抱えている。政府等の支援が常に受けられるわけではなく，不十分な場合もあるため，企業には資金調達の負担を軽減するようなリスク・ファイナンス手段の導入が，また保険業界には新たな保険等の開発が望まれる。

り生じる損害を塡補する保険とに分けられる。前者の例として，施設賠償責任保険や生産物賠償責任（PL）保険，サイバー（リスク）保険，知的財産権賠償責任保険などがある。後者の例は，労働災害総合保険，工事遅延損害補償特約，住宅瑕疵担保責任保険などがある。

偶然事故によって生じた第三者の身体の障害または財物の損壊について，被保険者が法律上の損害賠償責任を負担して損害を被る場合，保険者は塡補限度額（財物保険の保険金額に相当）を上限に，保険金を支払う。

保険給付の対象は，身体障害または財物損壊に相当因果関係のある損害すべてであり，治療費・修理代などの直接損害のほか，被害者の逸失利益などの間接損害も原則含まれる。また，訴訟費用，弁護費用，弁護士報酬，および調停・和解

または仲裁に要した費用など，多様な費用も給付の対象である。前者を損害塡補給付，後者を防御給付とよぶ。防御給付は，第三者が被保険者に損害賠償を請求した際，被保険者のためにその防御を支援するために行う給付をいう。

　一般に不法行為責任は，加害者の故意または過失を損害賠償責任の要件とするのに対して，賠償責任保険は保険契約者または被保険者の故意を免責事由とする。ただし，重大な過失については免責されない。また，地震，噴火，津波，洪水などの天災に起因する損害賠償責任なども免責される。

企業包括（アンブレラ）賠償責任保険

　企業総合賠償責任（CGL）保険は，企業活動に関する多様な賠償責任損害を補償する保険である。そして，企業包括賠償責任保険はそれらの賠償責任保険（一次保険）の上乗せ保険として，CGL 保険の塡補限度額を超える損害を補償する。傘（アンブレラ）を広げるように，国内外の多様な賠償責任リスクをカバーすることから，そうよばれる。大きな損害に備えるため，自己負担は大きい。

会社役員賠償責任保険（D＆O 保険）

　会社役員賠償責任保険は，取締役，監査役，執行役員などの会社役員の業務の遂行に起因して，保険期間中に損害賠償が請求された場合，法律上の損害賠償を負担することで生じる損害を塡補する保険である。会社法は，役員などの会社に対する損害賠償責任を規定している。一連のコーポレート・ガバナンスの強化や不祥事による高額賠償判決などを背景に，上場企業のおよそ80％ が保険に加入している。

　保険契約者は企業，被保険者はそのすべての役員である。損害賠償金や訴訟費用を保険でカバーすることで，役員個人の財産を守るとともに，経営者としてのリスクテイクを支援する。補償内容は，従来は役員の責任を基本補償とし，必要に応じて特約を追加していたが，「役員に関する補償」「会社補償に関する補償」「会社に関する補償」「その他の補償」が１つにまとめられ，包括的な補償を提供するタイプもある。これらのうち，会社補償は役員の負担する損害を会社が補償することをいい，それによる損害が保険でカバーされる。免責事由は，被保険者が私的な利益または便宜の供与を違法に得たことや被保険者の犯罪行為に起因する事由などであり，被保険者ごとに個別に適用される。

ファイナンシャル・ライン（経営リスク保険）

　ファイナンシャル・ロスだけを補償する保険であり，伝統的な損害賠償責任保

経済学における保険取引は通常，個人・企業を不確実性よりも確実性を好むリスク回避者，保険会社をリスク中立者と仮定している（ただし，広範囲に分散する株主が所有する企業，または被るおそれのある損害と比べて大きな資産をもつ企業は，リスク中立的であるが，ここではリスク回避的な企業経営者を想定している）。そして，社会的厚生の観点からは，リスク回避的な個人・企業がリスク中立的な保険会社に，自分で負担したくないリスクを公正な保険料ですべて移転（全部保険）することがもっとも望ましい。

偶然事故への対応は，事故のリスクを軽減するだけでなく，事故発生による損失のリスクを分散することが重要である。賠償責任制度は主に前者の機能を担い，保険制度（加害者の賠償責任保険，被害者の災害保険）は主に後者の機能を担う。以下，ごく簡単にそのポイントを説明しよう。

賠償責任制度は，加害者の注意水準を高め，ロス・コントロールへの努力を促すが，責任ルールによって，その効果は異なる。被害者救済を重視し，過失の有無を問わない厳格責任（無過失責任）の場合，加害者が賠償リスクを負担する（暗黙の保険を提供する）ため，被害者は損失のリスクを負担しない。その際，加害者がリスク中立的であれば，望ましい結果となる一方，リスク回避的であれば，事故抑止に対する過剰な注意が働き，経済活動が消極的になるかもしれない。したがって，賠償責任保険の購入が有効であり，社会的に望ましい。

また，過失責任の場合，過失がなければ加害者は責任を負わないため，多くは被害者が損失のリスクを負担しなければならない（被害者救済の観点からみて暗黙の保険は有効ではない）。リスク回避的な被害者は災害保険を購入して，リスクを移転すべきである。他方，リスク回避的な加害者は，賠償責任保険を購入すべきであるが，契約者（被保険者）のインセンティブが変わり，注意水準が低下するおそれがある（第6章参照）。過失責任ルールが完全に機能する場合，加害者の保険購入は社会的に望ましくない。したがって，加害者，被害者となりうる主体の特徴（企業規模やリスク回避度など）によって偶然事故に対する適切な制度設計は異なる。

険とは異なる種類のものとされる。経営全体に及ぼすリスクをカバーすることから，経営リスク保険とよばれている。上述の会社役員賠償責任保険（D&O保険），雇用慣行賠償責任（EPL）保険，企業犯罪被害補償保険，サイバー保険などが含まれる。雇用慣行賠償責任保険は，各種ハラスメントや差別的待遇，不当解雇，採用時のトラブルなどにより，（元）従業員などから損害賠償を請求された場合に生じる損害賠償金や訴訟費用などを負担するリスクをカバーする。

グローバル保険プログラム

　親会社が全世界のグループ会社の保険管理を包括的に行うためのものであり，国際保険プログラム，多国間保険プログラムなどともよばれる。1つの保険契約でグループ企業全体のリスクをカバーする保険があれば効率的であるが，海外で保険規制が異なるため，単純な一本化は難しい。グローバル保険プログラムは，財物保険や賠償責任保険などの保険種類別に，グループ企業全体のリスクを統一的な条件でカバーする保険（マスターポリシー）を親会社が契約する。子会社は必要に応じて現地で保険（ローカルポリシー）を手配する。日本および保険規制のない国はマスターポリシーを利用し，保険規制のある国ではローカルポリシーの上乗せ補償として，または補償対象にならない場合にマスターポリシーを利用する。これらはマスターポリシーとの補償内容の差を解消するための対応で，条件差保険といい，前者は塡補限度額の差（DIL），後者は補償条件の差（DIC）をそれぞれカバーする。

3.4　人的リスクに対する保険

　企業の人的資源のリスクに備える保険として，労働災害総合保険，団体保険，経営者保険などがある。必要に応じて，企業の福利厚生制度として利用される。

労働災害総合保険

　従業員が業務上の事由により身体に障害を被った場合，企業が政府労災保険などの補償（法定補償）に上乗せして補償金（法定外補償）を支払う場合や使用者の損害賠償金（法律上の損害賠償責任）を支払う場合に負担する損害を塡補する保険である。通勤災害担保特約，職業性疾病担保特約などがある。

団 体 保 険

　企業や各種団体が契約者となり，従業員を被保険者とし，従業員の在職中に保険事故が発生した場合，支払われる保険である。その特徴は，多数の従業員を一括して1つの契約で取り扱い，原則として医師による個別の診査（問診や検診）を不要とするため，個人保険と比べて，経費が少なくてすむ。主な保険種類として，団体定期保険や団体信用保険，団体年金保険がある。

　総合福祉団体定期保険に関して，従業員の死亡に伴う企業の経済的損失（代替者の採用・育成などの諸費用）をカバーするために，ヒューマンバリュー特約を利用することがある。この場合，企業・団体が保険金受取人になる。

経営者保険

　この保険は，経営者や役員が死亡などにより生じる資金ニーズ（事業資金，退職金，事業継承・相続資金など）を確保するために，契約者および保険金受取人を企業，被保険者を役員・幹部従業員として利用される。

3.5　戦略的な保険管理

　企業を取り巻くリスクに対して，どのように保険を利用するとよいのだろうか。いいかえると，保険を含むリスクの移転と保有をバランスよく行う必要がある。その望ましい水準は，企業の規模や業種，株主の分散，財務状況などに依存する。たとえば，リスク負担能力の大きな大企業は，積極的に保有したほうがよいかもしれない。一方，中小企業は積極的に保険を利用したほうがよいかもしれないが，火災保険を除くと，企業保険の普及は遅れている。そのため，防災・減災などのロス・コントロールによるリスクの削減が求められる。

　企業価値を高めるためには，リスク・コストを下げる必要がある。リスク・コストの指標として，総リスク・コスト（TCOR）がある。これは，支払保険料，保有損害額，リスクマネジメント関連費用およびリスク改善活動費の合計で表されることが多い。最適な保険管理を行うためには，総リスク・コストの測定と削減が大きな課題である。

【練習問題】
　1　以下の項目に関して，保険利用の長所と短所を考えてみよう。
　　　　　①純保険料と自社のリスクの期待損失額，②付加保険料と保有経費，③損害の発生頻度と強度，④投資・運用環境，⑤保険関連サービスの質，⑥自社の財務状態，⑦税制
　2　e-ビジネスに関するリスクにはどのようなものがあるか。またそのリスクマネジメント，さらに対応する保険商品の補償内容について調べてみよう。
　3　企業がキャプティブや保険を利用する場合，ロス・コントロールを積極的に行うべきだろうか。また，その理由を述べなさい。
　4　株主が広範囲に分散している公開企業に対して，投資家は十分多様化されたポートフォリオを保有することで，純粋リスクに相当する企業特有のリスク（アンシステマティック・リスク）を低コストで除去することができる（第Ⅰ部補論①参照）。それにもかかわらず，所有と経営の分離が高度に進んだ現代企業はなぜ保険を購入するのだろうか。

■ 第Ⅱ部の理解を深めるために ────────────

❑ **関連サイト**

生命保険文化センター　https://www.jili.or.jp

生命保険ファイナンシャルアドバイザー協会　https://www.jaifa.or.jp

かんぽ生命保険　https://www.jp-life.japanpost.jp

日本損害保険協会　https://www.sonpo.or.jp

日本損害保険代理業協会　https://www.nihondaikyo.or.jp

日本保険仲立人協会　https://www.jiba.jp

日本共済協会　https://www.jcia.or.jp

保険ポータルサイト

保険スクエア バン！　https://www.bang.co.jp

ドコモスマート保険ナビ　https://hoken-navi.docomo.ne.jp

保険の窓口インズウェブ　https://www.insweb.co.jp

ほけんの窓口　https://www.hokennomadoguchi.com

保険マンモス　https://hoken-mammoth.com/leads/

e-hoken.com　https://e-hoken.com

コのほけん！　https://konohoken.com

❑ **より詳しく学ぶ人のために**

下和田功［2007］「民間保険」福祉士養成講座編集委員会編『社会保障論』第5版（新版 社会福祉士養成講座5）中央法規出版。

ニッセイ基礎研究所編［2001］『生命保険の知識』11版，日本経済新聞社。

広海孝一［1989］『保険論』改訂版，中央経済社。

水島一也［1996］『生活設計』千倉書房。

安井信夫・安井敏晃［2008］『よくわかる生命保険』保険社。

堀田一吉編著［2006］『民間医療保険の戦略と課題』勁草書房。

損害保険事業総合研究所編［2022］『火災保険論』2022年版，損害保険事業総合研究所。

損害保険料率算出機構編［2022］『自動車保険論』第31版（2022年版），損害保険事業総合研究所。

小坂雅人［2022］『新種保険論：第三分野』2022年版，損害保険事業総合研究所。

三井住友海上火災保険株式会社編［2023］『新種保険論：賠償責任』2023年版，損害保険事業総合研究所。

リスクファイナンス研究会［2006］「リスクファイナンス研究会報告書：リスクファイナンスの普及に向けて」経済産業省。

中出哲・嶋寺基編著［2021］『企業損害保険の理論と実務』成文堂。

第 III 部
保険経営の仕組みと特徴

❏ 第III部の構成

　第II部では消費者からみた保険について学んだが，第III部では保険企業からみた保険ビジネスについて学習する。本書を学ぶすべての人が保険会社あるいはその関連ビジネスに関わるわけではないが，保険ビジネスの仕組みを知ることは，いかなるビジネスに従事するうえでも重要である。第III部の構成は，保険ビジネスについて保険商品の企画・販売という上流から保険金支払いという下流まで概観し，そのうえで保険企業の経営組織および日本の保険監督制度についての概観を学ぶというものである。

　第15章では保険事業者の採用しうる企業形態についての認識を深め，あわせて保険業をめぐる各種団体について述べる。

　第16章では，保険商品の設計・企画や販売（募集）活動について学習する。保険会社の競争力として商品開発能力は今後ますます重要となる。組織的には商品開発部などが新商品の企画を担当するが，保険料の計算等に関わる商品設計についてはアクチュアリー（保険計理人）も深く関わる。

　第17章では，危険選択とかアンダーライティングとよばれるプロセスと契約の維持保全について学ぶ。保険業に独自といえる業務であり，今後この分野における機能的能力の向上は個別企業にとってますます重要となる。

　第18章と第19章は，保険会社のもう1つの重要な業務である金融機能について検討する。第18章では保険料の計算および責任準備金を中心に学び，第19章では運用業務と会計，再保険を学習する。

　第20章では，保険会社の企業価値とその計測方法を中心に学ぶ。また，ソルベンシーIIなどの国際的な資本規制をめぐる動向についても理解を深める。

　第21章は，保険ビジネスの一連の流れのなかで最下流にあたる保険金・給付金支払いのプロセスおよび法律的な知識を身につける。

　第22章では，保険会社の経営組織の概要，企業統治（コーポレート・ガバナンス），および近年問題となった保険金不払問題について学ぶ。

　第23章は，保険産業に対する監督規制について概説する。

第15章

保険者の企業形態・保険をめぐる各種団体

◉この章で学ぶこと◉

☐ 日本においては保険事業に特有な企業形態である，相互会社についての理解を深める。

☐ 保険者の採用する企業形態をめぐる新保険業法の主要な変更点について学習する。

☐ 保険をめぐる各種団体とその役割を理解する。

◉キーワード◉

相互会社，株式会社への組織転換，保険金削減規定，契約者代表訴訟，保険監督者国際機構，国際決済銀行，国際アクチュアリー会，金融庁，格付会社

---

1 保険業法の規定する事業主体

1.1 相互会社形態——法人概念と社員概念

　日本の保険監督法である保険業法は，保険事業主体を，資本の額または基金の総額が10億以上の株式会社または相互会社のみと規定している。一般の産業企業において採用されている株式会社という企業形態についてはよく知られている。しかし，相互会社形態は，日本では，保険事業だけに許されたユニークな企業形態であるだけに，一般には詳しく知られていない。そこで，まずは簡単に相互会社の特徴について明らかにする。

　相互会社は，一言でいえば，「株主のいない法人」である。法人とは，自然人の集合でありながら，一個の人格をもつものと擬制されている法的存在である。法的人格をもつことにより，その組織は，会社の名前で訴訟する権利・訴訟を受けて立つ権利を取得し，構成員の変化に影響を受けることなくゴーイング・コンサーンとして存続する根拠を確保し，さらには会社の財産について分割したり流

動化したりする可能性（株式会社形態成立のための必要条件）をもつことになる。そこで「株主のいない法人」は，株主に代わって保険契約者が社員であるような法人格を有する社団ということになる。

保険契約者と株主は，ともに「社員」としてその社団の所有者であるということでは同等であるが，異なる属性をもっている。すなわち，保険契約者は，会社との間に契約関係を有すると同時に社員関係をも有している。この属性の相違のために，コーポレート・ガバナンスにおいても相違が生じる（第22章参照）。

1.2 株主のいない会社の生まれる理由

株主資本金のない保険相互会社では，株式会社が事業活動を行ううえでの元手となる資本は誰が提供するのだろうか。保険事業では会社設立初期の投資は必要であるが，事業が順調に開始されれば，保険契約者から保険料が継続的に流入するうえに，産業企業のような巨額な生産設備への投資は必要がない。したがって初期投資のために創業者等から会社が借金をし，それを基金として必要な初期投資を行い，保険料積立金が増大してきたら，その基金を償却することができる。このようにして，保険会社，とくに生命保険会社の場合は，株主のいない法人の存在が可能となる（だからといって相互会社にとって実質的な意味での「資本」が不要であるわけではない）。

戦前，株式会社形態を採用していた多くの生命保険会社が，第二次大戦直後に相互会社に組織転換したことを基本的な知識として指摘しておきたい。この経緯と転換理由についていくつかの研究はあるものの決定的な結論には至っていない。しかし少なくとも敗戦後の厳しい経済事情のなかで，生命保険会社が営業を存続するには，債務超過となっている旧勘定を分離して「新会社」を設立するしかなく，その場合に，戦前と同様の株式会社よりも「相互会社」が営業政策上において好都合であったことは確かである。これを機会に日本の生命保険会社のほとんどすべてが，相互会社となった。

1.3 ビジネス上の類似点

企業形態では決定的に異なっているものの，実務上は保険株式会社と保険相互会社は多くの類似点をもっている。その類似点は，古くは19世紀はじめのイギリスにおいて生じていた。理論的には，保険株式会社の利益は株主配当に，そし

Column ㉖ 簡易生命保険と共済

保険業法以外の根拠法に基づく保険事業の代表例として，かつての簡易生命保険（以下，簡易保険）と共済（協同組合共済）がある。

簡易保険は，簡易生命保険法に基づき国が営む任意加入の生命保険をいう。1916年，社会保障制度が未発達であった当時の日本において，より多くの国民が簡単に利用できる，小口で，月払いの生命保険を普及させ，もって国民の経済生活の安定と福祉の増進を図るために開始された。当時，簡易保険の普及を目的に行われたのが，現在のラジオ体操である。その特徴は，保険金額・年金額に一定の制限があること，加入の際，医師による健康状態の診査が必要なく，職業による加入制限もないこと，保険金・給付金は原則，即時払いされることなどである。「かんぽ」（Kampo）の愛称で親しまれ，全国各地の郵便局のネットワークを通じて，多様なニーズに合わせた保険商品を，誰もが手軽に，簡単な手続きで利用できる。

戦後，簡易保険は国家独占でなくなったものの，大きく成長した。2007年の郵政民営化以降は，株式会社かんぽ生命保険として，生命保険業と簡易生命保険管理業務を営んでいる。これまで築いた独自のビジネスモデルのさらなる進化をめざして，顧客経験価値（CX）の向上を最優先とする諸課題に取り組んでいる。

第二次大戦後に制定された一連の協同組合法に基づき，協同組合が保険の仕組みを利用して行う相互扶助の保障事業を共済（協同組合共済）という。地域や職域など共通の関係をもつ者が生活の改善を求めて組織した協同組合の精神・理念のもとで，組合員とその家族の生活リスクが保障される。なかでも，JA共済（全国共済農業協同組合連合会），こくみん共済coop（全労済，全国労働者共済生活協同組合連合会），都道府県民共済（全国生活協同組合連合会）およびCO・OP共済（日本コープ共済生活協同組合連合会）は，「四大共済」とよばれ，保険会社に匹敵する規模を誇る。

保険業法は，協同組合による保険業を認めていない。このため，共済が成長し給付内容が拡充するようになると，規制時代の保険市場において保険会社の拮抗勢力としての役割を果たしたが，保険業法の適用をめぐりしばしば対立が生じた。また，アメリカなどは，制度共済（相互扶助組織であり，保険商品を提供する協同組合）等を保険分野における日本の非関税障壁として，外国保険会社を含む金融庁監督下の保険会社と平等な競争環境を確立するよう繰り返し要求している。

国連は2012年に続き，2025年を「国際協同組合年」と定め，持続可能な開発目標（SDGs）に貢献する協同組合の活動などへの支援を呼び掛けている。また，2016年にはユネスコが協同組合の思想と実践を「無形文化資産」に登録している。このように，世界で10億人を超える組合員が存在するといわれる協同組合に期待される役割は大きく，生活リスクに対する保障も重点分野の1つである。

て保険相互会社の剰余は契約者配当に分与されるのであるが，競争上の理由で，契約者配当を行う株式会社が出現した。株式会社でありながら契約者配当を支払う会社は，当時のイギリスでは，混合会社（mixed company）とよばれた。

　日本では，イギリスとは少々事情が異なっている。たとえば，日本生命が創業にあたって協力を依頼した統計学者藤沢利喜太郎は，同社のために生命表を作成するにあたって「契約者への利益配当」という条件を示し，同社はこの考えを受け入れた。日本の場合は，イギリスと異なり保険相互会社が出現する以前に，すでに契約者への利益配分が行われていたのである。

　企業形態にかかわらず契約者への利益（剰余金）の分配が行われることになれば，契約者にとっては，2つの企業形態の相違について特段の関心をもつ必要がない。日本最初の保険業法（1900年公布）を契機として，国内にいくつかの保険相互会社が設立され，相互会社の特質を武器に成長を遂げたが，その成長の理由は，企業形態の相違ばかりでなく，マーケティング戦略（商品を含めた販売戦略とチャネル戦略）にもあった。

　戦後において生命保険において支配的になった相互会社形態は，コーポレート・ガバナンスにおいては本質的な相違があるにもかかわらず，現存する生命保険株式会社（比較的小規模な会社が多かった）とビジネスのうえでは大きな相違はないと考えられてきた。

　さらに生命保険業界においては，生命保険の理念を実現するには相互会社がもっとも適した企業形態であるという認識が比較的最近まで強く支配していた。しかしながら，日本的金融システムが変革期を迎え，アメリカで誕生したコーポレート・ガバナンス論が重要視されるようになると，この認識が普遍的に妥当なものであるかどうかについての疑問がもたれるようになってきている。創業以来相互会社として存続してきた第一生命が2010年4月に株式会社として新たに出発したことは，この観点からもたいへん注目されるところである。

2　新保険業法における株式会社化規定

2.1　相互会社から株式会社への組織転換

　旧保険業法においては，株式会社から相互会社への転換規定はあったが，その

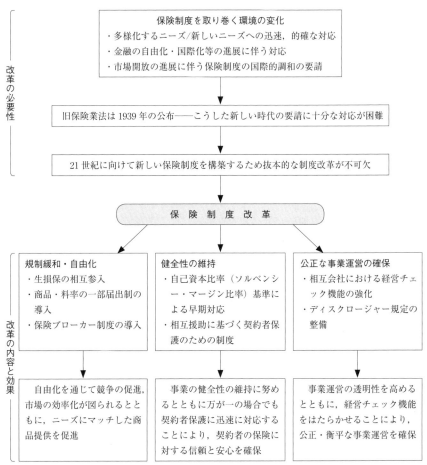

図 15 - 1　保険制度改革について

改革の必要性

保険制度を取り巻く環境の変化
・多様化するニーズ/新しいニーズへの迅速，的確な対応
・金融の自由化・国際化等の進展に伴う対応
・市場開放の進展に伴う保険制度の国際的調和の要請

↓

旧保険業法は 1939 年の公布——こうした新しい時代の要請に十分な対応が困難

↓

21 世紀に向けて新しい保険制度を構築するため抜本的な制度改革が不可欠

↓

保　険　制　度　改　革

改革の内容と効果

規制緩和・自由化
・生損保の相互参入
・商品・料率の一部届出制の導入
・保険ブローカー制度の導入

↓

自由化を通じて競争の促進，市場の効率化が図られるとともに，ニーズにマッチした商品提供を促進

健全性の維持
・自己資本比率（ソルベンシー・マージン比率）基準による早期対応
・相互援助に基づく契約者保護のための制度

↓

事業の健全性の維持に努めるとともに万が一の場合でも契約者保護に迅速に対応することにより，契約者の保険に対する信頼と安心を確保

公正な事業運営の確保
・相互会社における経営チェック機能の強化
・ディスクロージャー規定の整備

↓

事業運営の透明性を高めるとともに，経営チェック機能をはたらかせることにより，公正・衡平な事業運営を確保

（出所）　保険研究会編［1995］『逐条解説　新保険業法』財経詳報社，12 ページ，より。

逆の規定はなかった。これでは，形式的に不備であり，また海外において株式会社への組織転換の事例がみられたことから，一連の保険制度改革のなかで，相互会社から株式会社への組織転換の規定がおかれた（保険制度改革については，図 15-1 を参照）。

　当初は，形式的な不備という点に重点がおかれた株式会社化規定であるが，その後大同生命，太陽生命，共栄火災，三井生命などが株式会社化され，前項でも

述べた通り 2010 年 4 月には第一生命も株式会社に転換した（業界再編成については第 22 章参照）。

2.2 兼営禁止規定と子会社方式による兼営の実施

　改正前の保険業法においては，生命保険と損害保険を兼営することは禁止されていた。しかし 1996 年に施行された現行保険業法においては，生命保険会社および損害保険会社が，それぞれ子会社という形態によって，この 2 つの保険分野で営業することを認めている。

　その結果，損害保険会社の生命保険子会社と生命保険会社の損害保険子会社が誕生し，日本の内国保険会社数は急に増大した。しかしながら，その後の業界再編成のなかで相当の淘汰が生じている。

2.3 相互会社形態に関する変更点——保険金削減規定と契約者代表訴訟

　新保険業法における株式会社化規定以外に，相互会社の企業形態に関わる変更がいくつかなされているが，ここではそのうちで重要と思われる 2 点について簡単に説明する。

　法人においては，会社の債務に対する責任は所有者が出資金の範囲で負うというのが原則である（有限責任の原則）。したがって，相互会社の所有者である契約者は会社経営に関するリスクを負うべきである。そのため，旧保険業法においては，相互会社の経営が悪化し債務超過の状態になった場合には，契約者の保険金

が削減されること，また破綻した場合には保険料積立金の範囲内で債務者に対して有限責任を負うものとしていた。しかしながら，現行の保険業法では，相互会社の契約者の保険金削減規定が外された。その理由は，保険金削減規定が実務上利用することのできない空文であること，そして契約者保護の観点から削除するのが望ましいということである。

　その後に生命保険会社の破綻が続くなかで，相互会社の保険金削減規定が除外されたことを批判する声が聞かれた。それは，相互会社形態の弾力的な特徴が，この規定の削除によって失われてしまったというものであった。これに対し，たとえ保険金削減規定が残っていたとしても，破綻寸前の生保がこの規定を実施することは不可能であるとする反論もあり，その評価が分かれている。

　その後，2003年7月に予定利率引下げに関する法案が成立し，生命保険会社は破綻前に契約者の合意を得て，経営責任を明確にしたうえで，既存保険契約の予定利率を引き下げることが認められた（第18章コラム❸）。この立法は，保険会社の破綻法制の枠組みで行われたものとされ，株式会社にも適用されることになったが，予定利率の引下げは，結果として保険金削減ということになるため，相互会社にとって保険金削減規定が復活したと理解することができる。

　契約者代表訴訟が単独権となったことは，保険会社のコーポレート・ガバナンスにとって重要な変更であった。これにより，契約者であれば人数に関係なく代表訴訟を行うことができるようになった。契約者代表訴訟とは，取締役が違法行為をして相互会社に損害を与えた場合に，その会社の契約者が会社に代わって取締役に損害賠償を求める訴訟である。本来は，監査役などが訴えを起こすべきであるが，現実には経営陣同士や取締役と監査役などの間には身内意識が強く訴訟を行うことが困難である。そこで，契約者代表訴訟は，これを補完して経営に対するモニタリングとチェックを行おうとするものである。しかしながら，この規定によって，契約者代表訴訟が急激に増大したかといえば，そうともいえない。その理由はいろいろと考えられる。弁護士費用敗訴者負担制度のためであるという指摘もあるが，単独の契約者が訴訟に踏み切るのに十分な情報をもっているかどうかということに疑問をもつ見解もある。しかし，単独権になったことで取締役へのチェック機能が格段に強化されたといえないとしても，一定の牽制機能を果たしていることは事実であろう。

3 保険制度をめぐる諸組織（規制・監督・企業統治をめぐる諸組織）

保険ビジネスの基本となる保険契約は，それを取り巻く諸制度のうえに成立する。ここでは，保険ビジネスに影響を与える国際的な組織，規制関連の組織・業界団体，格付機関，および学会などについて簡単に説明する。

3.1 保険に関連する主要な国際機関

保険監督規制担当者による国際的な組織として，**保険監督者国際機構**（International Association of Insurance Supervisors, IAIS）がある。この団体は，1994 年に100 カ国ほどの保険監督規制担当者の代表が集まり，保険規制に関する国際的連携，保険監督の国際標準の設定，規制担当者の育成，および他の金融部門や国際金融組織における規制担当者との調整を図る目的で結成されたものである。ちなみに 2023 年の総会は 11 月に日本で開催されている。

金融システムの一環として，保険監督規制は，銀行監督規制と深いつながりがある。そこで**国際決済銀行**（Bank for International Settlements, BIS）と銀行規制監督者の会議であるバーゼル会議（Basel Committee on Banking Supervision）が合同で 1999 年に金融システム安定機関（Financial Stability Institute, FSI）を設置している。FSI は，規制監督者が，各国の金融システムの改善と強化を進めるための支援を目的としている。

なお銀行，保険，証券の 3 つの領域に関する監督規制の連携を保つため，バーゼル会議と IAIS は，証券監督者国際機構（International Organization of Securities Commissions, IOSCO）と合同でジョイント・フォーラムを構成し，3 領域に共通する基本的な課題について報告書や，指令書を公開している。時価会計の動向は保険会社に大きな影響を与えるが，ジョイント・フォーラムは，国際会計基準を先導する国際会計基準審議会（International Accounting Standards Board, IASB）とも密接な関係を保って，効率的で安定した金融システムを模索している。

これらの規制監督者の国際組織に対して，アクチュアリーの国際組織である**国際アクチュアリー会**（International Actuarial Association, IAA）がある（なお，アクチュアリーについては，第 18 章コラム❸❶を参照）。各国のアクチュアリー会を会員としており，50 カ国以上，会員にして約 3 万 5000 名が属している。全世界のアクチ

ュアリーの95％以上を含んでいるといわれている。正会員となる条件としては，行動規範，懲戒制度，一定のプロセスを経た実務基準の採択，およびアクチュアリーとなるためのシラバスが最低水準以上であることなどが要求されている。日本アクチュアリー会は，正会員として人数的に大きな勢力となっている。なお保険会社による国際協力のための組織や国際学会も重要であるが，ここでは紙面の関係で省略する。

3.2　日本の監督主体と業界団体

　日本の保険に関する監督官庁は，戦時期に商工・大蔵・厚生の３省共管時代を経て，商工省から大蔵省に移管されたが，近年の行政改革によって，保険監督は財務省から分離した金融庁が担当することになった（第23章参照）。

　保険関係の重要な法整備などが必要な場合には，大蔵大臣の諮問により保険審議会が開催されてきた。大蔵省管轄時代には，数次にわたって保険審議会が開かれ，審議会答申案を大臣に提出して，政策，監督規制の指針を示した。現在は，金融審議会の第二部会のもとで，保険に関するワーキング・グループが，テーマに即して随時開催されるようになっている。

　業界団体として，（社）生命保険協会と（社）日本損害保険協会があり，同業会社間の情報交換，意見調整，および各種の調査等を行い，業界共通の課題に対処している。なお日本損害保険協会と密接に関係する組織として，（財）損害保険事業総合研究所（略称：損保総研）があり，損害保険に関する情報提供，業界教育，シンクタンク等の役割を果たしている。また損害保険料率算出機構は，自動車保険料率算定会および損害保険料率算定会が2002年に合併して誕生した。両算定会は，それぞれ自動車保険と火災保険について，強制保険料率を算出していた。しかし保険料率自由化以降，強制ではなく，参考純率とよばれる料率設定の基準となるものを提示している。生命保険では，（財）生命保険文化センターがあり，生命保険の健全な普及のための啓蒙活動のほか，消費者の生活に関する幅広い調査研究が行われている。また保険関連の専門職業団体である日本アクチュアリー会は，長い歴史をもっており，アクチュアリーの守備範囲の拡大とともに，保険業だけでなく，証券や年金の分野でも会員が増えている。

　保険会社とは独立し，外部から保険会社と連携をし，また保険会社の経営に一定の規律を与える団体として，各種学会・研究会および格付団体がある。学会で

は，日本保険学会，日本保険・年金リスク学会，生活経済学会をはじめいくつかの重要な学会があり，関連分野の研究者および実務家が年次大会等を開催し，学術的な観点から業界の課題や問題を研究する場を設けている。学会の場は，実務家が所属する会社の利害を超えて，1人の研究者の責任で議論や情報交換を行うことを保障することによって，広い観点から保険会社を監視したりチェックしたりする役割を果たすことが期待されている。**格付会社**は，アメリカおよびヨーロッパに主要な会社が数社あり，日本にも数社ある。これらの団体は，会社の信用リスク等を数値化あるいは指標化することによって，投資家に対する適正な情報を提供するという機能を果たしている。これらの団体に対する規律は，市場を通して行われるのであり，不適切な指標の提示が続く場合は，たとえば監査法人アンダーセンがエンロン事件で消滅したように，その格付団体は市場から退出せざるをえなくなる。

　さらに保険ジャーナリズムも，保険経営の規律のチェックに一定の役割を果たすことが期待されている。そのほかに，各種消費者団体やオンブズマンのような組織も保険会社の経営の規律のチェックに大きな影響を与えているものと評価されている。

【練習問題】

　　① 相互会社は，株主がおらず，保険契約者が企業の成員である企業形態であるが，その契約者は，企業の所有者として，どのような権利をもっているのであろうか。

　　② 契約者代表訴訟とは何か。またコーポレート・ガバナンスの視点から株主代表訴訟と比較しなさい。

第 *16* 章

新商品開発と保険の販売

●この章で学ぶこと●

☐　新商品開発のプロセスを概観する。

☐　販売チャネルの諸形態を理解する。

☐　環境変化と販売チャネルの多様化を理解する。

☐　販売チャネルの問題点を理解する。

●キーワード●

新商品開発，市場調査，保険の販売チャネル，営業職員，代理店，
保険仲立人，通信販売

1　新商品開発

　保険会社が新しい保険商品を開発する際には，まず経営戦略における**新商品開発**の位置づけを明らかにし，さらに市場環境や自社の経営資源の分析を行ったうえで，新商品開発目標を策定する。この目標に従って，新商品の開発が行われる。

　一般に，新商品開発のプロセスには，市場調査，商品コンセプトの確立，商品の設計，商品内容の検証，監督官庁への届出ないし認可申請，新商品の発売準備と発売などが含まれている。

市場調査および商品コンセプトの確立

　新商品開発の最初のステップはアイデアの創出から始まるが，そのために消費者のニーズ，同業他社や隣接業界の販売動向，自社の販売実績などの市場動向や販売部門の要望，既存商品の販売・解約状況などを調査する必要がある（**市場調査の実施**）。

　次に，調査結果でわかったことを基に商品コンセプトが確立される。また，コンセプトができあがった時点で見込み顧客層を代表すると思われる消費者にこれを提示し，その反応を測定する。そのうえで，保障の対象や保険事故の範囲などの商品の大枠と，どういう消費者層にどのような訴求ポイントで販売するかが決

定される。

商品の設計と商品内容の検証

　確立したコンセプトに従い，商品の収益性分析などを行いながら商品の試案を作成する。具体的には，保険種類，給付内容・金額，保険期間，保険料払込方法などの商品内容や保険料水準等が検討される。この段階では，保険商品としての実現可能性について法律面・保険数理面などから十分なチェックが行われる必要がある。

　また，開発された商品が市場に受容されるかどうかを確かめるためには，自社の販売関係者や消費者に，商品コンセプトや保険料水準などが受け入れられるかどうかについて，聞き取り調査を行う必要がある。問題点や検討を要する事項がある場合は，吟味して対策を立てる必要がある。

監督官庁への認可申請

　次のステップは，開発された商品について監督官庁へ認可申請をすることである。日本では，一部の損害保険を除いて（規制緩和によって，一部の損害保険の商品・料率については届出制となった），新商品を発売するためには監督官庁の認可が必要であるからである。

新商品の発売

　監督官庁の認可が下りると，発売の準備が行われる。まず，販売部門に対する指導・教育を行うことが重要である。また，社外へのPRやその他の広報活動といったプロモーションを行う。

2　保険の販売

2.1　販売チャネルの諸形態

　保険商品やサービスが保険会社から消費者に提供される経路のことを保険の販売チャネルという。日本における保険の販売チャネルには，営業職員，代理店，保険仲立人（ブローカー），保険会社の役職員による販売，通信販売などがある。

生命保険の主な販売チャネルは営業職員

　営業職員は生命保険会社の主力チャネルであり，個人保険契約の約6割がこの販売チャネルによって扱われている。国内生保会社の営業職員組織の多くは，主

婦を中心とした女性によって構成されているが，これは他業界あるいは欧米諸国の生保業界と異なる大きな特徴である。このように女性営業職員が生命保険販売の主なチャネルになったのは戦後のことである。すなわち，1948 年に簡易生命保険の政府独占が廃止され，民間の生命保険会社でも月払い・小口・無診査の保険を販売することが可能となったことがきっかけとなっている。月払保険の販売にあたっては，少額の保険料を毎月集金する必要があることから，多くの生保会社はデビット・システムとよばれる方式を採用することとなった。デビット・システムとは，営業職員に一定の地区（デビット）を担当させ，その地区内の販売および集金その他の保全活動を行わせるとともに，主に集金管理の必要上から綿密な出勤管理を行うものである。各社はこの月払保険を積極的に販売するために，営業職員を大量に導入する必要があった。戦後経済復興期から高度成長期にかけて男性労働需要が逼迫しており，またこの時期に女性の社会進出が進んでいたことから，このような大量の営業職員の需要を充足するのに，女性が格好の対象となりえたのである。こうして女性の営業職員が大量に採用されたわけである。

　生命保険の募集代理店も営業職員と同様に，「生命保険募集人」として保険業法に基づく主務官庁の登録を受ける必要がある。後述のように，営業職員チャネルの高コスト，低生産性が問題視され，近年においては，募集代理店による保険販売が増えている。

　旧保険業法では，営業職員や募集代理店をはじめとする「生命保険募集人」は 1 社専属制とされ，乗合募集や二重登録は禁止されていた。しかし，1990 年代に入って，規制緩和が進むにつれ，生命保険募集人の 1 社専属制が緩和され，一定の資格をもつ代理店が 2 社以上の生命保険会社の代理店として活動することが認められるようになった。

　営業職員が主なチャネルである多くの国内生保会社に対して，医療保険を主力商品にして販売活動を行っている外資系生保会社では，代理店や通信販売が中心的な販売チャネルとなっている。

　近年では，情報技術を活用し，相談やアドバイスをあまり必要としない定期保険や，ニーズ顕在型商品である医療保険などをインターネットで販売する会社が現れた。さらに，2006 年 4 月から基礎書類に事業費を記載しなくてもよくなったことから，付加保険料が保険商品の認可対象から外れ，事後的なモニタリング制度に移行したのを受けて，08 年にインターネット販売専門の生命保険会社が 2

　IT は情報技術（information technology）の略称で，コンピュータを中心とした
ハードウェア，ソフトウェア，システム，通信などの情報通信関連技術全般を指す。
IT の急速な発展によってインターネットは単なる情報通信メディアから，現在で
は重要な販売メディアに発展している。このような IT ないしインターネットの普
及発展は，販売を含めた保険マーケティングに大きな影響を及ぼしている。

　まず，IT やインターネットの活用によってコストが削減され，伝統的チャネル
（営業職員や代理店など）を介在する場合よりも低価格で商品を提供することが可
能となる。ネット販売に適した保険商品としては，相談や助言をあまり必要としな
い単純化された商品（定期保険や海外旅行保険など）や，ニーズ顕在型商品（自動
車保険，医療保険など）などが考えられる。

　また，オンラインで顧客に商品情報や価格情報を含めたコンサルティング・サー
ビスを提供することが可能となった。

　さらに，IT を活用することによって高度な顧客情報管理を行い，顧客データベ
ースを用いて顧客一人ひとりのニーズに合わせてカスタマイズされた商品を提供す
ることができる。

表 16-1　銀行等金融機関による保険販売に関する規制緩和の流れ

時　期	銀行等金融機関が販売できる保険商品の範囲
2001 年　4 月	住宅ローン関連の長期火災保険，信用生命保険，債務返済支援保険，海外旅行傷害保険
02 年 10 月	個人年金保険（定額，変額），財形保険，年金払積立傷害保険，財形傷害保険
05 年 12 月	一時払終身保険，一時払養老保険，保険期間 10 年以下の平準払養老保険，自動車保険以外の個人向け損害保険，積立傷害保険など
07 年 12 月	生命保険，損害保険，第三分野の保険（すべての保険商品）

社誕生した。

　また，2001 年 4 月から銀行等金融機関の窓口で保険販売（いわゆる銀行窓販）
が段階的に解禁され，2007 年 12 月にすべての保険商品の販売が可能となり，全
面解禁となった（銀行等金融機関による保険販売に関する規制緩和の流れについては表
16-1 を参照）。銀行等で取り扱われている生命保険商品のなかでは，公的年金に
対する不安などによる消費者の個人年金需要の増大，銀行や生保会社の積極的な
販売戦略等を背景に，2002 年 10 月から販売可能となった個人年金保険の売上が

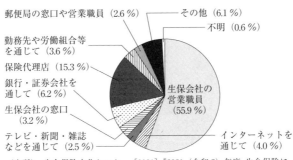

図16-1　生命保険契約者の加入チャネル

郵便局の窓口や営業職員（2.6％）
その他（6.1％）
不明（0.6％）
勤務先や労働組合等を通じて（3.6％）
保険代理店（15.3％）
銀行・証券会社を通して（6.2％）
生保会社の窓口（3.2％）
テレビ・新聞・雑誌などを通じて（2.5％）
生保会社の営業職員（55.9％）
インターネットを通じて（4.0％）

（出所）　生命保険文化センター［2021］『2021（令和3）年度 生命保険に関する全国実態調査』95 ページ，を基に作成。

高い。2008 年度までの銀行窓販全商品の新契約高に占める個人年金保険の割合は 9 割を超えており，そのうち，変額個人年金保険が約 7 割を占めた。しかし，2008 年 9 月以降の世界的な金融危機の影響を受け，変額個人年金保険の新契約が減少したのに対して，定額個人年金保険や一時払保険の販売は増加し，とりわけ 10 年度の終身保険新契約高の増加が顕著で，銀行窓販全商品の約 6 割を占めるようになった。

　以上，生命保険の販売チャネルについて概観したが，チャネル別の契約状況を示したのが図 16-1 である。この図にある 2021 年度の調査結果を 2000 年度のそれと比較すると，「生保会社の営業職員」経由の加入が減少した（2000 年度は 77.6％）のに対して，「インターネットを通じて」（同 0.2％），「銀行・証券会社を通して」（同 1.3％）の加入が増加し，生命保険の販売チャネルの多様化が進んでいることがわかる。

損害保険の主な販売チャネルは代理店

　損害保険の販売チャネルにおいてもっとも重要な役割を担っているのは代理店である。全保険種目合計の国内元受正味保険料収入に占める代理店扱いの保険料収入は約 90％（2021 年度）に達している。代理店は，損害保険代理業を専業とする専業代理店と，自動車ディーラー，整備工場，税理士，旅行代理店，銀行等金融機関など，他業との兼営で損害保険代理業を営む副業代理店に分かれる。また，損害保険会社 1 社とのみ代理店委託契約を締結する専属代理店と，複数の損害保険会社と委託関係のある乗合代理店とがある。

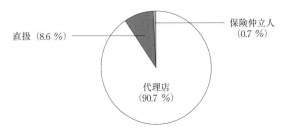

図16-2　損害保険のチャネル別元受正味保険料割合

　保険仲立人（ブローカー）は，1996 年 4 月に施行された新保険業法によって導
入されたチャネルである。損害保険会社の委託を受けて保険契約の募集を行う代
理店と異なり，ブローカーは保険契約者と損害保険会社の間に立って，保険契約
の締結の媒介を行う独立の業者である。

　そのほかに，損害保険会社の役職員も直接保険募集を行っているが，これは主
に大企業を対象としたものである。近年では，新聞，雑誌，テレビなどのマスメ
ディアまたはダイレクト・メールなどを活用する通信販売や，インターネットを
活用するネット販売も行われるようになっている。

　図 16-2 は損害保険のチャネル別元受正味保険料の割合（2021 年度）を示した
ものであるが，代理店チャネルの割合が 9 割を超えている。2001 年度のチャネ
ル別元受正味保険料の割合が，代理店 91.5 ％，仲立人 0.2 ％，直扱 8.3 ％であっ
たことから，損害保険販売における代理店のプレゼンスは依然として高いことが
わかる。

2.2　販売チャネルの課題

　戦後日本の保険業においては，護送船団行政のもとで，商品・料率に関して認
可制がとられていた（詳しくは第 23 章を参照）。したがって，保険会社にとっては
商品および料率，とくに後者について戦略的思考の余地が少なかった。このこと

から，保険会社は市場シェアの拡大を図るために，営業職員または代理店といった販売チャネルを競争上の有力手段として位置づけたわけである。

営業職員チャネルが抱える問題点

　生保業界においては，各社とも保有契約高の拡大のために営業職員の採用に大きなエネルギーを傾注してきた。しかし，このことは，十分な教育と訓練を受けていない未熟な女性の営業職員を大量に販売の現場に送り込む結果をもたらした。また，こうした未熟な営業職員は，歩合給中心の給与体系のもとで業績を上げるために，無理・義理募集などによって縁故者を生命保険に加入させ，その後脱落していくというパターンが一般的であった（これをターンオーバー問題という）。このターンオーバー問題を解決するために，生保業界は，業界共通教育の確立，営業職員保障給制度（給与に占める固定給の比率の引上げ）の実施などを通じて，営業職員の資質向上に努めた。しかし，営業職員の大量導入・大量脱落現象は現在も解決されておらず，毎年十数万人が採用され，ほぼ同じか，それを超える数が脱落する状況が続いていた。また，営業職員は歩合給（販売成績に応じて支給される給与）をより多く得るためにもっぱら新契約の獲得にのみエネルギーを傾注し，既契約へのサービスをないがしろにしがちであった。しかし，生命保険は，その長期性のゆえに加入後数年の時間経過によってニーズが大きく変化するので，契約者はタイムリーな情報提供と的確なアドバイスを営業職員に期待する。それにもかかわらず，営業職員がこの役割を必ずしも十分に果たさず，あたかも契約完了をもって販売が完結したと考えてきたことが，契約者の加入後の時間経過に伴う満足度の低下をもたらしたのである。

代理店チャネルが抱える問題点

　損害保険の場合，保険販売の大部分を代理店に依存しており，事実，代理店の数は非常に多い。しかし，その大部分は零細な副業代理店であり（2021 年度末における全代理店約 16 万店の 8 割以上を占めている），その販売能力や業務処理能力は専業代理店に比べて劣っていることが多い。このことから，保険を販売するにあたって損害保険会社の営業社員も同行することが少なくなく，いわゆる「募集活動の二重構造」が問題として指摘されている。損害保険の事業費用においては営業関係費が圧倒的に多いことから，経営の効率化を進めるためには募集活動の二重構造を解消する必要があるといえよう。

販売チャネルの再構築

　顧客ニーズの多様化，規制緩和による競争の激化などにより保険会社はカスタマイズされた商品やサービスを顧客に提供し，顧客と長期にわたる関係性を構築し，維持・強化することがその最重要課題となっている。対応策としてはまず，営業職員や代理店の高技能化，高効率化を推進し，個々の顧客のニーズを的確に把握し，タイムリーに情報を提供し，適切な保険商品の選択が行えるようにアドバイスをするなど，顧客に対するコンサルティング能力を高める必要がある。さらに，営業職員や代理店が長期にわたって顧客に商品情報やアドバイスを提供できるようなインセンティブを設けることが重要となる（給与体系や手数料体系の改正など）。

　また，情報技術の発達により，企業の情報収集・分析能力が高まり，顧客とのより効果的な双方向的なコミュニケーションが可能となった。保険会社は情報技術を活用し，オンラインでの新規顧客や既存顧客へのコンサルティング・サービス，保険金の請求およびクレーム処理などのアフター・サービスの充実をはじめとする顧客との関係性の強化に努める必要があるといえよう。

【練習問題】
　　1　生命保険の販売チャネルの諸形態およびその特徴を明らかにしなさい。
　　2　損害保険の販売チャネルの諸形態およびその特徴について述べなさい。

第17章

アンダーライティングと契約保全

◉この章で学ぶこと◉
□　危険度の測定，契約引受けの可否判断，契約内容の変更など，アンダーライティングのプロセスを概観し，個人分野の損害保険，企業分野の損害保険，および生命保険のアンダーライティングの違いを理解する。
□　損害保険のロスコントロール・サービスの目的と内容を理解する。
□　生命保険の継続率の維持や契約内容の変更など契約保全業務を概観する。

◉キーワード◉
アンダーライティング，申込書記載事項，告知義務，医的診査，
危険選択，ロスコントロール・サービス

1　アンダーライティング

　保険会社は，契約申込みがあった際には，その危険度を的確に評価し，引受けの可否について判断を下し，引受可能とした場合はそのリスクに妥当な保険料を適用するとともに，保険金額などその他の契約内容を決定する。このような一連のプロセスをアンダーライティングという。

1.1　アンダーライティングの目的

　アンダーライティングの目的は，保険料率算出において想定していたリスクと，実際に引き受けた契約のリスクを同程度とすることによって，収支を均衡させ，保険会社の経営安定を図ることである。ある契約集団に，あらかじめ想定したリスクに比較して不均衡に高リスクの契約，すなわち保険金支払いの可能性の高い契約が多く混在した場合，その契約集団には収受した保険料に見合わない多額の保険金を支払うこととなる。このような事態が深刻化すれば，保険会社の経営基礎が脅かされ，ひいては保険制度の健全な維持が困難となる。

本文でも述べた通り，保険収支の不均衡の問題は，逆選択の存在により，いっそう深刻となる。保険会社は，エクスポージャーのリスク実態に関して情報劣位な立場にあるため，無費用または十分に低費用で精度の高い情報を得ることが困難である。たとえば火災保険契約引受けに際して，保険の目的物となる工場・事務所などの建物の所在地や規模，建設時期，主要構造部の防火性能や耐震性などは，多くの費用をかけずともある程度見極めることができるが，火気の使用状況を含めた建物内での活動内容，従業員の防火・防災教育・訓練の実施状況など，期待損失を左右する情報を，申込書類などの外形的な情報から正確に把握し，リスク評価を行うことは，保険会社にとって容易なことではない。

仮に保険会社が，エクスポージャーのリスク実態に関して十分知りえないために，異なるリスク水準のエクスポージャーに対して同一の補償・保障を同一の保険料で提供したり，低リスク者から高リスク者への大幅な内部補助を伴う保険料で提供したりした場合には，その保険商品は，低リスク者からは割高と，高リスク者からは割安と見なされる。その結果，高リスク者ばかりが保険に加入し，保険会社の保有する保険契約集団は高リスク者ばかりにより構成されることになる。その結果，支払保険金が増加し，収支が悪化すれば，保険会社は採算をとるために保険料を引き上げざるをえず，さらにリスクの高い申込者を引きつけることになる。こうしたことが繰り返されれば，保険収支は悪化し続け，結果的に保険会社が契約の引受けを制限したり，取り止めたりしかねない。このような事態を防ぎ，保険の入手可能性を維持するためにも，保険会社には，綿密なアンダーライティングにより，リスクに見合った保険料で補償・保障を提供することが求められる。

このような収支不均衡の問題は，逆選択（第6章参照）の存在により，いっそう深刻となる。保険契約者はみずからのリスクを十分知っている場合が多いのに対し，保険会社はそれを完全に知ることはできない。たとえば，自動車保険において，契約者（運転者）は，自分自身の運転傾向を熟知している場合が多いのに対して，保険会社は年齢や性別といった明確な特徴しか容易に知ることができない。みずからのリスクが高いことを知る人は，リスクの低い人より保険を購入するインセンティブが高いことは，直観的にも理解されるだろう。そのため，保険会社がリスクの測定や選択を行うことなく契約を引き受けた場合，逆選択を通して契約集団は多くの高リスク者により構成されることとなり，保険制度自体が機能しなくなる。もちろん，高リスクの申込者の引受けを常に拒否すべきであるというのではなく，それぞれの申込者のリスク実態に見合った保険料・契約条件で

契約を引き受けることが基本となる。

規制緩和以後，保険料率体系が多様化するなか，アンダーライティングは，保険会社にとってますます重要な業務の1つとなっている。

1.2 アンダーライティングのプロセス

保険会社が行うアンダーライティングのプロセスを一般化した形で示せば，図17-1の通りとなる。

契約の申込みがあった場合はその危険度を測定し，契約引受けが可能かどうかの判断を行う。契約を引き受けるとした場合は，その危険度に応じて保険金額や免責金額など契約条件の変更を行う。そのうえで，その契約に適用する保険料を計算することとなる。このなかで，もっとも重要なのが，危険度の測定であるが，その方法は保険の種類によって大きく異なる。以下では，個人分野の損害保険，企業分野の損害保険，そして生命保険のアンダーライティングについて，危険度の測定方法を中心にみていく。

個人向け損害保険のアンダーライティング

個人分野の火災保険，自動車保険および傷害保険などの損害保険の引受けは，引き受けるリスクが比較的小規模で同種のリスクが多数存在している場合が多く一定の類型化が可能である。また，数多くの契約を効率よく引き受ける必要があることから，アンダーライティングもあらかじめ定められた方針に則って体系的に行われる場合が多い。

図17-1　アンダーライティングのプロセス

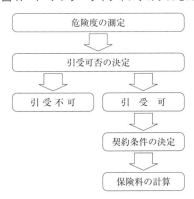

個人分野の損害保険のアンダーライティングにおいて一般的に利用される情報は，保険の申込書記載事項である。保険会社は，申込者の危険度を測定するために必要な事項を保険申込書に質問として盛り込んでいる。たとえば，火災保険においては，保険の目的物（第9章参照）の所在地，保険の目的物およびこれを収容する建物の構造および用法などである。また，自動車保険では，被保険自動車の車名，型式，用途・車種，事故歴の有無などである。

　これらの記載事項については，保険契約の引受けの可否，引き受ける場合の契約条件変更の要否の判断に影響を及ぼす重要な事項として，保険契約者に告知義務を課している。これにより，契約者は，知っている事実を告げ，不実のことを告げないことが求められ，これに違反すれば契約が解除されることとなる（第4章参照）。

　保険会社は，これらの記載事項に基づきリスク測定を行い，その結果に基づいて契約条件を決定し，さらに適用すべき保険料を計算する。

企業向け損害保険のアンダーライティング

　企業分野の損害保険の場合，契約者は小規模の工場から多様な事業を行う大企業まで多岐にわたる。この場合も，保険会社が危険度測定のために利用するのは，契約申込書記載事項および契約者への聞き取りにより得られる情報が基礎となる。しかしながら，大規模物件の場合はリスク実態が多様かつ複雑であり，また，事故が起きた場合の保険金支払いも高額となる場合もあり，保険会社の収支への影響も大きい。そのため，より慎重なリスク測定が必要となり，保険会社は現地調査を行うこととなる。たとえば，大規模工場物件の火災保険を引き受けようとする場合，保険会社は，保険の目的物の所在地において，業種，周辺環境，機械設備，取り扱う製品の種類・量および電気・ガスの使用状況などを分析し，同時に消火設備の状況，建築構造，消防の条件，および具体的な作業内容などの調査を行う。調査結果はインスペクション・レポートとよばれる報告書にとりまとめられ，これに記載された内容に基づいて保険会社は最終的な契約引受け可否の判断を行う。引受け可能と判断した場合は，あらかじめ想定しているどのリスク区分への分類が適切かを決定し，それと同時に，必要に応じて担保制限や特約条項の付加などを行うこととなる。

生命保険のアンダーライティング

　被保険者の生死に関わる生命保険においては，その健康状態の把握がアンダー

ライティングにおいて重要となる。これは，損害保険における保険の目的物の所在地や自動車の用途・車種のように，証明書類などによって比較的容易に確認可能な事項とは異なるため，生命保険会社は，契約成立前に面接，医的診査，代用診査，または検定診査などを行うことにより，個々の契約の危険を測定している。このような生命保険のアンダーライティングのプロセスは，一般に危険選択とよばれている。

　面接では，被保険者をその健康状態，経歴，職業，生活環境などさまざまな角度から観察し，またこれらについて質問を行う。そのうえで，診査医が医的診査を行うが，これは，年齢，性別，現症，既往症，および職業などについて問診し，告知を受ける部分と，実際に検査を行い医学的な所見を求める部分がある。また，医的診査に代わるものとして，代用診査と検定診査がある。代用診査は，企業などに勤務する被保険者の場合，雇用者によって実施される定期健康診断やこれまでの出勤状況を調査し，これをリスク測定の判断基礎とするものである。また，検定診査は，生命保険のアンダーライティングに特化した知識および技術を有する検定調査士が，医師に代わって体型，体質，顔色，精神状態および歩行状態などの特徴の調査を行うものである。

　生命保険においては，とくに親族などではない第三者を被保険者として保険契約を結ぶ場合，保険金搾取を意図した契約申込みを引き受けることのないよう，保険契約者，被保険者，および保険金受取人との関係について確認をする場合もある。

　契約前の面接や各種診査に加え，保険金額が一定金額以上の高額契約や，逆選択のおそれのある契約については，契約成立後も告知内容が正しいかどうかを調査する場合がある。たとえば，既往症や自覚症状について正しく告知がなされているか，契約前の限定された診査では発見しにくい疾患があるか，職業について正しい職務内容が告知されているかなどについて確認を行い，重大な問題が判明した場合は，契約を継続するかどうかの判断を行うこととなる。

2　契約の保全

　一般の商品やサービスの取引のように，短時間で終了する契約とは異なり，保険契約は将来に向かって一定期間継続するものである。そのため，保険会社は，

保険期間中の契約保全のためのさまざまな業務を行っている。以下では，契約保全のなかでもとくに重要な損害保険におけるロスコントロール・サービスと，生命保険の契約継続率の維持および契約内容の変更のための契約保全業務について述べる。

2.1 ロスコントロール・サービス

損害保険会社は，アンダーライティング業務を通して個々の契約の危険度を正確に測定するために必要な専門知識や技術を蓄積している。このような知識や技術を活用して，保険会社は，事故頻度の低下や，事故が発生した場合の損害額の縮小のために，契約者に対して効果的な対策をアドバイスするなどのサービスを行っている。これは，ロスコントロール・サービスとよばれる（リスクコントロール・サービスまたはリスクコンサルティング・サービスともよばれる）。

ロスコントロール・サービスの目的

保険会社がロスコントロール・サービスを提供する主要な目的は，契約者の危険度を低下させて，保険金の支払いを低く抑えることであることはいうまでもない。とくに，企業分野などでの大規模な契約において，いったん火災などの事故が発生すれば，その損害額は高額となるおそれがある。そのため，ロスコントロール・サービスの提供は，アンダーライティングと並んで重要な業務といえる。

一方，契約者にとってもロスコントロール・サービスにより事故を回避することができれば，個人にとっては従前の生活の継続が，企業にとっては事業の継続が，それぞれ可能となる。また，保険料が経験料率に基づいている場合には，事故率が低下し，事故が起こったとしてもその損害額が低く抑えられれば，将来の保険料を節約できるというメリットがある。さらに，事故が起これば受けるであろう精神的な苦痛など，保険によっては必ずしもカバーされない損失を被る可能性を縮小することができる。契約者は，ロス・コントロールをみずから行うこともできる。しかしそのためには，個別に必要な情報や技術知識を獲得し，専門の人材を雇用し，必要な機材を購入するための費用を負担しなければならない。一方で保険会社は，これまでに数多くの契約者に対して同様のロスコントロール・サービスを提供しており，専門的な技術知識と人的・物的資源を蓄積している場合が多い。このため，特化と規模の経済性により，保険会社のロスコントロール・サービスの提供にかかる費用は，契約者がみずからロス・コントロールを行

う費用より低いと考えられる。このことから，保険契約者が保険会社のロスコントロール・サービスを受けることには，合理性があるといえる。

ロスコントロール・サービスの概要

損害保険会社は，契約締結時に契約者に対して，各種危険の種類，事故防止，および損害軽減に関する契約者向けパンフレットなどの資料を提供しているが，契約締結後もさまざまなロスコントロール・サービスを提供している。

たとえば，個人分野においては，火災保険の契約者を対象に安全防災講習会を開催したり，個々の契約者のリスク状況診断を行い安全防災対策のアドバイスを行ったりしている。自動車保険の契約者に対しては，自動車運転適性検査を行っている保険会社もある。傷害疾病保険（第三分野の保険，第11章参照）については，傷害保険や医療保険の契約者や被保険者に対して健康・医療相談対応や専門病院・医師に関する情報提供，介護関連事業者の紹介などを行っており，また，海外旅行傷害保険の契約者に対しては，けがや病気に早期に対応することで損害の深刻化を防止するため，現地での医療機関の紹介・手配などを行っている。

企業分野においては，損害保険会社がアンダーライティングの過程で発見した各種のリスクに対して講じるべき措置を，契約者である企業に提示している。たとえば，工場における火気の使用・管理状況，消火設備の設置状況，従業員の防火訓練状況などの実態を把握することは，火災保険のアンダーライティングのうえでも重要であるが，それを基に可燃物の除去や適切なスプリンクラーの設置，防火訓練の内容などの改善策を契約者に示し，火災発生や損害の拡大の可能性を低下させることができる。また，運送業者に対して安全運転教育を提供したり，適切な勤務体制について助言したりすることを通して，事故率低下に貢献することが可能である。

近年の契約者の安全防災意識の高まりを受け，保険契約の補償内容と並んで，どのようなロスコントロール・サービスを受けられるのかも，契約者が保険商品および保険会社を選択する際の要素の1つとなっており，損害保険会社にはそのいっそうの充実が求められている。

2.2　生命保険の契約保全

生命保険の対象とする期間は，保険期間，保険料払込期間または年金支払期間など非常に長期間にわたり，その間保険会社は，保険料の徴収，契約内容の変更，

および保険金の支払いなど，契約者と継続的に接することとなる。また，とくに近年，より自在性を重視した商品設計が可能な利率変動型積立終身保険（アカウント型保険）などの販売増加（第12章参照）により，契約保全業務の重要性は高まっているといえる。

契約保全の目的

契約保全の主要な目的は，契約継続率の維持・向上と，契約者の状況変化・ニーズの変化に応じた契約内容の変更である。これらのどちらが欠けても，老後の生活保障または万一のときの遺族の生活保障という生命保険の機能（第13章参照）を果たさなくなる。

生命保険契約は，一時払いの場合を除き保険料払込期間が一定期間継続する場合が多い。この間に，保険料の払込みがないと契約が失効する場合がある。通常は猶予期間が設けられており，その間は保険料の払込みがなくても契約は効力を継続する場合が多い。しかし猶予期間が経過してもなお保険料の払込みのない場合には，契約は失効することとなる。このため，適切な保険料払込案内書の発行や保険料の確実な収受によって，不必要な契約失効が生じることのないようにしなければならない。

また，契約者の経済状況や社会的地位の変化に応じた適切な契約内容の変更も，契約保全の重要な業務である。保険会社は契約者の状況変化を的確に把握し，さらに契約者のニーズを聴取し，それに適合した契約内容を提示する必要がある。また，前述のより自在性の高い利率変動型積立終身保険（アカウント型保険）の場合は，より頻繁に契約者ニーズに応じた契約内容の変更を行うこととなる。

契約保全の概要

契約失効は，募集時点での契約者のニーズと資力の把握が不十分であることが原因となっていることも多く，適切な募集活動が行われるべきであることはいうまでもないが（第16章参照），保険料の収受や契約者サービスなど契約の保全過程において問題がある場合もある。生命保険の保険料払込方法には，毎月払い込むもの，毎年払い込むもの，または年2回払い込むものなどがあり，保険料払込期間を通じて継続的に保険料の収受が行われる場合が多い。保険料の収受にあたっては，年払いや半年払いの場合，契約者との対話が年1回または2回に限られていることや，保険料が比較的高額となることなどから，契約者が保険料支払いの準備を行えるよう，あらかじめ保険料払込案内書を送付することとなる。実際

の保険料収受は，金融機関の口座から自動的に支払う口座振替，団体扱いの場合の給与引落し，金融機関からの振込み・送金および店頭払い，営業職員など集金人による集金払い等によって行われるが，確実な収受のためには口座振替または給与引落しが望まれる。一方で，契約者の状況把握やニーズ聴取のためには，口座振替などの場合も，営業職員が直接契約者と対話する機会を定期的にもつべきであろう。

　生命保険は，前述の通り 20 年，30 年，場合によってはそれ以上の長期間を対象とすることから，その途中において契約者の社会的地位や関係性の変化に伴い，重大なリスクや経済状態が変化することが考えられる。たとえば，就職，結婚，出産，子どもの成長・独立，退職などのライフステージが移行すれば，それに応じて死亡保険の保険金額の増額または減額，保険期間の延長または短縮，あるいは，年金保険の支払開始時期の延期，支払期間の延長などを行うことも考えられる。保険会社には，契約者の契約変更の申し出あるいは相談に的確に対応するとともに，前述の保険料収受などの機会を通じて，このような契約者の状況変化を把握することが求められる。とくに，前述の利率変動型積立終身保険（アカウント型保険）では，保険会社は頻繁に契約者の状況変化やニーズを把握する必要がある。これは，貯蓄機能をもつ積立て部分を主契約として，特約として定期型の死亡保険や医療保険などを付加するものであり（第 12 章参照），その保険料は，積立てに充当される部分と，死亡・医療保障に充当される部分とにより構成される。契約者は，払い込む保険料に対する両者への配分割合を，必要に応じ見直すことにより，貯蓄と保障の構成を毎年柔軟に設計することができる。このため，保険会社は，契約者の意向を把握し，保障と貯蓄の適切な構成を提案するためにも，契約者との密接な関係維持と定期的な対話が欠かせない。

【練習問題】
　　1　保険契約における重要事項とはどのようなものか。また，これについて保険契約者はどのような義務を課されているか述べなさい。
　　2　生命保険のアンダーライティングにおいて，保険会社はどのような方法で被保険者の健康状態を判断するのか，簡単に述べなさい。
　　3　ロスコントロール・サービスは，契約者と保険会社の双方にとってどのようなメリットがあるか，本章と第 6 章の情報の非対称性に関する記述との関係で述べなさい。

第**18**章

保険の財務⑴　保険料と責任準備金

●この章で学ぶこと●

□　営業保険料，純保険料および付加保険料を理解する。

□　保険料の計算基礎を学ぶ。

□　平準純保険料式責任準備金とチルメル式責任準備金の相違を理解する。

●キーワード●

保険料，営業保険料，純保険料，付加保険料，自然保険料，平準保険料，

責任準備金，平準純保険料式，チルメル式

1　保　険　料

1.1　保険料の構成

保険契約者は，リスクを引き受けた保険者に，その対価として保険料を支払わなければならない。保険会社ではこの保険料を営業保険料とよび，これは純保険料と付加保険料の2つの部分から構成される（営業保険料＝純保険料＋付加保険料）。純保険料は保険会社の保険金支払いの財源となる部分であり，付加保険料は保険経営に必要な経費（事業費）にあてられる部分である。事業費には，営業職員の給与や代理店の手数料，契約維持費や保険料集金費，保険事故調査費，本社や支社の管理費等が含まれる。

1.2　保険料の計算基礎

生命保険の保険料率

生命保険の保険料は予定死亡率，予定利率，予定事業費率という3つの計算基礎に基づいて計算される。

予定死亡率は，年齢別の生存者数，死亡者数を統計的に表した「生命表」において示される死亡率に準拠している。民間の生命保険会社，農協共済の生命共済，

表 18-1　生保標準生命表 2018（死亡保険用）

年齢（歳）	男子				女子			
	生存数	死亡数	死亡率（%）	平均余命（年）	生存数	死亡数	死亡率（%）	平均余命（年）
0	100,000	81	0.081	80.77	100,000	78	0.078	86.56
5	99,791	10	0.010	75.94	99,806	8	0.008	81.73
10	99,745	10	0.010	70.97	99,768	7	0.007	76.76
15	99,684	23	0.023	66.01	99,724	14	0.014	71.79
20	99,495	59	0.059	61.13	99,632	25	0.025	66.85
25	99,173	66	0.067	56.32	99,497	29	0.029	61.94
30	98,850	67	0.068	51.50	99,342	37	0.037	57.03
35	98,502	76	0.077	46.67	99,120	58	0.059	52.15
40	98,052	116	0.118	41.87	98,768	87	0.088	47.33
45	97,366	172	0.177	37.15	98,279	120	0.122	42.55
50	96,319	275	0.285	32.52	97,539	192	0.197	37.86
55	94,704	400	0.422	28.03	96,411	260	0.270	33.26
60	92,339	603	0.653	23.68	94,995	345	0.363	28.72
65	88,751	901	1.015	19.53	93,054	450	0.484	24.27
70	83,548	1,290	1.544	15.58	90,462	660	0.730	19.89

　簡易生命保険においては，それぞれの加入者の年齢別の生存者数や死亡者数についての実績を基にした経験生命表を作成し，これを保険料の計算基礎としている。ちなみに，民間の生命保険会社の実績に基づく最新の経験生命表は，（社）日本アクチュアリー会が作成する「生保標準生命表 2018（死亡保険用）」および「第三分野標準生命表 2018」であり，保険業法第 116 条に定められた標準責任準備金の計算の基礎として作成されたものである（表 18-1 は「生保標準生命表 2018（死亡保険用）」を抜粋したものである）。

　この表からわかるように，死亡率は年齢が上昇するにつれ高くなるので，加入者が負担する死亡保険料も加齢とともに高くなる。年齢別の死亡率によって計算された 1 年ごとの保険料を自然保険料とよぶが，これをベースに算定すると保険料が年ごとに高くなり，とくに死亡率が急激に上昇する高年齢になると保険料負担が非常に重くなる。そこで，保険期間を通じて毎年の保険料を同じ金額にする（平準化）方法が考え出された。このように平均化された保険料は平準保険料とよばれている。平準保険料を採用すると，死亡率の低い時期には保険契約者は自然

　生命保険の保険料の算定基礎の１つとして，予定利率があるが，生命保険会社は
この予定利率で割り引いた分に相当する金額を運用収益などで毎年確保する必要が
ある。

　予定利率の設定は，契約した時期や保険種類などによって異なるが，市場金利の
高かった 1980 年代の予定利率は 5.5〜6.25 ％ と高水準であった。しかし，バブル
崩壊後は低金利環境の影響を受けて，実際の運用利回りが予定利率を下回る「逆ざ
や」が生じた。この「逆ざや」の影響で，1997 年の日産生命をはじめ，2001 年 3
月まで 7 社の生保会社が相次いで経営破綻した。さらに，株価低迷が長期化するな
ど，生保会社を取り巻く経営環境は一段と厳しくなっている。

　このような状況のもとで，保険契約者の利益等を保護する観点から，契約条件の
変更を可能にする改正保険業法が 2003 年 7 月に成立した。今回の保険業法の改正
によって，生保会社は破綻する前に予定利率を引き下げることが可能となった。こ
れを受け，金融庁は予定利率を引き下げる場合の下限を 3 ％ とする政令を定めた。

　予定利率の引下げの対象となった契約においては，死亡保険金，満期保険金，給
付金等が削減される可能性がある。とくに貯蓄性の高い個人年金保険や養老保険，
終身保険等では削減幅が大きくなる。したがって，契約者に約束した予定利率を引
き下げると，生保会社に対する契約者の信頼を損ないかねず，解約の増加を招くお
それがある。生保離れを懸念する生保各社は，予定利率引下げに慎重な態度を示し
ている。

保険料より高い保険料を払うことになる。逆に死亡率が高い時期には自然保険料
より低い保険料が支払われる。このことから，平準保険料が自然保険料を上回る
時期は保険金支払いに充当されない残余が生じる。当該残余は保険会社に積み立
てられ，将来（平準保険料が自然保険料を下回る保険期間）の保険金支払いにあてら
れるわけである。

　このように積み立てられた部分は保険会社によって運用されるが，資金を運用
すると一定の利息が得られるので，この利息部分をあらかじめ見積もって，その
分だけ保険料を安くするという考え方がある。この利息部分の見積もりを含めて
計算された利率のことを予定利率という。予定利率が高ければ高いほど保険料は
安くなる。

　付加保険料を計算する際に基礎となるのは予定事業費率である。保険会社が保
険制度を運営していくためには，新契約の募集，保険料の収納，契約の保全，保
険金の支払いや資産運用のための人件費や物件費などの費用がかかる。これらの

費用はあらかじめ必要とされる水準を見込んで保険料のなかに組み込まれている。そのために計算される基礎率が予定事業費率であるが，これは保険金比例，保険料比例，定額，複数方法の組合せなどの方法で計算される。

損害保険の保険料率

　損害保険の場合，保険料率は予定損害率と予定事業費率という2つの基礎率から構成されるが，満期返戻金つきの長期の積立保険の場合はさらに，予定契約消滅率および予定利率が加わる。

　予定損害率（収入保険料に対する支払保険金額の割合であるが，通常，正味保険金に損害調査費を加えた額の正味保険料に対する割合が用いられる）は純保険料の計算基礎であり，過去の損害発生の頻度や損害額等の統計データに基づいて算出される。定額給付の生命保険と異なり，損害保険では実際に発生した損害額に見合う給付を行う実損填補方式がとられていることから，予定損害率を算出する際には，保険事故の発生率だけでなく，事故により引き起こされる損害の程度が加味される。

　予定事業費率は付加保険料の計算基礎となる。付加保険料は，社費（人件費，物件費等），代理店手数料および企業利潤にあてられる部分である。付加保険料に占める社費の割合は保険種類によって異なる。代理店手数料の割合も，保険種類，付保物件，保険料の払込方法および代理店の種別などにより異なる。企業利潤の割合は，通常営業保険料の何％という計算に基づいて組み込まれるが，自賠責保険や地震保険の保険料には，企業利潤部分は組み込まれていない。

　保険料率に占める予定損害率と予定事業費率の割合は，保険種類によってかなり格差がある。比較的小口で手数料のかかる契約の場合，両者の構成割合は均等あるいは予定事業費率が若干高いことになる。逆に大口の契約で手数料があまりかからないものについては，付加保険料の割合が相対的に小さくなる。

　満期返戻金つきの長期の積立保険の保険料率は，上述の基礎率のほかに，保険期間中に全損し契約が消滅する率（予定契約消滅率）と予定利率に基づいて，満期時の契約者に対し支払われる所定の返戻金が収支均衡するように算出される。

　火災・傷害・自動車の保険料率（営業保険料率）については，従来損害保険各社は「損害保険料率算出団体（算定会）に関する法律」（料団法）により一律に定められていた算定会料率を使用していたが，1990年代半ば以降の規制緩和によって自由化されるようになった（詳しくは第23章を参照）。

1.3 保険料の計算例（生命保険の平準純保険料）

現価（present value）

収支相等の原則に基づくと，保険者としての保険会社の受け取る保険料総額と保険会社の支払う保険金総額は等しくなるが，現実の保険料の収入から保険金の支払いまでには時間的ずれがある。また，保険会社は将来の保険金支払いに備えて収入保険料の一部を責任準備金として積み立て，これらの資金を投資運用している。そこで，保険料の算定にあたっては，資産運用による一定の収益をあらかじめ見込んで，その分だけ保険料を割り引いている（予定利率）。一定の利率で運用することを前提として，将来のある時期に，ある一定の金額を得るために，現在運用に回すべき金額が「現価」（割引現在価値）である。たとえば，年利率を i とし，n 年後に資金 S を得るためには，現在 $\dfrac{S}{(1+i)^n}$ に相当する金額を手元に準備しなければならない（$\dfrac{S}{(1+i)^n}$ は S の現価となる）。

収支相等の原則を用いて保険料などを計算する際には，保険期間を通じての将来の収入保険料や支払保険金について，常に一定の利率を予定して，それぞれの現価を計算し，そのうえで収支均衡式を設定する。したがって，収支相等の原則は，将来収入される保険料の現価と将来支出すべき保険金の現価が等しくなることを意味する。

平準純保険料の計算

以下では，定期保険を例とし，平準純保険料（年払い）の計算を説明する。

30歳の男性が，保険期間が5年で，その期間中の契約者の死亡に対して保険金 100 万円が支払われる定期保険に加入したとする。保険料の計算基礎について

表 18-2 死 亡 表

年齢（歳）	生存数	死亡数	死亡率（%）
30	98,850	67	0.068
31	98,783	68	0.069
32	98,715	69	0.070
33	98,646	71	0.072
34	98,575	73	0.074

表 18-3 複利現価表（利率＝2％）

期間 (n)	年始払現価 $\left(\dfrac{1}{1+i}\right)^{n-1}$	年央払現価 $\left(\dfrac{1}{1+i}\right)^{n-\frac{1}{2}}$	年末払現価 $\left(\dfrac{1}{1+i}\right)^{n}$
1	1.0000000	0.9901475	0.9803922
2	0.9803922	0.9707329	0.9611688
3	0.9611688	0.9516989	0.9423223
4	0.9423223	0.9330381	0.9238454
5	0.9238454	0.9147433	0.9057308

は，予定死亡率として「生保標準生命表2018」を使用し，予定利率を2％とする。また，保険料の払込みは年始とし，保険金は年央に支払われるものとする（生存数，死亡数などについては表18-2，複利現価については表18-3を参照されたい）。

まず，求めるべき平準純保険料をP円とすると，生保会社にとっての収入保険料の現価は次表のようになる。

保険年度（契約者の年齢）	$P×$生存数$×$年始払現価率$=$収入保険料の現価
第1保険年度（30歳）	$P×98,850×1.0000000＝P× 98,850$
第2保険年度（31歳）	$P×98,783×0.9803922＝P× 96,846$
第3保険年度（32歳）	$P×98,715×0.9611688＝P× 94,882$
第4保険年度（33歳）	$P×98,646×0.9423223＝P× 92,956$
第5保険年度（34歳）	$P×98,575×0.9238454＝P× 91,068$
合　　計	$P×474,602$

次に，支払保険金の現価は以下の通りである。

保険年度（死亡者の年齢）	死亡保険金$×$死亡数$×$年央払現価率 $=$支払保険金の現価
第1保険年度（30歳）	$100万×67×0.9901475＝6634万円$
第2保険年度（31歳）	$100万×68×0.9707329＝6601万$
第3保険年度（32歳）	$100万×69×0.9516989＝6567万$
第4保険年度（33歳）	$100万×71×0.9330381＝6625万$
第5保険年度（34歳）	$100万×73×0.9147433＝6678万$
合　　計	3億3105万円

収支相等の原則から，収入保険料の現価の総額＝支払保険金の現価の総額となるので，

$$P×474,602＝3億3105万円$$

したがって，$P≒698$円，となる。

2　保険契約準備金──責任準備金を中心に

保険契約準備金は，保険会社が保険者として保険契約上負っている責任を確実に果たすために積み立てる資金のことをいう。それには支払備金，責任準備金，契約者（社員）配当準備金が含まれるが，保険会社はこれらの準備金を決算期末

に積み立てる。

支払備金には，次のようなものが含まれている。

(1) 保険金等の支払いが確定しているが，調査その他の理由で未払いとなっているもの。

(2) 保険金等の支払事由が発生し，その支払義務があると認められているが，金額が未確定のもの。

(3) 保険金等に関して訴訟中のものがある場合にはその金額。

(4) まだ支払事由の発生の報告を受けていないが，保険契約に規定する支払事由がすでに発生したと認められる保険契約の保険金等について，その支払いのために必要なものとして金融庁長官が定める金額（IBNR〔incurred but not reported losses＝既発生未報告損害〕備金）。

契約者（社員）配当準備金は，生命保険会社において，契約者に毎年の決算で生じた剰余金の配当を分配するための財源として積み立てられるものである。損害保険会社においては，後述のように，積立保険について契約者配当の財源として契約者配当準備金が積み立てられるが，これは責任準備金の1つである。

責任準備金は，保険契約に基づく給付にかかる将来の支払いに備えるために積み立てられた準備金であり，保険契約準備金のなかでもっとも高いウェイトを占めている（2023年3月末の数値をみると，生命保険の場合は約98％，損害保険の場合は約79％を占めている）。これについては，以下で詳しく説明する。

2.1 責任準備金

生命保険の責任準備金

生命保険の場合，未経過保険料準備金，保険料積立金および危険準備金といった責任準備金がある。

未経過保険料準備金は，決算時点で収入保険料のうち保険期間の未経過期間に対応する部分を準備金として積み立てておくものである。

保険料積立金は，保険料のなかの純保険料に組み込まれている蓄積保険料を元本として，予定利率で増額した元本合計金を累加して積み立てたものである。前述のように，生命保険では平準保険料を採用しているために，保険期間の前半は保険金支払いより純保険料収入のほうが多くなっており，期間後半は純保険料収入が保険金の支払いを下回ることになる。そのため，将来の保険金支払いに備え

図18-1　各種生命保険の責任準備金

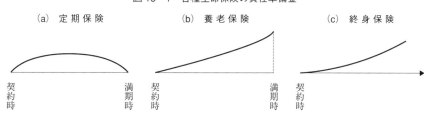

(a) 定 期 保 険　　　　(b) 養 老 保 険　　　　(c) 終 身 保 険

契約時　　　満期時　契約時　　　満期時　契約時

て，期間前半での収支の差額分を準備金として積み立てておく必要がある。また，養老保険のような満期保険金が支払われる保険では，満期保険金支払いのための準備金も積み立てておかなければならない。

　危険準備金は，予定基礎率を上回る給付の支払いが発生する危険に備えて積み立てる準備金で，発生率のぶれによる危険と大災害等の原因により給付が多発する危険が対象となる。

　主な生命保険の責任準備金の水準をみると，定期保険では，その額は当初は低水準であり，保険期間の経過とともに増減し，最終的にはゼロになる（山型のカーブ，図18-1(a)参照）。養老保険では，保険期間の経過とともに逓増し，満期直前に満期保険金相当額になる（図18-1(b)参照）。また，保障が一生涯続く終身保険では，責任準備金が保険期間の経過とともに逓増し，右上がりのカーブを描く（図18-1(c)参照）。

損害保険の責任準備金

　損害保険の責任準備金には，普通責任準備金，払戻積立金，契約者配当準備金，異常危険準備金などがある。

　普通責任準備金は，決算時点で収入保険料のうち保険会社の危険負担責任が残存している期間に対応する部分である未経過保険料と，1事業年度の収入保険料から保険金や事業費，支払備金等を控除した残額である収支残額との，いずれか大きい金額を積み立てておくものである。

　払戻積立金と契約者配当準備金は，それぞれ積立保険の満期返戻金と契約者配当の財源として積み立てられるものである。払戻積立金としては，将来支払うことが予定されている満期返戻金の予定利率による複利現価相当額が積み立てられる。これに対して，契約者配当準備金は，積立保険料の運用益が予定利率を超えた場合，その超えた部分を積み立てたものである。

異常危険準備金は，異常災害の発生による巨額な保険金支払いに備えて，上述の普通責任準備金とは別に積み立てるものである。地震，台風，大火等による異常災害が発生した場合は，普通責任準備金のみでは負担しきれないような巨額な保険金の支払いを要することがある。このような巨額な支払いに備えて損害保険会社は毎年保険種類ごとに収入保険料の一定割合を累積的に積み立てていく。

また，以上のような準備金のほかに損害保険会社は特別な準備金として，地震保険の危険準備金，自賠責保険の義務積立金・調整準備金・運用益積立金・付加率積立金を積み立てている。

2.2 責任準備金の積立方式

生命保険の場合，責任準備金の積立方式としては，平準純保険料式とチルメル式が代表的なものである。

平準純保険料式は，平準純保険料と保険金支出だけを考慮して純保険料の計算基礎通り責任準備金を積み立て，事業費は営業保険料のなかの付加保険料で賄う

方式である。しかし，契約成立当初には営業職員への報酬や医師の診査費用などの経費が多額にのぼり，付加保険料を超えることが多い。そこで，初年度の付加保険料を上回る費用については，純保険料の一部分から転用して，かかる転用部分を次年度以降の付加保険料収入で埋め合わせる（これを償却という）方式がとられる。この方式は，ドイツのアクチュアリーであるチルメルによって考案されたものであることから，「チルメル式責任準備金」とよばれている。

　チルメル式で責任準備金を積み立てると，初年度に純保険料を付加保険料に転用するため，責任準備金の水準は平準純保険料式の場合より低くなる。次年度以降は，純保険料から転用した分を付加保険料から返していくので，一定の償却期間中は純保険料が多くなり，次第に責任準備金の水準が平準純保険料式の責任準備金の高さに近づく。償却期間が終わると，平準純保険料式責任準備金の水準に達する。チルメル式は償却期間に応じて，「5年チルメル式」，「10年チルメル式」，「20年チルメル式」，「全期チルメル式」（償却期間が保険料払込期間の全期に及ぶもの）などとよばれている。

【練習問題】

    1 生命保険および損害保険の保険料の計算基礎にはそれぞれどのようなものがあるか。両者の特徴がわかるように説明しなさい。

    2 保険契約準備金はどのようなものから構成されているか。生命保険と損害保険に分けて論述しなさい。

    3 自然保険料と平準保険料の違いを明らかにしなさい。

第**19**章

保険の財務(2)　資産運用・保険会計・再保険

●この章で学ぶこと●
□　保険会社の資産運用業務とリスク管理について理解する。
□　金融仲介機関としての保険会社を理解する。
□　保険会社のディスクロージャーの基本的な仕組みを理解するとともに，国際的な保険会計の動向を概観する。
□　再保険の基本的な機能と仕組み，その種類について理解する。

●キーワード●
資産運用業務，政策投資，一般勘定，特別勘定，
資産・負債総合管理（ALM），金融仲介機関，基金，基礎利益，
保険契約の会計，保険技術的リスク，再保険，プロポーショナル再保険，
ノンプロポーショナル再保険，アタッチメント・ポイント，任意再保険，
特約再保険，ファイナイト・リスク再保険

1　保険会社の資産運用

1.1　資産運用業務の意義と変遷

　保険経営の主な業務は保険引受業務であるが，保険資金の運用もそれに付随して重要な業務である。保険会社は，保険契約者から集めた保険料を運用することによって運用収益を獲得し，それによって保険契約者の保険料負担を軽減するという役割があるからである。これを保険会社の**資産運用業務**という。実際の運用利回りが予定利率を上回った場合はこれを利差配当として保険契約者に還元する一方で，予定利率に達しない場合には保険数理上の前提が満たされず，保険金支払いに支障をきたすことになる。このように，資産運用業務の成否は保険契約者の利害を大きく左右する。また，保険市場における競争が激しくなった場合に，保険引受業務におけるマイナス部分を資産運用による運用収益によってカバーし，

249

保険経営上，安定的な収益を維持することもある。これ以外にも，資産運用業務は，保険営業の側面から一定の意義を有してきた。それは，一般に政策投資とよばれるもので，保険会社が資産運用として融資や株式投資を行うことによって，貸付先企業や投資先企業の保険需要を喚起する効果を意図したものである。こうしたことは，日本の上場企業の大株主等に軒並み保険会社が名を連ねてきたことからも理解できるであろう。

保険会社の資産運用業務は，国民経済的にも大きな意義をもっている。金融機関資力の観点からみると，2022年度末（2023年3月末）時点で，生命保険会社（かんぽ生命含む）には約406.8兆円，損害保険会社には約31.7兆円の資産残高がある。とくに，生命保険会社の資産規模がこれほどまでに大きくなった理由には，1970年代後半以降における生命保険の主力商品の変化がある。1960年代の高度成長期には，日本の生命保険商品の主力は定期性商品であった。ところが，1970年代後半以降，主力商品は，高額保障の商品から終身保険，養老保険，年金保険といった貯蓄性商品へと変化していった。このことが，その後の生命保険会社における資産規模の増大につながったといえる。他方，損害保険会社の場合も，生命保険会社ほどではないにせよ，その資産運用業務の重要性に変わりはない。

1.2 資産運用の特徴・規制・リスク管理

保険会社の資産運用業務を理解するために，ここでは生命保険会社を念頭に説明する。損害保険会社よりも生命保険会社のほうが，資産規模，保険契約の長期性など，その特徴が顕著であるといえるからである。保険会社の運用資金は，その大半が保険契約準備金（第18章参照）に対応しているため，安全性，収益性，流動性という特徴をもつ。また，保険資金は幅広い国民各層からの拠出資金であり，その運用が広く国民経済的に期待されている以上，公共性という特徴もある。

安全性の観点からは，保険会社の保険金支払能力を確保することによって，保険契約者の利益を保護すべきであるという要請がはたらく。表19-1は，最近の保険会社の資産構成を示している。これによると，全体の約7割から8割が株式や国債などの有価証券であり，これらで運用資産の大半を説明できることがわかる。なお，保険会社の資産には一般勘定と特別勘定がある。一般勘定とは，特別勘定を除いた資産を経理する勘定であり，ここでは一定の予定利率を保険契約者に保証している。一方特別勘定は，その運用結果を直接的に保険契約者に還元す

表 19-1　保険会社の資産構成（主な項目）

	生命保険会社		損害保険会社	
	金額（億円）	構成比（%）	金額（億円）	構成比（%）
預貯金	114,558	2.8	22,678	7.1
コール・ローン	27,278	0.7	304	0.1
有価証券	3,346,683	82.3	234,427	73.8
（国債）	(1,650,336)	(40.6)	(31,374)	(9.9)
（地方債）	(66,670)	(1.6)	(3,197)	(1.0)
（社債）	(253,805)	(6.2)	(26,505)	(8.3)
（株式）	(241,745)	(5.9)	(66,926)	(21.1)
（外国証券）	(969,795)	(23.8)	(99,810)	(31.4)
貸付金	289,334	7.1	15,497	4.9
資産合計	4,068,157	100.0	317,490	100.0

（注）1. 2022 年度末現在。生命保険会社は全 42 社，損害保険会社は全 29 社の合計である。（　）内は内訳を示す。

2. 「資産合計」には，本表に掲載していない項目も含まれている。

（出所）　生命保険協会「生命保険事業概況」2022 年度，および日本損害保険協会「損害保険会社の概況」2022 年度，を基に作成。

ることを目的として，一般勘定と分離して運用される勘定であり，変額保険などはこの勘定で資産運用が行われている。

　次に，保険会社の資産運用上のリスク管理について述べておこう。保険会社の資産運用においては，負債の大半を占める保険契約の性格を十分に把握するとともに，運用資産と保険契約という負債を総合的に管理する考え方，すなわち，**資産・負債総合管理**（asset liability management, **ALM**）がその基本となる。ALM は，1970 年代中葉以降，アメリカの銀行で採用されたのがはじまりであるが，日本でも，70 年代末から 80 年代にかけて一部の都市銀行で導入が始まり，その後，保険会社や地域金融機関などでも採用されている。ALM の考え方に従えば，まず，会計処理上の取扱いとは別に，内部管理目的として運用資産と保険契約を時価評価する。そのうえで，その差額が将来の金利変動などによって，どの程度の影響を受けるかを定量的に把握するとともに，運用資産構成の選択を通じて，安定的な収益を確保する。とくに，負債の大部分を占める責任準備金が予定利率を基礎としている以上，負債の金利リスク（第 1 章参照）のヘッジを意識した資産運用が求められ，たとえば，10 年国債や 20 年国債といった長期債券での運用や

金利スワップの利用などが考えられる。なお，生命保険会社の資産運用に関する
リスク管理の情報は，たとえば，ディスクロージャー誌の「リスク管理の体制」
という項目，または「資産運用の概況」のなかの「運用方針」にみることができ
る。

　さらに，近年，保険会社を取り巻くリスクが多様化・複雑化しているなか，将
来にわたる財務の健全性を確保するため，規制上求められる自己資本等の確保に
加え，全社的リスクマネジメント（enterprise risk management, ERM）態勢の整
備・高度化が課題となっている（第20章参照）。こうした状況を受け，保険会社
を監督する立場にある金融庁は，ERMの実施状況を確認するための大規模なヒ
アリング調査を実施，2013年9月にはその結果も公表された。このように，保
険会社のERMの高度化に対する社会的関心は高まっている。

1.3 　金融仲介機関としての保険会社

　ここでは，金融仲介機関としての保険会社の存在理由について考えてみる（第
3章参照）。以下では銀行を中心に議論されてきた金融仲介理論を概説したうえで，
金融仲介機関としての保険会社について検討する。

　金融取引に関わる経済主体には，本質的に資金が余剰状態にある黒字主体と不
足状態にある赤字主体の2つが存在する。前者の代表例として家計があり，後者
の代表例として企業がある。この2つの経済主体に加えて，金融仲介機関とよば
れる経済主体が関わっている。こうした金融仲介機関は，金融取引に関連する業
務に特化することで，資金の流れを円滑にしている仲介者である。もしも，取引
に関するさまざまなコストを無視できる理想的な市場の存在を仮定するならば，
経済主体間で自発的に円滑な金融取引が行われるので，金融仲介機関のような仲
介者は必要ないはずである。それではなぜ金融仲介機関が必要なのか。それは，
現実の市場は理想的な市場ではないからである。すなわち，現実の市場には，自
発的な金融取引を阻害する諸要因が存在しており，金融仲介機関がそうした諸要
因を緩和・削減し，円滑な金融取引を促進していると考えられるのである。こう
した諸要因のことを取引費用と定義するならば，金融仲介機関の機能は取引費用
の削減ということになる。

　それでは，なぜ金融仲介機関は取引費用を削減することが可能なのだろうか。
これには主として4つの理由が指摘される。第1に調達した資金の分散投資によ

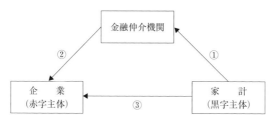

図 19 - 1　金融仲介機関の存在理由

金融仲介機関の存在条件：①＋②＜③

って単位当たりの取引費用の節約とリスクの軽減が可能となること，第2に審査活動やモニタリング活動という情報生産活動に特化することによって専門化の利益を享受できること，第3に情報生産活動に関する規模の経済性を享受することができること，第4に情報生産活動に関する範囲の経済性を享受することができること，があげられる。

　図 19-1 は，こうした考え方を示している。図中の①，②，③は，金融取引を行うための取引費用を表している。①は家計（黒字主体）が金融仲介機関と取引する際のコストであり，②は金融仲介機関が企業（赤字主体）と取引する際のコストであり，③は家計（黒字主体）が直接，企業（赤字主体）と取引する際のコストである。したがって，金融仲介機関が専門的機関として存在し，社会全体の資源配分の効率性を高めるためには，①＋②＜③でなければならない。

　以上のような金融仲介の理論は銀行研究を中心に発展してきたが，銀行を保険会社に置き換えることによって，金融仲介機関としての保険会社の存在理由について一定の説明力をもつ。銀行が，貸し手である企業が発行する本源的証券を受け取るとともに，預金者に対して預金証券という間接証券を発行することで，金融仲介機関として機能していると考えるならば，保険会社は保険証券という証券を発行する金融仲介機関と理解することも可能である。また，保険会社を金融仲介機関として理解するならば，保険経営のコストを反映する付加保険料部分は，保険会社の情報生産活動に対する対価であると考えることもできるだろう。

　金融仲介機関として銀行と保険会社を理解するならば，それらの貸付行動は基本的に類似していると考えることもできる。ところが，戦後日本の貸付市場では，銀行と生命保険会社との間で貸付行動の大きな違いが観察されてきた。金融緩和期のような銀行資金が潤沢な時期には生保の貸付は相対的に増加し，逆に，金融引締期のように銀行資金に余裕がない時期には生保の貸付は相対的に縮小する，という観測事実である。これを，生保による「限界資金供給者」的現象という。

　こうした現象を最初に指摘したのは，高度成長期に生命保険会社の経営者であった山中宏氏（元明治生命相談役）である。山中氏は，当時の貸付市場について，次のような説明をしている。

　　「資金需要が増える場合にはまず市中銀行からはじまって，興長銀に及び最後に生保会社に資金需要が向かう反面，金融緩和の時期にはまず生保会社にその影響が強く現われ，やがて興長銀，市中銀行へと循環する形がみられたのであり，生保会社は限界資金供給者の立場に立たされたのである。（中略）生保がかような限界資金供給者的役割に甘んじていなければならないというのは，生保がその長期的資金という本来の特徴を充分に発揮し得ない場で動いているからである」（詳しくは，山中宏［1966］『生命保険金融発展史』有斐閣，を参照）。

　それではなぜ，生命保険会社に限界資金供給者としての性格が生じたのだろうか。この点に関して，以下の3点が指摘されている（詳しくは，水島一也［2006］『現代保険経済』第8版，千倉書房，を参照）。第1に，生保の財務審査部門が銀行と比べて弱体であること，第2に，銀行と比較して生保は事業会社との密着度が小さいため情報量が不足すること，最後に，より本質的な視点として，銀行と生保の資金集積基盤の相違，すなわち銀行と違って保険資金の集積基盤は，家計保険はいうまでもなく企業保険の場合であっても，資本の流通過程とは直接の関連をもたないため，資金運用面において補完的・受動的性格が生じてしまうという点である。いずれにせよ，同じ金融仲介機関である銀行と生命保険会社が，それぞれの貸付行動において大きな相違点をもっていたという観察事実に対して，どのような理論的解釈を行うかという問題は興味深いテーマである。

2　保険会社のディスクロージャー

2.1　財務諸表の特徴

保険会社各社は，毎年「ディスクロージャー誌」を作成し，本社，支社等に備

えている。ここでは、そのうち保険会社の経理に関する開示として、財務諸表について述べる。保険会社の財務諸表は、相互会社か株式会社かという会社形態や、損害保険会社と生命保険会社といった事業形態の相違によって若干の差異はあるものの、一般事業会社との比較においては、保険会計としての共通の特徴がみられる。そもそも、日本の保険会社の会計は、主に、会社法と保険業法によって規制されている（上場株式会社の場合は証券取引法の規制も受ける）。会社法会計については一般事業会社の会計と同様であるため、保険業法による規制の影響が保険会計の特殊性として理解できる。以下、大手の生命保険会社の貸借対照表と損益計算書を用いて、保険会計に特殊な勘定項目を説明する（表19-2）。

貸借対照表

　貸借対照表は会社の決算期末における財政状態を表す財務諸表であって、すべての資産、負債、および純資産が記載されている。まず、保険会計に特徴的な負債の部をみると、保険契約準備金がその大半を占めていることがわかる。表19-2(a)によると、保険契約準備金が約340兆円と、負債および純資産の部合計の84.3%を占めている。そして、保険契約準備金の大半が責任準備金（約337兆円）である。なお、生命保険会社各社のディスクロージャー誌では、個人保険、個人年金保険、団体保険、団体年金保険などの区分ごとの責任準備金の残高が開示されている。その他、株式などの価格変動が著しい資産について、その資産価格の下落による損失に備えることを目的に保険業法第115条第1項に従って積み立てられる価格変動準備金などもあるが、その占率はあまり大きくない。

　次に純資産の部であるが、これは、基金、基金償却積立金、剰余金などから構成されている。基金とは、保険業法第60条に定められた相互会社の資金調達手段の1つであり、株式会社の資本金に相当するものである。保険会社の破産などが生じた場合、基金の償却（返済）は、他の一般債権者への元利金の返済や保険契約者への保険金支払いなどより後順位になる。また、基金償却の際に同額の基金償却積立金を内部留保として積み立てなければならないので（保険業法第56条）、基金償却後も当初の自己資本が確保されるのも特徴の1つである。剰余金は、任意積立金と当期未処分利益から構成されるが、保険経営の成果としての利益の蓄積部分である。なお、株式会社形態の保険会社の場合は、資本金、資本剰余金、利益剰余金など、一般的な区分が用いられる。最後に資産の部であるが、これは保険会社に特有の項目はあまりないが、その大部分が有価証券などの金融商品で

表 19-2　生命保険会社の財務諸表（主な科目）

（単位：百万円，％）

（a）貸借対照表

科　目	残　高	構成比	科　目	残　高	構成比
資産の部			負債の部		
現金および預貯金	11,455,772	2.8	保険契約準備金	342,863,926	84.3
コール・ローン	2,727,837	0.7	（支払備金）	(2,186,577)	(0.5)
買入金銭債権	1,401,161	0.3	（責任準備金）	(337,133,837)	(82.9)
金銭の信託	9,424,427	2.3	（社員〔契約者〕配当準備金）	(3,543,471)	(0.9)
有価証券	334,668,276	82.3	⋮	⋮	⋮
貸付金	28,933,445	7.1	価格変動準備金	6,202,132	1.5
有形固定資産	6,242,147	1.5	⋮	⋮	⋮
無形固定資産	1,051,736	0.3			
			純資産の部		
			基金または資本金	2,548,776	0.6
			基金償却積立金	3,191,000	0.8
			資本剰余金	1,743,005	0.4
⋮	⋮	⋮	剰余金または利益剰余金	5,027,736	1.2
			⋮	⋮	⋮
資産の部合計	406,815,679	100.0	負債および純資産の部合計	406,815,679	100.0

（b）損益計算書

経常損益の部	
経常収益	58,222,130
（保険料等収入）	(38,019,857)
（資産運用収益）	(13,669,618)
⋮	⋮
経常費用	55,716,349
（保険金等支払金）	(39,790,065)
（責任準備金等繰入額）	(4,302,858)
（資産運用費用）	(5,333,403)
（事業費）	(4,910,307)
⋮	⋮
経常利益〔または経常損失〕	2,505,764

特別損益の部	
特別利益	297,587
特別損失	385,973
⋮	⋮
法人税および住民税	571,109
⋮	⋮
当期純剰余〔純利益〕〔または当期純損失〕	1,657,799

（注）　2022 年度末現在。生命保険会社 42 社の合計。（　）内は内訳を示す。
（出所）　生命保険協会「生命保険事業概況」2022 年度，を基に作成。

あるところに特徴がみられる。

損益計算書

損益計算書は経常損益と特別損益に大別され，前者は日常の営業活動および財務活動から生じる損益であり，後者は企業活動上まれにしか生じない臨時損益および前期損益修正項目である。経常損益は，保険料等収入，保険金等支払金，資産運用収益・費用，その他経常収益・費用，責任準備金等繰入額，事業費から構成される。保険料等収入とは，保険契約者から払い込まれた保険料による収益であり，生命保険会社の収益の大部分を占めている。これは，一般事業会社の売上高に相当する。また，保険金等支払金とは，保険金，年金，給付金，解約返戻金などの保険契約上の支払項目である。これは一般事業会社の売上原価に相当する。

資産運用収益・費用は，保険会社の資産運用業務に伴って生じる収益と費用であり，利息や配当金などの収入，有価証券の売却損益などが含まれる。また，責任準備金等繰入額とは，生命保険会社に特有の決算手続きとして実施される責任準備金等の戻入れと繰入れ処理に伴って生じる勘定項目である。最後に事業費とは，新契約の募集および保有契約の維持保全や保険金の支払いに必要な経費をいう。

2.2 基礎利益の開示と最近のディスクロージャー

生命保険会社は，ディスクロージャーの一環として 2000 年度決算から，基礎的な期間収益を示す基礎利益という指標を開示している。**基礎利益**は，保険料収入，保険金支払いや事業費など保険の本業に関わる収支と，利息および配当金等収入を中心とした資産運用の収支から構成され，経常利益から有価証券売却損益などのキャピタル損益と臨時損益を控除して求められる。なお，基礎利益は財務諸表本体ではなく，生命保険会社各社のディスクロージャー誌で開示されている。

ところで，基礎利益の開示が始まった 2000 年度前後は，低金利と株安が続いており，予定利率によって見込んでいた運用収益が実際の運用収益でまかなえないという状況が一部の契約には発生していた。これを逆ざやというが，基礎利益にはこの逆ざやの影響が織り込まれているため，仮に逆ざやが発生していたとしても基礎利益が十分に確保されていれば，保険の本業の利益が逆ざやを上回っていることがわかる。

このように，基礎利益の公表によって，逆ざやに関する情報は部分的に開示さ

れるようになったが，死差益や費差益がどの程度の利差益をカバーしているかなど，利益の内訳の詳細については不明であった。こうしたなか，2005年度決算からは，死差，費差，利差の三利源（第13章参照）の内訳が，大手生命保険会社の間で開示されるようになった。

その一方で，長期契約が主流の生保の実態を理解するためには，三利源の開示だけでは不十分であるという理由から，保有する保険契約が将来生み出す利益を示す情報として，エンベディッド・バリュー（embedded value, EV）を開示する保険会社も現れている。エンベディッド・バリューとは，貸借対照表の資本の部（純資産）を基礎として計算される純資産価値と，保有契約から生じる将来利益の割引現在価値である保有契約価値を合計したものである（第20章参照）。現行の生命保険会社の会計では，保険契約の価値が会計上の利益として反映されるまでには契約獲得から一定の時間を要するが，エンベディッド・バリューでは，保有契約から生じる将来利益が現時点で認識される。ただし，エンベディッド・バリューの前提として，多くの計算上の仮定が必要となるので，客観性の観点から，その数値にどの程度の意味があるか疑問を呈する声もあり，現在も指標の改良がさまざまに試みられている。

2.3 国際的な保険会計に関する動向

国際的な保険会計に関する最近の動向としては，国際会計基準審議会（IASB）による保険契約の会計の議論がある。IASBとは，ロンドンに本拠をおく国際会計基準の設置団体であり，その前身である国際会計基準委員会（IASC）の業務を引き継ぐかたちで2001年に活動を開始しており，世界中の主要な会計事務所，民間金融機関および事業会社，中央銀行および開発銀行，その他国際的専門家団体からの拠出金で運営されている。

IASBによって，2017年5月，保険契約のための新たな国際的な会計基準である国際財務報告基準（International Financial Reporting Standards, IFRS）第17号（保険契約）の最終案が公表された（2020年6月に修正基準を公表）。このような国際的な保険会計に関する動向は急速に進展しており，今後の日本の保険会計にも大きな影響を与える可能性がある。

保険負債の時価評価と保険契約の会計

保険会計に先立って議論されていた金融商品の時価会計の影響を受けて，国際

的な保険会計に関する議論は保険負債の評価の問題に主な焦点があてられている。金融商品とは，一方の企業に金融資産を，他方の企業に金融負債または持分金融商品を同時に発生させるすべての契約をいい，たとえば，現金預金や有価証券，貸付金といった金融資産などがその典型である。この金融商品が原則として時価評価されることになると，前項でみたようにその大半を金融商品で運用している保険会社は，その資産サイドにおいて，大きな影響を受けることになる。

　ところが，保険会社の負債サイドは時価評価の対象外となるため，その貸借対照表においては貸借がアンバランスな評価になってしまう。さらにこのような状態は，IASB が概念フレームワークとしている資産負債アプローチ（原則として，期首と期末の資本の増減を損益とする考え方）を前提とするならば，保険会社の損益にも重大な影響を与えてしまう。そこで，このようなアンバランスを解決するために，負債側の時価評価を検討する必要が出てきたのである。国際的な会計基準の収斂をめざす IASB では，業態間の比較可能性を担保するうえでも，財務会計の情報提供機能の充実という観点からも，保険会社の保有する金融資産だけを時価評価しないという考え方はとりにくく，それゆえ，保険負債の時価評価を検討する方向で議論が重ねられてきたといえる。

　これに関連して，日本の保険会計では，責任準備金対応債券という区分が特別に認められている。前節で述べた通り，ALM を意識した資産運用をする場合には，長期固定金利の負債という性質をもつ責任準備金の金利リスクをヘッジする目的で，長期の債券を保有することがある。仮に，この債券が毎決算時に時価評価されると，対応する責任準備金が原価評価であるため，資産側と負債側でアンバランスが生じる。そこで，資産と負債の金利リスクによって生じる時価の変動をおおむね一致させるような管理が行われている債券については，責任準備金対応債券として，償却原価法による評価が認められているのである。この責任準備金対応債券という特別の勘定項目は，1999 年 1 月に企業会計審議会から公表された「金融商品に係る会計基準」によって原則，金融商品の時価評価が実施されるなか，保険会社に限って認められたものであり，保険会社の扱う商品の長期性等に由来する保険負債の特殊性が考慮された結果である。

3 再 保 険

3.1 再保険の仕組みと機能

第1節では，保険会社の資産運用上のリスク管理について学んだ。ここでは，保険会社の保険技術的リスク（リスクのもつ意味やリスク・プーリングなどについては第1章および第3章参照）の管理と再保険の役割について説明する。そもそも，保険技術的リスクは，実際の保険金支払額が契約時点の保険金支払額の期待値（保険契約者が事前に支払う保険料）からどの程度ばらついているか，ということを意味している。このような保険技術的リスクは，保有契約の地理的な分散や，保険種目の分散によって，ある程度の軽減は可能である。たとえば，ある地域で台風によって異常損害が発生した場合，その台風の被害とは無関係な地域で保険契約を同時に保有することによって，保険会社全体としては事業が安定する。また，死亡保険だけでなく年金保険の契約を同時に保有するというように，多様な保険種目による保険ポートフォリオを構築することによっても，安定的な事業が可能となる。

しかし，1つの保険会社で行うことが可能な地理的分散や保険種目の分散には限界がある。そこで，複数の保険会社間で同様の経済的機能を実現する仕組みとして，再保険が考えられる。再保険（reinsurance）とは，保険会社が自己の負担する保険責任の一部または全部を，他の保険会社に移転する経済的仕組みである。なお，再保険を出すことを出再，その保険会社を出再保険会社といい，再保険を受けることを受再，その保険会社を受再保険会社という。そもそも，個人や企業は，保険会社から保険を購入することによって，リスク・プーリングやリスク移転の便益を享受することができる（第3章参照）。これと同じ理由で，保険会社も保険を購入することがあり，これを再保険というのである。

このように，再保険の利用によって保険技術的リスクは軽減されるが，それ以外にも，いくつかの機能が期待される。保険技術的リスクが一定水準以下になれば，保険会社の引受能力（キャパシティ）が補完され，より大きなリスクを引き受けることができる。また，保険会社の支払不能の可能性が低減することによって，必要な資本量も軽減される。資本保有にコストがかかることを考えれば，再

保険の購入によって，そのコストが節約できる（保険会社にとって，再保険購入と資本保有は代替的な関係にある）。要約すると，再保険の主な機能には，①保険技術的リスクの軽減による事業の安定化，②引受能力の補完，③必要資本量の低減，があるといえる。

3.2 再保険の種類

再保険は，責任分担方法を基準として，プロポーショナル再保険（割合再保険）とノンプロポーショナル再保険（非割合再保険）に分けられる。プロポーショナル再保険は，出再者の保有保険料と出再保険料の比率が保有責任額と出再責任額との比率で同一であるような再保険をいう。ノンプロポーショナル再保険は，元受契約の条件を離れて，保険金をベースとして，あらかじめ取り決めた額（アタッチメント・ポイント，損害保有額）まで損害を保有し，アタッチメント・ポイントを超過する部分については，約定した額を上限として再保険責任を負う再保険である。また，契約手続きの観点からは，任意再保険と特約再保険に分類される。任意再保険は，個別の契約ごとに出再するものをいう。特約再保険は，再保険手配を必要とする多数の原契約について，あらかじめ約定した契約内容・条件により，受再者が包括的かつ自動的に引き受けるものをいう。

さらに，特殊な再保険として，ファイナイト・リスク再保険（財務再保険）がある。これは，契約上，再保険会社の最終的な責任額に上限が設けられ，また予想される投資収益が明示的に保険引受けの要素として認識されている再保険契約をいう。つまり，元受保険会社は再保険料を支払い，再保険会社は手数料控除後の再保険料を積み立てる。積立金には約定された収益率で利息が上乗せされ，もし損失が発生した場合には積立金から保険金が支払われる。ただし，損失額が積立金で十分に賄うことができない場合には，いったん，再保険会社が定められた限度額までの支払いをするが，積立金を超えた分については元受保険会社が将来の保険料支払いによって，再保険会社への弁済にあてるという仕組みである。なお，ファイナイト・リスク再保険は，法定会計のもとで，貸借対照表上の効果を改善するために購入されることが多いので，金融再保険としても知られている。

【練習問題】
　　1　保険会社の資産運用業務について，保険資金の特徴に留意しつつ簡潔に説明しな

さい。

② 基礎利益と三利源情報，エンベディッド・バリューの開示といった一連のディスクロージャーについて簡潔に説明しなさい。

③ 再保険の機能と分類について述べなさい。

第**20**章

保険会社の企業価値

◉**この章で学ぶこと**◉

□　企業価値とは，企業に対する請求権をもつすべての者にとっての請求権価値をいい，負債価値と株主価値の合計で表される。

□　企業価値は，長期的にみたキャッシュフローを創造する力で決まり，将来キャッシュフローの現在価値によって測定することができる。企業価値の評価指標にはDCF（割引現在価値）法がよく使われる。

□　保険会社は，リスクを引き受け，集めた保険料を投資することで，価値を創造する。そのためオペレーションとファイナンスが複雑に絡み合っており，損益計算書および貸借対照表にさまざまな特徴がみられる。生命保険会社ではEV（エンベディッド・バリュー）とよばれる企業価値評価指標が利用されている。

□　2025年4月より，ESR（経済価値ベースのソルベンシー比率）の導入が予定されており，国内すべての保険会社（生保・損保）が対象になる。

□　保険会社の資本規制は企業価値評価に影響を与えるため，ソルベンシーⅡ，IFRS（国際財務報告基準）など，国際的動向を注視しておく必要がある。

◉**キーワード**◉

企業価値，負債価値，株主価値，エンベディッド・バリュー，ESR，
ソルベンシーⅡ，IFRS（国際財務報告基準）

1　企業価値とは何か

1.1　企業価値の定義

　企業価値とは，企業に対する請求権をもつすべての者にとっての請求権価値をいい，負債価値と株主価値の合計で表される。

　企業を取り巻く利害関係者（以下，ステークホルダーという）には従業員，顧客，

取引先，債権者，社会などをあげることができるが，これらに加えて株主が存在しなければ株式会社は成り立たない。企業はすべてのステークホルダーに満足を与えなければならないが，企業が売上をあげた際，その利益の分配に関して株主は，株主以外のすべてのステークホルダーへの分配が終了してもなお残余財産がある場合に限り分配を受けることができる。したがって，企業が株主まで満足させる経営を行うことができているということは，株主以外のステークホルダーとも事前の約束を履行できていることを意味する。株主価値最大化経営といわれる考え方のポイントはまさにこの点にある（第2章も参照）。

1.2 企業価値の評価

本来の企業価値は最終的には，長期的にみたキャッシュフローを創造する力で決まると考えられるので，将来キャッシュフローの現在価値によって測定することができる。ここでは，企業価値の評価指標としてよく使われる DCF（discount cash flow，割引現在価値）法の概略を述べる（第Ⅰ部補論①も参照）。

DCF 法は企業価値を算出する際に使われる考え方（計算方法）の1つで，企業がもつ収益資産（株式や不動産などの投資案件）が将来にわたって生み出す予想利益（あるいは予想キャッシュフロー）を現在価値に割り引いて評価する。DCF 法は以下の式で表され，企業が獲得する将来キャッシュフローの期待値（cf）を割引率（r）で現在価値に割り引いた資本価値として決定される。

$$FV = \sum_{t=1}^{\infty} \frac{cf_t}{(1+r)^t}$$

FV：企業価値

cf_t：t 期にもたらされる正味キャッシュフローの期待値

r　：割引率

企業価値（FV）は異なるステークホルダー，すなわち株主と債権者の間で分割されるため，割引率（r）には WACC（weighted average cost of capital，加重平均資本コスト）が用いられる。WACC は自己資本コスト（リスクフリー・レート＋株式リスク・プレミアム）と負債コスト（借入金利や社債の発行利回りなど）を加重平均したものである。

2 保険会社の企業価値

2.1 保険会社の特徴

　第19章で述べた通り，保険会社の資産の大半は有価証券および貸付金であり，負債のほとんどは保険契約準備金である。保険会社は保険を引き受け（リスクの補償），投資する（保険金として支払う保険料の投資）ことで，株主（相互会社の場合は保険契約者）に対して価値を創造する金融機関である。

　保険会社は主に2つの方法で価値を創造する。第1は，貸借対照表の「負債の部」に示されるように，保険契約の引受けの増加により価値を創造する。このことで将来の保険金支払義務の現在価値が販売手数料支払後の保険料の現在価値よりも少なくなるからである。第2は，貸借対照表上の「資産の部」に示されるように，保険契約者から受け取った保険料を投資し，リスクをとって超過投資収益率をあげることで価値を創造する。

　このように，保険会社ではオペレーションとファイナンスが複雑に絡み合っており，損益計算書および貸借対照表にさまざまな特徴がみられる。たとえば，損益計算書における収入（保険料）と支出（保険金，給付金）にはタイムラグがある。また，費用である販売手数料も前倒しで支払われるため会計上のギャップが発生しやすい。

　一方，貸借対照表においても，資産である株式や投融資に，政策保有株式や政策投資（保有株式や投融資を通じて保険契約を獲得する営業手法，第19章参照）が含まれている。また，負債のほとんどを占める保険契約準備金は，支払いが予想される給付金と保険金の現在価値から受取保険料の現在価値を引いたものであり，顧客のリスク，継続率，投資リターン，インフレなどに左右される。

　さらに，この保険契約準備金が自己資本とトレードオフ（経済的に両立しえない関係がみられ，一方を追求すると他方が犠牲になること）の関係にあるのである。つまり，保険契約者にとっては，支払った保険料が将来間違いなく保険金として支払われるかどうかが重要であり，保険契約準備金の水準は高いほうが望ましい。これに対して株主は保険契約準備金よりも自己資本に関心があり，保険契約準備金の水準は最低限がよいとする。なぜなら，保険契約準備金が自己資本に比べ過

剰であると市場から判断されれば，株式リスク・プレミアムの上昇や信用力の低下によって自己資本コストが大きくなるからである。

なお，本章では「株主資本」ではなく「自己資本」という言葉を使っている。2006年の会社法は，資産から負債を差し引いた金額を純資産と規定した。その構成は①〜④の通りである。

①株主資本＝資本金＋資本剰余金＋利益剰余金－自己株式

②評価・換算差額等

③新株予約権

④少数株主持分

従来，①と②をあわせたものを株主資本とよんでいたが，会社法施行後，株主資本には②が含まれないことになったため，株主資本という言葉は狭い意味で使われるようになった。そこで，あまり使われなくなっていた自己資本という言葉が再登場し，従来の株主資本と同義で使われているのである。したがって，本章でも自己資本を従来の株主資本と同じ意味で使っている。

2.2　保険会社の企業価値評価

日本の保険会社の実情

日本では，損害保険会社は以前から株式会社が多く，株価（株式時価総額）が市場での企業価値であり，その時々の価値が割高か割安かという理論評価をされてきている。

一方，生命保険会社は相互会社が多いため市場評価がなく，加えて財務諸表のみでは企業価値を評価できないという問題がある。さらに生命保険会社は保険契約期間の長い商品を販売するため，財務会計上の収益と費用を認識するタイミングが異なる。費用については契約期間の初期に販売手数料など費用の大半が発生するのに対し，収益については契約期間にわたって少しずつ保険料として回収される。したがって，新しい保険契約を多く獲得した年度ほど，単年度における費用が増加し，利益が減少する構造となっている。このような収支構造から，生命保険会社の企業価値は単年度の損益を表す損益計算書などの決算情報だけでは正しく測ることができないのである。

ところが，自由化以降，生命保険会社にも株式会社形態の会社が増えたため，市場における価値評価が検討課題となっている。そこで，生命保険会社が保有す

る保険契約から将来発生する収益・費用も勘案したものが，エンベディッド・バリュー（embedded value, EV）とよばれる企業価値評価指標である。

EV（エンベディッド・バリュー）

　EV は，経済価値ベースの企業価値評価指標であり，潜在価値と翻訳されている。これは，生命保険契約の特徴を反映させるために，修正純資産に保有契約から将来見込まれる利益を加味することによって企業価値を評価するものであり，以下の式で表される。

$$EV（潜在価値）＝修正純資産＋保有契約価値$$

　修正純資産は，純資産に，負債計上された実質的な資本として内部留保されている負債や資産の含み損益（有価証券の含み益など）などを加算したものである。一方，保有契約価値は，割引率や運用利回りなど多くの前提条件を基礎に，保有契約から将来見込まれる利益を見積もって割引計算される。この式から，EV が，純資産価値に保有契約から将来見込まれる利益（保有契約価値）を加えることによって財務会計情報を補完している経営指標であることがわかる。

　EV はもともと保険会社の M&A に利用されていた企業価値評価手法がベースとなっているが，その後 M&A とは関係なく保険会社の決算に使われるようになり，1990 年代にヨーロッパやカナダを中心に広がった。当時の EV は TEV（traditional embedded value, 伝統的エンベディッド・バリュー）とよばれ，その後に登場した EEV（european embedded value, ヨーロピアン・エンベディッド・バリュー），あるいは MCEV（market consistent embedded value, 市場整合的エンベディッド・バリュー）とは区別されている。TEV は各社の手法が不統一であり比較可能性が乏しかったことから，2004 年 5 月には CFO フォーラム（ヨーロッパの大手保険会社 CFO が構成員）が標準化を目的とした EEV を制定し，各社の比較可能性の向上が図られた。さらに，4 年後の 2008 年 6 月には，保有契約から将来見込まれる利益の測定に，よりリスクを反映させた，市場整合的手法に基づく MCEV が制定される。

　MCEV は資産および負債の将来キャッシュフローを市場と整合的に評価するもので，ヨーロッパのソルベンシー・マージン比率や国際会計基準の保険契約における評価手法とも整合性がとられており，CFO フォーラムは加盟会社に対し，時限を決めて強制適用する方針を打ち出した。しかしながら，その直後（2008 年 9 月）にリーマン・ショックが起こり，世界的な金融市場の混乱を経て，新しい

国際財務報告基準（IFRS）における保険負債の会計ルールや，ヨーロッパの保険業界に対する新しいソルベンシー規制（後述のソルベンシーⅡ）についての議論が進められたことなどを受け，2011 年 4 月に MCEV の強制適用は撤回された。

　一方，国内生保に目を向けると，日本で最初に EV を開示したのは大同生命である。大同生命は 2002 年 3 月末に EV の開示に踏み切ったが，これは相互会社から株式会社化する過程で，社員への株式割当ての根拠となる寄与分計算をする必要があったからである。また，2008 年 5 月には第一生命が 10 年度の株式会社化に向けて EEV の開示を行い，さらに 08 年 11 月にはソニー生命が日本初となる MCEV の開示を行った。

　このように EV にはさまざまな手法があるが，その基本コンセプトは，前述の通り，修正純資産に既存契約と新規契約の割引現在価値を付加し，企業全体の潜在価値を計算することである。換言すれば，EV は簿価ベースの純資産価値に既契約と新規契約の将来キャッシュフローの現在価値を加えることによって株主に帰属する価値を計算しているのである。

ESR（経済価値ベースのソルベンシー比率）

　金融庁が 2025 年 4 月より実施を予定している ESR（economic value-based solvency）は，経済価値ベースのソルベンシー比率と翻訳されており，保険会社の企業価値評価に与える影響が大きい。ESR は，現行の SMR（solvency margin ratio，ソルベンシー・マージン比率）を経済価値ベースに変えるもので，国内すべての保険会社（生保・損保）が対象になる。今後，保険会社は，その算定が必要になるだけでなく，算定結果に対する妥当性の検証，および経済価値ベースに基づくリスク管理が求められる。

　表 20-1 は，2022 年 3 月期における，保険会社の「自社独自の ESR」と先述の EV の開示状況である。現在，保険会社は ESR の導入に向け独自の ESR を算定しており，生保は EV とあわせて 7 社が，損保は大手 3 社が開示している。

　日本におけるソルベンシー規制は，保険業法が改正された 1996 年に SMR として導入された。SMR は「通常の予測を超えるリスクの総額の 50％」を分母とし，そのリスクを補う「資本金・準備金などの支払余力」を分子とした比率であり，リスクの総額と支払余力が同額になる 200％ が金融庁による早期是正措置の発動基準になっている（第 23 章も参照）。しかしながら，1997 年から 2001 年にかけて，SMR が 200％ を超えていても，逆ざや（資産運用収益が保険負債の利息増加

表20-1 保険会社の「自社独自のESR」とEVの開示状況（2022年3月期）

	会社名	自社独自のESR	EV
生保	第一生命ホールディングス	開　示	EEV
	住友生命	開　示	EEV
	明治安田生命	開　示	EEV
	かんぽ生命	開　示	EEV
	ライフネット生命	開　示	EEV
	T&Dホールディングス	開　示	MCEV
	富国生命	開　示	非開示
損保	東京海上ホールディングス	開　示	－
	SOMPOホールディングス	開　示	－
	MS&ADホールディングス	開　示	－

（出所）　各社のIR資料を基に筆者作成。

分を下回る状況）により中堅生保7社が経営破綻したことから，SMRを経済価値ベースに変える必要性が認識されはじめた。

　これを受け，金融庁は2007年に「ソルベンシー・マージン比率の算出基準等に関する報告書」を公表し，SMRを経済価値ベースのESRに変える検討を開始した。現行のSMRは，負債の大半を占める責任準備金を取得原価で評価しているため，獲得した責任準備金の評価は原則として動かない。これに対し，ESRは資産および負債とも経済価値ベースで評価するため，金融市場の変動による影響も反映され，長期の負債を抱える生命保険会社の健全性を早い段階で確認することができるからである。

　その後，金融庁は2010年にESRの開発に向けたフィールド・テスト（導入に向けた影響調査）を実施し，それは現在も年1回のペースで行われている。また，2014年には監督指針にERM（後出）を追加した。これは，IAIS（保険監督者国際機構）が2011年に採択したICP（insurance core principal，保険基本原則）にERMが規定されており，ESRの検討にあたり，ERMの高度化に着手する必要があったからである。

　さらに，2016年以降のフィールド・テストでは，ICS（insurance capital standard，保険の国際資本基準）をベースにした仕様書が用いられている。これは，IAISが2013年から開発を進めているIAIG（internationally active insurance groups，国際的に活動する保険グループ）に適用されるICSが，経済価値ベースになっているからである。ICSは2020年から5年間のモニタリング期間を経て最終化され

た後，25 年から IAIG の PCR（prescribe capital requirement，規定資本要件）として導入される予定である。

3　保険会社の資本規制に関わる国際的動向

リーマン・ショックおよび EU の金融危機を契機として，世界的な金融規制改革が進んでいる。なかでも資本規制は保険会社の企業価値評価に大きな影響を及ぼすことが考えられる。以下，保険会社の資本規制に関わる国際的動向について述べる。

3.1　ERM

第 2 章で述べた ERM（enterprise risk management，全社的リスクマネジメント）の考え方に基づいて，大手金融・保険グループは現在，ビジネスから発生する予想外の損失をカバーするためにリスクのバッファーとして用意・配賦しておくべき必要な資本，すなわちエコノミック・キャピタル（経済資本）を評価し，実際に保有する資本が十分かどうかの確認を行っている。こうした動きに伴い，規制・監督面においても，個々の金融・保険グループの事業実態を反映したエコノミック・キャピタルの考え方を導入する動きがみられる。さらに，先の金融危機を契機とし，金融・保険グループ全体のリスクを非規制対象事業も含めて把握し，グループ全体の ERM の実施に向けた規制・監督が強化されている。

3.2　ソルベンシー II

ソルベンシー II は，2009 年 11 月に EU で策定され，ERM におけるリスクの定量化と資本管理の考え方を取り入れた資本規制として，16 年 1 月より実施されている。ソルベンシー II には，バーゼル II（バーゼル銀行監督委員会が銀行・保険業の自己資本比率等を定めた国際統一基準）の 3 本柱を参考とした，広範囲な新しい規制が含まれている。表 20-2 はソルベンシー II の 3 本柱の概略である。

第 1 の柱である定量的資本要件では，保険会社はリスクを計量化して必要資本額を評価し，これを上回る自己資本を保有することが求められる。また，市場と整合的な貸借対照表の作成が義務づけられる。さらに，保険会社の健全性を計測する指標として，SCR（solvency capital requirement，ソルベンシー資本要件），およ

表 20-2　ソルベンシーⅡの 3 本柱

第 1 の柱（定量的資本要件）	資産・負債の市場整合的評価，自己資本，経済的なリスク・ベースの SCR（ソルベンシー資本要件）と MCR（最低資本要件）
第 2 の柱（監督機関による定性的審査）	内部統制とリスク管理，保険会社のガバナンス態勢，監督上の検証ガイドライン，ORSA（リスクとソルベンシーの自己評価），監督当局の追加資本等の介入
第 3 の柱（市場規律）	透明性，監督目的のための情報提供，一般開示としての SFCR（ソルベンシーⅡにおけるソルベンシー財務状況報告書）

（出所）　P. スウィーティング（松山直樹訳）［2021］『フィナンシャル ERM：金融・保険の統合的リスク管理』第 2 版，朝倉書店，452-455 頁，を基に筆者作成。

び MCR（minimum capital requirement，最低資本要件）が定められており，必要資本額が SCR 以下になると規制対象となり，MCR 以下になれば保険の認可が取り消される。

　第 2 の柱である監督機関による定性的審査では，保険会社のガバナンス態勢が厳格であること，それを立証する根拠，監督上の検証ガイドラインなどの定性的要件が示されている。さらに，ORSA（own risk and solvency assessment，リスクとソルベンシーの自己評価）を検証する手続きや，追加資本等の介入が示されている。

　第 3 の柱である市場規律では，保険会社はリスクならびに資本管理の一般への情報開示，監督当局への報告が義務づけられ，SFCR（solvency and financial condition report，ソルベンシーⅡにおけるソルベンシー財務状況報告書）の提出が求められる。

　金融庁が 2025 年 4 月より実施を予定している，ESR を含む経済価値ベースのソルベンシー規制は，ソルベンシーⅡの 3 本柱を参考にしているものの，ソルベンシーⅡをそのまま導入するということではない。2020 年 6 月に公表された『経済価値ベースのソルベンシー規制等に関する有識者会議　報告書』では，ソルベンシーⅡを参考にしつつ，3 つの柱で財務の健全性をみるという考え方が示されている（表 20-3 参照）。以下，ESR の導入に向けた論点と方向性について述べる。

　第 1 の柱であるソルベンシー規制では，「標準モデル」「内部モデル」「保険負債等に関する妥当性検証の枠組み」「ESR に基づく監督措置」の 4 点について，

表20-3 「3つの柱」の考え方に基づく健全性政策

第1の柱（ソルベンシー規制）	ソルベンシー比率に関する一定の共通基準を設け，契約者保護のためのバックストップとして監督介入の枠組みを定める
第2の柱（内部管理と監督上の検証）	第1の柱で捉えきれないリスクも捕捉し，保険会社の内部管理を検証しその高度化を促進する
第3の柱（情報開示）	保険会社と外部のステークホルダーとの間の適切な対話を促し，ひいては保険会社に対する適正な規律を働かせる

（出所）　金融庁［2020］『経済価値ベースのソルベンシー規制等に関する有識者会議 報告書』10頁。

論点および方向性が示されている。

　まず「標準モデル」については，経済価値ベースのICS（保険の国際資本基準）は，あくまでIAIG（国際的に活動する保険グループ）を対象とした規制であり，日本のすべての保険会社を対象とするには検討が必要である。次に「内部モデル」については，実務的な要素が多いため，保険会社との対話を通じて検討を深め，保険会社の内部モデルの自己評価と金融庁による実態把握や論点抽出を行う。さらに「保険負債等に関する妥当性検証の枠組み」については，経済価値ベースの保険負債の評価方法は原則ベースで定め，保険会社による実績を踏まえた判断をある程度許容し，規制と整合的な一定のガイドライン等を設けることも必要である。最後に「ESRに基づく監督措置」については，現行の早期警戒制度との整合性を図るため，監督介入を開始する水準であるPCR（規定資本要件），および業務停止等の最も強い監督行動を発動しうる水準であるMCR（最低資本要件）を定め，ESRの水準に従って対応レベルを上げていく仕組みを構築する。

　第2の柱である内部管理と監督上の検証では，現在，保険会社におけるERMの取組みや，金融庁によるORSAレポートの制度化など，経済価値ベースの考え方に一定の進捗がみられるが，2025年までに保険会社の内部管理態勢，および金融庁の監督態勢の双方を高度化し，経済価値ベースの制度への円滑な移行を促すことを目的として，第1の柱の導入を待たずに早期に取組みを開始するとしている。第3の柱である情報開示では，第1の柱の検討を待たなければ確定できない項目が多く，第1の柱がある程度固まった頃に，より詳細な開示項目の検討を進めるとしている。

3.3 IFRS

IFRS（国際財務報告基準）は，IASB（国際会計基準審議会）により設定される会計基準で，その承認手続き・適用形態に違いはあるものの，日本を含む多くの国で，GAAP（generally accepted accounting principle，一般に公正妥当な会計処理基準）として財務諸表の作成に用いられている。

現在のSMRは，現行の財務会計の情報を基に計測されており，財務諸表が監査済みであることから，その数値の信頼性は一定程度担保されている。しかしながら，新しく導入されるESR（経済価値ベースのソルベンシー比率）は，財務会計以外にも必要とされる情報（金利リスクの評価など）が拡大するため，IFRSとの整合性を検討する必要がある。

IFRSは日本では任意適用であるが，今後，外部のステークホルダーに対する透明性と比較可能性を促進するうえで，保険契約の認識・測定の共通尺度になることが想定される。なかでもIFRS第17号は，現行のIFRS第4号「保険契約」に代わるもので，保険負債の評価は経済価値ベースになっており，2023年1月1日以降開始される事業年度より適用される。

損保大手3社（東京海上，SOMPO，MS&AD）はIFRS基準の検討を始めているが，生保は超長期の保険が多く，金利リスクの占有率が高いため，ERM，ESRだけでなく，財務会計も経済価値ベースになれば実務の負担が増えることが懸念される。

【練習問題】

1 保険会社の価値を創造する2つの手法（貸借対照表の「負債の部」と「資産の部」における価値創造）を説明しなさい。また，自己資本と保険契約準備金のトレードオフ（経済的に両立しえない関係がみられ，一方を追求すると他方が犠牲になること）について述べなさい。

2 生命保険会社が開示しているEV（エンベディッド・バリュー）の基本コンセプトについて述べなさい。

3 現行のSMR（ソルベンシー・マージン比率）と，金融庁が2025年4月より導入を予定しているESR（経済価値ベースのソルベンシー比率）の違いについて述べなさい。

第21章

損害調査と保険金支払い

> **●この章で学ぶこと●**
>
> □　損害調査の目的である適正・迅速な保険金支払いの重要性を理解する。
> □　事故の通知受付から保険金支払いまでの損害保険の損害調査のプロセスを概観する。
> □　生命保険において被保険者の生死が保険金支払事由となることを理解し，事故の通知・請求書類の受付から保険金支払いまでの手続きを概観する。
>
> **●キーワード●**
>
> 事故の通知，人身損害，財産損害，求償権代位，法律上の損害賠償責任，
> 保険金支払事由，詐欺

1　損害調査の目的

　損害調査の目的は，適正・迅速な保険金支払いを実現することである。適正な保険金支払いとは，保険契約によってカバーされた損害について，その契約条件に従った保険金を支払うことである。保険会社が契約に基づいた正当な保険金請求について支払いを拒否すれば，保険契約者らは不利益を被り，また，最終的にはその保険会社も評価を下げることになるかもしれない。反対に，保険会社が精査することなく保険金を支払えば，保険会社は不必要な損失を被るだけでなく，損害額を水増しした保険金請求や偽装事故による請求など極端なモラルハザードを誘発することにもなりかねない。さらに多額の保険金支払いが将来の高額の保険料に反映されることにより，契約者の利益も損なわれる。

　このように保険会社は，適正な保険金支払いのために綿密な調査を行うことが求められるが，そのために保険金支払いまでに長い時間が必要となっては，発生した損失に対する経済的負担を軽減するという保険のリスク移転機能が大きく損なわれることにもなる。たとえば，火災によって住宅を失った契約者に対して保

険金支払いが遅れると，建替えが先延ばしされ，その間の仮の住宅の賃貸料など
さらなる間接損害が生じることとなるし，被保険者は，十分な貯蓄を用意するな
ど，保険以外の手段による対応を考えなければならなくなる。このように，迅速
な保険金支払いもまた，損害調査の主要な目的であるといえる。

2 損害保険の損害調査

　損害保険は，それを購入することにより，将来生じるかもしれない多額の損害
に関して個人が経済的準備をする必要がなくなるという効果や，また，これによ
り安心を得るという精神的効果を与えるものである。また，保険会社は，契約者
に対してロスコントロール・サービスなどを提供する場合もある。このように損
害保険は，たとえ事故が起こらなくても，契約者に対してさまざまな有形，無形
のサービスを提供しているといえる。

　しかし，損害保険から得られる最大のサービスは，実際に損害が発生した際の
保険金の支払いであろう。支払われる保険金は，保険会社が行う損害調査業務を
通して決定される。以下では，保険会社の損害調査の目的を理解したうえで，そ
のプロセスを概観し，さらに賠償責任保険と財産保険の損害調査の内容をみてい
く。

2.1 損害調査のプロセス

　損害調査は，保険の種類によっても異なるが一般に図21-1のようなプロセス
で行われる。

事故の通知受付

　事故により損害が発生すると，被保険者または契約者は，損害発生の通知を保
険会社に対して行わなければならない。また，契約者，被保険者または保険金受
取人は，保険事故により損害が発生したことを知ったときは，損害の拡大防止に
努めなければならないという，損害拡大防止義務を負っている。同時に，これら

図21-1　損害調査のプロセス

事故の通知受付 ➡ 契約の確認 ➡ 調　査 ➡ 保険金支払い

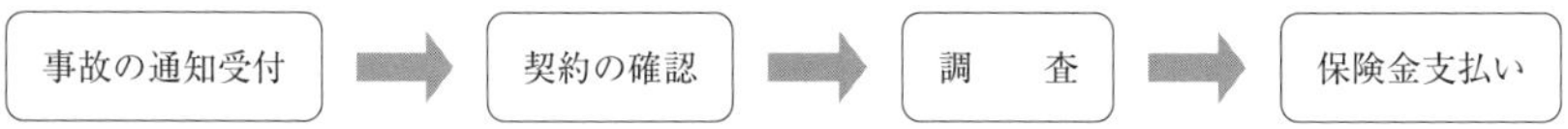

の当事者は，事故または損害が発生したことを，遅滞なく保険会社に通知するという，通知義務も負っている。

保険会社は，事故の通知を受けたら，まず，契約者名や保険証券番号など契約に関する確認を行うとともに，その後の損害調査を円滑に進めるため，事故の状況の確認を行う。たとえば，自動車保険の場合は，事故の発生場所，日時，事故原因，損害の程度，被害者がいればその住所・氏名など，その時点で把握可能な情報をできる限り聴取しなければならない。また，このような契約と事故に関する確認を行うとともに，損害拡大防止のための付随サービスを提供したり，契約者や被保険者が損害拡大防止義務を速やかに果たせるように，講じるべき措置を示したりする。たとえば自動車保険の場合は，レッカー車を手配したり，警察への事故届出，事故現場の写真撮影，修理工場への車両の搬入などを依頼し，また，火災保険においては，その後の調査のため現状を極力保存することを求めたりする。さらに，この段階で保険金請求のための必要書類の記載方法などにつき指示することもある。

契約の確認

事故の通知を受けた保険会社の次の手続きは，契約内容の確認である。通知された事故が契約の保険期間内に生じたものか，事故の原因および事故による損害が保険契約によりカバーされるものかを確認する必要がある。

そのために，通知を受けた保険会社は，直ちに保険契約申込書により，担保危険，保険始期・終期，保険金額，免責金額，特約の付帯状況および保険料の払込みの有無などについて確認しなければならない。さらに，火災保険の場合は保険の目的物に対する抵当権設定の有無，自動車保険の場合は被保険自動車の登録番号，用途・車種，運転者の年齢条件などについても明確にする必要がある。

調　査

このようなすでに登録されている情報を中心とした確認を行ったうえで，保険会社は，事故の状況・原因，損害の種類とその金額，第三者への損害賠償請求権の発生の有無などを調査することとなる。

なかでも，保険会社がとくに時間と労力を費やすのが損害の種類と金額の調査である。損害保険の対象となる損害は保険の種類によって異なるが，大きく人身損害および財産損害に分類される。人身損害には，傷害により発生する治療費や休業損害，後遺障害・死亡の場合の将来得られたであろう利益の喪失分である逸

失利益，死亡の場合の葬儀費用，そして慰謝料などが含まれる。財産損害には，損傷を受けた物件自体の損失が中心であり，全焼・全損の場合はその時価額または再調達価額，修繕・修理が可能な場合はそれにかかる費用がこれにあたる。さらに，営業用自動車などの休車による利益の喪失や住宅火災の場合の宿泊費など，損傷を受けた物件が使用できないことによる損害も間接損失として財産損害に含まれる。

　保険会社は，これらの損害のうちどれが発生し，またその額がいくらなのかについて必要に応じて保険事故の現地において調査を行う。たとえば，火災保険の場合は，火災発生場所において保険の目的物が実際に罹災したのかを確認し，支払保険金の計算基礎となる保険価額と損害額の調査を行う。この際，警察や消防，その他の第三者からの情報収集を行うことが必要な場合もある。自動車保険では，事故現場を確認したり，警察，目撃者または被保険者に協力を求めるなどして事故状況，事故原因および賠償責任関係を明確にしなければならない。さらに，人身事故の場合は受傷の程度や休業の有無を把握しなければならず，物損事故の場合は被害物件を確認したり自動車修理工場に赴いたりすることにより損害の内容を調査する。任意自動車保険の場合，保険会社は，被保険者と損害賠償請求者との示談交渉について援助を行い，被保険者の同意があれば，さらに損害賠償請求者と直接示談交渉を行うこともある（第10章参照）。

　これらの調査の際には，慎重さが必要であると同時に，早期の保険金支払いのために迅速な対応を行わなければならない。また，事故当事者は精神的に混乱したり衝撃を受けたりしている場合もあるため，これを十分考慮した行動が必要であることはいうまでもない。

保険金支払い

　このような事故調査により，保険金を支払うことが確定すれば，速やかにその具体的な手続きに入ることとなる。まず，保険金請求者に保険金請求書の提出を求め，その不足・不備を補充したうえで，保険金額や免責金額など保険契約の内容に従って，支払額を計算する。その額を保険金請求者に提示し合意を得たうえで，保険金として支払うこととなる。

　実損填補型の損害保険においては，第三者である加害者の行為によって被保険者の被った損害について保険会社が保険金を支払ったときは，図21-2にあるように，支払った金額の限度において，また，被保険者の権利を害さない範囲で，

図21-2 代位の仕組み

賠償請求権は被保険者から保険会社に移転する。これは，**求償権代位**とよばれ，被保険者が，保険会社に対する保険金請求権と加害者に対する損害賠償請求権の両方を行使することにより，利得を得ることを禁止するものである。ただし，任意自動車保険の自損事故保険や搭乗者傷害保険，その他定額給付の傷害疾病保険については代位による権利の移転は生じない。

2.2　賠償責任保険の損害調査のポイント

　自賠責保険や任意自動車保険の対人賠償責任保険および対物賠償責任保険では，事故によって損害を被るのは，保険契約の当事者以外の第三者である自動車事故被害者である。この損害について被保険者が法律上の賠償責任を負う場合に，その賠償債務が保険でカバーされることとなる。このように賠償責任保険は，被害者の被った損害が直接保険によりカバーされるのではなく，その損害について被保険者が損害賠償責任を負う場合に被保険者の被る経済的損失を塡補するものである。したがって，その損害調査は，第三者に損害が生じた場合にその損害について加害者である被保険者が**法律上の損害賠償責任**を負うか否か，負うとした場合はどの範囲かといった損害賠償関係と，それについて保険会社がどの範囲で塡補するかといった損害塡補関係の2段階で行われることとなる。

2.3　財産保険の損害調査のポイント

　火災保険や自動車保険の車両保険などのいわゆる財産保険は，保険の目的物である住宅や自動車に発生した損害を塡補するものであり，その損害調査のポイントは賠償責任保険とは異なり，保険価額，保険金額（第9章参照），および損害額との関係が重要となる。

賠償責任保険においては，損害賠償関係と損害塡補関係などにおいて当事者間に争いが生じることも少なくない。このような紛争は，裁判に持ち込まれる場合もあり，その場合解決までに長期間を要する事態となることもある。とくに，頻発する自動車事故について紛争により自賠責保険の保険金支払いが遅れれば，被害者救済という自賠責保険の目的（第10章参照）が著しく損なわれることとなる。そのため，自賠責保険の保険金支払いに関する紛争を公正・的確に解決するため，一般財団法人自賠責保険・共済紛争処理機構が設立されている。同機構は，自賠責保険・共済からの支払いに関わる紛争が発生した場合に，公正中立で専門的な知見を有する法律実務者，医師，および学識経験者などから構成される紛争処理委員が審査し調停を行うことにより，通常の裁判に比べ紛争の迅速な解決を図ろうとするものである。

このような裁判以外の手段で紛争を解決しようとする試みは，裁判費用の高額化を経験しているアメリカなど諸外国においても行われており，裁判外紛争解決手続き（alternative dispute resolution, ADR）とよばれている。

たとえば，火災保険では，保険金は，比例塡補方式または実損塡補方式のいずれかで決定される（第9章参照）。保険価額が共通の基準で決定されていると仮定すれば，保険金額が保険価額に等しい，いわゆる全部保険では，いずれの方式でも損害額に等しい額が保険金として支払われる。一方で保険金額が保険価額より下回るいわゆる一部保険の場合には，実損塡補方式と比例塡補方式のいずれを選択しているかにより，支払われる保険金が異なる。たとえば保険価額2000万円の建物に保険金額1600万円を付し，保険事故により1000万円の損害が発生した場合に，実損塡補方式が選択されていれば，保険金額を上限として実際に被った損害と同額の保険金が支払われるため，保険金は以下の通り1000万円となる。比例塡補方式では以下の算式で保険金が決定される。

実損塡補方式：保険金＝保険金額を上限とした損害額＝1000万円

一方で比例塡補方式の場合の保険金は，実際の損害額に，保険価額に対する保険金額の割合を乗じて決定される。上記と同じ保険価額，保険金額，損害額で，純粋な比例塡補の場合には，保険金は以下の通り800万円となる。

$$\text{比例塡補方式：保険金} = 1000\text{万円} \times \frac{1600\text{万円}}{2000\text{万円}} = 800\text{万円}$$

　保険契約には，控除免責金額またはコ・インシュアランスが組み込まれている場合がある。控除免責金額が設けられている場合，保険金は損害額から免責金額を控除して決定され，コ・インシュアランスがとられている場合は損害額のうち約定の割合が契約者の自己負担となる。これらは，損害額の一部を保険会社と契約者との間で負担し合うという，リスク・シェアリングであるといえる（第3章参照）。たとえ少額であっても，損害の一部を負担する立場にある契約者または被保険者は，事故防止，損害拡大防止のための努力を進んで行うと期待できることから，控除免責金額とコ・インシュアランスは，モラルハザードが深刻化することを防ぐ機能を有するものである。さらに，控除免責金額は，低額の損失を保険金支払いの対象外とすることにより，それにかかる保険会社の経費を節減し，ひいては付加保険料を低廉化することにも貢献するものである。

　火災保険を含む財産保険においては，実損塡補方式がとられていれば，支払われる保険金が実際の損害額を超えることはない。第6章において述べた通り，保険に加入していない場合，人は損害が発生しないように細心の注意を払うであろう。しかしながら，保険に加入していれば，万一損害が発生しても保険金が支払われるため，保険契約者はそれにより損失を補塡することができる。このような安心感から保険契約者は，保険に加入しなかった場合よりも，意図せず損害防止・縮小のための努力水準を低下させるかもしれない。このような保険契約後の当事者の行動変化により，期待損失が引き上げられることはモラルハザードとよばれるが，この問題は，仮に実際の損害額を超える保険金が支払われることとなった場合，さらに深刻となるおそれがある。すなわち，保険契約者は保険事故が発生すれば損害額を超えて利得を得ることが可能となれば，意図的に保険事故を発生させたり，損害を拡大させたりするかもしれない。このように意図的に保険事故を招致した保険金不正請求を回避することにも，財産保険の実損塡補方式は役立っている。

　企業が火災保険を付す場合には，保険料を節約するためにも，リスク保有可能な範囲で比例塡補方式が選択される場合があるが，個人契約の住宅総合保険などの火災保険では，復旧のため契約者の自己負担が過大にならないよう，実損塡補方式が選択されることが多い。

3 生命保険の保険金支払い

　生命保険は，実損填補を原則とする損害保険とは異なって定額給付であり，保険金支払事由が生じた場合に，あらかじめ設定した保険金額に従って保険金を支払うものである。このため，生命保険においては，保険金支払事由が実際に発生したのかどうか，告知義務違反（第17章参照）や詐欺がないかどうか，免責事由にあたらないかどうかを確認することが保険金支払いの重要なポイントとなる。

3.1 保険金支払事由

　保険金支払事由は保険事故とよばれ，これに基づけば，生命保険は，死亡保険，生存保険および生死混合保険の3つに分類される（第12章参照）。

　死亡保険において保険事故は，被保険者が所定の保険期間内に死亡したこととなる。ただし，終身保険においては，期間の制限はなく，保険始期後に死亡すれば，それが保険事故となる。また，死亡保険は，一般に被保険者が高度の後遺障害を負った場合に死亡保険金と同額の高度障害保険金を支払うこととしており，この場合の保険事故は，被保険者が傷害または疾病によって両目の視力を失ったり，両手を失ったりするなど，約款に定められた高度後遺障害を負うことである。

　生存保険においては，被保険者が所定の期間満了まで生存したときに満期保険金が支払われるもので，満期時の被保険者の生存が保険事故となる。

　養老保険など生死混合保険においては，被保険者が所定の期間内に死亡した場合は死亡保険金が，期間満了まで生存した場合は満期保険金が支払われる。したがって，この場合の保険事故は，期間内の被保険者の死亡または満期時の被保険者の生存ということになる。

　生命保険は，このような被保険者の生死について保険金を支払う主契約部分に，さまざまな特約が付加されている場合が多い。たとえば三大疾病保障特約，通院特約および介護特約などがあり，これらの特約においては，被保険者の生死に関わりなく，特定の疾病にかかったり，通院したりすることが保険金支払事由となる。

図 21 - 3　生命保険の保険金支払いのプロセス

| 事故の通知受付 | ➡ | 請求書類の受付 | ➡ | 調　査 | ➡ | 保険金支払い |

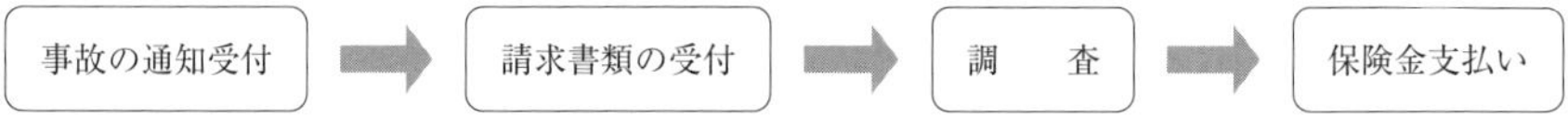

3.2　保険金支払いのプロセス

　生命保険の保険金支払いのプロセスは，保険の種類により異なるが，おおむね図 21-3 の通りである。

事故の通知受付

　死亡保険の場合，保険契約者または保険金受取人は，保険事故である被保険者の死亡を知ったときには，遅滞なくその旨を保険会社に通知することが求められる。保険会社が，保険事故発生の通知を受けると，死因の調査，死亡の種類の確定，および保険金の迅速な支払準備を行うこととなる。高度障害保険金の場合も，同様に，事故により後遺障害を負った旨を保険会社に通知することとなる。

　一方，満期保険金の場合，契約者または保険金受取人は，請求に必要な書類を直接保険会社に請求すればよい。

請求書類の受付

　事故の通知を受けた後，保険会社は契約者または保険金受取人に請求書類の提出を求めることとなる。請求手続きに必要な書類は，保険会社が用意している支払請求書，被保険者および保険金受取人の戸籍謄本または抄本，保険金受取人の印鑑証明書，保険証券，および最終の保険料の払込みを証する書類などである。死亡保険金の受取りには，保険会社は，これらに加え死亡診断書または検案書の提出を求めることとなる。被保険者と保険金受取人の戸籍謄本などは被保険者の生死，被保険者が契約申込み時の被保険者と同一人か否か，保険金受取人の生存などの確認に使われる。また，保険金受取人の印鑑証明書は，保険金の請求者が保険金受取人本人であることを確認するために必要なものである。また，死亡診断書などは，死因や死亡年月日などの立証のためのものである。

調　査

　これらの請求書類が提出されても，契約時の告知義務違反があるか，免責事由が存在するか否か，または死亡の確認が可能かどうかなど，書類上の調査だけでは保険金の支払いの判定が困難な場合がある。この場合は，保険会社は，実際に

調査を行うこととなる。保険契約者は，保険会社に対して契約の申込みの際に重要な事実（第4章，第17章参照）について告知義務を負っており，また，契約締結後も，被保険者の健康状態が著しく変化するなど，重要な事実に変更が生じた場合には，契約者はこれを通知しなければならない（第4章参照）。これに違反している場合は，保険会社は契約を解除できる。さらに契約上の被保険者とは異なるより健康状態の良い別人が，医的診査（第17章参照）を受けて保険契約の内容を有利とするなど，保険詐欺の場合も契約は無効となる。保険会社は，このような告知義務違反や詐欺の疑いのある場合は，より詳細な調査を行うこととなる。

　また，保険金受取人または保険契約者が故意に被保険者を死亡させた場合には免責事由として保険会社は保険金支払いの義務を負わない。提出された書類ではこれらの免責事由にあたるか否かが判然としない場合は，事実を究明するため調査が必要となる。

　このほか，生命保険には，各種特約などにより被保険者の生死と関わりなくさまざまな保険金または給付金を支払うものがあり，これらについても保険会社は，告知義務違反がないか，免責事由にあたらないかなどについて調査を行う場合がある。

保険金支払い

　生命保険の保険金は，基本的に前述の手続きを経て支払われるものの，これらは，被保険者の被扶養者や，被保険者自身のその後の生活資金にあてられる場合が多く，速やかな支払いが求められる。そのため，調査などにとくに期間が必要な場合を除いて，比較的短期間で保険金を支払わなければならない。

【練習問題】
　①　人身損害と財産損害にはそれぞれどのようなものが含まれるか，具体例をあげなさい。
　②　賠償責任保険の損害調査において確認すべきポイントをあげなさい。
　③　生命保険の保険金支払事由は何か，保険の3タイプごとに述べなさい。

第22章

保険経営の組織・規律と業界再編成

◉**この章で学ぶこと**◉

□ 日本の保険会社がどのような組織で運営されているのかを，組織図を用いて明らかにする。

□ 保険会社のコーポレート・ガバナンスについて基本的な知識を学習する。

□ コンプライアンスについて基本的な知識を学ぶ。

□ 1990 年代以降の日本に生じた企業破綻と企業の再編について明らかにし，今後の保険業界を展望するための基礎的な知識を獲得する。

◉**キーワード**◉

コーポレート・ガバナンス，プリンシパル・エージェント・モデル，コンプライアンス，アカウンタビリティ（説明責任），バブルの崩壊，業界の再編成

1 保険会社の組織と戦略

　保険会社の組織は，商品の特性が相違するため，事業会社のそれとは異なる点が多い。とくに生命保険については製品別ないしは地域別事業部制を採用することは少ない。それはバランスシートの資産側のほとんどが金融資産であり，企業専用の資産がほとんどないことからも想像がつく。さらに日本の保険会社は，資産運用においてスケールメリットを狙って合同勘定で運用する傾向があったため，商品ごとの厳密な収益性をチェックするのに適した組織構成を採用していない。いいかえれば，事業会社と比較して，原価計算や収益性のチェックを容易とする組織構築が難しいことが特徴である。その代わりバランスシートの負債側が保険料収入に依存することから，募集組織（保険では法律用語から販売といわずに募集ということが多い）を中心とした組織構築が行われてきた。

　図 22-1 は，戦前の中堅生命保険会社の組織図である。社長—常務取締役以下，

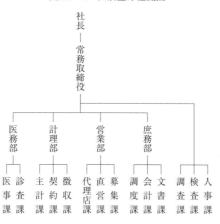

図 22 - 1 　共済生命組織図

社長
常務取締役

医務部
　診査課
　医事課

計理部
　徴収課
　契約課
　主計課

営業部
　募集課
　直営課
　代理店課

庶務部
　文書課
　会計課
　調度課

　人事課
　検査課
　調査課

（出所）　共済生命保険株式会社「社報」（1927 年）より。

4 部 11 課の体制に，人事課・検査課・調査課というスタッフ組織から構成されている。これに対して，近年の生命保険会社の組織は，図 22-2 に示すように募集組織を中心として精緻化している。

　図 22-3 は，昭和 30 年代の損害保険会社の組織図である。5 つの業務においてそれぞれ担当常務がおかれ，全国の支店についての統制は直轄されていたことがわかる。また，海上保険と火災保険を中心とする組織であったこともわかる。損害保険会社の最近の組織図は煩雑なので掲載を控えたが，要点だけを述べると，自動車保険，積立保険，新種保険などが業務部・推進部として独立するほか，システム開発部などのシステム関連の業務のウェイトが高くなっている。また損害保険の新しい形態として，東京海上日動などを統括する持株会社東京海上ホールディングスの組織図を図 22-4 に掲載した。なお一般的には，旧来の製品別組織から企業物件と個人物件というように顧客セグメント別の組織に変化する傾向がある。

　保険会社の意思決定過程について解明した研究が少ないため，本章では「戦略が組織を規定する」(Strategy follows structure) という有名なチャンドラー (Alfred D. Chandler, Jr., 1918-2007) の命題を，日本の保険会社の事例に即して明らかにすることはできない。ただし保険業の規制と保険会社のコーポレート・ガバナンスの特徴から推測すれば，トップ・マネジメントの果たす機能はアメリカ企業と比

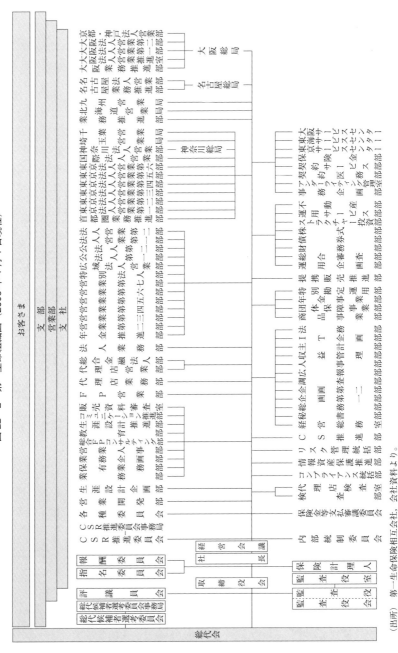

図 22-2　第一生命組織図（2006 年 4 月 1 日現在）

（出所）　第一生命保険相互会社、会社資料より。

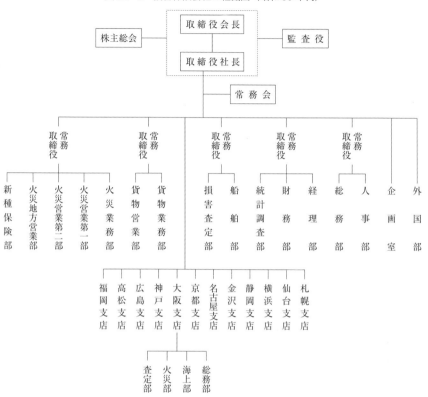

図 22 - 3　損害保険会社の組織図（昭和 30 年代）

株主総会 — 取締役会長 / 取締役社長 — 監査役

常務会

取締役 常務
新種保険部
火災地方営業部
火災営業第二部
火災営業第一部
火災業務部

取締役 常務
貨物営業部
貨物業務部

取締役 常務
損害査定部
船舶部
統計調査部
財務部
経理部

取締役 常務
総務部
人事部
企画室
外国部

福岡支店
高松支店
広島支店
神戸支店
大阪支店
京都支店
名古屋支店
金沢支店
静岡支店
横浜支店
仙台支店
札幌支店

査定部
火災部
海上部
総務部

図 22 - 4　東京海上ホールディングスの組織図（2012 年 7 月 1 日現在）

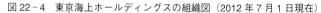

監査役
監査役会

株主総会
取締役会 — 指名委員会 / 報酬委員会 / 内部統制委員会
経営会議
担当役員

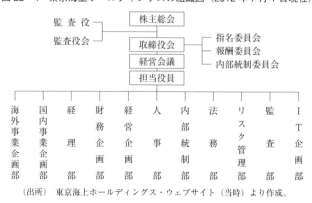

海外事業企画部
国内事業企画部
経理部
財務企画部
経営企画部
人事部
内部統制部
法務部
リスク管理部
監査部
IT企画部

（出所）東京海上ホールディングス・ウェブサイト（当時）より作成。

べて広くない。しかし後述するように，保険の自由化に伴って，トップ・マネジメントの重要性は高まってきており，近年外国人株主比率が高まっていることから，強い株主に象徴されるアメリカ型のコーポレート・ガバナンスに変化しつつあるので，トップダウンの機敏なマネジメントに対応できるような組織に変化しつつあるともいわれている。

2　保険会社のコーポレート・ガバナンス

2.1　コーポレート・ガバナンスをめぐる日米の議論の比較

コーポレート・ガバナンスという用語は，日本において，文脈によってはかなり広い意味で使われている。また，この用語を使わなくても十分に説明できたことについてまで使われており，その意味ではコーポレート・ガバナンスは，まさに流行語である。そこで，本節では，まずコーポレート・ガバナンス概念について若干の解説を行う。

コーポレート・ガバナンスは，コーポレート・マネジメント（戦略に関わる重大な経営課題の決定と実施）に対するモニタリングとチェックの仕組みである。したがって社外取締役制度やストック・オプション制度は，コーポレート・ガバナンスに関わる問題の1つである。法律でコーポレート・ガバナンスの問題とされている中心は，会社の意思決定機関の構成ないしは内部統制である。ただし，ここで注意しておかなければならないことは，役員会の人数やその構成自体がコーポレート・ガバナンスの主眼ではないことである。すなわち，コーポレート・ガバナンスは，コーポレート・マネジメントに対するモニタリングとチェックの仕組みという視点を欠いてはならない。

では，企業のコーポレート・マネジメントに対して誰がモニターし，チェックするのであろうか。現代の大企業は専門経営者による経営者企業（managerial enterprise）であるので，それは株主であると考えるのが妥当であろう。この概念の誕生地であるアメリカにおけるコーポレート・ガバナンス論は，強い経営者と強い株主の対抗関係が基軸となっている。たとえば，アメリカ企業をめぐって，次のような主張が繰り広げられた。「強い経営者によって株主主権が妨げられている。いったい企業は誰のものであろうか」。反対に，「強い株主によって経営者

の視野が短期的な利益にとらわれており，長期的な戦略見通しが阻害されている」。実は，ステークホルダー論は，こうした議論のなかから生まれた。強い株主による会社売却に対抗する強い経営者側の論理として，会社売却に際しては従業員および地域住民の利害関係も考慮すべきであるということから生じたものである。こうした議論で注意すべきは，「会社が誰のものであるのか」という課題が，コーポレート・ガバナンス論の主眼であるとなると，限りなく哲学論議が展開してしまうおそれがあることである。このような議論においても，またコーポレート・ガバナンスは，コーポレート・マネジメントに対するモニタリングとチェックの仕組みという視点を欠いてはならないのである。

日本のコーポレート・ガバナンス論の最大の特徴は，弱い株主，弱い経営者を機軸として，強い従業員が介在する点である。つまり日本の大企業の従業員主権モデルを中心としたコーポレート・ガバナンス論である。この議論は，日本企業の経営の特質を国際比較の視角から明らかにするうえで有効な議論を導き出したが，主権論に傾きすぎると，企業意思決定に対する仕組みという観点から離れてしまう危険性をはらんでいる。

2.2 コーポレート・ガバナンス論の理論的前提

コーポレート・ガバナンスの議論には，重要な理論的前提がある。経済学でプリンシパル・エージェント・モデルとよばれている考え方である。たとえば経営者に企業経営を委託する株主をプリンシパル（依頼元），委託された経営者をエージェント（代理人）とすれば，株主と経営者の間に存在する情報の非対称性によって，さまざまなコストが生じる可能性がある。このコストによってもたらされる非効率問題をエージェンシー問題という。プリンシパルは，エージェントに依頼通りに行動してもらうために追加的なコストの支出が必要となる場合もあるし，またエージェントが機会主義的行動をとることを妨げることができない可能性もある。コーポレート・ガバナンス論の理論的前提として，株主と経営者の間のエージェンシー問題を最小化し，より効率的な企業システムのあり方をめざすという考えがあることを忘れてはならない。

2.3 保険会社のコーポレート・ガバナンス

保険会社のコーポレート・ガバナンスは，理論的前提を踏まえていえば，少なくとも次の2つの局面がある。

(1) 契約者・株主がプリンシパル，経営者がエージェントという関係。

(2) 保険会社がプリンシパル，投融資先企業がエージェントという関係。

前者の局面(1)が，一般にいうコーポレート・ガバナンスである。情報の偏在によって生じうる経営者の機会主義的行動の阻止（モラルハザードの防止），および効率的経営の阻害要因の除去といった観点から，コーポレート・マネジメントに関するモニタリングとチェックの仕組みが論じられる。日本の生命保険会社には，相互会社という企業形態を採用している会社が多いが，その場合，契約者＝社員であるため，株主＝社員の株式会社のコーポレート・ガバナンスとは異なる仕組みとなる。また保険会社においても，社外取締役の採用が進められているのは，社内役員による内部の利益を優先しがちな経営を，株主あるいは契約者の立場からチェックを行うものとして期待されているためである。これらは，すべて(1)の局面に属するコーポレート・ガバナンスである。このような局面を，保険会社の内部的コーポレート・ガバナンスとよぶことがある。

保険会社をめぐるコーポレート・ガバナンス論において，保険会社がプリンシ

パルであり，投融資先企業がエージェントであるという後者の局面(2)は，これまであまり重要視されてこなかった。これを保険会社の外部的コーポレート・ガバナンスとよぶことにする。外部的コーポレート・ガバナンスは，メインバンク制や株式持ち合いなどを中心に日本の企業システム論として盛んに議論されてきた。そのため，銀行を中心とした金融システムについての研究は数多くある。しかしながら，保険会社については，「物言わぬ大株主＝安定株主」というレッテルが貼られ，コーポレート・ガバナンスに保険会社が果たした役割に積極的な評価が行われてこなかった。さらにとくに生命保険会社には相互会社が多く，厳密な意味での株式持ち合いが不可能なため，法人営業を勘案した政策投資の性格が強調され，保険会社は，日本の企業システムにおいて，ガバナンスに関して積極的な役割を果たしていないと評価されている。

しかしバブル以後，保険会社のこのようなコーポレート・ガバナンスに若干の変化が現れている。たとえば，相互会社と株式会社の実質的な持ち合い関係を生み出す，劣後債と株式の持ち合いが行われている。またかつては含み益狙いの株主であり，まさに「物言わぬ株主」であった保険会社が，投融資先の会社において「発言」するようになったとの報道もなされている（コラム❸参照）。外部的コーポレート・ガバナンスにおける保険会社の果たす役割は，日本の新しい企業システムの制度設計にとって重要なものであることは間違いない。

3　保険金不払問題と保険会社のコンプライアンス

3.1　保険金不払問題

保険会社の保険金不払問題は，保険会社の信頼を損ない，その結果，社会的に大きな損失が生じた。ただし，この問題を考えるときには，さまざまな要因による不払いがあり，また不払額の大きさが各社の不払いに対する責任の大きさと必ずしも比例しないなどの点を十分に考慮したうえで，冷静に検討する必要がある。

どのような理由にせよ，本来支払われるはずの保険金や給付金が契約者に支払われていないケースが存在することは一般的には許されることではない。しかしながら，保険会社の努力にもかかわらず，契約者や保険金受取人等の住所不明などにより支払うことのできない保険金・給付金があることは事実である。不払問

生命保険会社は，多額の株式を保有しているが，議決権行使には消極的だと考えられていた。たとえば，かつて主要生命保険・損害保険 15 社が株式を保有する会社の株主総会で会社提案に反対した割合は 1% 未満であると報じられた（『日本経済新聞』2003 年 8 月 3 日）。その理由は，保険会社の保有株式に，いわゆる法人営業目的で保有する「政策株式」が含まれているからである。

しかし，2014 年に，主要な生命保険会社および損害保険会社 19 社が，「日本版スチュワードシップ・コード」の導入を表明した（『日本経済新聞社』2014 年 6 月 23 日）。「日本版スチュワードシップ・コード」とは，対話や議決権行使などで投資先企業の経営改善を促す行動規範であり，金融庁が同年 2 月に作成し，機関投資家にその導入を促したものである。これにより生損保が，「物言う株主」へと一歩前進したことは事実だが，同「コード」に法的拘束力はなく，いわゆる「政策株式」も売却されたとまではいえないことから，他の機関投資家と比較して機関投資家としての責任については「見劣り」すると考えられていた。

最近，この状況は徐々に変わり，一部の保険会社では，議決権行使を厳格に判断するという動きがみられているようだ（『日本経済新聞』2023 年 10 月 4 日）。この動きの背後には，機関投資家としての責任という原則に加えて，次の 2 つの要因がある。1 つは，投資先企業の企業価値の向上に関して ESG への取組みが重要となっていることだ。ESG への取組みには時間がかかるため，短視的な経営者では徹底することが難しい。ところが，長期的な保険契約を保有している生命保険会社にとっては，短期的な収益よりも，長期的な観点に立った ESG 投資のほうが重要である。これが，生保が「物言う株主」へ本腰を入れる 1 つの理由である。これを内在的な要因とすれば，もう 1 つの要因は外在的な要因といってよい。2024 年 2 月に損害保険会社各社は，政策株式を段階的に売却する方針を表明した。その理由は，企業向けの保険を事前調整していた件を問題視した金融庁から売却の加速を求められたためである（『日本経済新聞』2024 年 2 月 29 日）。これが，生命保険の政策株式の解消にも影響するかどうかは未知数ではあるが，少なくとも保険会社の持ち合い解消に弾みがついたことは事実である。

題の本質の 1 つは，保険会社の保険金支払いに関する努力水準をどの程度にすべきかという点にあった。

保険契約者あるいは保険金受取人から保険金・給付金の支払請求があってはじめて支払うというのが請求主義である。その意味では，不払事例の多くは，厳格な請求主義を貫くならば，あえて問題とすべきことではなかった。にもかかわらず問題化した理由は，保険契約者の側に明らかな請求漏れや請求ミスがあれば，

保険会社が保険金・給付金の支払いを勧奨する行為を行うべきであるとする主張であった。この主張の論拠は，個人保険契約においては，保険契約者は保険会社に対して著しい情報劣位にあるため，保険会社は情報ギャップを埋めるための誠実な対応を行い，不当な利得を生まないように努めるべきであるということである。よって当局の指導をもって民間保険会社の保険金・給付金の支払いが請求主義から勧奨主義に転換したと考えるべきではなく，あくまでも請求主義を原則とするが，保険会社が不当な利得を生まない程度に勧奨主義を採用するものと解釈すべきであろう。

保険金支払いに関する保険会社の努力水準とは別の要因として，商品の複雑化などによって，営業職員ないしは代理店をはじめとする保険会社側が，本来は支払うべき保険金・給付金の支払いに気がつかなかったということが指摘されている。この問題の本質は，保険会社側にも支払事由を把握できにくいような保険商品や特約を開発した点にある。保険会社は，この意味において，保険会社自身の瑕疵であることを自覚すべきであろう。

さらに不適切な不払いないしは支払いの意図的遅延という要因もあった。不適切な不払いの事例としては，一連の不払問題に先立って某生保会社が行政処分されたものが典型的であろう。そこでは，収益を確保するために，保険金支払基準を厳格にすることによって，保険金支払いを絞り込んだといわれている。他社と比べて突出して厳格な支払基準を採用することにより，他社ならば支払われるべき保険金が支払われないことが，不適切であるとされたのである。保険金支払いの意図的な遅延は，明らかに情報のギャップを利用した不当利得の取得といえるが，支払基準の厳格化による保険金不払いについても，同様に不当利得の取得と理解すべきであろう。

3.2 不払問題への対応策

保険金不払問題への対応策として，保険会社は，契約者のデータの社内管理の徹底化，過度に複雑化した保険商品の簡素化，保険金支払いをチェックする機関等の設置，保険引受けから保険金支払いまでの一連のプロセスにおけるコンプライアンスの徹底などを行った。

契約者データの管理については，たとえば某生命保険会社では，医師による手書きカルテを電子化して検索可能にして，保険金支払いの審査に間違いが生じな

いような方策を講じた。

　商品の簡素化については，生命保険会社によっては，通院特約のような給付ミスを生じやすい特約を廃止したり，火災保険において対象物件のリスク区分を，契約者でも判別可能な基準にしたりするなど，商品そのものにおいて支払漏れが出ないような努力が行われた。

　さらに適正な保険金支払いが行われているかどうかを，外部者を交えて審議する機関が設置されるなど，不適切な不払いを防止する組織が社内に設置されるようになった。また保険金不払い等に関する異議申立ての制度も整備され，適正な保険金支払いのための仕組みが整いつつある。保険会社の側でも，契約者の苦情に対して小まめに回答するなど，保険金支払いに関する顧客への説明努力を惜しまないようになっている。

　保険会社による以上の努力をさらに確実なものにするのが，保険引受けから保険金支払いに至るまでの一連のプロセスにおけるコンプライアンスの徹底化である。

3.3 コンプライアンスの果たす役割

　コンプライアンスとは，法令遵守義務と訳されることがあるが，社会の一員としての企業が，当然守るべき社会的な決まりを遵守することである。ここでいう社会的決まりとは，単に法律だけでなく，企業と社会との間の信頼を取り結ぶ関係を壊さないような慣例も含んでいる。たとえば，個人が賞味期限を過ぎた食品を食べたとしても他人から咎められることはないが，企業が賞味期限の切れた食材を使った製品を販売することは，たとえその製品が安全であっても認められない。この例からわかるように，コンプライアンスとは，定められた法律を守るということだけにとどまらず，社会の一員としての企業の存続との関係で幅広く考えられるべきものである。

　保険会社は，契約に関する情報において保険契約者に対して優位である。したがって保険会社は，場合によっては，情報ギャップを利用して，保険金支払いについて不当利得を得ることができる。理論的に考えるならば，保険契約のすべてのプロセスにおいて完全な情報開示が行われるならば，このような保険会社の機会主義的行動を阻止することができる。しかしながら，完全な情報開示には多大なコストがかかるため，非現実的である。そこで，コンプライアンスが重要とな

る。コンプライアンスは，保険契約のすべてのプロセスにおいて，アカウンタビリティ（説明責任）を保証する手段となる。要するに，すべての保険契約プロセスにおいてコンプライアンスを根づかせることにより，情報ギャップが存在したとしても，不適切な保険金支払いを防ぐことが可能となるのである。

4　1990年以降の保険業の再編成

4.1　バブルの崩壊と長期不況の到来

1989年末から90年初頭にかけて日本経済のバブルが崩壊した。保険企業は，1970年代頃には，市場の飽和および企業効率性の問題が顕在化してはいたのだが，二度のオイルショックを克服して強い国際競争力を誇った日本経済が基本的には右肩上がりを続けていたため，それらの問題が隠蔽されたままバブルを迎えてしまった。

バブルの崩壊は，日本の企業システムおよび銀行システムに甚大な影響を与えた。バブル期に膨張した各種の債権がバブル崩壊によって莫大な不良債権となって金融システムを圧迫した。株価と地価の急激な下落は，一方で銀行などの含み益を吹き飛ばし，他方で資産デフレによって国内消費を消沈させた。こうして陥った不況に対して，政府・日銀は低金利政策を打ち出したが，金融システムの破綻を回避するために，公的資金の導入も行わざるをえなかった。1990年代の低金利政策は，歴史的に例をみないほど長期にわたった。このことは，バブル期に莫大な資産含み益を抱え，国際的にも「ザ・セイホ」と知られた日本生保に，ボディ・ブローのような打撃を与えた。大量の逆ざや契約が生命保険会社の財務を悪化させたのである。1997年には，戦後はじめての保険会社（日産生命）の破綻があり，戦後築かれた「保険会社不倒神話」が崩れ去った。その後，表22-1に示したように保険会社の倒産が続いた。

4.2　保険システムの転換と業界再編成

財務危機に加えて，戦後長く続いた保険システムが変革しはじめた。新保険業法（1995年公布）や日米構造協議による保険の自由化は，まさに日本の保険産業組織の転換と業界の再編成を促すものであった。

表 22-1 業界再編・経営統合の重要な流れ

年 月	イベント	特記事項
1997 年 4 月	日産生命の破綻	戦後初の保険会社破綻
1998 年 1 月	第一火災と協栄生命，資本提携	
	第百生命，財務再保険活用	新たな金融技術
2 月	東邦生命，米 GE キャピタルの傘下に	
6 月	金融監督庁発足	大蔵省から分離
7 月	ソニーが損保参入	異業種からの保険参入
1999 年 1 月	太陽・大同が包括提携	T&D グループの出発
	第百生命，加マニュライフと合併	2000 年 4 月，営業権を買い取り生保開業
3 月	ソルベンシー・マージン比率に基づく早期	
	是正措置の導入	
5 月	金融監督庁の生保一斉検査	
6 月	東邦生命に業務停止命令	
9 月	あおば生命，仏プランタンが買収	旧日産生命の最終処理
10 月	安田生命，英ダイレクトラインと提携	自動車保険通販の海外大手との提携
11 月	三井海上，日本火災，興亜火災合併案	損保再編の開始
	米エトナが平和生命を傘下に	2000 年 1 月に 100 ％子会社
	日本団体生命が仏アクサの傘下に	2000 年 4 月にニチダン生命に改称
12 月	東邦生命の契約が，米 GE エジソンに移転	生保業界は 3500 億円の負担
2000 年 1 月	安田生命，富国生命業務提携	確定拠出年金システム
2 月	同和火災とニッセイ損保の合併合意	2001 年 4 月に合併し，ニッセイ同和損保
	大東京火災と千代田火災の合併交渉	2000 年 9 月に合併し，あいおい損保
3 月	日本火災，興亜火災の 2 社合併案	2001 年 4 月に合併し，日本興亜損保
4 月	保険会社版検査マニュアルの作成	
5 月	第一火災の破綻	戦後初の損保会社破綻
6 月	第百生命に業務停止命令	
7 月	金融庁発足	
8 月	安田火災と第一生命の提携発表	経営統合を視野にと報道
	大正生命の破綻	
9 月	東京海上，朝日生命，日動火災の統合報道	
10 月	千代田生命の破綻	AIG スター生命
	協栄生命の破綻	現ジブラルタ生命
11 月	安田火災，日産火災，大成火災の合併報道	
2001 年 1 月	ミレア保険グループ構想の報道	
	英プルデンシャル，オリコ生命を買収	
4 月	ニッセイ同和損保の設立	
8 月	東京生命の破綻	
10 月	三井海上と住友海上の合併	三井住友海上の発足
11 月	大成火災の破綻	特殊な再保険契約と 9.11 テロの影響
2002 年 4 月	ミレアホールディングスの発足	東京海上，日動火災
	大同生命が株式会社化	はじめての株式会社化
	共栄火災，ミレアへの経営統合発表	2002 年 8 月，統合を断念し，JA 共済を筆頭株主として株式会社化を決定
7 月	損保ジャパンの発足	安田火災と日産火災の合併
2003 年 4 月	共栄火災の株式会社化	株式は上場せず
	太陽生命の株式会社化	
2004 年 1 月	明治安田生命保険相互会社の発足	明治と安田の「対等合併」
4 月	T&D ホールディングス設立	大同生命，太陽生命等の持株会社
	三井生命の株式会社化	

2005 年		改正保険業法の国会通過により，保険セーフティ・ネットに関する制度改定が決定	2006 年 4 月より施行
2006 年	9 月	日新火災がミレアホールディングスの傘下に	
	12 月	第一生命フロンティア生命設立	
2007 年	1 月	日本ファミリー保険企画がT＆Dから増資を受け，少額短期保険業者となる	ペット＆ファミリー少額短期保険会社と改称し，T＆Dグループの子会社
	6 月	アクサ・フィナンシャル生命の設立	ウィンタートゥール・スイス生命（前身は 1994 年にニコス生命となったエクイタブル生命）を買収して設立
	12 月	アニコム損保が損害保険事業免許取得	ペット保険で初の損害保険会社誕生
2008 年	4 月	ライフネット生命，生命保険事業免許取得	ネットを主要な販売チャネルとする保険会社の誕生
		SBI アクサ生命，生命保険事業免許取得	インターネット専業生保として参入
	7 月	ミレアホールディングスを東京海上ホールディングスに改称	
	10 月	大和生命，会社更生特例法の申請	2009 年 3 月にジブラルタ生命がスポンサーとなり，翌月の更生認可後，プルデンシャル・ジブラルタ・ファイナンシャル・ジャパンとなる
2009 年	10 月	メディケア生命設立	
		アクサ生命とアクサ・フィナンシャル生命が統合	
2010 年	4 月	プルデンシャル・ジブラルタ・ファイナンシャル・ジャパンが，プルデンシャル ジブラルタ ファイナンシャル生命に改称	ジブラルタ生命の子会社として再出発
		MS＆AD グループ発足	
	5 月	SBI アクサ生命がネクスティア生命となる	同年 2 月の資本移動による
2011 年	2 月	AIG エジソン生命（旧東邦生命）と AIG スター生命（旧千代田生命）の全株式を米プルデンシャルが取得	AIG が財務的な理由で売却
	10 月	損保ジャパンひまわり生命と日本興亜生命が合併	NKSJ ひまわり生命
		きらめき生命とあいおい生命が合併	三井住友海上あいおい生命
2012 年	1 月	AIG エジソン生命と AIG スター生命がジブラルタ生命と合併	旧東邦，旧千代田，旧協栄が結果としてジブラルタ生命に統合
	3 月	少額短期保険業者のアイペットが損害保険事業免許取得	アイペット損保（ペット保険）
	4 月	株式会社ライフプラザホールディングスが，「ほけんの窓口グループ株式会社」に社名変更	ライフプラザホールディングスは，1995 年 4 月設立，第 1 号店を 2000 年に横浜市港北ニュータウンに開店
2013 年	4 月	楽天生命設立	アイリオ生命を継承
	5 月	ネクスティア生命がアクサ ダイレクト生命に改称	
2014 年		損保ジャパンと日本興亜損保が合併	
2016 年		日本生命と大樹生命が経営統合	
2018 年	7 月	楽天インシュアランスホールディングス設立（楽天生命，楽天損保〔旧朝日火災〕，楽天少額短期などの親会社）	

損害保険業において持株会社や合併による企業統合が進んだ。持株会社のもとに，東京海上，日動火災，および東京海上あんしん生命を統合した「ミレア（現東京海上）グループ」，安田火災と日産火災等の合併によって生まれた「損保ジャパン」，旧財閥企業2社が合併した「三井住友海上」，自動車保険に強い中堅企業，大東京火災と千代田火災が合併した「あいおい損保」，日本火災と興亜火災が合併した「日本興亜損害保険」が設立された。生命保険業においては，2004年1月に明治生命と安田生命が相互会社同士の合併による経営統合を行い，また大同生命（2002年4月に株式会社に転換）が，太陽生命（03年4月に株式会社に転換）およびT&Dフィナンシャル生命（破綻した東京生命の継承会社）と共同で，04年4月に株式移転により完全親会社（株）T&Dホールディングスを設立し，東京証券取引所および大阪証券取引所に株式を上場した。三井生命も2004年4月に株式会社に転換したが，三井住友銀行が資金調達を引き受け，東京証券取引所等への株式の上場は行っていない。なお第一火災の破綻後，損害保険会社唯一の相互会社として存続していた共栄火災も，2003年4月1日に株式会社に転換したが，株式は上場せず，全国共済農業組合連合会，農林中金，信金中金などで大部分の株式を引き受けている。前後するが2001年4月には，日本生命が同和火災を買収し，ニッセイ同和損保を設立したことにみられるように，経営統合の波は，生損保の垣根を越えた動きとなっている。

　こうした組織変更や合併・持株会社化による経営統合のほかに，業務提携による業界再編も進展している。たとえば，第一生命と損保ジャパンで提携商品の販売を行うなど，旧来の系列，業態にとらわれない提携がこれからも登場することになろう。

　2005年の保険業法の改正は，銀行窓販，セーフティ・ネットの制度改定，無認可共済への対応（少額短期保険業者）などを通して，保険業界の再編をより促進している。それまでの再編は破綻対応が中心であったと考えられるのに対して，2005年以降の再編では，グローバルな企業間環境および国内保険市場の急激な変化への対応に重点が移ったといえる。しかしながら，同時に保険金不払問題が生じ，保険会社の提供する商品の品質向上が問われる時代の幕開けともなった。このような諸変化の結果，損害保険はメガ損保時代を迎え，生命保険では，伝統的な大手生保に対し，外資系グループや独立系生保などが以前よりプレゼンスを高めた。

国内の損害保険会社のほとんどは，東京海上，損保ジャパン，三井住友海上を中心とする3つのグループに集約されている。東京海上ホールディングスには，東京海上日動火災，東京海上日動あんしん生命，日新火災海上，イーデザイン損保，東京海上ミレア少額短期保険などが属している。SOMPOホールディングスには，損保ジャパン，SOMPOひまわり生命，セゾン自動車火災などが属している。また，三井住友海上もあいおいニッセイ同和損保とのグループ再編を進めた。この両社は，表22-1にみられるように，すでに2011年にはそれぞれの生保子会社を合併し，三井住友海上あいおい生命を設立した。このMS＆ADグループに属する企業は，三井住友海上，三井住友海上あいおい生命，三井住友海上プライマリー生命，三井ダイレクト損保，あいおいニッセイ同和損保，およびau損保（あいおいニッセイ同和損保の子会社）などである。

　外資系グループは，どちらかといえば生保を中心にしたものが目立つ。その代表例は，プルデンシャル・ホールディング・オブ・ジャパンである。このグループは，プルデンシャル生命，ジブラルタ生命，およびプルデンシャル　ジブラルタ　ファイナンシャル生命からなる。ジブラルタ生命は旧協栄生命が母体となって，AIGから買収したAIGエジソン生命（旧東邦生命）とAIGスター生命（旧千代田生命）が合併した会社である。さらに同社の子会社であるプルデンシャル　ジブラルタ　ファイナンシャル生命は，旧大和生命を継承した会社である。これに対して，アクサ・ホールディングス・ジャパンは，アクサ生命，アクサ損保，およびアクサダイレクト生命からなっている。アクサ生命は，旧日本団体生命を母体としているが，2007年に買収したウィンタートゥル・スイス生命の前身は，エクイタブル生命（1992年にニコス生命に改称）であった。

　以上は，保険のサプライヤーである保険会社の再編を要約したものであるが，保険販売においても大規模な代理店が誕生した。銀行窓販による銀行代理店は別として，来店型保険ショップを展開する乗合代理店が大きくなったことがこの時期の特徴の1つである。「ほけんの窓口」のブランドで有名な，ほけんの窓口グループ株式会社（2012年4月より（株）ライフプラザホールディングスから社名変更）は，「ほけんの窓口」「みんなの保険プラザ」「ほけんの専門店」という3つのブランドで，来店型保険ショップを全国に400店以上展開している大型代理店である（2000年に第1号店を開設して以来，11年には200店，12年9月に300店，そして13年6月には400店を達成した）。同社は子会社として，FPとよばれる保険募集人が

訪問販売する事業を展開する（株）ライフプラザパートナーズをもっている。また地方銀行と提携して，保険窓販に同社の販売ノウハウを提供するなどの事業も行っている。このように保険募集の面でも，新しいビジネスモデルが誕生し発展していることを付け加えておきたい。

【練習問題】
1. 日米のコーポレート・ガバナンスの相違を形成する前提条件としての株主・経営者・従業員の特徴を要約しなさい。
2. 日本の生命保険会社の外部的コーポレート・ガバナンスの特徴を説明しなさい。
3. 一般人と企業の間では法令を守る基準が異なるという。この点を具体的に説明し，企業にとってのコンプライアンスの役割について解説しなさい。

第*23*章

保険産業と監督システム

●**この章で学ぶこと**●
□ 保険業に関する監督規制の歴史を学ぶ。
□ 金融庁の仕組みと役割を理解する。
□ 主要な保険規制について学習し，その概要を理解する。
□ 保険規制をめぐる賛否両論において留意すべき点を理解する。

●**キーワード**●
金融庁，監督，検査，保険業免許，ソルベンシー・マージン比率，
早期是正措置，早期警戒制度，事前認可，参考純率，基準料率，
意向把握義務，情報提供義務，保険法，保険業法

1 保険規制の歴史

　日本に保険会社が誕生した明治初期には，体系的な保険監督規制は存在していなかったばかりか，商法の規定も定まっていなかった。会社設立に関する規制は府県レベルで存在し，また産業全般を担当していた農商務省による緩やかな監督もあった。このような状況のなかで小規模な保険会社が乱立し，泡沫的な保険会社あるいは擬似保険会社も数多く設立されることになったため，農商務省は保険業の監督規制を強化することとなった。

　1890年代の一連の商法制定についで，1900年に日本で最初の保険業法が公布された。これにより保険業の監督規制がより体系化されたものになった。その後，大正末期に農商務省から商工局が分離して商工省が誕生すると，保険監督官庁は商工省の管轄となった。とくに商工大臣となった片岡直温は，保険業界出身ということもあって，きめ細かい監督規制を実施することにより，保険産業の健全化をめざした。この頃の監督規制は，今日と比較すれば，検査に重点がおかれているものであり，保険検査官の属人的な性格が規制に表れたといわれる。しかしながら，当時の保険業法では，監督官庁の命令権が弱く，放漫な経営を行っている

　土佐出身の片岡直温（1859-1934）は，内務省の官吏を経て，1889年に日本生命が設立されると同時に副社長に就任した。社長は鴻池善右衛門であったが，実際の最高経営者は片岡であった。日本生命の初期営業の目覚ましい発展は，片岡の尽力によるものが大きかった。その後，鴻池の社長辞任により，1903年には社長となるが，政治活動に対する熱意が強く，1919年には政界に専念するために社長を辞任した。

　政治家としては，第二次加藤高明内閣商工相，第一次若槻礼次郎内閣の商工相，大蔵相を歴任したが，1927年3月14日の震災手形処理に関する発言が金融恐慌の発火点となった，いわゆる「失言恐慌」で有名である。その陰で，彼が，戦前の保険監督の原型を築いた重要人物であるということが忘れられているようである。

　長年，生保経営に携わっていた片岡は，生命保険会社の経営を熟知していた。そこで，商工相となると，保険会社の不正な会計処理や横領の可能性，そして不当な競争に対して，厳しい監督によって是正する方針で保険行政に臨んだ。当時の生命保険会社の責任準備金積立方式は各社まちまちであり，一部の大手会社が純保険料式積立てを行っていた以外は，ほとんどの会社がチルメル式積立方式を採用していた。チルメル式とは，契約初年度にかかった募集経費について，全額を初年度に償却せず，保険期間にならして償却するものであり，これにより募集経費に余裕ができるため，過度な募集競争を導く原因の1つであると認識されていた（第18章参照）。片岡は，生保各社に対して，チルメル式積立方式を純保険料式積立方式に強制することにより，過度な募集競争の抑止をもくろんだ。この方針は，新聞紙上では，「チルメル問題」とよばれ，生保業界からは猛烈な反対が起こった。結局，片岡の更迭（蔵相への横滑り）もあって，純保険料式への強制は実施されなかった。

　ただし，このときの経験は，その後の保険監督行政に大きな影響を与えた。たとえば，募集経費を含む事業費枠を設定することによって，保険会社を財務面から規制する手法は戦後まで受け継がれることになる。また片岡がもくろんだ生保全社の純保険料式積立てへの移行は，戦後の大蔵省によるいわゆる純保行政で達成された。「失言恐慌」以降は，片岡は，保険業界に戻ることも，政界で派手な活躍をすることもなかったが，彼の保険監督は，商工省から大蔵省へ所管が変更された後も，かたちを変えて戦後まで継承されたのである。

保険会社を健全な経営へと強制する力が弱かった。そのためもあって戦後と比べると，比較的自由主義的規制の時代と考えられている。

　保険業法が大幅に改正されたのは，1939年に公布され，40年に施行された改正保険業法である。同法は，監督官庁の権限を強化したが，敗戦後においても，

引き続き長く日本の監督法であり続けた。さらに，1941年の日米開戦直後に，大蔵省に所管官庁が全面移管された。保険業法の大幅改正と監督官庁の変更は，戦後の日本の規制監督の特徴を形成するうえで重要な出来事であった。簡単にいえば，農商務省・商工省による保険企業の営利志向と自由競争を比較的尊重した規制から，管理された競争を特徴とした規制に転換したのである。

　戦後の再建・復興期を経て，一方において生命保険では監督官庁の認可行政のもとで，他方において損害保険では独占禁止規定から除外された保険料率算出団体のもとで，価格画一化が達成され，企業競争は価格以外の面で展開されることになった。しかしその競争は，保険募集取締りに関する法律などによって規制され，管理された競争であった。またこの競争は公的規制による一方通行ではなく，保険会社間の協調的行動という自主規制から大きな影響を受けたものであった。ともあれ敗戦という経済的制約の多い歴史的条件のなかで，産業の長期的安定性（生保）や安定的な供給の確保（損保）といった諸課題を，官民協力して解決するという目的で行われた監督・規制および自主規制であったのである。

　このような特徴をもった日本の監督・規制は，1990年代後半から大きく変化している。行政改革により，監督官庁は大蔵省から金融監督庁を経て，金融庁が担当することになり，また1996年以降の保険業法の改正などを通して，保険規制のあり方が，より透明に，そしてよりグローバルに変化してきている。

2　保険規制の体制と目的

　現在，保険事業に対しては，内閣府の外局として設置されている金融庁が規制主体となっている。その目的は，健全かつ適切な保険会社の業務運営と公正な保険募集を実現することにより，保険契約者の保護，そして国民生活の安定と経済の健全な発展に資することであり，そのために表23-1にあげた保険業法をはじめとする関係法令に基づき，次に述べるような監督および検査を行い，保険会社の経営の状況を常に把握し，一定基準に満たない保険会社に対して，必要な措置の発動を行っている。また，金融庁は，「保険会社向けの総合的な監督指針」を示し，監督・検査に関する基本的考え方や監督上の評価項目，監督・検査に関わる事務処理・手続きなどについて，詳細な情報を公開している。現在，金融庁は，図23-1のような組織体制となっている。

表 23-1 保険規制に関する法令

保険業法・同施行令・同施行規則	免許，財務，保険料率・約款，募集，保険契約者保護機構，情報開示等に関する規制
損害保険料率算出団体に関する法律	保険料率に関する規制

図 23-1 金融庁の組織体制（2023 年度）

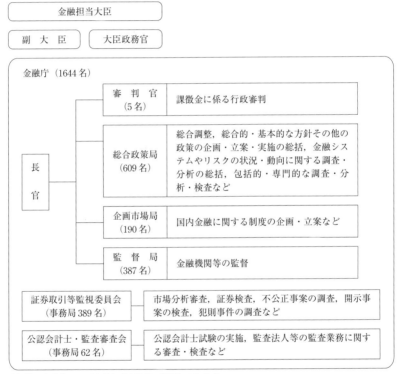

（出所） 金融庁ウェブサイト「金融庁の概要」より作成。

3 監督・検査

　保険規制は，大きく**監督**と**検査**により構成される。監督は，保険会社により報告または届け出られる各種書類などの情報に基づき，保険会社の業務運営状況を

継続的にモニタリングするものであり，次節で取り上げるように，保険の業務プロセスのあらゆる段階を対象として行われている。これにより金融庁は，問題発生を事前に防止しようとしている。しかしながら，保険会社の業務運営の実態を把握するためには，届出書類などに基づく監督のみでは不十分である。そこで，金融庁総合政策局は，保険会社へ立入検査を行うことにより，保険募集管理を含む法令遵守体制，保険引受けや資産運用におけるリスク管理体制など，届出書類等の情報に基づく監督では把握しきれない保険会社の経営実態を把握することとしている。

監督・検査の結果，問題点が見出されれば，改善計画の提出を求めたり，場合によっては業務縮小や停止を命じたりするなどの行政上の措置がとられる。

4　保険規制の分野と内容

保険監督・検査は，前述の通り保険業務の多様な領域を対象として行われる。なかでも，免許と業務範囲に関するもの，財務健全性に関するもの，保険料率と約款に関するもの，保険募集に関するものが，主要な分野としてあげられる。

4.1　免許規制

保険業を営むには，金融庁の保険業免許を受けることが必要である。これには，表23-2の通り，保険業法において生命保険業免許および損害保険業免許の2種類が定められ，前者は生命保険を，後者は損害保険を，それぞれ引き受けることができる。また，傷害疾病保険については，両者とも契約引受けが可能となっている。ただし，現在は，損害保険会社，生命保険会社とも子会社を通じて相互参入が可能となっているとともに，持株会社が両者を所有することも可能となっている。

金融庁は，保険業の免許申請を行った保険会社が，十分な財務的基礎を有し収支の見込みが良好であること，十分な知識・経験および社会的信用を有すること，事業方法書および普通保険約款について保険契約者の保護に欠けるおそれのないこと，保険料が合理的かつ妥当で不当に差別的でないことなどの基準に適合するかどうかを審査する。

表 23-2　保険業免許の種類

免許の種類	引受可能な保険	保険種目例
生命保険業免許	人の生存または死亡に関し，一定額の保険金を支払うことを約し，保険料を収受する保険。	定期保険 終身保険 個人年金保険 養老保険　など
損害保険業免許	疾病・傷害，出産，老衰による介護に関し，一定額の保険金を支払うことまたは損害填補を約し，保険料を収受する保険。	傷害保険 医療保険 所得補償保険　など
	一定の偶然な事故によって生ずることのある損害を填補することを約し，保険料を収受する保険。	火災保険 地震保険 自動車保険 自賠責保険　など

4.2　財務健全性規制

監督当局が保険各社の財務健全性を判断し，監督として介入する基準として，現在はソルベンシー・マージン比率が用いられている。これは，通常の予測を超えるリスクに対して，保険会社の自己資本がどの程度確保されているかを示す比率であり，保険会社ごとに以下の計算式で求められる。

$$\text{ソルベンシー・マージン比率（\%）} = \frac{\text{支払余力}}{\text{通常の予測を超えるリスクの総額} \times 50\%} \times 100$$

ここにおいて，分母となる通常の予測を超えるリスクの総額は，保険引受けに関わるリスク，巨大災害リスク，予定利率リスク，資産運用リスク，経営管理リスクなどのリスクの総量を意味する。分子となる支払余力は，資本金または基金，通常の予測を超えるリスクのための準備金などの合計額を意味する。

ソルベンシー・マージン比率は，200 を超えていることが求められ，これを下回った保険会社は，表 23-3 に示した早期是正措置の対象となる。

保険会社の財務状況は，市場の要因からも影響を受けることから，ソルベンシー・マージン比率が 200 を超えていたとしても，支払能力が損なわれるおそれがある。このことから，早期是正措置に加えて早期警戒制度が設けられ，保険会社の財務状況の悪化を未然に防ごうとしている。早期警戒制度に基づき金融庁は，保険会社へのヒアリングや報告要求を行い，基本的な収益指標，取引先の集中・分散の状況など信用リスクの管理状況，有価証券の価格変動などの市場リスクへ

表 23-3　ソルベンシー・マージン比率と早期是正措置

ソルベンシー比率	措　　置
100 以上 200 未満	経営の健全性を確保するため合理的と認められる改善計画の提出とその実行の命令
0 以上 100 未満	①支払能力の充実のために合理的と認められる計画の提出とその実行の命令 ②配当の禁止またはその金額の抑制の命令 ③予定利率を含む保険料計算方法の変更の命令 ④役員賞与の禁止またはその金額の抑制の命令 ⑤その他の事業費の抑制命令　など
0 未満	業務の一部または全部の停止命令

の対応状況，資金繰りに備えた資産保有状況などの流動性リスクを把握し，必要に応じて業務改善命令を出す。

　なお，2025 年には，現在のソルベンシー・マージン比率に代わり，保険監督者国際機構（IAIS）による保険の国際資本基準（ICS）に基づく経済価値ベースのソルベンシー規制が導入される予定となっている（第 20 章参照）。これは，以下の通り適格資本を所要資本で除して求められる経済価値ベースのソルベンシー比率に基づく規制である。

$$経済価値ベースのソルベンシー比率 = \frac{適格資本}{所要資本}$$

　ここで，分母となる所要資本とは，保険会社のリスクの総量を指し，保険リスク，巨大災害リスク，市場リスク，信用リスクおよびオペレーショナル・リスクを統合して算出される。一方，分子の適格資本は，貸借対照表上の純資産である資本の源泉のうち，リスクに対応するものと定義される部分である。経済価値ベースのソルベンシー比率では，その時点での保険会社の支払能力を，より正確に評価できると期待される。

4.3　保険料率・約款規制

　保険料率規制は，保険契約者の保険の入手可能性，保険会社の支払能力および契約者間の公平性の確保を主要な目的とする。これらの目的を実現するために，保険料率は，合理的であること，妥当であること，および不当に差別的であってはならないことの 3 つの要件を満たさなければならないとされる。これは，保険料率の 3 原則とよばれる。合理的とは，保険料率の算出に用いる統計などの基礎

資料が，客観的で精度の高いものであること，また算出手法が保険数理に基づく科学的な方法によるものであることをいう。また，妥当であるとは，保険料率が，保険契約者にとって保険契約を入手可能なほど低廉であること，かつ保険会社の業務運営の健全性を維持しうるほどの水準であることを意味する。さらに，不当に差別的でないとは，個々の契約者の保険料率が，危険の実態に見合った水準に設定されていることをいう。

事前認可制度

保険会社の保険料率および保険約款は，事業方法書，普通保険約款，保険料，および責任準備金の算出方法書として各社が保険業免許申請時に添付する基礎書類に記述されている。これらの基礎書類の内容を変更するには，原則として金融庁の事前認可を受けなければならない。金融庁は基礎書類を精査し，契約内容が保険契約者保護に欠けるおそれがないこと，契約内容が特定の者に対して不当な取扱いをするものでないことなどの基準を満たしているかどうかの適合性審査を行い，認可の可否を判断する。ただし，船舶保険，貨物・運送保険，および航空保険など，大企業を対象とする保険や国際取引に関わる保険など専門的知識を有する事業者が契約者となる保険は，事前認可の対象となっていない。

参考純率と基準料率

損害保険のなかには，損害保険料率算出機構が，その会員である保険会社の保険統計データを収集し，参考純率または基準料率を算出しているものがある（表23-4参照）。火災保険，任意自動車保険および傷害保険は，個人の生活上，あるいは企業や組織の活動上，常にさらされるリスクを対象としていることから，保険料率の適正性をより厳格に確保し，契約者の利益を保護する必要がある。そのため，これらの保険については，損害保険料率算出機構が，将来の保険金の支払いにあてられる部分である純保険料（第18章参照）を，参考純率として算出している。参考純率は，金融庁長官に届け出られ，前述の保険料率3原則に基づいて

表23-4　保険料率算出の参考純率と基準料率

参考純率	自動車保険 火 災 保 険 傷 害 保 険	損害保険料率算出機構の会員に使用義務はない
基準料率	自賠責保険 地 震 保 険	損害保険料率算出機構の会員が使用する場合は，認可不要

適合性審査を受けた後，保険会社は，これをみずからの保険料算出の基礎として使うことができる。

地震保険と自賠責保険は，地震や自動車事故の被害者救済など，社会的な目的をもつ保険であることから，損害保険料率算出団体が，純保険料と付加保険料の双方を含む基準料率を算出している。基準料率は，これらの保険への加入が可能な水準であるとともに，保険会社の契約引受け，契約維持，保険金支払いなどにかかる費用を賄い，その財務健全性を損なうものでない水準であることが求められる。保険会社に基準料率の使用義務はないが，基準料率使用の届出を行えば，それを変更することなく，みずからの保険料として用いることができる。実際にも，これらの保険を引き受けるすべての保険会社は，基準料率を使用することを選択している。

4.4 募集規制

保険の募集を行うことができるのは，保険会社や保険代理店の役職員である保険募集人，そして保険ブローカーともよばれる保険仲立人である。規制緩和後の保険商品とその販売チャネルの多様化を受けて，保険の募集を行う者は，契約申込者に対して意向把握義務と情報提供義務を負うことになっている（表23-5参照）。意向把握義務は，保険募集人が，契約申込者のさらされているリスクや，それを踏まえた保険へのニーズを十分把握することを求めたものである。保険募集人が把握すべき事項は，金融庁が保険業法に基づいて整備した監督指針に詳細に示されており，これには契約申込者が望む保険の種類，主な補償内容や特約の有無に対する意向などが含まれる。監督指針は意向把握の方法やプロセスについても定めており，契約申込者の意向をアンケートなどにより把握したうえで，ニーズに添った保険商品のプランを作成・提案し，契約申込者の意向と保険商品がどのように対応しているのかを説明することを求めている。また，契約締結に先立って，契約申込者自身が，みずからの意向と保険商品の内容が合致していることを確認する機会を設けることを，義務づけている。

情報提供義務は，契約締結の判断を行うに際して参考とすべき情報を，契約申込者に提供することを求めるものである。たとえば自動車保険に関しては，保険事故の種類，補償内容，保険金支払方法に加え，事故時のレッカー牽引サービスなどの付帯サービスについても説明しなければならない。また，乗合代理店など

表 23-5　保険の募集における意向把握義務と情報提供義務

意向把握義務	①保険契約募集において保険契約申込者の意向を把握すること ②保険契約申込者の意向に添った保険商品を提案すること ③保険契約申込者の意向と保険商品の内容が合致することを説明すること ④保険契約締結に際して，保険契約申込者の意向と保険商品の内容が合致していることを申込者自身が確認する機会を設けること
情報提供義務	①保険契約締結の判断を行うに際して参考とすべき情報を保険契約申込者に説明すること ②比較可能な同種の保険商品を保険契約申込者に提示し，保険商品を選別・推奨し，その理由を説明すること

に対しては，比較可能な同種の保険商品を契約申込者に提示したうえで，意向に添う保険商品を，根拠を示して推奨することが義務づけられている。

　保険契約募集に関する意向把握義務および情報提供義務の概要は，表23-5に示した通りであるが，これらを保険募集人に義務づけることは，保険商品の保険料と補償内容に関して情報劣位にある保険契約申込者，すなわち潜在的な保険契約者の立場を補完し，保険商品の適切な選択を容易にするものである。

4.5　情報開示

　保険事業の経営の透明性を確保し，保険契約者による保険会社の選択が適切に行われるようにするためには，保険会社の業務や財産に関する情報が開示されていなければならない。

　そのため，保険会社は，事業年度ごとに業務および財産の状況に関する事項を記載した説明書類（ディスクロージャー資料）を，法令に基づいて作成し公表している。説明書類には，保険会社の沿革や組織などの概況，主要な業務内容や経営方針，商品内容や公共活動などの事業の概況，貸借対照表や損益計算書などの財産の状況，契約引受けや資産運用などの業務状況，そしてリスク管理や法令遵守の体制など保険会社の運営に関する事項等が記載される。

5　保険法と保険業法

　これまでに触れてきた財務健全性規制，保険料率・約款規制，募集規制などの諸規制の存在は，保険という商品が，たとえば鉛筆の販売とは本質的に異なって

いるために生じたものであることを意味している。保険商品は，それ自体複雑な仕組みであるばかりでなく，契約者双方の情報の偏在によって社会的に非効率な結果をもたらす可能性の大きな商品である。そのため一義的には消費者保護のために，また市場の効率性，保険の入手・購入可能性，さらには保険サービスの長期的かつ安定的な提供のために，何らかの規制・監督および自主規制が必要となる場合が多いのである。

　保険業をめぐる法規制は，日本においては，保険契約に関する基本原則を定めた法律である**保険法**（保険契約法）と，保険監督の内容や方法を定めた前述の**保険業法**（保険監督法）の両面から行われている（表23-1参照）。保険法には，保険の種類，そして保険契約者および保険者，被保険者，保険金受取人などの関係当事者の権利・義務関係が定められている。たとえば，保険契約者または被保険者に対しては，契約締結に際して保険会社が求めた事項に応答する告知義務を規定するとともに，保険事故が発生したときは遅滞なく保険会社に通知することを求めている。一方で保険会社に対しては，契約締結時の書面交付義務とそれに記載すべき事項について規定するとともに，保険事故発生後には，損害調査などに必要な相当の期間を超えて保険金を支払えば，遅滞の責任を負うことを定めている。保険法には，保険という私的契約において生じる情報の非対称性から生じるインセンティブ問題を緩和するルールとしての意義がある。すなわち，保険契約においては，保険契約者の私的情報を保険者がコストを支払うことなしに取得することができないため，逆選択やモラルハザードといった問題が生じうる。保険法は，このような意味での情報の非対称性による問題を，安いコストで改善することにより，保険契約者から保険者へのリスク移転を効率的に促進する役割を果たしている。

　これに対して保険業法は，保険知識，保険会社の財務状況およびその他保険契約に関わる情報に関して，保険契約者が劣位な立場にあることから生じる不公正な取引を防止することを目的として，保険会社などの保険業に携わる者に対する監督の方法や内容を定めたものである。具体的には，前述の保険業免許，保険会社の財務健全性維持のための早期是正措置と早期警戒制度，保険契約者保護制度，意向把握義務と情報提供義務など保険契約募集の基本原則，保険料や保険約款に関する事前認可制度，そして裁判外紛争解決手続き制度（第21章コラム❸参照）などが定められている。

1 日本の金融庁の仕組みを示し，また金融庁が保険業に対して果たす役割について解説しなさい。
2 主要な保険規制をあげ，解説しなさい。

■ 第Ⅲ部の理解を深めるために

❏ 関連サイト

保険監督者国際機構（IAIS） https://www.iaisweb.org

国際決済銀行（BIS） https://www.bis.org

証券監督者国際機構（IOSCO） https://www.iosco.org

国際会計基準審議会（IASB） https://www.ifrs.org

財務会計基準機構 https://www.fasf-j.jp/jp

金 融 庁 https://www.fsa.go.jp

法 務 省 https://www.moj.go.jp

生命保険協会 https://www.seiho.or.jp

日本損害保険協会 https://www.sonpo.or.jp

日本少額短期保険協会 https://www.shougakutanki.jp/general/index.html

生命保険文化センター https://www.jili.or.jp

日本アクチュアリー会 https://www.actuaries.jp

日本公認会計士協会 https://jicpa.or.jp

損害保険料率算出機構 https://www.giroj.or.jp

❏ より詳しく学ぶ人のために

上山道生［1997］『損害保険ビッグバン：21世紀への課題と対応』東洋経済新報社。

中出哲・中林真理子・平澤敦監修［2018］『基礎からわかる損害保険』有斐閣。

久保英也［2005］『生命保険業の新潮流と将来像』千倉書房。

シェアード，P.［1997］『メインバンク資本主義の危機：ビッグバンで変わる日本型経営』東洋経済新報社。

諏澤吉彦［2021］『保険事業の役割：規制の変遷からの考察』中央経済社。

佐野誠・竹井直樹・野口清司・小川浩昭・井口浩信［2023］『損害保険市場論』十二訂版，損害保険事業総合研究所。

トーア再保険株式会社編［2022］『再保険論』2022年版，損害保険事業総合研究所。

岡田豊基・遠山聡［2022］『保険業法』2022年版，損害保険事業総合研究所。

井口富夫［1996］『現代保険業の産業組織：規制緩和と新しい競争』NTT出版。

井口富夫［2008］『現代保険業研究の新展開：競争と消費者利益』NTT出版。

植草益編［1999］『現代日本の損害保険産業』NTT出版。

田中一弘［2002］『企業支配力の制御：戦後日本企業の経営者・資金提供者関係』有斐閣。

田中周二編［2002］『生保の株式会社化』東洋経済新報社。

玉村勝彦［2011］『損害保険の知識』第3版，日本経済新聞出版社。

田村祐一郎編［2002］『保険の産業分水嶺』千倉書房。

茶野努［2002］『予定利率引下げ問題と生保業の将来』東洋経済新報社。

出口治明［2009］『生命保険入門』新版，岩波書店。

ニッセイ基礎研究所編［2001］『生命保険の知識』11版，日本経済新聞社。

Harrington, S. E. and G. R. Niehaus［2003］*Risk Management and Insurance*, 2nd ed., McGraw-Hill.（米山高生・箸方幹逸監訳［2005］『保険とリスクマネジメント』東洋経済新報社。）

岩瀬泰弘［2010］『企業価値とリスクキャピタル』千倉書房。

ERM経営研究会［2014］『保険ERM経営の理論と実践』金融財政事情研究会。

広海孝一［1989］『保険論』改訂版，中央経済社。

古瀬政敏［1997］『生命保険ビッグバン：21世紀への課題と対応』東洋経済新報社。

水島一也［2006］『現代保険経済』第8版，千倉書房。

安井信夫［2006］『生命保険：生命価値とニードセールス』保険社。

米山高生［1997］『戦後生命保険システムの変革』同文舘出版。

ロー，M. J.（北條裕雄・松尾順介監訳）［1996］『アメリカの企業統治：なぜ経営者は強くなったか』東洋経済新報社。

三隅隆司・茶野努・安田行宏編著［2020］『日本企業のコーポレート・ガバナンス：エージェンシー問題の克服と企業価値向上』中央経済社。

植村信保［2021］『利用者と提供者の視点で学ぶ保険の教科書』中央経済社。

祝迫得夫編［2023］『日本の金融システム：ポスト世界金融危機の新しいリスク』東京大学出版会。

第 **IV** 部
生活保障システムと社会保険

□ **第IV部の構成**

　第III部までは，個人と企業がさらされるリスクを対象とする私的リスクのリスクマネジメント，とりわけ保険管理を中心に取り上げ，さらに民間保険企業の活動について述べてきた。第IV部では，社会的リスクの保障手段として重要な役割を果たしている社会保障およびそのなかで最大の比重を占める各種の社会保険について学び，必要に応じて企業保障についても学習する。

　第24章は第IV部の導入・総論部分にあたり，生活保障システムおよび社会保障，その中核的制度となっている社会保険の概要について学ぶ。第25章から第28章は社会保険各論にあたり，社会保険の5部門について検討する。なお，労働者災害補償保険と雇用保険は労働保険と総称されているので，この両部門は第28章で取り上げている。

　第24章では社会保険，企業保障および個人保障の3層からなる生活保障システムにおいて社会保険，企業保険，家計保険といった保険が重要な役割を担っており，日本やドイツなどが社会保険国家となっていることを明らかにする。そして，社会保険は保険技術を用いている点で民間保険との共通点をもち，また社会的目的を達成するために民間保険と異なる特質をもっていること，社会保険が果たしている基礎的生活保障機能，所得再分配機能，社会秩序安定機能などについて解説されている。

　第25章から第28章までの社会保険各論では，年金保険，医療保険，介護保険，労働保険のそれぞれの特質や沿革を明らかにし，日本の制度の現状と課題について検討を加えている。第25章では，公的年金が見直されるなかで重要性を増してきている企業年金の制度面・手続き面での整備再編が近年進められてきたことから，とくに企業保障についても紙幅を割いて考察している。

第*24*章

生活保障システムにおける社会保障・社会保険

●この章で学ぶこと●

□　この章は第Ⅳ部の総論・導入部分であり，第25章以下の各論部分を深く理解するための基礎的事項について学ぶ。

□　個人・家族のさらされている生活リスクを保障する生活保障システムが，現代社会ではどのようなサブシステムから形成されているかを理解する。第Ⅳ部ではそのうちの社会的リスクをカバーする社会保障を中心に学び，必要に応じて企業保障についても触れる。

□　社会保障，とくに社会保険の沿革や定義，体系，機能などについて学ぶ。

●キーワード●

生活保障システム，社会保障，企業保障，個人保障，社会保険，保険原理，
扶助原理，所得再分配

1　国民の生活保障とその3層構造

1.1　リスクマネジメントと生活保障システム

　生活保障システムとは職場で働き，家庭などで生活するなかでさらされる「生活リスク」から個人やその家族を保護・保障する諸制度を1つのシステムとしてとらえたものである。市場経済社会では生活保障システムは社会保障，企業保障および個人保障という3つのサブシステムから構成され，これを生活保障の3本柱ないし3層構造という。第1層の社会保障は政府の責任により福祉政策の一環として法律に基づき実施されるので公的保障ともよばれ，国民の生活を支える基礎的保障を提供する。これに対し，企業がその従業員の福利厚生のために実施する第2層の企業保障と，個人が自己責任ないし自助努力で準備する第3層の個人保障は，企業や個人がその担い手となるので私的保障とよばれ，社会保障・公的保障を補完・代替する。この3つのサブシステムがそれぞれの機能ないし役割を

Column ㊳ 資格をとろう

　専門知識・技能をもつプロフェッショナルに対するニーズの増大に対応し，新しい資格制度が次々に導入されている。社会保障の分野でも各種資格制度があり，多くのマンパワーを必要とする介護分野ではその種類も多い。以下で，社会保障と関連する主な資格について説明するが，あなたも21世紀の社会保障を支える専門家となるために資格試験に挑戦してみませんか。

　社会保険労務士（社労士）　労働保険および社会保険に関する法令に基づき行政機関などに提出する申請書・届出書や社内の賃金台帳・労働者名簿・出勤簿などの書類を作成する書類作成業務（1号業務）や新規加入手続き・労働保険料などの書類の提出手続代行業務（2号業務），福利厚生などの労務管理や年金問題などに関する相談・指導などのコンサルタント業務（3号業務）を業として行う者に与えられる資格。短大卒か大学の一般教養課程修了者であれば誰でも受験できる。資格取得後は社内の総務，経理といった部門でその資格を生かしてはたらく勤務社労士と他人（主として小規模事業主）の求めに応じ報酬を得て上記の業務を行う独立開業の2つの道がある。後者の場合，合格後2年以上の実務経験を積み，かつ全国社会保険労務士会連合会へ登録し，都道府県社会保険労務士会（支部）へ入会する必要がある。2022年度は受験者4万633人のうち2134人が合格している。

　社会福祉士　社会福祉士及び介護福祉士法（1987年制定）に基づき，社会福祉全般にわたる専門知識・技能をもった者に与えられる国家資格。高齢者福祉の分野では特別養護老人ホームの生活指導員，福祉事務所のケースワーカー，在宅介護支援センターのソーシャルワーカーとして勤務する。2021年9月末現在の資格者の登録状況は社会福祉士が約27万人，次に述べる介護福祉士が約181万人である。

　介護福祉士　社会福祉士及び介護福祉士法に基づく介護専門職の国家資格。専門的知識・技術をもって身体上または精神上の障害があることにより日常生活を営むうえで支障のある個人を対象に入浴・排泄・食事その他の介護を行い，ならびにその者およびその介護者に対して介護に関する指導を行うことを業とする者。

　介護支援専門員（ケアマネジャー）　介護保険制度の導入によって新しく誕生した職種で，ケアプラン作成で中心的役割を果たす。医師，薬剤師，看護師，作業療法士，社会福祉士，介護福祉士などの国家資格取得者を中心に，介護の実務経験をもつ人のなかから所要の研修を修了した者があたり，介護保険制度ではケアプラン作成機関に必ず配置される。

　ホームヘルパー　日常生活で支援・介護を必要とする高齢者の家庭を訪問し，食事や身の回りの世話，入浴・排泄などの身体介護，買い物などの家事支援を行う。ホームヘルパーには介護福祉士や厚生労働省認定のホームヘルパー1〜3級などの資格を取得した人があたり，介護に関する助言・相談にもあたる。

果たすことによって，国民の生活の安定や福祉の維持増進が確保される。強制的制度として政策的に保険料や給付内容，給付水準などが決定される社会保障の動向が，私的保障のあり方を根本的に制約する。

自己責任と私有財産制を基盤とする市場経済社会では，個人・家族の生活リスクには自助努力で備えることを建前としてきた。しかし，産業革命や市民革命を経て国民の権利としての生存権ないし社会権が歴史的に確立されていくに従って，公的扶助や社会保険，さらにこれらを統合した社会保障が生成発展していき，社会的責任ないし公的責任に基づき社会保障で取り上げられるリスクが増加してきたが，それらを社会的リスクという。

リスクという観点からみると，私的保障システムは私的リスクを，社会保障システムは社会的リスクを対象にしている。その意味で，前者は私的リスクマネジメントの重要な手段であり，後者は社会的リスクマネジメントに属するということができる。私的リスクマネジメントは，パーソナル・リスクマネジメント（家族リスクマネジメントともよばれる）と企業リスクマネジメントに分けられるが，リスクマネジメントはもっぱら後者を中心に発達してきた。

第Ⅲ部までは，主に個人と企業がさらされるリスクを対象とする私的リスクマネジメント，とりわけ保険管理を中心に取り上げてきたが，第Ⅳ部では，社会的リスクマネジメントの手段となる社会保障，とりわけその中核的制度となっている各種の社会保険を中心に説明し，必要に応じて企業保障にも言及する。

1.2 生活保障システムと公私役割分担

生活保障システム論では，どのサブシステムが各種の生活リスクをどれだけ引き受けるのかという問題が重要となる。それは，最近世界的に盛んに論じられるようになってきた公私役割分担論の問題であり，個人か企業かまたは政府のどの経済主体が社会構成員の生活リスクをどれだけ保障するのかという問題に帰着することになる。

生活保障システムのどのサブシステムにおいても市場経済原理と整合的で，経済合理性をもった保険制度が重要な役割を果たしている（表24-1参照）。社会保障の分野では，日本やドイツのように社会保険が中核となっている国が多い。個人保障や企業保障で，民間保険会社が多種多様な生活リスクの引受け手となっていることは，第Ⅲ部までの記述で明らかにした。なお，私的リスクとしての生活

表 24 - 1　生活保障システムにおける主な生活保障手段

生活保障の　サブシステム　生活保障目的	社 会 保 障	企 業 保 障	個 人 保 障
医 療 保 障	健康保険，国民健康保険などの公的医療保険，後期高齢者医療制度，生活保護（医療扶助）など	団体医療保険，団体傷害保険など	傷害疾病定額保険，傷害疾病損害保険，個人医療保険，医療特約など
所 得 保 障（老齢・障害・遺族保障）	厚生年金保険，国民年金（基礎年金），生活保護など	企業年金，退職一時金，団体生命保険など	生命保険，個人年金保険，各種貯蓄・投資など
介 護 保 障	公的介護保険，公的年金，労災保険など	介護・看護休業制度など	個人介護保険，介護特約など
交通事故に対する保障・補償	公的医療保険，公的介護保険，労災保険など	―	自賠責保険，任意自動車保険，賠償責任保険など
労 災 補 償	労災保険，国家公務員災害補償など	法定外労働災害補償など	所得補償保険，就業不能保障保険など
雇用（失業）保障	雇用保険	―	―

リスクを引き受ける民間保険と社会的リスクを保障する社会保険はそれぞれ制度としての長所や限界を有しており，経済変動リスク（物価・賃金変動リスク，景気変動リスク，失業リスクなど）や社会変動リスク（人口変動リスク，生活水準変動リスクなど）などへの抵抗力といった面では差異がみられる（表24-2参照）。したがって，対象となる「生活リスク」の特質や各サブシステムの限界を分析しないで公私役割分担を論じても，皮相的な議論に終わってしまう懸念が多い。

　ところで，企業は従業員に対し給与・ボーナスを支払うほかに，従業員とその家族のために福利厚生費を負担しており，それは法定福利費と法定外福利費に分けられる。法定福利費は企業が各種の社会保険（生活保障システムの第1層の中核部分）のために負担する保険料部分を意味し，基本的には租税と同様に法律に基づき政府により強制的に徴収され，個別企業がその金額を自由に決定することのできない費用である。各企業が独自の判断により特色を発揮できる部分は法定外福利費であり，これと退職金とが企業保障の中心的項目（生活保障システムの第2

表24-2　リスクを中心としてみた社会保険と民間保険の比較

	社 会 保 険	民 間 保 険
基 本 原 理	社会原理（保険原理と扶助原理の混合）	市場原理（保険原理）
法領域・営利性	公法的（運営は政府独占），公益的，非営利性	私法的（自由競争），私益的，営利性
加 入 対 象	強制加入（特定多数）	任意加入（不特定多数）
対象リスク	社会的リスク（人的リスクのみ。老齢退職・死亡・病気・傷害・障害・要介護・失業などの生活リスク）	私的リスク（人的リスクや財産リスクなど，リスク範囲が広い。家計の生活リスクのみならず企業活動に伴うリスクも対象とする）
財　　源	保険料および租税（積立方式では運用益も）	保険料（長期保険では運用益も）
財 政 方 式	積立方式以外の修正積立方式，賦課方式なども可（国家の立法権と徴税権に基づく強制加入・強制拠出，公費負担による制度の永続性の保証）	原則として積立方式のみ（保険企業は募集活動により加入者を獲得し，募集活動・資産運用などの成果に左右される経営リスクあり）
運用リスク	賦課方式では運用リスクはないが，積立方式ではある。政府が運用リスクを負う	あり。保険者か母体企業か個人が運用リスクを負う
給付決定方法	法定給付（法改正に基づく給付の変更）	契約に基づく給付（契約権）
給 付 基 準	社会的妥当性の重視（社会的公平）	個人的公平性の重視（保険技術的公平）
給 付 形 態	現金給付のほかに現物・サービス給付も可能。賃金・物価スライドも可。賃金・物価変動リスクを政府が負担	原則として現金給付のみ。賃金・物価スライドは基本的に不可。ただし運用益を給付に反映させる変額商品は可能
費 用 予 測	かなり困難（現金給付＋現物給付，スライド制）。ただし公費負担および政府保証あり	比較的容易（原則として現金給付）。確定保険料主義
保険者によるリスク選択	なし（主観的リスク比較的大）	個別的ないし集団的リスク選択（主観的リスク比較的小）
経済変動リスク	対応力大（保険料や国庫負担，給付額などの政策的変更可）	対応力小（長期保険ほどインフレ・リスクに弱い）
人口変動リスク	賦課方式の公的年金では人口高齢化の影響大	積立方式なので，人口高齢化の影響小
制度破綻リスク	基本的になし。支払保証制度不要	あり。支払保証制度の必要性あり

層）となる。両者の関係をみることによって，公私役割分担の一端を知ることができる。たとえば法定福利費と法定外福利費の対福利厚生費比率を 1995 年について国際比較すると，アメリカは法定外福利費が約 6 割を占め，その約 8 割が医療保険関連の費用で占められている。これは企業の提供する医療保障に大きく依存していることに起因する。逆にドイツやフランスでは法定福利費の割合がきわめて高く，フランスで 78 ％，ドイツでは実に 97 ％ を占めている。日本は 1970 年頃に法定福利費が法定外福利費を追い越して，2011 年度には前者が約 75 ％ を占めるに至っており，その点では企業保障中心のアメリカ型から社会保障中心のヨーロッパ大陸型へ接近している。

2　社会保障・社会保険の生成発展

2.1　ドイツにおける社会保険の創設

世界で最初に本格的な社会保険を導入した国はドイツである。イギリスにキャッチアップするために工業化を急速に推進したドイツでは，都市への人口集中に伴う住宅難や物価高，低賃金や大量解雇などにより労使間対立が激化した。都市暴動やストライキの頻発などにより社会不安が増大し，19 世紀後半になると労働者階級の生活問題が最大の社会問題となった。

1871 年に統一国家となったドイツ帝国では，78 年に発生した皇帝狙撃事件を契機にビスマルク（Otto Eduard Leopold Fürst von Bismarck, 1815-98）首相が，一方で 78 年に社会主義者鎮圧法（1890 年に撤廃）を制定し，他方で 81 年の皇帝詔勅に基づき社会保険の立法化に取り組み，体制維持のための「飴と鞭の政策」を推進した。その結果，1883 年に疾病保険法，84 年に災害保険法，89 年には老齢・障害保険法が成立した。

このビスマルク社会保険 3 部作は階級闘争の緩和，労働力保全という社会政策的意図を有し，当初は被保険者範囲が特定の鉱工業労働者に制限されていたので，当時は労働者保険とか労働保険とよばれていた。その後，ホワイトカラーや家族にも拡大されていった。労使の負担する保険料を財源とし労働者を主な加入対象とするといった特徴をもつドイツ型職域別強制保険をモデルにした社会保険が，その後オーストリアなどの近隣諸国で相次いで導入されていった。

2.2　イギリスにおける国民保険法の成立

イギリスでは，20世紀に入ると国内不況による財政危機とあいまって，失業者や結核による疾病貧民の増大が社会問題となった。1908年にドイツの社会保険制度を視察したロイド‐ジョージ（David Lloyd George, 1863-1945）のリーダーシップにより自由党政府のもとで11年12月に国民保険法（National Insurance Act）が成立，同法に基づき翌12年7月から健康保険と失業保険が実施された。

健康保険はドイツと異なり，当初から16歳から70歳までのすべての労働者を幅広く適用対象としており，財源は被保険者，企業，国家の3者分担で，保険料は均一拠出制であった。世界最初の失業保険も3者分担の均一拠出・均一給付制をとったが，当初はその実験的な性格から造船，機械，製鉄など7つの基幹産業に限定されていた。しかし，1920年にはすべての労働者に適用範囲が拡大された。公的年金については救貧法の伝統を継承し，貧困高齢者に限定した資産調査を伴う無拠出制老齢年金法が1908年に制定され，25年に任意加入制の拠出制寡婦・遺児・老齢年金法が施行された。強制加入の本格的な年金保険制度は，戦後の社会保障改革によって実現している。

2.3　アメリカにおける社会保障法の成立

広大なフロンティアを有するアメリカでは伝統的に貧困問題は個人責任の問題と考えられ，貧困者の救済は慈善団体や地方政府の活動に委ねられてきた。しかし，1929年の世界大恐慌の発生により，失業者と高齢者を中心とする膨大な数の生活困窮者が発生したため，33年に登場したルーズベルト（Franklin Delano Roosevelt, 1882-1945）民主党政権は「ニューディール」（New Deal）とよばれる革新的な経済政策を実施した。失業問題や経済活性化のために公共投資を増やして雇用を創出する一方で，貧困問題に対しては1935年に社会保障法（Social Security Act）を制定した。同法の制定は，連邦政府が個人の貧困問題に関与する契機となったという意味でも，同国の歴史において画期的な立法であった。

社会保障法は，社会保険と公的扶助・社会福祉などを組み合わせた，全国民を対象とする社会保障という新しい概念をはじめて用いた社会立法であった。しかし内容的には必ずしも革新的なものではなく，連邦政府は地方政府の実施する既存の公的扶助などに連邦補助金を交付してその拡充促進を誘導し，連邦政府がみ

ずから実施するのは新設の老齢保険のみであった。その後1939年に遺族保険，56年に障害保険が加わり，年金保険として整備されていった。アメリカでは現在も公的年金保険は老齢・遺族・障害保険（OASDI）とよばれている。老齢保険はすべての商工業に従事する65歳未満の勤労者を対象とし，その後1950年に農業労働者，54年に自営業者などに拡大されている。財源は労使折半負担の賃金比例の保険料で賄われ，積立方式で国庫負担はなく，拠出額と拠出期間に比例した年金を支給し，きわめて私保険的性格の強いものであった。失業保険は州営であるが，多くの州で経験料率制（いわゆるメリット制）が採用されている。

戦前からの長年にわたる医療保険導入論争にひとつの結着をつけるかたちで，1965年に65歳以上の高齢者を対象とした連邦直営の健康保険（メディケア，Medicare）と貧困者を対象とした州営医療扶助制度（メディケイド，Medicaid）が導入された。一般国民を対象とした公的医療保険制度は実現していないため，国民の多くは民間の医療保険などを利用してきた。2010年成立の医療保険制度改革法は，5000万人ともいわれる医療保険の未加入者を減らすために，ほとんどの国民に加入を義務づけたが，14年の施行予定が一部延期されたり，野党の共和党が同法の撤回を主張するなど，その完全実施は容易ではなく，成立から10年以上を経てなお今後の行方が注目されている。

2.4 ベヴァリッジ報告と戦後の社会保障改革

社会保障の本格的な展開は第二次大戦後のイギリスの社会保障改革と福祉国家の成立に始まる。チャーチル首相（Sir Winston Churchill, 1874-1965）は，戦後の国民生活の安定を図るために，ベヴァリッジ（William Henry Beveridge, 1879-1963）を委員長とする委員会を1941年に設置して社会保障を検討させた。翌年11月に「ベヴァリッジ報告」（山田雄三監訳［1969］『社会保険および関連サービス：ベヴァリジ報告』至誠堂，参照）が政府に提出されたが，その社会保障プランは，世界の社会保障の普及発展と戦後の福祉国家の形成に決定的な影響を与えた。

社会保障制度の確立こそが福祉国家であるかどうかを計るもっとも重要な尺度であるといわれるが，イギリスはベヴァリッジ報告をベースにして戦後いち早く「揺籠から墓場まで」の社会保障改革を実現した。すでに1944年には国民保険省設置法を制定し，45年に家族手当法，46年に国民保険（産業災害）法，国民保険法，国民保健サービス法，48年には国民扶助法が成立して，国民の福祉の増進

と確保を重要な国家目的の1つとする福祉国家としての体系整備が行われた。

新しい国民保険法では，失業給付，各種年金給付，傷病手当金，労災給付など
の現金給付中心の所得保障が，全国民を対象とした単一の制度として運営され，
均一拠出・均一給付のいわゆるフラット制が採用された。医療保障については従
来の保険方式を廃止し，国民保険とは別枠の制度として全額租税を財源とする国
民保健サービス（National Health Service, NHS）が新設された。

2. 5 ILO の啓蒙活動

社会保障の国際的な普及発展と戦後の福祉国家の本格的展開に貢献したのは
ILO（International Labour Organization，国際労働機関）である。ILO はベルサイユ
条約に基づき 1919 年に国際連盟とともに創設され，戦後も国際連合の最初の専
門機関となって活動している。その特徴は総会，理事会，各種産業別会議におい
て政府代表に加えて使用者団体と労働組合の代表が出席し，意思決定に参加する
ことにある。ILO の主な活動は，①国際労働基準の設定と適用監視，②技術協力，
③調査研究活動の3つである。

社会保障の生成期において，ILO は『社会保険の一般的問題』（1925 年）や『社
会保障へのアプローチ』（42 年，塩野谷九十九ほか訳［1972］『ILO・社会保障への途』
東京大学出版会）の出版物などを通じて社会保険や社会保障の理論・実務の啓蒙
普及に努めるとともに，社会保障に関する各種の国際基準を設定し，各国にこう
した基準を満たす努力を促し，各国の社会保障のレベルアップに寄与してきた。
社会保障の分野で採択された条約には，社会保障最低基準（1952 年，102 号），業
務災害給付（64 年，121 号），障害・老齢・遺族年金給付（67 年，128 号），医療・
疾病給付（69 年，130 号），雇用促進と失業保護（88 年，168 号）などがある。最初
にあげた 1952 年の「社会保障の最低基準に関する条約」（条約 102 号）では，た
とえば老齢年金の最低基準を引退前の所得の 40 ％ または普通青年男子労働者の
賃金の 40 ％ としている。

3 日本における社会保障・社会保険の生成発展

3.1 戦前における社会保険の導入

日本では，戦前は医療保険と年金保険を中心に社会保険の整備が進められた。労働争議の頻発や米騒動の全国への波及などにより，第一次大戦後，社会保険の導入が急務となり，1922 年 4 月に労働者を対象とする健康保険法が制定，27（昭和2）年 1 月から施行された。したがって，日本における社会保険の歴史は実質的に昭和時代に入って始まったといえ，ドイツよりも約半世紀，イギリスより約20 年遅れて実現し，アメリカの社会保障法の制定よりは約 10 年早く，世界大恐慌の発生する 2 年前にまず医療保険部門から実施されたことになる。一般国民を対象とした国民健康保険法は戦時体制下の 1938 年 7 月に制定されたが，市町村を単位とする国民健康保険組合は任意設立で任意加入制にとどまっていた。

1939 年制定の船員保険法は，医療・労災・年金保険を包括する総合的社会保険であった。1941 年 2 月成立の労働者年金保険法は「労働者をして後顧の憂いなく，専心職域に奉公せしめること」を立法趣旨とし，戦時における民間購買力の吸収をも目的としていたが，被保険者は常時 10 人以上の労働者を使用する一定の事業所の男子労働者に限定されていた。同法は 1944 年には厚生年金保険法と改称され，適用範囲が常時 5 人以上の労働者を使用する事業所に広げられ，事務職員と女子も被保険者となった。財源は労使の折半負担する保険料（料率 1000分の 110）と国庫負担（給付費の 10 ％）によって賄われた。被保険者期間 20 年以上の場合は，55 歳から平均報酬月額の 4 カ月分の養老年金が毎年支給される。

3.2 戦後における社会保障の発展

ILO の活動や欧米の社会保障改革の影響を受けながら，日本でも 1947 年制定の新憲法第 25 条などに基づき，社会保障の整備が第二次大戦後本格的に推進された。戦前からの救護体制を統合一元化するかたちで，まず 1946 年に生活保護法（1950 年にはこの旧法を改定した生活保護法〔新法〕が制定された）が，47 年には児童福祉法，49 年には身体障害者福祉法が制定され，いわゆる福祉三法の整備が進められた。1947 年には社会保険制度調査会の答申に基づき労働者災害補償

保険法と失業保険法が制定された。戦後間もない時期に，こうした社会保険改革がいち早く提案されたことは注目される。

　アメリカ社会保障制度調査団のワンデル勧告書により設置された社会保障制度審議会は1950年10月に「社会保障制度に関する勧告」を政府に提出した。この勧告は，社会保険を中核とし，これを公的扶助で補足し，さらに公衆衛生と社会福祉をあわせて推進することによって社会保障制度の目標を達成することを企図したもので，日本の社会保障史上特筆すべき勧告である。同審議会は翌年10月には「社会保障制度推進に関する勧告」を行い，社会保障行政の一元化，国民健康保険の強制実施と財政援助を勧告している。この勧告に基づき，既存の社会保険制度でカバーされなかった自営業者などを対象とする新しい国民健康保険法が1958年に制定された。さらに，同様な趣旨の国民年金法が1959年に制定され，「国民皆保険・国民皆年金体制」が確立されていった。

　日本は1970年に65歳以上人口が総人口の7％を占めるに至り，国連の定義する高齢化社会となったが，その後の急速な人口高齢化に対応して総合的な高齢者保健医療対策を推進するために老人保健法が82年8月に公布され，老人医療制度の整備が進められた。年金制度でもその一元化を進める手始めに，1985年に制度創設以来の国民年金法の大改正が行われ，20歳以上のすべての国民を対象とする基礎年金が導入された。さらに高齢者の介護問題に対応するために，第5の社会保険として介護保険法が1997年12月に制定され，2000年4月から施行された。

4　社会保障および社会保険の概念

4.1　社会保障の概念

　ILOの『社会保障へのアプローチ』が社会保障を社会保険と社会扶助の統合化されたものと定義しているように，社会保障は1601年のエリザベス救貧法（Elizabethan Poor Law）に代表される公的扶助の流れと，1880年代のドイツに始まる社会保険の流れが合流して生まれたものであるといわれる。社会保障は国によりまた時代により多様な発展を遂げており，その統一的定義は存在しないが，少なくとも社会保障の定義の共通の要素として次の3点をあげることができる。

社会保障の関連制度として，近年では教育と住宅という2つの分野が，とくに注目されている。

まず，教育に関しては，低所得家庭・貧困家庭に十分な教育機会を提供し，進学機会を与えることが重視されている。低所得家庭・貧困家庭の子どもが，塾などに通えないことから学業で遅れをとることや，本人に学業への意欲があるものの高等教育にかかる費用を賄えないことから希望の進路を諦めることなどが問題視されている。これらについて，低所得家庭・貧困家庭の子どもが満足な進学機会を得られず，その結果，収入の低い仕事にしか就業できないことで，自身も将来において低所得や貧困に陥ってしまうという，いわゆる「貧困の連鎖」をくい止めるためにも，対応が必要となっている。近年ではNPOや自治体などが，無償または低額で子どもたちに勉強を教える取組みが広がりつつある。

また，奨学金を借りて進学しても，貸与型の場合，本人に返済義務があるため，社会に出た後にその返済のために生活が圧迫されてしまう。そのような事態を防ぐため，高等教育無償化や返済不要の給付型奨学金の拡充などが提唱されている。

次に，住宅に関しては，劣悪な居住環境に陥りがちな低所得者層に最低限度の広さ・快適さの住宅を保障することの重要性，都市部などで家賃の高騰により生活を圧迫される中所得者層までを視野に入れた家賃補助制度の必要性が，論点としてあげられる。

前者については，社会住宅（低所得者向けの低家賃の住宅）をどのように供給するかが焦点となる。日本では低所得者向けには公営住宅が存在するが，とくに都市部において入居希望者が多く，入居に際しての抽選の倍率が高すぎるという問題がある。また，低所得者，高齢者，障害者，母子家庭などに対し，家主が貸し渋りをする傾向もみられるため，こういった人々を住居確保要配慮者とし，2017年創設の住宅セーフティネット制度によって，民間の空き家を活用した入居支援をしていく動きがみられる。

後者では，家賃補助制度として，住宅手当が注目される。日本では住宅手当は企業の福利厚生の一環として行われることが多く，公的な制度にはなっていない。だが，諸外国をみると，とくに大陸ヨーロッパでは公的な住宅手当が存在し，住んでいる地域，家の大きさ，家族の人数，本人の所得などに応じて，家賃の一定割合が補助される。諸外国と同様に家賃の上昇傾向がみられる日本において，今後，公的な制度としての住宅手当の導入は一考の余地があるだろう。

(1) 社会保障は社会的リスクに対する政策・制度であること（生活リスクでかつ社会的リスクとして社会的に認識されるようになったもので，こうしたリスクの発生によって生ずる社会構成員の生活上の困難に対応する諸制度）。

(2)　社会保障は社会構成員の生活を健全で安定したものとし，その福祉を増進するために給付を行う政策・制度であること（生活保障のための各種給付には，現金給付や現物給付のほかに，相談，指導，介護，保育といったサービスの提供も含まれる）。

(3)　社会保障は公的責任で行われる政策・制度であること（政府により，または政府の委託により代行する私人や団体によって運営される）。

　そこで，本章では社会保障を「生活リスクの発生によって生ずる経済的困難から特定の社会構成員ないしすべての国民を政府の責任により保護し，基礎的生活保障を行うための制度」と定義したい。

　各国の沿革や国民性などにより社会保障の範囲や体系も国により異なるが，歴史的には公的扶助と社会保険とが社会保障の骨格を形成し，両者の中間的形態として各種の社会福祉が戦後生成発展してきたとみることができる。公的扶助は公費（租税）を財源とし，したがって拠出を給付の条件とせず，資産調査・所得調査を行って生活に困窮していると認定された人に対し最低生活を維持するために必要な給付を支給するが，これに対し社会保険は保険料をその主要財源とし，被保険者やその家族に事故が発生すれば，受給者の権利として所定の給付が支給される。こうした点から，社会保険は防貧制度であり，公的扶助は救貧制度であるといわれる。両者の中間的特徴をもつ各種の社会福祉制度は公費を財源としているが，公的扶助と異なり，資産調査・所得調査を行わずに給付が提供される。

　日本では，社会保障制度審議会が1950年に「社会保障制度に関する勧告」で示し，その後同事務局が採用している社会保障の概念が広く支持されている。同審議会はその勧告のなかで「社会保障制度とは，疾病，負傷，分娩，廃疾，死亡，老齢，失業，多子その他困窮の原因に対し，保険的方法又は直接公の負担において経済保障の途を講じ，生活困窮に陥った者に対しては，国家扶助によって最低限度の生活を保障するとともに，公衆衛生及び社会福祉の向上を図り，もってすべての国民が文化的社会の成員たるに値する生活を営むことができるようにすること」と定義し，狭義の社会保障として社会保険，公的扶助，社会福祉，公衆衛生・医療をあげているが，現在では第5の制度として老人保健（2008年4月からは後期高齢者医療制度）を含めて考えられている（表24-3参照）。

表 24-3　日本における社会保障の概念

広義の社会保障	狭義の社会保障	Ⅰ 公的扶助	生活保護
		Ⅱ 社会福祉	老人福祉，身体障害者福祉，知的障害者福祉，児童福祉，母子等福祉，学校給食，災害扶助など
		Ⅲ 社会保険	健康保険，国民健康保険，厚生年金保険，国民年金，介護保険，雇用保険，労働者災害補償保険，船員保険，各種共済組合など
		Ⅳ 公衆衛生および医療	結核対策，精神保健事業，らい予防対策，伝染病予防，保健所，上・下水道等施設整備，一般廃棄物処理施設，公害対策など
		Ⅴ 老人保健	医療・保健事業
	Ⅵ 恩　　給		文官恩給，旧軍人恩給など
	Ⅶ 戦争犠牲者援護		戦没者遺族年金，戦傷者医療，原爆医療など
社会保障関連制度	Ⅷ 住　宅　等		第一種・第二種公営住宅建設，住宅地区改良，電気導入
	Ⅸ 雇用対策		失業対策事業，中高年齢者就職促進など

（出所）　総理府社会保障制度審議会事務局編［1993］『社会保障統計年報』社会保険法規研究会，を一部修正。

4.2　社会保険国家

　一般歳出に占める社会保障の比重は国によって異なるが，福祉国家の先進国といわれる欧米諸国では高い比重を占めている。福祉国家は英北欧型とヨーロッパ大陸型によく類型化されるが，前者はイギリス，スウェーデン等の社会福祉制度の比重の大きな国である。これに対し，ドイツ，フランスなどのヨーロッパ大陸諸国では，社会保険を 19 世紀末から 20 世紀初頭にかけて導入し，それを中心に社会保障を戦後整備してきたこともあって，社会保障における社会保険の比重が大きく，社会保険国家といってもよい状況にある。表 24-4 で日本についてみると，2022 年度予算では社会保障関係費は 36 兆 2735 億円（一般歳出の約 54％ を占める）の巨額に達し，一般歳出で最大の比重を占めているが，労働保険を除く狭義の社会保険のみで約 28 兆円に達し，社会保障関係費に占める社会保険の比重は 2022 年で 78.5 ％ と約 4 分の 3 強を占めている。その意味で，日本もドイツ，フランスなどと同様に代表的な社会保険国家といえよう。

　日本では社会保障を「医療」「年金」「福祉その他」と区分することがある。2022 年では「年金」の給付が 35.2 ％ で，その大部分が厚生年金保険と国民年金

表24-4　国の予算における社会保障関係費の推移

（単位：億円，%）

区　　分	2010年度	15	区　　分	2018年度	19	20	21	22
社会保障関係費	272,686 (100.0)	315,297 (100.0)	社会保障関係費	329,732 (100.0)	340,593 (100.0)	358,608 (100.0)	358,421 (100.0)	362,735 (100.0)
年金医療介護保険給付費	203,363 (74.6)	231,107 (73.3)	年金給付費	116,853 (35.4)	120,488 (35.4)	125,232 (34.9)	127,005 (35.4)	127,641 (35.2)
			医療給付費	116,079 (35.2)	118,543 (34.8)	121,546 (33.9)	119,821 (33.4)	120,925 (33.3)
			介護給付費	30,953 (9.4)	32,101 (9.4)	33,838 (9.4)	34,662 (9.7)	35,803 (9.9)
			少子化対策費	21,437 (6.5)	23,440 (6.9)	30,387 (8.5)	30,458 (8.5)	31,094 (8.6)
生活保護費	22,388 (8.2)	29,042 (9.2)	生活扶助等社会福祉費	40,524 (12.3)	41,805 (12.3)	42,027 (11.7)	40,716 (11.4)	41,759 (11.5)
社会福祉費	39,305 (14.4)	48,591 (15.4)						
保健衛生対策費	4,262 (1.6)	4,876 (1.5)	保健衛生対策費	3,514 (1.1)	3,827 (1.1)	5,184 (1.4)	4,768 (1.3)	4,756 (1.3)
雇用労災対策費	3,367 (1.2)	1,681 (0.5)	雇用労災対策費	373 (0.1)	388 (0.1)	395 (0.1)	991 (0.3)	758 (0.2)
厚生労働省予算	275,561 (9.5)	299,146 (△3.0)	厚生労働省予算	311,262 (1.4)	320,358 (2.9)	330,366 (3.1)	331,380 (0.3)	335,160 (1.1)
一般歳出	534,542 (3.3)	573,555 (1.6)	一般歳出	588,958 (0.9)	619,639 (5.2)	634,972 (2.5)	669,020 (5.4)	673,746 (0.1)

（注）　1.　四捨五入のため内訳の合計が予算総額に合わない場合がある。

　　　　2.　（　）内は構成比。ただし，厚生労働省予算および一般歳出欄は対前年伸び率。△は減。

　　　　3.　2000年度以前の厚生労働省予算は，厚生省予算と労働省予算の合計である。

　　　　4.　2015年4月より保育所運営費等（1兆6977億円）が内閣府へ移管されたため，2015年度における厚生労働省予算の伸び率は，その移管後の予算額との対比による。

（出所）　厚生労働省編［2022］『厚生労働白書』令和4年版，資料編18ページ，を一部修正して作成。

の給付で占められていた。「医療」は33.3％で，ここでもその大部分は健康保険や国民健康保険，後期高齢者医療制度の給付である。「福祉その他」は21.3％である。2000年に第5の社会保険として導入された介護保険は，当初は「福祉その他」に含まれていたが，現在では独立した「介護保険」として取り上げられる場合が多く，その比重が今後ますます高くなっていくと予想される。

4.3　社会保険の概念

　社会保険は国により時代により多様な形態をとるので，社会保険を統一的に定義することは困難である。ここでは「社会構成員に対し，その生活を脅かす事故

が発生した場合に，社会的考慮に基づく特定基準の給付を支給し，その生活を保障するための保険」と定義しておきたい。

社会保険は保険の一種で，国家が社会（保障）政策上の目的を達成するために保険技術を用いている保険である。したがって，社会保険は民間保険との共通点を有するが，他方で社会的目的を達成するために民間保険と異なる特質を有している。社会保険は社会扶助と民間保険との中間的形態であるといわれるように，**保険原理**（保険主義または保険性ともいう）と**扶助原理**（扶養主義とか扶養性ともいう）のミックスされたものである（大林良一［1952］『社会保険』春秋社，59-96ページ参照）。保険の手段により社会（保障）政策的目的を達成しようとする社会保険には，リスクおよび給付と保険料との比例性を指向する保険原理と，貧困な被保険者などを救済するために保険料との関係を考慮せずに必要な給付を行う扶助原理とが相互に随伴しており，この点が民間保険や社会扶助と異なる社会保険の特質となっている。

民間保険との共通点としては，社会保険もリスクの移転・引受け，多数経済単位の結合によるリスクのプーリングと大数法則の適用によるリスク発生率の把握，保険料拠出，条件つき給付の確約，受給資格・給付額に関する数理計算の利用，収支相等の原則の適用，みなしニーズに基づく給付の事前決定，経済的保障の提供，といった保険としての特質を有する。

他方，民間保険と異なる社会保険の特徴として以下の諸点があげられる。社会保険は法律に基づく政府独占としてか，または運営を委託された公法人（健康保険組合など）により実施され，その目的を達成し逆選択を防止するために強制保険となっている場合が多い。被保険者範囲，保険料拠出，給付水準などは原則として法律で定められる（法定保険）。対象となるリスクは疾病，老齢などの人的リスクで，社会保険には人保険のみがあり，物保険はない。また，社会的観点から保険的保護が必要とされる社会的リスクに限定される。給付水準は社会的妥当性に基づいて最低保障や従前所得保障といった特定基準で法定される。保険料は給付反対給付均等の原則によって算出されずに，応能負担の原則や定額負担の原則などにより徴収される。被保険者を雇用する企業や政府も費用を負担する場合が多く，財政方式も積立方式以外の修正積立方式や賦課方式を用いている。

5　社会保険の分類および機能

5.1　社会保険の分類

　社会保険は，リスク別ないし保険事故別では医療保険，老齢保険，障害保険，遺族保険，業務災害保険，失業保険，介護保険に分けることができる。医療保険は疾病保険とか健康保険ともよばれ，業務外の疾病，負傷，死亡，分娩などを保険事故として各種の医療給付を支給するが，現物（サービス）給付の形態で支給される場合が多い。老齢保険は老齢退職，障害保険は障害（廃疾），遺族保険は被保険者の死亡を保険事故とし，それぞれ老齢（退職）年金，障害年金，遺族年金（被保険者である扶養主が死亡した場合にその遺族に寡婦年金，遺児年金などを支給）といった年金で給付される場合が多いので，多くの国で一括して年金保険として実施されている。業務災害保険は業務上の傷病，障害，死亡に対し一時金や年金，現物給付，リハビリテーション給付を支給する。また，失業保険は失業を保険事故とし，労働の意思と能力をもちながら，就業できない者に求職者給付などを支給することを目的としている。介護保険は寝たきり，認知症など，要介護状態や要支援状態になった場合に在宅サービスや施設サービスを現金ないし現物給付で支給するものである。

　社会保険は保険給付や財政方式の長短により長期保険と短期保険に分けられる。年金保険は前者に，医療保険，失業保険は後者に属し，介護保険や業務災害保険は両者の性格を併有する。また，保険給付が現金で支給されるか，現物給付・サービスの形態をとるかにより現金給付保険と現物給付保険に区分され，基本的に年金保険は前者に，医療保険や日本の介護保険は後者に類別できる。また社会保険は，その加入対象別に被用者ないし従業員を対象とする被用者保険（職域保険）と，地域住民を対象とする住民保険（地域保険）に分けられる。ドイツ，フランスなどヨーロッパの大陸諸国は被用者保険，イギリス，北欧諸国は地域保険が中心となっており，日本は医療保険や年金保険では両者が混在している。

　社会保険はもちろん統一保険として実施することもできるが，上記分類の多様な組合せにおいて実施される場合が多く，国により多様な社会保険体系がみられる原因ともなっている。日本の社会保険も沿革的・技術的理由などにより多元的

な制度構成をとっている。

5.2 社会保険の主な機能

社会保険は，家計はもちろん企業や政府にも，また政治的，経済的，社会的にも広範な影響を及ぼしているが，以下のような機能ないし役割を果たしている。

基礎的生活保障の提供

社会保険は，ドイツなどで導入された当初は労働者や一部の事務職員などの被用者階層に限定されていたが，現在ではあらゆる階層を対象にして実施されており，すべての国民の生活の安定と福祉の増進に寄与している。社会保険の第1の目的・機能は，疾病，傷害，死亡，老齢，失業といった偶発的事故が発生した場合に特定基準の給付を支給し，被保険者とその家族に基礎的生活保障（最低生活の保障ないし従前所得の保障）を提供することにある。また，失業保険や年金保険などによる給付は失業者や高齢者，障害者あるいは遺族の購買力を確保し，これらの人々の有効需要を創出し，商業・生産活動を安定化させる機能を果たす。医療保険，労災保険などでは，疾病，傷害の予防，治療，リハビリテーションによる機能回復などは被保険者の職場への復帰を可能とし，または早めることによって労働力の維持・確保・再生産につながり，総資本の立場から労働者保険としての社会保険は労働力保全政策の一環として把握されることがある。

所得の再分配

保険制度では，保険料を払い込んだ多数の加入者層から保険事故が発生して給付を受け取る受給者層への所得移転が発生し，これを保険的所得再分配という。社会保険も保険であるので，この種の所得再分配がみられる。さらに社会保険では，私保険にはみられない，次のような所得再分配の機能がみられ，この点を社会保険の本質として重視する研究者もいる。すなわち，応能負担の原則で保険料が算出される場合には高所得者層から低所得者層への所得移転（所得階層間所得再分配）が，また保険料の一部または全部を使用者（＝企業）が負担している場合には労資間所得再分配がみられる。給付の実質価値を確保するためのスライド方式や，財政方式に修正積立方式や賦課方式が採用される場合，現役世代から退職世代へのいわゆる世代間所得再分配が生ずる。

社会秩序安定等の機能

社会保険はその時々の社会問題に対処する必要から社会変革期に生成し，ない

しは改革されてきたが，これは社会保険が国民の経済生活を安定させて，社会秩序を維持・安定させる機能をもつことによる。さらに，社会保険は個人貯蓄率や労働市場，企業の労務管理，医療制度，製薬産業などにも重大な影響を及ぼしている。

【練 習 問 題】
1　現代社会における生活保障システムにはどのようなサブシステムがあり，そのなかで保険がどのような意義を有しているかを明らかにしなさい。
2　社会保障における社会保険の位置づけを明らかにしなさい。日本で社会保険が重視されているのはなぜだろうか。
3　社会保険と民間保険とを比較して，どのような異同がみられるかを明らかにしたうえで，それぞれのメリット，デメリットについても論述しなさい。

第*25*章

年 金 保 険

●この章で学ぶこと●
□　生活保障の 3 本柱ないしは 3 層構造の視点から，年金保険の基本構造
を理解する。
□　日本の公的年金制度ならびに企業年金制度の仕組みと沿革について学
ぶ。
□　日本の公的年金制度ならびに企業年金制度に関する現状と課題を理解
する。

●キーワード●

基礎年金，報酬比例年金，所得再分配機能，国民年金，厚生年金保険，
物価スライド，賦課方式，積立方式，GPIF，企業年金，つなぎ機能，
上乗せ機能，厚生年金基金，確定給付企業年金，規約型企業年金，
基金型企業年金，確定拠出年金，イデコ（iDeCo），リスク分担型企業年金，
基礎年金番号，保険料水準固定方式，マクロ経済スライド，財政検証，
所得代替率，社会保険方式，税方式

1　日本の年金保険の基本構造

　日本の年金保険の基本構造は，老後の所得保障を目的として，公的年金，企業
年金等，個人年金の 3 本柱（3 層構造）によって構成される（図 25-1 参照）。公的
年金は，国民年金（基礎年金）と厚生年金保険からなる 2 階建ての仕組みであり，
これらをあわせて公的年金制度という。その上に，公的年金制度を補完する役割
として，民間企業の被用者を対象とする企業年金などが 3 階部分として存在する。
さらに，個人保障の領域として，民間の生命保険会社が提供する個人年金を活用
する場合もある。

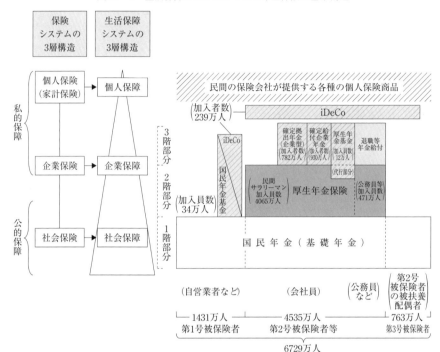

図 25−1　生活保障システムからみた年金保険の基本構造

(注)　1. 数値は 2022 年 3 月末現在。斜線部は任意加入。
　　　 2. 被用者年金制度の一元化に伴い，2015 年 10 月 1 日から公務員および私学教職員も厚生年金保険
　　　　 に加入することになった。
　　　 3. 共済年金の職域加算部分は廃止され，新たに退職等年金給付が創設された。
(出所)　厚生労働省編［2023］『厚生労働白書』令和 5 年版，資料編 240 ページ，を基に筆者作成。

1.1　日本の公的年金制度

　公的年金制度の 1 階部分は，すべての国民に共通した年金給付を行う**基礎年金**の部分であり，国民年金がこの機能を担っている。他方，2 階部分は，1 階部分の基礎年金に上乗せして支給される**報酬比例年金**であり，厚生年金保険がこの機能を担っている。基礎年金が老後の所得保障システムにおける最低保障機能を有しているのに対して，報酬比例年金は在職中の所得に見合って支給する年金という性格を有している。また，基礎年金は，所得水準にかかわらず一定の年金額を保障するため，**所得再分配機能**を有する給付である。

2023 年度の給付水準は，国民年金（1 人分の老齢基礎年金〔満額〕）が月額 6 万 6250 円，厚生年金（夫婦 2 人分の老齢基礎年金を含む「モデル年金額」）が月額 22 万 4482 円である。他方，保険料水準の決め方については現在，保険料水準固定方式が採用されている。これは，将来の最終的な保険料水準を固定し，その保険料収入の範囲内で賄えるように，給付水準で調整する方式である。

国民年金

国民年金は，政府が管掌し，20 歳以上 60 歳未満で日本に住所を有するすべての人（外国人を含む）が加入しなければならない公的年金制度であり，保険料と国庫負担によって賄われる基礎年金として機能している。国庫負担は 2004 年改正によって，従来の 3 分の 1 から 09 年度までに 2 分の 1 に引き上げられた。保険料はすべての被保険者による頭割りで負担され，2023 年度は月額 1 万 6520 円である。

国民年金の被保険者は，加入形態および費用負担の相違によって，第 1 号被保険者，第 2 号被保険者，第 3 号被保険者に分類される（表 25-1）。第 1 号被保険者は，日本国内に住所を有する 20 歳以上 60 歳未満の者であって，第 2 号被保険者，第 3 号被保険者ではない者をいう。第 1 号被保険者は，みずから加入手続きと保険料納付を行い，自営業者や農業者，無業者などがその対象となる。第 2 号被保険者は，厚生年金保険加入者であり，民間企業の被用者や公務員がその対象となる。第 3 号被保険者は，第 2 号被保険者に扶養される配偶者である。なお，年収 130 万円未満であることが被扶養者の基準であるため，パートタイム労働などで年収が 130 万円以上ある場合，第 1 号被保険者としてみずから保険料を納める必要が生じる（厚生年金未加入の場合）。

国民年金の給付には，基本的に，老齢基礎年金，障害基礎年金，遺族基礎年金といったすべての被保険者に共通する基礎年金がある。老齢基礎年金は，保険料納付済期間と保険料免除期間などを合算した受給資格期間（年金を受けるために必要な加入期間）が 10 年以上ある場合に，65 歳から一定の年金額が支給される。年金額は 20 歳から 60 歳までの 40 年の保険料納付によって満額が支給されるので，保険料未納期間や免除期間がある場合は，それらの期間に応じて減額される。たとえば，保険料納付期間が 30 年の場合は，満額支給の 4 分の 3 の支給額になる。なお，老齢になった場合のみならず，病気やけがで障害を有することになった場合や，年金受給者または被保険者（加入者）が死亡した場合にも，原則として年

表25-1 国民年金の被保険者

第1号被保険者	第2号被保険者	第3号被保険者
○20歳以上60歳未満の自営業者，農業者，無業者等	○民間サラリーマン，公務員が該当	○民間サラリーマン，公務員に扶養される配偶者
○保険料は定額，月1万6520円（2023年4月～） ・2005年4月から毎年280円引き上げ，17年度以降1万6900円（2004年度価格）で固定 ・産前産後期間の保険料免除の開始に伴い，令和元年度以降は1万7000円（2004年度価格） ・毎年度の保険料額や引上げ幅は，物価や賃金の動向に応じて変動 ○任意で，付加保険料の納付や国民年金基金，iDeCoへの加入が可能	○保険料は報酬額に比例，料率は18.3%（2017年9月～） ・2004年10月から毎年0.354%引き上げ，17年度以降18.3%で固定 ○労使折半で保険料を負担 ○企業により，企業型確定拠出年金や確定給付型年金を実施 ○任意で，iDeCoへの加入が可能	○被保険者本人は，負担を要しない ○配偶者の加入している厚生年金制度が負担 ○任意で，iDeCoへの加入が可能

○老齢年金の給付額（2023年度）　＊67歳以下の新規裁定者の場合
　・自営業者（40年加入の第1号被保険者1人分）：月額　6万6250円
　・サラリーマン夫婦（第2号被保険者の厚生年金〔平均的な賃金で40年加入〕と基礎年金夫婦2人分〔40年加入〕の合計：月額22万4482円
○公的年金受給権者数（2022年3月末）：4023万人
○公的年金受給者の年金総額（2022年3月末）：56兆674億円

（出所）厚生労働省編［2023］『厚生労働白書』令和5年版，資料編240ページ，より作成。

金が支給される。前者を障害基礎年金といい，後者を遺族基礎年金という。

　なお，老齢基礎年金は，原則として65歳から受給できるが，希望すれば60歳から65歳になるまでの間に繰上げ受給が可能である。他方，65歳で受け取らずに66歳以後75歳までの間で繰り下げて，増額した年金を受け取ることも可能である。ただし，繰上げ受給，繰下げ受給のいずれも，その請求をした時点に応じて年金が減額（増額）され，その減額（増額）率は一生変更されない。なお，原則として，老齢基礎年金と老齢厚生年金（後述）の繰上げ請求は同時にする必要があるが，繰下げ請求は別々にすることが可能である。

　第1号被保険者の保険料には，収入減少や失業等により保険料の納付が経済的に困難な場合に，保険料免除制度や納付猶予制度が用意されており，免除や納付

猶予が承認された期間は受給資格期間に算入される。

　また，20歳以上の学生については，在学中の保険料納付を猶予する学生納付特例制度が設けられている。これは，家族の所得の有無にかかわらず，本人の前年の所得が一定以下の学生を対象とした制度であり，申請に基づき適用される。前述の通り，老齢基礎年金を受給するためには原則，保険料の納付済み期間等が10年以上必要であるが，学生納付特例制度の承認を受けた期間はこの受給資格期間に含まれることになる。ただし，老齢基礎年金の支給額の計算対象となる期間には含まれないので，将来満額の老齢基礎年金を受け取るためには，10年間のうちに保険料を納付（追納）することが必要となる。さらに，2019年4月からは，次世代育成支援を目的として，新たに産前産後期間の保険料免除制度も始まった。これは，第1号被保険者について，出産予定日または出産日が属する月の前月から4カ月間の国民年金保険料が免除されるものであり，年金額も減少しない。

厚生年金保険

　厚生年金保険は，政府が管掌し，民間企業等の被用者や公務員を対象にすべての法人の営業所・事務所を適用事業所として実施され，適用事業所に使用される70歳未満の者に強制適用される公的年金制度である。なお，パートタイム勤務等で労働時間が通常の就労者の4分の3未満の短時間労働者には，原則として厚生年金制度が適用されない。しかしながら，近年の働き方の多様化を背景に，2016年からは短時間労働者の一部にも厚生年金保険の適用が拡大されている。

　公的年金制度では，厚生年金保険と国民年金の両方に加入する必要がある。すなわち，厚生年金保険に加入すると自動的に国民年金にも加入したことになり，国民年金の第2号被保険者となる。年金給付の種類には，老齢厚生年金，障害厚生年金，遺族厚生年金などがある。老齢厚生年金は，老齢基礎年金の受給要件を満たしている者で，厚生年金の加入期間がある場合に，65歳から老齢基礎年金の上乗せ給付のかたちで終身支給される。

　なお，老齢基礎年金と同様に，繰上げ受給や繰下げ受給を選択することも可能である。また，一定の要件を満たす者は，65歳になるまでの間，特別支給の老齢厚生年金を受け取ることができる。これは，1985年の年金制度改革で厚生年金保険の受給開始年齢が60歳から65歳に引き上げられたことを受け，受給開始年齢を段階的かつスムーズに引き上げるために設けられた制度である。

保険料は毎月の給与（標準報酬月額）と賞与（標準賞与額）に共通の保険料率を掛けて計算され，労使折半で負担する。保険料率は，年金制度改正に基づき2004年から段階的に引き上げられてきたが，2017年9月を最後に引上げが終了し，以降は18.3%で固定されている。

給付される年金額は，厚生年金に加入時の報酬額や加入期間等に応じて計算され，報酬比例部分と定額部分と加給年金額を合計した金額を受給できる。報酬比例部分は，老齢厚生年金・障害厚生年金・遺族厚生年金いずれの給付においても年金額計算の基礎となり，その金額は年金の加入期間や過去の報酬等に応じて決まる。定額部分は，特別支給の老齢厚生年金の計算の基礎となるものである。加給年金とは，厚生年金保険の被保険者期間が20年以上ある者が65歳に到達したとき，その人に生計を維持されている配偶者か子がいれば老齢厚生年金に加算して支給される年金である。

公的年金制度を支える仕組み

公的年金制度の運営においては，長期的な財政見通しが必要となるため，実績値を基に定期的に計算基礎を見直して財政計算を行い，財政計画を練り直す必要がある。これを財政再計算といい，この財政再計算期に法律改正が行われ，保険料の引上げや給付水準の見直しなどの年金改革が行われてきた。また，公的年金制度は長期にわたるものであるため，年金額の実質価値を維持するために物価の変動に応じて年金額を改定すること，すなわち物価スライドという考え方がとられている。これは，前年の消費者物価指数の変動に応じ，翌年4月から自動的に年金額が改定されるもので，私的年金にはない公的年金の大きな特徴である。

財政方式とは，年金給付を賄うために必要な資金の調達方法のことをいい，賦課方式と積立方式の2つに大別できる。賦課方式とは，将来の給付に備えた事前積立ては行わず，給付が発生するつど，その原資を調達して給付に充当する方式である。基本的に積立金を保有しないので，インフレーションなどによって積立金の実質価値が目減りするといったリスクはなく，また，制度発足当初は給付の負担が少ないので掛金負担も少なくてすむ。しかし，将来の給付に対する資金的な裏づけに弱く，人口構造の変動が直接的に影響してくるといった欠点もある。これは，現役世代の負担で高齢者世代を支えるという世代間扶養の考え方がその基本にあることによる。

他方，積立方式とは，将来の給付に必要な資金を加入期間中に事前準備する方

式である。積立方式は事前の積立金を保有するので，インフレーションなどによって積立金の実質価値が目減りするという欠点をもつが，その一方で，将来の給付に対する資金的な裏づけを形成しているという点で優れている。また，年金制度を通算して掛金負担を平準化したり，積立金の資産運用によって実質的な掛金負担を小さくしたり，といった長所をもっている。なお，日本の公的年金制度の財政方式は，発足当初は積立方式であったが，現在では多くの先進諸国と同様，賦課方式を基本としている。

　公的年金の給付財源は，①保険料収入，②国庫負担，③積立金（元本の取崩しおよび運用収入）であり，毎年度の年金給付はこれらの収入により賄われている。上述の通り，日本の公的年金制度は賦課方式を採用しているが，将来世代の負担が大きくなりすぎないように，保険料収入のうち年金給付にあてられなかった部分を年金積立金として積み立て，将来にわたって安定的に年金給付ができるよう財政運営がなされている。この積立金を国内外の資本市場で運用するのが，年金積立金管理運用独立行政法人（GPIF）という組織である。GPIF は複数の資産への分散投資を基本として，長期的な観点からの資産構成割合（基本ポートフォリオ）を定め，年金積立金の管理・運用を行っているが，2015 年に国連の責任投資原則（PRI）に署名したことを契機とし，最近では環境（environment）・社会（social）・ガバナンス（governance）の要素を考慮した ESG 投資も推進している。

1.2　日本の企業年金制度

　民間企業の被用者（従業員）を対象に実施する年金制度を企業年金といい，厚生年金基金（調整年金）や確定給付企業年金，確定拠出年金（企業型）などがある。なお，国民年金の第 1 号被保険者である自営業者等にも公的年金制度（基礎年金）に上乗せする仕組みとして，国民年金基金という制度がある。

　2 階建て公的年金の上の 3 階部分を担う企業年金の重要な役割は，つなぎ機能と上乗せ機能である。つなぎ機能とは退職時点から公的年金支給開始時点までの空白期間を埋める機能であり，上乗せ機能とは公的年金の給付額に付加する機能である。企業が企業年金を導入する主な理由としては，第 1 に従業員の採用・保持における競争上の有利性を確保できること，第 2 に優秀な人材の定着・士気の高揚を通じて生産性の向上に役立つこと，第 3 に退職金コストの平準化に役立つこと，第 4 に税制上の優遇を享受できることが指摘される。

企業年金の方式は，給付建てと拠出建てに大別される。給付建てとは，あらかじめ設定されている算定式に基づき年金額が決定される方式であり，年金資産は一括して運用され，その資産運用リスクは企業が負担する。現在の制度では，厚生年金基金や確定給付企業年金法に基づく確定給付企業年金がこれに相当する。他方，拠出建てとは，①拠出された掛金が個人ごとに明確に区分され，②加入者みずからがその資産運用の指図を行い，③給付額は掛金とその運用収益によって決まるという仕組みである。したがって，資産運用リスクは加入者みずからが負担するものである。現在の制度では，確定拠出年金法に基づく確定拠出年金がこれに相当する。

　厚生年金基金とは，厚生年金保険本体の一部を国に代わって運用・給付するとともに（これを代行部分という），独自の上乗せ給付を行うもので，政府の厚生年金を企業独自の年金や退職金と調整するという意味で，調整年金ともよばれる。設立形態には，従業員500人以上の企業が単独で設立する単独設立や，主力企業と関連企業が共同で設立する連合設立（加入者800人以上），同業同種の中小企業や同一工業団地，同一商店街等の企業が集まって設立する総合設立（加入者3000人以上）の3つがある。

　確定給付企業年金は，厚生年金適用事業所の事業主（企業）が，確定給付企業年金法に基づいて実施する年金制度であり，規約型と基金型という2つの設立形態がある。**規約型企業年金**とは，労使が合意した年金規約に基づき，企業と信託会社・生命保険会社等が契約を結び，母体企業の外で年金資金を管理・運用し，年金給付を行う企業年金である。一方，**基金型企業年金**とは，母体企業とは別の法人格をもった基金を設立したうえで，基金において年金資金を管理・運用し，年金給付を行う企業年金であり，厚生年金基金のような代行部分は存在しない。

　確定拠出年金法に基づく**確定拠出年金**は，①拠出された掛金が個人ごとに明確に区分され，②加入者みずからがその資産運用の指図を行い，③給付額は掛金とその運用収益によって決まるという仕組みである。確定拠出年金は，掛金の拠出形態によって企業型と個人型に大別されるが，企業年金としての性格が強いのは企業型であり，日本版401kとよばれることもある。企業型では，掛金は事業主による拠出に加えて，拠出限度額の枠内かつ事業主の掛金を超えない範囲で加入者みずからが掛金拠出することも認めており，マッチング拠出とよばれる。他方，個人型は，自営業者等や企業年金をもたない企業の従業員が運営管理機関（金融

機関）に個人単位で加入し，みずからが掛金を拠出するものであり，イデコ（iDeCo）という愛称でよばれている。なお，退職後所得の確保に関わる自主的な努力を支援するために，確定拠出年金では税制上の優遇措置が講じられている。拠出段階で加入者の拠出は所得控除され，事業主の拠出は全額損金算入できる。また，給付段階でも，公的年金等控除という所得控除の対象となる。

なお，2017 年以降，確定給付企業年金において新たに認められることになった仕組みとして，リスク分担型企業年金がある。これは，事業主（企業）がリスクへの対応分も含む固定の掛金を拠出することにより一定のリスクを負担する一方，財政バランスが崩れた場合には給付の調整を行うことにより加入者も一定のリスクを負う仕組みである。確定給付企業年金の資産運用リスクは企業が負担し，確定拠出年金のそれは加入者が負担することになるのだが，リスク分担型企業年金においては，将来発生するリスクを労使でどのように分担するかをあらかじめ労使合意により定めておくという点に特徴がある。

最後に，日本の企業年金の資産運用の概況をみておく。とくに，加入者ごとの運用を行う確定拠出年金とは異なり，国内の機関投資家として重要な位置を占める給付建ての企業年金の年金資産残高は，たとえば，確定給付企業年金のそれが約 68 兆円である（2021 年度末，「厚生年金基金に関する基礎資料」より）。このように，企業年金資産はその規模が大きく国民経済上重要な存在であり，その資産運用の効率化や受託者責任の明確化，さらには議決権行使を通じたコーポレート・ガバナンスの問題など，アセット・オーナーとしての企業年金の役割への期待がますます大きくなってきている。

2 日本の年金保険の沿革と課題

2.1 公的年金制度の沿革

日本の公的年金制度は，1875 年の海軍退隠令，76 年の陸軍恩給令，84 年の官吏恩給令に基づく，軍人や官吏を対象とした各種の恩給制度を起源とする。1923 年には恩給法が制定され，各種の恩給制度は統合されることになった。なお，恩給制度の財源は全額租税であった。他方，恩給制度が適用されない官業については，1907 年の帝国鉄道庁職員救済組合をはじめ，明治末期から大正中期にかけ

て各種の共済組合が組織された。戦後の昭和30年代に入ると、1956（昭和31）年の公共企業体職員等共済組合法、58年の国家公務員共済組合法の全面改正、62年の地方公務員等共済組合法が制定されて、明治以来続いてきた恩給制度が廃止され新しい共済制度へと統合されていった。

　これに対して、民間被用者を対象とする年金制度は、1939年の船員保険法を起源とする。1941年には男子肉体労働者を対象とする労働者年金保険法が制定されたが、44年の改正によってその適用範囲は事務職員と女子に拡大され、労働者年金保険は厚生年金保険と改称された。しかし、その後すぐに迎えた終戦によって大きな影響を受けることになった。戦後数年間続いた急激なインフレなど、経済社会の混乱のなかで、その機能は停止状態に陥ってしまったが、1954年、社会保障の理念を掲げて、厚生年金保険法は全面改正され、再スタートした。

　明治以来、発展を続けてきた公的年金制度にも大きな欠陥が存在していた。それは、自営業者等が既存の公的年金制度の適用から漏れていたことである。そこで昭和30年代に国民皆年金の実現が課題となり、1959（昭和34）年、自営業者等を対象とした国民年金法が制定された。同法は、無拠出制の福祉年金と拠出制年金の2つからなり、それぞれ、1959年、61年に実施に移され、国民皆年金体制が実現した。

　その後の昭和40年代後半までは、公的年金の給付改善が課題となり、厚生年金保険では、1965（昭和40）年改正によって「1万円年金」と厚生年金基金制度が創設され、69年改正により、「2万円年金」が実現した。1973年改正では、「5万円年金」に加えて年金額の算定基礎となる標準報酬月額の再評価、物価スライド制による年金額の自動改定、標準年金の水準を標準報酬の60％とする原則など、画期的な改正が行われた。

　昭和30年代に実現した国民皆年金体制以降、公的年金制度は給付改善を中心に大きく発展してきた。ところが昭和50年代に入ると、こうした流れにブレーキがかかりはじめた。というのも、各公的年金制度がばらばらに発展してきたため、制度間の不合理な格差がここにきて浮き彫りになってきたのである。それ以外にも、これまで放置されてきた女性の年金問題や将来の年金財政に対する不安など、重要な問題が提起されはじめたのである。こうしたなか、1985年には、超高齢社会における年金制度の公平化と安定化をめざして、基礎年金の導入による年金制度全体の再編成が掲げられ、大規模な年金改革が実施された。

その後も改革が続けられ，1989年には，学生の強制適用，国民年金基金の創設，94年には，特別支給の老齢厚生年金に関する定額部分の支給開始年齢の引上げ，97年には，基礎年金番号が創設された。**基礎年金番号**とは，年金番号の共通化を通して，従来ばらばらであった各年金制度の共通管理を行うものであり，加入漏れの解消や手続きの簡素化を目的としている。2000年には，財政再計算に伴う年金改正が行われ，給付と負担の全体的な見直しによる年金制度の安定化を目的として，特別支給の老齢厚生年金に関する報酬比例部分の支給開始年齢の引上げや総報酬制の導入などが実施された。

また，1997年に日本旅客鉄道（JR），日本電信電話（NTT），日本たばこ産業（JT）の各共済組合が厚生年金保険へ統合されたのを皮切りに，2002年には農林漁業団体職員共済組合が，2015年には国家公務員共済組合，地方公務員共済組合，私立学校教職員共済が厚生年金保険に統合され，公的年金制度の2階部分の一元化が完成した。

2004年には，社会情勢の変化を背景に，中長期的に持続可能な運営を図るための財政フレームワークが導入された。具体的には，保険料水準固定方式やマクロ経済スライドの採用，基礎年金の国庫負担割合の2分の1への引上げなどである。保険料水準の決め方は従来，給付水準を設定したうえで給付を賄うために必要な保険料を5年ごとに見直すという方式であった。しかし，これだと保険料を負担する若い世代が将来の保険料負担増への不安を払拭できないため，2004年改正では，将来の最終的な保険料水準を固定し，その保険料収入の範囲内に給付水準を調整する，保険料水準固定方式に変更され，現在に至っている。他方，物価スライドの仕組みのもとで年金額の改定が行われると，固定された保険料水準，つまり収入の範囲内での給付が難しくなることも想定される。そこで，収入の範囲内で給付を行うため，社会全体の公的年金制度を支える力（現役世代の人数）の変化と平均余命の伸びに伴う給付費の増加という，マクロでみた給付と負担の変動に応じて，給付水準を自動的に調整する仕組みが新たに導入された。これがマクロ経済スライドである。

2.2 公的年金制度の課題

日本の公的年金制度は，その沿革からも理解できるように，かつてはさまざまな制度が分立し，制度間の不合理な格差が課題であった。しかしながら，1985

年改正における基礎年金の導入以降，2015年の公的年金制度2階部分の一元化完成に至るまでさまざまな改革が行われ，格差に関する課題は改善されつつある。しかしながら，急速に進行する少子高齢化を背景とした，世代間の不公平感の改善や中長期的に持続可能な年金財政の安定化は，重要な課題である。これらに関しては，2004年改正で導入された保険料水準固定方式やマクロ経済スライドの導入などによって改善が試みられているものの，引き続き議論が必要な論点である。そこで，2004年改正で定められた負担の水準と給付の調整の仕組みが適切に機能しているかどうかを定期的に点検するために，少なくとも5年ごとに**財政検証**が実施されている。

2019年の財政検証では，経済社会の変化に関する一定の合理的な前提として，日本の将来推計人口や経済成長・労働参加の進み具合を基に，長期的な給付と負担の均衡が確保されるか，また，均衡が確保される**所得代替率**（年金の給付水準を示す指標であり，現役時の平均手取り収入額に対する年金額の比率）はどの程度になるか，という点について検証が行われている。その結果，経済成長と労働参加が進むケースであれば，現行の公的年金制度のもとで，将来的に所得代替率50％の給付水準が確保できることが試算されている。ただし，経済成長と労働参加の進むケースであっても，厚生年金保険の2階部分と比較して，1階部分の基礎年金の比率が減少していくことも示されている。基礎年金が所得再分配機能を有することに鑑みれば，この機能の維持に向けてどのような方策が可能であるか引き続き議論が求められる。

なお，財政検証の試算によれば，年金の給付水準を確保するうえで，①被用者保険のさらなる適用拡大，②就労期間・加入期間の延長，③受給開始時期の選択肢の拡大といった制度改正を行うことが，プラスの効果をもつことも確認されている。そこで，社会保障審議会年金部会での議論等も踏まえて，2020年に成立・公布された「年金制度の機能強化のための国民年金法等の一部を改正する法律」（2020年改正法）のなかに，これらの改正が盛り込まれている。

最後に，日本の公的年金制度は社会保険方式を基本としているが，長らく，社会保険方式か税方式かという問題が議論されている。これは，社会保障の充実・安定化と，そのための安定財源確保と財政健全化の同時達成をめざすうえで重要な論点でもある。**社会保険方式**とは，年金給付などの社会保障給付の財源調達を，社会保険料とその運用収益によって賄う方式である。この方式によれば，基本的

に，給付は保険料の拠出に見合って支給されるので，拠出と給付との間にマクロ的対応関係が維持される。他方，**税方式**とは，社会保障給付の財源調達を税金によって賄う方式である。この方式によれば，基本的に，給付は一定の受給要件を満たす全員に同額の支給が行われるので，拠出と給付の対応関係は存在しない。

　国民年金を現行の社会保険方式から税方式へ変更するメリットとしては，将来の保険料負担増を緩和できること，自営業者等の第1号被保険者の未加入・未納による皆年金体制の空洞化を回避できること，などが指摘されている。デメリットとしては，全面的な税方式への切替えによって，社会保障制度が国家財政の制約を受けやすくなってしまうという点や，所得制限の導入による給付抑制が強化されること，さらにはその国庫負担の財源はどうするのかという問題が指摘される。

2.3　企業年金制度の沿革

　第二次大戦後の経済復興期から高度経済成長期にかけて，優秀な労働力を確保する手段として，多くの企業が退職一時金を採用し，1952年には法人税法の改正により，ドイツの制度を手本にした退職給与引当金制度が創設された。また1959年には，中小企業の従業員の福祉の増進と雇用の安定を図り，中小企業の振興と発展に寄与することを目的に，中小企業退職金共済制度も創設された。

　しかし，退職者が増加し，巨額の退職一時金支給が発生したため，資金負担の平準化の観点から，企業年金を導入する企業も徐々に出現しはじめた。ただ，当時の税制では，企業の拠出する掛金は損金処理されず，他方で従業員の課税所得の金額が過大に計算されて毎期の手取り所得が減少してしまうという事態が生じており，本格的普及の阻害要因となっていた。そこで，税制上の問題を解決して本格的な企業年金制度の普及を図るために，1962年の法人税法改正によって税制適格年金制度が導入された。その後，従業員の老後の所得保障を充実するために，公的年金制度である厚生年金にプラスして支給する企業年金制度として，1966年に厚生年金基金制度が創設された。

　このように，日本の企業年金制度は税制適格年金制度と厚生年金基金制度を2本柱として発展してきたが，1990年代中葉以降，バブル崩壊後の厳しい資産運用環境のもと，2000年の退職給付に係る新会計基準の導入もあいまって，深刻な積立不足の問題が顕在化し，企業年金制度が抱えるさまざまな問題が露呈しは

じめた。その一方で，公的年金制度改革の議論が進むなか，企業年金に期待される役割はむしろ大きくなり，新たな選択肢として，自己責任を原則とする確定拠出年金の導入が検討されるとともに，企業年金の統一的基準を定めた企業年金基本法の制定が議論され，制度の再整備・再編が進められた。

議論の末，2001 年 6 月に，確定拠出年金法（平成 13 年法律第 88 号）と確定給付企業年金法（平成 13 年法律第 50 号）という 2 つの法律が成立し，現在の企業年金制度の姿となった。なお，前者は 2001 年 10 月から，後者は 02 年 4 月から施行されている。

さらに，2002 年 4 月から，アメリカのキャッシュバランス・プランを手本にした混合型企業年金も導入された。混合型企業年金は，基本的には確定給付年金であるが，確定拠出年金の長所を一部取り入れており，資産運用リスクは事業主が負うものの，従業員に約束する利回りはたとえば国債のそれに連動するなど，確定給付型と確定拠出型の両方の特徴を備えている。さらに，あらかじめ規約に定めた会社間の転籍に際しては勘定残高を持ち込むことによって容易に移換できるので，ポータビリティにも優れている。

こうした一連の企業年金改革によって，日本の企業年金制度は，厚生年金基金，確定給付企業年金（規約型，基金型，および混合型），確定拠出年金など，その構成も多様化してきている。なお，規約型，基金型，厚生年金基金等の各制度間で制度が移換され年金資産も移動できることはもちろん，規約型や基金型の年金資産を個人別に配分して確定拠出年金へ移換することも可能である。

税制適格年金（適格退職年金）は，戦後長らく日本の企業年金制度の中核を担う制度であったが，2002 年 4 月 1 日以降の新規設立は認められず，12 年 3 月 31 日をもって廃止された。また，厚生年金基金も戦後，大企業を中心に普及してきたが，2012 年 2 月末に発覚した AIJ 投資顧問による年金資産の消失事件を契機として各種の法律改正が行われ，14 年 4 月以降の新規設立は認められなくなった。存続の要件も厳しく設定されたため，多くの厚生年金基金は解散等により確定給付企業年金に移行することになった。

2.4 企業年金制度の課題

国民の老後生活に対するニーズは多様化しており，長期化する高齢期の経済基盤の充実を図るためには，公的年金に加え，企業年金等の充実が重要である。し

たがって，企業年金等のよりいっそうの普及という観点から，確定拠出年金制度や確定給付企業年金制度のさらなる整備に向けた取組みが課題となっている。

こうしたなか，確定拠出年金制度に関しては，2020年改正法において，加入可能年齢の引上げや受給開始時期の選択肢の拡大，中小企業向けの確定拠出年金制度の対象範囲の拡大，企業型の確定拠出年金制度の個人型（イデコ）への加入要件の緩和などが盛り込まれた。また，拠出限度額についても，確定給付企業年金制度等の実態を反映し，公平できめ細かな算定方法への見直しが進められている。直近では，2022年11月の新しい資本主義実現会議決定において資産所得倍増プランが提示され，そのなかで，個人型（イデコ）の加入可能年齢を70歳に引き上げることなどが議論されている。

また，確定給付企業年金制度に関しても，それが，最終的には個人の老後資産形成に向けた資産運用・資産管理にとって重要な役割を果たしているという観点から，資産運用の専門家の活用や運用機関の選定プロセス，加入者への情報提供に改善の余地が大きいことが指摘されている。すなわち，アセット・オーナーとしての企業年金の機能の向上や企業年金のガバナンス体制の高度化は，加入者の最善の利益を考えた業務運営に向けた重要な取組みとして，今後の重要な課題である。公的年金制度の改革が進展するなか，高齢社会における企業年金制度のあり方もまた，注目されるべきテーマの1つであろう。

【練習問題】

1　日本の公的年金制度の仕組みと問題点を論述しなさい。

2　日本の企業年金制度の仕組みを，最近の企業年金改革の動向に注意しつつ論述しなさい。

3　社会保険方式と税方式の長所・短所について述べなさい。

医 療 保 険

1 医療保険制度のフレームワークとその歴史

1.1 公的医療保険のフレームワーク

　病気になり，けがをするといった傷病リスクに対し，治療・手術・入院などの医療サービスを提供する医療保障を社会保障の一環として実施する場合には，まず税方式とするか保険方式とするかが問題となる。イギリスは戦前は保険方式であったが，戦後は社会保障改革により，前者による国民保健サービス（NHS）に変更した。日本は後者により，全国民が何らかの公的医療保険制度（以下，医療保険とよぶ）に強制加入するという「国民皆保険」体制を戦後確立した。

　保険方式では，保険を管理運営する保険者，制度に加入している被保険者・患者（被保険者と被扶養者），保険料・公費負担，保険事故，保険給付がその骨格を構成する。保険給付が現金給付で支給される年金制度と異なり，医療保険では医療サービスという現物（サービス）給付がその大半を占め，現金給付は 1 割程度にすぎない。そのため，医療サービスを提供する保険医療機関（病院・診療所や薬局），保険者とこれら医療機関との間の診療報酬の仲介をする審査支払機関が必要となり，公的医療保険の当事者間の関係は図 26-1 のように複雑である。

　日本の医療保険制度は複数の保険者に分かれて運営されており，企業・団体な

図 26-1　医療保険制度における当事者間の関係

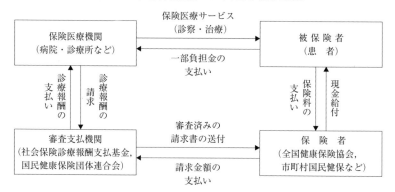

どではたらく者を被保険者とする各種の被用者保険（健康保険や船員保険，国家公務員共済組合など）と，これらの被用者保険に強制加入していない国民を対象とする国民健康保険があり，複雑な体系となっている（後出の表 26-1 参照）。

　1982 年に老人保健制度が，84 年に退職者医療制度が，さらに 2006 年にはこの両制度を改変する前期高齢者医療制度と後期高齢者医療制度が創設された。その結果，適用される医療保険制度が加入者のライフサイクルによって変わることになった（図 26-2 参照）。健康保険の被保険者の多くは定年などで退職すると国民健康保険の被保険者となるが，そのうち厚生年金保険などの被用者年金保険の老齢（退職）給付を受けられる人とその家族は，1984 年から退職被保険者として退職者医療制度の適用を受けることになった。さらに 2006 年の医療制度構造改革により高齢者医療制度（前期高齢者医療制度・後期高齢者医療制度）が新設され，保険者の都道府県単位での再編（政府が管理する政管健保から全国健康保険協会の都道府県支部が管理する協会けんぽへ，後期高齢者医療制度の運営主体が老人保健法制定時の市町村から都道府県単位の後期高齢者医療広域連合へ）が進められた。

　財源の構成や保険料の賦課方法は制度によって異なる。健康保険の場合，労使の折半負担する保険料が財源の大半を占め，組合管掌健康保険では財政が逼迫している健保組合に定額の補助が行われているだけで，事務費補助を除いて国庫補助（保険給付に関わる給付費補助）を受けない組合が多い。しかし，中小企業の被用者が多く加入する協会けんぽ（旧政管健保）では，保険給付費等の 16.4 ％の国庫補助が行われている。健康保険の保険料は被保険者が受ける種々の報酬

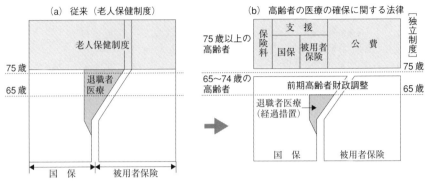

図 26−2　医療保険制度の構造

（注）　(b)図の独立制度（75歳以上高齢者を対象とした制度）が後期高齢者医療制度であり，65歳から74歳の高齢者を対象とした制度が前期高齢者医療制度である。

（出所）　厚生労働省編［2008］『厚生労働白書』平成20年版，資料編31ページ，より。

（給与のほかに手当や賞与なども含まれる）の月額を区切りのよい幅で区分した**標準報酬**にあてはめて事務処理され，それに保険料率を乗じたものを被保険者と事業主が折半負担して徴収される。なお2003年度からは標準報酬に賞与も加算して計算する総報酬制による保険料へ移行し，労使の保険料負担が引き上げられた。

　国民健康保険（国保）では，保険料は市町村ごとにその実情に応じて決められており，一般的には加入世帯ごとに所得割，資産割，被保険者均等割，世帯別平等割の4要素を全部またはいくつか組み合わせて賦課される。なお一定基準以下の所得しかない世帯の場合，被保険者均等割額と世帯別平等割額の保険料が減額して賦課される。所得なし世帯が約27％も加入している国民健康保険の財政基盤は脆弱なため，都道府県支出金，一般会計繰入金（法定分と法定外分）など多額の公費が注入されており，市町村国民健康保険全体では保険料は財源の約20％を占めるにすぎない。国保では1958年の制度発足当初から法定の国庫負担が導入され，給付費などの41％を国庫が負担しており，さらに低所得者に対する保険料（税）軽減分に対して定額の国庫補助が行われる。後期高齢者医療制度では国・都道府県・市町村の公費負担に加えて，各医療保険制度の保険者が支援金を負担しており，複雑な財源構成となっている（表26-1参照）。

　被保険者には保険者から1枚の保険証（被保険者証）が交付され，その被扶養者（被保険者に扶養されている家族）の氏名も記載されている。ただし，最近では1人1枚ずつカード化されて交付されている。また，2021年10月20日からはマ

イナンバーカードを保険証として利用することが可能となっており，23年6月の法改正により，24年秋から従来の保険証は廃止され，マイナンバーカードと一体化される予定である。被保険者本人か被扶養者は保険証をもって保険医療機関で診察などを受けると，原則として医療費の3割を一部負担金として窓口で支払う。残りの7割は保険者から保険医療機関に診療報酬として支払われる（表26-1参照）。

被保険者（その被扶養者を含む）が医療機関などで受診したときに，保険者があらかじめ定められた基準によって当該被保険者に対して給付するものを保険給付というが，それは法令によって保険者に給付が義務づけられている法定給付と，保険者がみずからの裁量によって行う付加給付に分けられる。法定給付のうち医療に関する給付を**医療給付**といい，被保険者が保険診療に要した医療費を保険者が医療機関に対して支払う現物給付方式と，被保険者がまず医療機関に医療費の全額を支払い，その後に保険者から払戻し・償還を受ける償還払方式（高額療養費制度ではこの方式を用いている）に分けられる。法定給付のもう1つの形態である現金給付には，傷病や出産による休業補償としての**傷病手当金**（療養のために4日以上欠勤して給料をもらえないときに，欠勤1日につき標準報酬日額の6割が，欠勤4日目から1年6カ月の範囲内で支給される）や出産手当金，埋葬料などがある。

保険医療機関は，患者が支払った一部負担金を差し引いた残額を医療サービスの対価として保険者から受け取るために，審査支払機関に対し診療報酬請求書に診療報酬明細書（レセプト）を添えて診療報酬を請求する。審査支払機関は，審査した後に被保険者が加入している各保険者にレセプトの添付された請求書を送付し，請求金額の支払いを受ける。審査支払機関は，これを基に各医療機関に診療報酬を支払う。保険医療機関が提供できる診察・検査・注射・投薬などの医療行為の内容と範囲および診療報酬は療養担当規則と診療報酬点数表に定められており，これを基に医療機関は提供した医療サービスの対価として，**診療報酬**を受け取る。診療報酬は実際に実施した医療行為ごとの点数を合算していく出来高制（日本はこの方式をとっている）と，定額払制（登録されている患者数に応じて医師に1年間の費用を支払う方式や，1件ごとに疾患別に定額の包括払いを行う方式など）がある。

国民皆保険体制をとっている日本では，ほぼすべての医療サービスが保険診療として提供されている。1年間に使われる医療費に関する基本的データである国民医療費は，保険給付の範囲とも関連して傷病の治療のための費用に限定されて

表 26-1 医療保険

制度名			保険者 (2022年3月末)	加入者数(千人) (2022年3月末) [本人/家族]	現金給付	保険		
						医療		
						一部負担	入院時食事療養費	入院時生活療養費
健康保険	一般被用者	協会けんぽ	全国健康保険協会	40,265 [25,072 / 15,193]	・傷病手当金 ・出産育児一時金, など	義務教育就学後から70歳未満 3割 義務教育就学前 2割 70歳以上75歳未満 2割 (現役並み所得者3割)	(食事療養標準負担額) ・一般 1食につき 460円 ・低所得者 90日目まで 1食につき 210円 91日目から 1食につき 160円 ・とくに所得の低い住民税非課税世帯 1食につき 100円	(生活療養標準負担額) ・一般 1食につき 460円 +1日につき 370円 ・住民税非課税世帯 1食につき 210円 +1日につき 370円 ・とくに所得の低い住民税非課税世帯 1食につき 130円 +1日につき 370円 *療養病床に入院する65歳以上の者が対象。 *指定難病の患者や医療の必要性の高い者等には, さらなる負担軽減を実施。
		組合	健康保険組合 1,388	28,381 [16,410 / 11,971]	同上 (付加給付あり)			
	健康保険法第3条第2項被保険者		全国健康保険協会	16 [11 / 5]	・傷病手当金 ・出産育児一時金, など			
	船員保険		全国健康保険協会	113 [57 / 56]	同上			
各種共済	国家公務員		20 共済組合	8,690 [4,767 / 3,923]	同上 (付加給付あり)			
	地方公務員等		64 共済組合					
	私学教職員		1 事業団					
国民健康保険	農業者, 自営業者等		市町村 1,716 / 国保組合 160	28,051 (市町村 25,369 / 国保組合 2,683)	・出産育児一時金 ・葬祭費			
	被用者保険の退職者		市町村 1,716					
後期高齢者医療制度			[運営主体] 後期高齢者医療広域連合 47	18,434	葬祭費, など	1割 (一定以上所得者は2割, 現役並み所得者は3割)	同上	同上 ただし, ・老齢福祉年金受給者 1食につき 100円

(注) 1. 後期高齢者医療制度の被保険者は, 75歳以上の者および65歳以上75歳未満の者で一定の障害にあ
　　　 2. 現役並み所得者は, 住民税課税所得145万円以上（月収28万円以上または世帯に属する70〜74歳
　　　　 520万円未満もしくは高齢者単身世帯で383万円未満および旧ただし書所得の合計額が210万円以下
　　　 3. 国保組合の定率国庫補助については, 健保の適用除外承認を受けて, 1997年9月1日以降新規に加
(出所) 厚生労働省編［2023］『厚生労働白書』令和5年版, 資料編 27 ページ。

制度の概要

給付	財　源	
給　付	保 険 料 率	国庫負担・補助
高額療養費制度，高額医療・介護合算制度		

給付	保険料率	国庫負担・補助
高額療養費制度 ・自己負担限度額 　70 歳未満の者 　　年収約 1160 万円〜　　　252,600 円＋（医療費－842,000 円）×1％ 　　年収約 770 万〜約 1160 万円 167,400 円＋（医療費－558,000 円）×1％ 　　年収約 370 万〜約 770 万円　80,100 円＋（医療費－267,000 円）×1％ 　　〜年収約 370 万円　　　　　57,600 円 　　住民税非課税　　　　　　　36,400 円	10.00 ％ （全国平均）	給付費等の 16.4 ％
70 歳以上 75 歳未満の者 　　年収約 1160 万円〜　　　252,600 円＋（医療費－842,000 円）×1％ 　　年収約 770 万〜約 1160 万円 167,400 円＋（医療費－558,000 円）×1％ 　　年収約 370 万〜約 770 万円　80,100 円＋（医療費－267,000 円）×1％ 　　〜年収約 370 万円　　　57,600 円，外来（個人ごと）8,000 円 　　住民税非課税世帯　　　24,600 円，外来（個人ごと）8,000 円 　　住民税非課税世帯のうち，とくに所得の低い者 　　　　　　　　　　　　15,000 円，外来（個人ごと）8,000 円	各健康保険組合 により異なる。 1 級日額 　　　　　390 円 11 級 　　　3,230 円	定　額 （予算補助） 給付費等の 16.4 ％
・世帯合算基準額 　70 歳未満の者については，同一月における 21,000 円以上の負担が 　複数の場合は，これを合算して支給。	9.80 ％ （疾病保険料率）	定　額
・多数該当の負担軽減 　12 月間に 3 回以上該当の場合の 4 回目からの自己負担限度額 　　　　　　　　　　　70 歳未満の者　70 歳以上 75 歳未満の者 　　年収約 1160 万円〜　　　140,100 円　　　　140,100 円 　　年収約 770 万〜約 1160 万円 93,000 円　　　　 93,000 円 　　年収約 370 万〜約 770 万円 44,400 円　　　　 44,400 円 　　〜年収約 370 万円　　　　44,400 円　　　　 44,400 円 　　住民税非課税　　　　　　24,600 円　　　　　 —	—	なし
・長期高額疾病患者の負担軽減 　血友病，人工透析を行う慢性腎不全の患者等の自己負担限度額 　10,000 円 　（ただし，上位所得者で人工透析を行う 70 歳未満の患者の自己負 　担限度額　20,000 円） **高額医療・高額介護合算制度** 　1 年間（毎年 8 月〜翌年 7 月）の医療保険と介護保険における自己 負担の合算額が著しく高額になる際，負担を軽減する仕組み。自 己負担限度額は所得と年齢に応じきめ細かく設定。	世帯ごとに応益 割（定額）と応能 割（負担能力に 応じて）を賦課。 保険者によって 賦課算定方式は 多少異なる。	給付費等の 41 ％ 給付費等の 28.4〜47.4 ％ なし
・自己負担限度額 　年収約 1160 万円〜　　　252,600 円＋（医療費－842,000 円）×1％ 　年収約 770 万〜約 1160 万円 167,400 円＋（医療費－558,000 円）×1％ 　年収約 370 万〜約 770 万円　80,100 円＋（医療費－267,000 円）×1％ 　〜年収約 370 万円　　　57,600 円，外来（個人ごと）8,000 円 　住民税非課税世帯　　　24,600 円，外来（個人ごと）8,000 円 　住民税非課税世帯のうち，とくに所得の低い者 　　　　　　　　　　　15,000 円，外来（個人ごと）8,000 円 ・多数該当の負担軽減 　年収約 1160 万円〜　　　140,100 円 　年収約 770 万〜約 1160 万円 93,000 円 　年収約 370 万〜約 770 万円 44,400 円 　〜年収約 370 万円　　　　44,400 円	各広域連合によ って定めた被保 険者均等割額と 所得割率によっ て算定。	・保険料　約 10 ％ ・支援金　約 40 ％ ・公費　　約 50 ％ （公費の内訳 国：都道府県：市 町村＝4：1：1）

る旨の広域連合の認定を受けた者。
の被保険者の基礎控除後の総所得金額等の合計額が 210 万円以上）の者（ただし，収入が高齢者複数世帯で
の者は除く）。とくに所得の低い住民税非課税世帯とは，年金収入 80 万円以下の者など。
入する者およびその家族については協会けんぽ並みとする。

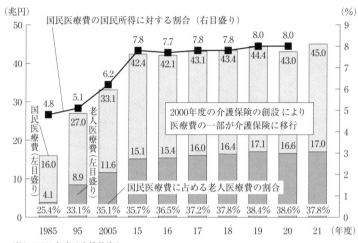

図 26-3 医療費の動向

(注) 2021年度は実績見込み。
(出所) 厚生労働省編［2023］『厚生労働白書』令和5年版，資料編32ページ，より作成。

おり，予防や健康増進のための費用，医学研究費，通常の出産費用，保険外負担（差額ベッド代，歯科材料差額代など），売薬代，医師の指示によらない鍼灸・マッサージなどの代金は含まれない。図26-3によると，2020年度の国民医療費は43兆円で1985年度の16兆円の2.7倍に増加しており，国民医療費の対GDP比も85年度の4.8％から2021年度は8.0％に上昇している。老人（後期高齢者）医療費は1985年度の4.1兆円から2020年度には16.6兆円と4倍に増加し，国民医療費に占める老人医療費の比率はこの間に25.4％から38.6％に上昇している。このように，医療費増加の第1の要因は人口高齢化にあり，老人は若年層よりも有病率が一般に高く，治療期間も長引く傾向があるため，医療費が高くなる。その他の増加要因としては，①疾病構造の変化（結核の激減と生活習慣病や精神疾患の増加），②医療の進歩（新しい機器や高度な新薬の開発普及，①と関連して高額な医療を要するものが増えたこと），③医療供給体制の整備（一般診療所や歯科診療所などの医療機関の増加）などがあげられる。

1.2 ドイツ，イギリスの医療保障制度

貧困の最大の原因として古くから病気があげられるが，世界最初の公的医療保

険はビスマルクにより 1883 年に導入された疾病保険である。創設時の疾病保険は主要な鉱工業の労働者と年収 2000 マルク以下の事務職員を被保険者とする強制保険として実施された。保険者には既存の各種救済金庫を活用したので，企業疾病金庫，同業疾病金庫，船員疾病金庫，鉱山従業員金庫などの職域を中心に組織された 8 種類の多数の疾病金庫が保険者となり，その運営は国の監督のもとに労使の代表者による自治に委ねられた。保険料の 3 分の 2 を被保険者である労働者が，残りの 3 分の 1 を事業主が負担し，国庫負担はなかった。保険事故は業務外の傷病だけでなく，業務上の傷病も対象にしていた。

　他方，イギリスは 1911 年制定の国民保険法で健康保険を導入したが，戦後は国民保健サービス（NHS）法が 46 年に制定され，48 年から施行された。このNHS は戦後イギリスの社会保障改革の目玉となったもので，生まれてから死亡するまで，すべての国民に「無料の包括的医療保障」を行うものとして世界的にも注目された。保険方式から税方式への変更が行われたのは，①医療保障では現物給付が中心になり，人件費・物件費の上昇の影響を受けやすいため保険方式は必ずしも適さない，②治療を中心とする保険方式は予防やリハビリには必ずしも適していない，③症状に基づき医療を行うべきで，患者による差別を設けるのは適切ではない，などの理由によるといわれる。NHS の影響を受けて，保険方式をとるドイツ，フランスなどでも戦後は保険方式を維持しながら予防・リハビリ給付を取り入れ，被保険者範囲を拡大するなどの改革が行われている。

1.3　日本における医療保険の沿革

　日本最初の社会保険立法として健康保険法が 1922 年 4 月に制定されたが，翌年に関東大震災が発生したため，全面施行は 27 年 1 月からとなった。同法はそのモデルとなったドイツの疾病保険法にならって業務外だけでなく業務上の傷病をも対象とし，工場法・鉱業法の適用される常時 10 人以上の従業員を雇用する事業所の常用労働者と年収 1200 円以下の職員を強制被保険者とした。保険者は，政府のほかに健康保険組合による自主的な運営も認めた。その結果，制度発足当時は被保険者数は政府管掌健康保険が約 110 万人，健保組合管掌分が約 74 万人で，総人口の 3 ％にあたる人々が加入していたにすぎない。保険料は労使折半負担で，事業費の一部を国庫が負担し，給付は被保険者本人のみに限定され，180 日を限度に療養の給付と傷病手当金が支給された。1939 年には一般俸給生活

者，いわゆるホワイトカラーのための職員健康保険法が制定されたが，これは42年に健康保険法に統合された。1943年には家族給付が法定化（5割給付）され，被用者世帯を対象とする健康保険制度の基本的枠組みがこの時点で確立された。

一般国民を対象とする国民健康保険法は1938年7月から実施された。同法の制定には，不況にあえぐ農山漁村の住民や都市の中小企業者の生活の安定を図り，戦時体制下の農村の労働力と優秀な兵力を確保する狙いがあったといわれる。市町村単位で組織される国民健康保険組合は任意設立であり，地域住民が任意加入する制度で，強制保険とはなっていなかったが，一般国民を対象とする制度が生まれた意義は大きい。

戦後の1947年4月に労働者災害補償保険法が制定されると，被用者の業務上災害に対する保険給付は同法によって行われることになり，健康保険は業務外の傷病だけを扱うことになった。戦後は医薬品などが極度に不足し，医療費の急騰によって診療報酬と財源確保のための標準報酬の改正が繰り返し行われた。国民健康保険では大半の組合が事業不振に陥り，1948年度は約半数の組合が事業を休廃止する状態にあった。

社会保障制度審議会の「社会保障制度に関する勧告」（1950年）は全国民を対象とする医療保険の導入を提唱したが，1955年時点では3000万人もの国民が公的医療保険に未加入の状態にあった。急速な経済復興を背景に，政府は1957年1月にすべての国民が医療保険の恩恵を受けられるようにするという国民皆保険の早期達成を決定した。翌年12月に新しい国民健康保険法が成立（1959年1月施行，一部の大都市では準備期間が必要なため約2年遅れて実施），国民皆保険体制が1961年4月に実現した。同法は，①すべての市町村に実施を義務づけること，②被用者保険の対象者を除き，法律上当然に市町村に住所のある者はその市町村の国民健康保険の被保険者となること，③療養の給付期間を3年とすること，④保険医療機関を二重指定とすること，⑤療養の給付に対する補助制度を国庫負担（20％）に改め，調整交付金（5％）を創設すること，などを骨子としていた。

皆保険体制の確立により国民の医療費負担は軽減されたが，人口高齢化の進展，医学や医療技術の進歩，給付水準の向上，医療費改定などによって，保険財政は急速に悪化した。そのため，各制度において国庫負担の増額や保険料率，標準報酬上限の引上げなどの財政健全化対策が実施された。1963年の国保法改正により世帯主の給付率が5割から7割へ引き上げられ，73年9月の健康保険法等の

一部改正法では家族給付率の 5 割から 7 割への引上げや高額療養費制度の新設などの給付の改善が行われた。

　高度成長期末期の 1972 年には老人福祉法の一部改正により，老人医療費の無料化が 73 年 1 月から実施された。さらに高齢者の総合的な保健医療対策を推進するために，老人保健法が 1982 年 8 月に公布された。1986 年の改正により，一部負担金の引上げ，老人保健施設の創設などが決定された。1984 年 8 月改正の健康保険関連法は，①被用者保険の被保険者本人に対する 10 割給付を見直し，84 年度から 9 割給付とし，将来的には 8 割給付とする，②家計の負担を軽減するために高額療養費支給制度を改善する，③高度先進医療についても基礎的部分には特定療養費として保険給付の対象とする，などを決定した。さらに 1984 年には国民健康保険に退職者医療制度が創設された。

　1994 年の健康保険法改正では入院時の食事代に一部負担を導入し，それによって浮いた財源で付添い看護の解消を図り，代わって病院側の看護スタッフを充実させることになった。健康保険の被保険者本人の自己負担が 1984 年の 1 割負担から 97 年の改正で 2 割へ，さらに 2003 年 4 月からは 3 割に引き上げられた。また，2003 年 4 月からボーナスも月給と同様に保険料の対象とする「総報酬制」が導入され，保険料率も改定された。

　2006 年 6 月に可決成立した医療保険制度改革法に基づき，医療保険財政立直しのための「抜本改革」が行われ，患者側の一部負担の引上げ，供給者側の診療報酬引下げ，生活習慣病対策（特定健康診査・特定保健指導の義務化）を中心とした予防重視などの施策が実施された。また，老人保健制度に代わり，2008 年度から新たに高齢者医療制度（前期高齢者医療制度・後期高齢者医療制度）が創設され，医療保険制度の都道府県単位での再編（政管健保から協会けんぽへの再編成等）が実施される，といった制度改革も進められた。

　2013 年 12 月には社会保障制度改革プログラム法が成立し，医療保険各法の標準報酬月額の上限額の引上げ，70〜74 歳の者の医療費の自己負担金の引上げ（1 割負担から 2 割負担へ）といった措置を，14〜17 年度をめどに順次講ずると定められ，実際にそれらは 14 年度より施行された。

　2021 年 6 月には，前年 12 月にとりまとめられた全世代型社会保障検討会議の改革基本方針の内容を受けて健康保険法等改正案が成立し，後期高齢者の窓口負担の引上げがなされた。さらに，2023 年 5 月成立の改正健康保険法によって，

75歳以上の保険料上限が24年度と25年度に引き上げられる予定である。

2 医療保険制度の現状と課題

2.1 医療保険制度の現状

　医療保険は，被保険者やその被扶養者の疾病，負傷，死亡または分娩に関し必要な保険給付を行うことを目的とし，健康保険などの被用者保険では業務外の事由による疾病，負傷，死亡に限定される。公的医療保険制度は，一般勤労者を対象とする健康保険，特殊職域の勤労者を対象とする船員保険と各種共済組合，これら被用者保険の対象となっていない一般住民のための国民健康保険に分立している。なお高齢者は，後述するように，前期高齢者医療制度・後期高齢者医療制度による老人医療の適用を受ける。

健康保険

　民間企業で雇用されている従業員の加入する健康保険の保険者は，健康保険組合と全国健康保険協会である。健康保険組合は1または2以上の事務所につき従業員300人以上（実際には単一組合の場合で700人以上，総合組合の場合3000人以上でないと認可されない）を使用する事業主が単独または共同で設立し，その組合員である被保険者の健康保険を運営している（組合管掌健康保険）。これに対し，全国健康保険協会が管掌する協会けんぽは組合管掌健保に加入しない被保険者の健康保険を管掌している。健康保険は常時5人以上の従業員を使用する強制適用事業所およびこれらの事業所で使用される強制被保険者を対象とするが，さらに強制適用事業所に該当しない事業所でその従業員の半数以上の同意を得て事業主が厚生労働大臣（都道府県知事に委任されている）の認可を受ければ，任意包括適用事業所になることができ，その場合すべての従業員が被保険者（任意包括被保険者）となる。健康保険制度では被保険者本人のみならず，その配偶者や子どもなどの被扶養者に関わる保険事故にも保険給付を行っている。

　健康保険の財源は労使折半負担の保険料と国庫負担であり，国庫は事務費のほかに，協会けんぽでは給付費の16.4％を負担している。保険料は被保険者の標準報酬月額に保険料率を乗じた額で毎月納付される。保険給付には療養給付，入院時食事療養費，訪問看護療養費，特定療養費，移送費，埋葬料，出産手当金な

どがあり，家族にも同様な給付がある。給付の大半は現物給付であるが，医療サービスを受けるときには原則として費用の3割を自己負担する。ただし，被保険者およびその被扶養者が同一月，同一保険医療機関などにおいて受けた療養に関わる一部負担金などの自己負担額が一定額を超える場合には，1973年創設の高額療養費制度によって，その超過額に相当する額が支給される。当初は自己負担額が3万円を超えた場合に適用されていた。2001年から高額療養費の額の決め方が少し複雑になり，市町村民税非課税世帯に属する低所得者は3万5400円を超えた場合に適用されるが，一般所得者と上位所得者では所定の計算式から求められる金額を超えた場合に適用される。また，2008年度からは高額医療・介護合算制度が導入された（前出の表26-1を参照）。

国民健康保険

国民健康保険（国保）の保険者は市町村と国民健康保険組合（医師，歯科医師，薬剤師，弁護士，理容美容業，浴場業などの業種で設立されている）である。なお，2015年度の法改正により，都道府県も18年4月より保険者とされた。都道府県が財政運営の責任主体となり，市町村は都道府県と協力して，保険料の徴収その他の国民健康保険事業を運営するという役割分担がなされている。保険給付は医療給付の7割（自己負担は3割）で，保険料は所得割，被保険者均等割，資産割，世帯別平等割の4要素を全部（4方式）または一部（3方式，2方式）組み合わせた方式で算出され，市町村により異なる。財源の大半は保険料と国庫補助金で占められるが，そのほかに都道府県補助金，市町村の一般財源からの繰入金などがある。国保の被保険者には低所得層が多いことや事業主負担がないことなどから，国庫補助金は健康保険より高率かつ高額となっている。

退職者医療制度・前期高齢者医療制度

1984年創設の退職者医療制度は，退職サラリーマンの多くが医療の必要性が高まる定年退職後に，被用者保険（健康保険等）から国民健康保険に移行することによって給付面で不利にならないように，60歳から75歳までの退職者を対象にし，国民健康保険制度のなかに設けられたものである。2008年4月から新たに65歳以上74歳までの前期高齢者を対象とする前期高齢者医療制度が制度間の医療費負担の不均衡を調整するものとして施行されたことから，退職者医療制度はこの新制度への円滑な移行を図るために14年度までの間における65歳未満の退職者を対象として存続させる経過措置が講じられることになり（前出の図26-2

医療保険制度が円滑に機能するには，医療従事者が十分に存在し，その活動の場である医療機関などが適切に整備されていることが重要である。なかでも，医師が計画的に養成され，全国に過不足なく配置されていることが必要である。

医師になるには，医学部で6年間勉強し，医師国家試験に合格し，2年以上臨床研修医の経験を積まねばならない。医師は2020年末時点で34万人存在するが，地域や診療科ごとに偏りがみられることが，「医師偏在」として問題視されている。

地域ごとの偏在に着目すると，利便性や収益などの関係から医師は都市部に集中しがちであり，僻地勤務を忌避する傾向がある。それにより，無医地区（医療機関のない地域で，当該地区の中心的な場所を起点として，おおむね半径4キロメートルの区域内に50人以上が居住している地区であって，かつ容易に医療機関を利用することができない地区）が生じている。2022年10月時点で，無医地区は減少傾向にはあるものの557地区存在し，無医地区人口は12.2万人にのぼる。

このような問題を解消すべく，地域の医師確保の観点から，とくに2008年度以降，医学部定員は増員されており，当時の7793人から23年度は9384人となっている。また，都道府県が独自に奨学金を設け，当該都道府県の大学の医学部が地域医療を担う意思をもつ者を選抜し，地域医療等の教育を実施するという取組みも行われている。

今後は，医師のワーク・ライフ・バランスなどにも配慮し，とくに女性医師が育児・介護などを理由に医師を辞めずにすむような工夫が求められる。

参照），15年以降は，それまでの加入者（65歳未満の国保加入者で被用者年金に20年以上加入していた退職被保険者）のみを対象とすることになった。退職者医療制度の費用は退職被保険者の保険料に加えて，標準報酬総額で按分された各被用者保険（協会けんぽ，組合健保，共済組合）からの拠出金で賄われ，公費負担はない。前期高齢者医療制度の財源は患者負担と各医療保険の加入者数に応じて負担する拠出金によって賄われ，公費負担はない。

後期高齢者医療制度

2008年4月から老人保健法が廃止され，高齢者の医療の確保に関する法律（高医法）が施行されて，後期高齢者医療制度が創設された。この新制度は75歳以上の高齢者を対象にその心身の特性や生活実態等を踏まえ，独立した医療制度として創設されたものである。その運営主体は当初の厚生労働省試案の段階では市町村となっていたが，最終的には都道府県ごとにすべての市町村が加入する後期

高齢者医療広域連合を設立し，この広域連合が事務処理にあたり，実際の適用や保険料徴収の事務等は市町村に委託されることになった。その財源は給付費ベースでみて，後期高齢者自身が支払う保険料（1割）に加えて，公費（5割），各医療保険制度からの支援金（後期高齢者支援金，約4割）で賄われ，公費は国，都道府県，市町村が4：1：1の割合で負担する。自己負担限度額については前出の表26-1を参照されたい。

2.2　医療保険制度の課題

これまでの日本の医療保険は経済成長と若々しい社会を前提としたもので，現物給付・出来高払制という特徴をもち，量の確保を重視するものであった。少子・高齢化社会となり，低成長経済にある現在は医療保険も変革を余儀なくされており，医療技術の進歩や患者のニーズの多様化・高度化を踏まえた医療保障の量から質への転換が求められている。

医療保険の運営の効率化と，高齢者医療費の増加により悪化した医療保険財政の安定化をめざし，社会保障審議会の医療保険部会は2008年度の医療制度改革の具体案づくりを03年7月から開始した。その基本方針に沿って，2006年成立の医療保険制度改革法では，①中長期的な医療費適正化（医療費適正化計画），②生活習慣病を中心とした予防の重視（特定健康診査と特定保健指導の義務化），③都道府県単位を軸とした保険者の再編（政管健保改革等），④新たな高齢者医療制度の創設（前期高齢者医療制度・後期高齢者医療制度），⑤療養病床の再編成および医療保険財源等を活用した病床転換，⑥混合診療制度の再編・拡大（保険外併用療養費制度），⑦診療報酬の改定（2度目のマイナス改定），⑧医療法人制度の見直し（社会医療法人制度の創設等）などを決定した。

しかし，こうした構造改革の結果，患者側の負担増，2002年と06年の2度にわたる診療報酬引下げ等による病院経営の悪化，とりわけ地域の中核病院の統廃合といった状況が発生し，医師や診療所等の地域間偏在や産科や小児科等の医師不足，救急医療体制の機能不全など，むしろ国民医療体制の危機が進行したといわれる。2013年8月の社会保障国民会議報告と，同年12月成立の社会保障制度改革プログラムを基に，政府は14年から数年をかけて医療制度を含む社会保障の見直しを進めている。

さらに，2020年12月には，全世代型社会保障検討会議の改革基本方針がとり

まとめられた。そこでは，2022 年から団塊の世代が後期高齢者となりはじめるため，現役世代の負担上昇抑制が課題とされ，75 歳以上の窓口負担を配慮措置つきで 2 割負担とすることなどが記された。この内容を受けて，既述のように2021 年 6 月成立の健康保険法等改正法では，後期高齢者の窓口負担の引上げがなされ，また，23 年 5 月成立の改正健康保険法により，24 年度と 25 年度に 75 歳以上の者の保険料上限が引き上げられることとなった。

【練習問題】

1 日本の医療保険制度でもっとも重要と思われる特色を 3 点あげて，それらについて論述しなさい。

2 人口高齢化の進行が医療保障に与える影響について論述しなさい。

第**27**章

介 護 保 険

> ◉**この章で学ぶこと**◉
> □　第5の社会保険といわれる介護保険制度が2000年4月から新たに日本に導入された背景や経緯について学ぶ。
> □　日本の介護保険の仕組みや課題について学ぶ。
>
> ◉**キーワード**◉
> 地域包括ケアシステム，介護保険，第1号被保険者，第2号被保険者，
> 介護支援専門員，介護サービス計画，介護報酬

1　介護保険制度創設の背景と経緯

1.1　家族介護の限界

　2000年4月に施行された日本の介護保険制度は高齢者介護を主目的としており，介護保険法第1条は「この法律は，加齢に伴って生ずる心身の変化に起因する疾病等により要介護状態となり，入浴，排せつ，食事等の介護，機能訓練並びに看護及び療養上の管理その他の医療を要する者等について，これらの者が尊厳を保持し，その有する能力に応じ自立した日常生活を営むことができるよう，必要な保健医療サービス及び福祉サービスに係る給付を行うため，国民の共同連帯の理念に基づき介護保険制度を設け，その行う保険給付等に関して必要な事項を定め，もって国民の保健医療の向上及び福祉の増進を図ることを目的とする」と規定している。要介護状態となる介護リスクは発生すれば経済的に不利な結果をもたらす純粋リスクであり，その発生は偶然性を有し，保険可能なリスクである。このリスクの特性は，高齢になるほどその発生率が急上昇する点にみられる。75歳以上のいわゆる後期高齢者の介護リスク発生率は，ともに75歳未満の前期高齢者と比べて著しく高くなる（表27-1参照）。人口高齢化の進展により，後期高齢者数が1995年で総人口の5.7％にあたる714万人から，2025年には17.5％

表 27 - 1　要介護等認定の状況

(単位：千人，下段は％)

65～74 歳		75 歳以上	
要支援	要介護	要支援	要介護
241	517	1,638	4,293
(1.4)	(3.0)	(8.9)	(23.4)

(注)　2020 年度末現在。下段は，65～74 歳，75 歳以上それぞ
　　　れの被保険者に占める割合。
(出所)　厚生労働省［2023］『高齢社会白書』令和 5 年版，30
　　　ページを一部省略。

図 27 - 1　要介護（要支援）認定者数の将来推計

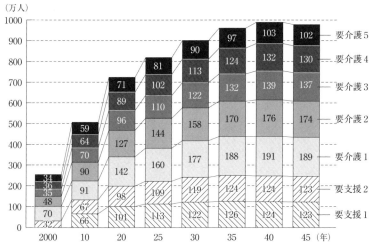

(注)　2000 年度は要支援が 1 段階しかなく，要支援 2 には現行の要支援 1 の者も含まれる。
(出所)　みずほ情報総研株式会社［2018］『平成 29 年度 産業経済研究委託事業（高齢化社
　　　会の進展と地域経済・社会における課題に関する調査研究）報告書』8 ページ。

にあたる 2155 万人とほぼ 3 倍になるとの推計があり（厚生労働省［2023］『高齢社
会白書』令和 5 年版，参照），要介護高齢者の急増が予想される。図 27-1 によると，
2000 年には 256 万人だった要介護（要支援）高齢者が 10 年には 506 万人とほぼ
倍増し，さらに 30 年には 900 万人に急増すると予測されており，介護リスクが
多くの国民に相当大きな確率でふりかかる一般的なリスクとなっている。しかも，
要介護状態が長期・重度化する傾向にある。介護を始めてからの期間（介護中の

場合は経過期間）は平均で 61.1 カ月（5 年 1 カ月）である。介護期間の分布をみると，4〜10 年未満が 31.5% と最多であり，次いで 10 年以上が 17.6%，3〜4 年未満が 15.1%，2〜3 年未満が 12.3% となっている（生命保険文化センター「2021（令和 3）年度 生命保険に関する実態調査」参照）。

　介護リスクは個人や家族で備える私的リスクとして長年位置づけられ，多くの国民が自助努力などで対応してきた。しかし，同居率の低下（核家族化の進行）や介護者自体の高齢化（いわゆる老老介護），介護離職の問題，女性の社会的進出や高齢者世帯の増加などにより家族介護の限界が明らかとなり，在宅介護の過重負担による家族崩壊の危機や，要介護高齢者の人権・尊厳の問題が 1970 年代には社会問題化していった。すなわち，介護リスクは私的リスクとして個人や家族に任せるだけでは限界があり，社会的リスクとして広く認識されるに至り，介護問題の社会化が重要な社会的課題となった。

1.2　従来の高齢者介護の問題点

　高齢者介護に対する施策は，従来は老人福祉法に基づく老人福祉制度と，老人保健制度に基づく老人医療で実施されてきた。しかし，前者では，行政機関である市町村が対象者へのサービス提供の諾否を判定し，その内容も決定するという措置制度となっており，①利用者がサービスを選択できない，②所得調査があるために利用にあたり心理的抵抗感を伴う，③競争原理がはたらかずサービス内容が画一的である，④利用者負担が高所得者層に重い，といった問題点が指摘されていた。他方，後者では，不足している特別養護老人ホームに入所するよりも病院に入院したほうが，中高所得者層にとっては利用者負担が軽くなることから，介護を理由とする一般病院への長期入院（いわゆる社会的入院）が発生し，しかも治療を目的とする一般病院は居室面積が狭く長期療養の場として不適切である，といった問題があった。このように，福祉と医療の各制度により対応が異なり，利用者負担や利用手続きにも不合理や格差が顕著になっていた。

　老人福祉法が 1963 年に制定され，公的機関を中心に福祉施設の整備が進められてきたが，公的老人福祉施設（特別養護老人ホーム）は 85 年頃でも約 2800，その定員は 20 万人弱と 65 歳以上の老年人口のわずか 1.6 % にすぎず，入所できるまでに 2 年も 3 年も待たなければならなかった。大部分の要介護高齢者は家族の過重な負担のもとで在宅で過ごすか，やむなく一般病院に入院するという状況に

おかれていた。介護サービスも画一的で，社会的入院が公的医療保険の財政を圧迫するなど，多くの問題を内包していた。その結果，日本の高齢者介護のあり方は現実には自助努力中心のアメリカ型に近いパターンとなっていた。しかも，日本の場合は規制やコスト高などに阻害され，民間シルバー産業も民間介護保険も本格的な発達をみるに至らず，これらシルバー・ビジネスは依然として揺籃期にあった。国民は民間制度を利用したくても有料老人ホームは高コストであり，業者の信頼性やサービスの内容や質に関する情報もほとんど提供されていないなど，問題が山積していた。

1.3 社会保険方式のメリットとデメリット

　公的介護保障を導入する場合には，まず公費負担方式（租税方式）とするか社会保険方式とするかが問題となる。両方式にはそれぞれ一長一短がある。

　社会保険方式について述べると，そのメリットとして次の点が指摘されている。①使途が介護に限定されており，負担と給付（受益）の対応関係も明確で，負担に対する国民の理解を得やすい，②主要財源が保険料で賄えるので，毎年の予算配分に拘束されずに必要な財源を安定的に確保でき，独自に保険料を引き上げることもできる，③介護保険の導入によって介護サービス供給量や介護財源を急速に増やすことができる，④保険料を払う見返りとしてサービスを利用できるので，受給は権利であるとの意識がもたれ，介護サービス利用の際の心理的抵抗感もなく，ニーズが顕在化しやすい，⑤利用者が介護サービスや施設を選択してサービス提供機関と契約するので，介護サービス供給者間の競争を促し，サービスの量的質的拡充を図ることができる，⑥介護リスクは長寿化に伴い，国民の誰にでも起こりうる社会的リスクとなってきているので保険方式に馴染み，しかも介護リスクは介護期間や介護費用の予測が難しいために，各人の自助努力で備えるには限界がある，⑦介護保険の導入により，老人病院，老人保健施設，特別養護老人ホーム，在宅サービスに関する費用が共通して負担されることになり，制度間の利用者負担の不均衡が是正され，各サービス間の連携が強められる。

　他方，社会保険方式のデメリットは，①国民健康保険などと同様に無保険者・滞納者問題が発生する可能性がある，②低所得者には負担軽減措置が必要とされる，③制度のあり方によっては，国民健康保険と同様に市町村間ないし地域間で保険料水準，介護サービスの内容やレベルに格差が発生する可能性がある，など

が考えられる。

1.4 介護保険制度の創設

　高齢者介護問題が待ったなしの状況にあることから，多少の問題はあってもまず制度をスタートさせることが肝要であり，問題があれば随時修正していくといういわば「歩きながら考える」というスタンスで，日本の公的介護保険制度は比較的短期間の議論を経て実施に移された。すなわち1994年9月の厚生労働省社会保障制度審議会社会保障将来像委員会第2次報告や同年10月に発足した老人保健福祉審議会の中間報告などを経て，97年度からの実施をめざして介護保険法案がとりまとめられた。このときは保険者となる地方自治体が早急な実施に不安をもち強く反対したために，国会に提出されるに至らなかった。次いで2000年度からの実施をめざす介護保険関連3法案が1996年11月に国会に提出され，翌年12月に成立した。

　日本の介護保険法はドイツをモデルにしているといわれるが，ドイツは保険料を財源とする文字通り社会保険方式である（ただし，2022年より定額の国庫補助を導入）のに対し，日本の場合は5割近い公費負担があり，厳密には保険・公費折衷方式となっている。

　第5の社会保険としての公的介護保険は，日本では以下のような目的をもって導入されたといわれる。

(1)　高齢者介護の社会化——21世紀の少子・高齢社会に適合した社会保障制度を構築するための社会保障構造改革の第一歩として，高齢者介護を社会全体で支えあう新たな社会保険を導入する。

(2)　医療と介護の分離——社会的入院の発生といった医療資源の非効率的な使用やその他の医療のゆがみを正し，総合的かつ抜本的な医療制度改革実施の前提条件を整備する。

(3)　税金を財源とした行政による措置制度から保険による利用者本位の制度への転換——措置制度と異なり，利用者が必要なサービスや適当な施設を選択し，契約により利用できるようにすることによって，利用者本位の制度を構築する。

(4)　民間活力の活用——NPO，農協・生協などの非営利組織や民間事業者といった多様なサービス供給主体の参入を認めて，市場原理の導入ないし規

制緩和・競争促進によるサービスの質の向上と費用の効率化を図る。あわせて公的介護保険の対象外のサービスとの組合せを弾力的に認めることにより，多様なニーズについては民間保険の活用を図る。

このように，公的介護保険には21世紀型社会保障といえる新たな考え方が組み入れられている。すなわち，公的介護保険の導入によって，①行政機関である市町村がサービスの種類・内容や提供機関を一方的に決める「措置型福祉」から，利用者が多様な事業者から提供されるサービスを契約により主体的に選択できる「契約型福祉」へ，②中央省庁が強い権限をもって画一的に管理運営する「中央集権型福祉社会」から，住民に身近な市町村を保険者とし，市町村間の競争を促す地域密着型の「地方分権型福祉社会」へ，③福祉は経済の重荷であり，福祉の対象者は被保護者であるという非生産的なマイナスのイメージがもたれる「ウェルフェア国家」（福祉国家）から，ヘルパーなどのマンパワーの雇用や各種介護施設の活動が雇用創出と経済活性化をもたらし，高齢者の自立を促す，という福祉の生産的，ポジティブな面を重視する，いわば「福祉は投資である」とする「ワークフェア国家」（労働福祉国家）へ，といったパラダイム転換が図られている。

1.5　高齢者保健福祉戦略の展開

高齢者保健福祉施策は1963年の老人福祉法の制定，82年の老人保健法の制定などにより推進されてきたが，介護保険実施のための前提条件となる介護サービス基盤の整備は遅れていた。そこで政府は1989年に90年度を初年度とする「高齢者保健福祉推進10か年戦略」（ゴールドプラン）を，94年にはこの計画を拡充した「新・高齢者保健福祉推進10か年戦略」（新ゴールドプラン）を策定し，その計画的整備を推進した。新ゴールドプランが終了する1999年の年末にはさらに2004年度を最終年度とする「今後5か年間の高齢者保健福祉施策の方向」（ゴールドプラン21）が策定され，「保険あってサービスなし」という事態をできるだけ早急に解消し，「利用者から信頼される介護サービス」基盤のいっそうの確立を図ることとなった。そして2003年には，介護保険施行後3年間の実施状況を検討した「2015年の高齢者介護～高齢者の尊厳を支えるケアの確立に向けて～」という文書が発表された。ここでは，介護予防を充実すべきとされ，後述の2005年の改正法における予防給付の新設につながった。

2013年には，「認知症施策推進5か年計画」（オレンジプラン）が策定され，15

年には，団塊の世代が後期高齢者となることで医療や介護の著しい負担増が懸念される，いわゆる「2025 年問題」に向けてオレンジプランを改定した「認知症施策推進総合戦略」（新オレンジプラン）が策定された。

2 介護保険制度の改正とその現状

2.1 介護保険制度の改正

介護保険法附則第 2 条では，法律の施行後 5 年を目途として制度全般に検討を加え，必要な見直し等の措置を講ずべきことを規定していた。この検討規定に基づき，政府は 2005 年 2 月に介護保険法関連法の改正法案を提出し，6 月に可決成立した。また，2011 年 6 月には，12 年度から始まる第 5 期介護保険事業計画に向けて，地域包括ケアシステムの実現を図るための「介護サービスの基盤強化のための介護保険法等の一部を改正する法律」が成立した。

介護保険制度実施以降，制度を評価する国民が年々増加しており，2010 年 9 月の内閣府による世論調査では 5 割が肯定的に評価している。また，要介護（要支援）認定者数が実施直後の 2000 年度の 256 万人から 21 年度には 690 万人と 2.7 倍に増加しており，介護保険制度が着実に定着してきていることがわかる（後出の表 27-4 参照）。だが，要支援，要介護 1 の軽度者の急増により，現状のままで推移すれば，給付費は毎年 10% 以上増加し，3 年ごとに見直される保険料の大幅な引上げも見込まれるに至った。そのため，2005 年の改正法では，①予防重視型システムへの転換（予防給付の創設，地域支援事業の創設等），②施設給付の見直し（居住費・食費の見直し，低所得者の負担軽減のための補足的給付の新設等），③新たなサービス体系の確立（地域密着型サービスの創設，地域包括支援センターの創設，居住系サービスの充実，医療と介護の連携の強化，地域介護・福祉空間整備等交付金の創設等），④サービスの質の確保・向上（介護サービス情報の公表，事業者規制の見直し，ケアマネジメントの見直し等），⑤負担のあり方・制度運営の見直し（第 1 号保険料の見直し，市町村の保険者機能の強化，要介護認定の見直し，介護サービスの適正化・効率化等）などの見直しが行われた。また，2011 年の改正法では，①医療と介護の連携強化，②介護人材の確保，③高齢者向け住宅の整備，④認知症対策の推進，⑤各都道府県の財政安定化基金の取崩しによる介護保険料の軽減などを中心にし

Column ㊷　地域包括ケアシステムの推進

　地域包括ケアシステムは，今後の介護と医療がめざす方向性として，2000 年代から提唱されてきた。2013 年 12 月成立の社会保障改革プログラム法第 4 条第 4 項に定義が示されており，それによれば，「地域の実情に応じて，高齢者が，可能な限り，住み慣れた地域でその有する能力に応じ自立した日常生活を営むことができるよう，医療，介護，介護予防（中略），住まい及び自立した日常生活の支援が包括的に確保される体制をいう」とされる。団塊の世代がすべて 75 歳以上となる2025 年までに，各自治体で地域包括ケアシステムを整備することがめざされている。

　地域包括ケアシステムの拠点となるのが，地域包括支援センターである。これは，市町村を設置主体とし，保健師・社会福祉士・主任介護支援専門員（ケアマネジャー）等を配置して，住民の健康の保持および生活の安定のために必要な援助を行うことで，地域の住民を包括的に支援することを目的とする施設である。介護保険法第 115 条の 46 第 1 項で規定され，2005 年の介護保険法改正の際に設置が始まった。現在はすべての市町村に設置されており，2022 年 4 月末時点で 5404 カ所存在する。うち，市町村直営は 20%，委託型が 80% で，後者における委託先の内訳は，社会福祉法人が 54% と最大である。

　それぞれの地域包括支援センターでは，独自の取組みが行われており，厚生労働省のウェブサイトでは先駆的な事例が紹介されている。また，自治体ごとに呼称も異なり，たとえば東京都北区では高齢者あんしんセンター，東京都世田谷区ではあんしんすこやかセンターといっている。

　地域包括支援センターは，高齢者とその家族の生活を支える重要な施設といえるが，認知度の低さが課題である。また，2021 年の介護保険制度改正により，「地域住民の複雑化・複合化した支援ニーズに対応する市町村の包括的な支援体制の構築の支援」が社会福祉法に基づく市町村の任意事業として新設され，地域包括支援センターはその担い手として期待されている。だが，地域によっては人員などを十分に割く余裕がないなかで，地域包括支援センターにそこまでのはたらきを期待することは難しいとの懸念もみられる。さらに，ネットワークの構築に苦労するところもみられるなど，地域ごとに事情がかなり異なる。あなたの自治体の地域包括支援センターはどのような名称で，どのような活動を行っているか，調べてみるのもよいだろう。

た改正が行われた。

　2015 年の改正法では，第 1 号保険料について，低所得者の軽減割合の拡大（年金収入 80 万円以下の者について 5 割軽減から 7 割軽減に）と一定以上の所得者の利用者負担の引上げ（合計所得金額 160 万円以上の者は 2 割負担に）がなされた。さらに，

サービス提供体制の見直しとして，要支援者の介護予防訪問介護（ホームヘルプサービス）と介護予防通所介護（デイサービス）が地域支援事業へと移行された。ここにおいて，地域ボランティアや NPO にもサービスの担い手になってもらい，市町村の裁量でサービスの種類・単価が決定されることとなった。

2018 年の改正法では，介護療養型医療施設の後身として介護医療院（長期療養医療と日常生活介護を兼ね備えた一体型の施設）が創設された。また，利用者負担 2 割の者のうち，とくに所得の高い者（年金等の収入が年 340 万円以上）の負担割合が上限つきで 3 割に引き上げられた。

2.2 介護保険制度の現状

介護保険制度の保険者は国民健康保険と同様に，国民にもっとも身近な行政単位である市町村と特別区（以下では単に「市町村」という）であり，それを国，都道府県，公的医療保険者が重層的に支えている（図 27-2 参照）。被保険者は 65 歳以上の第 1 号被保険者と 40 歳以上 65 歳未満の公的医療保険の加入者である第 2 号被保険者に区分される。第 1 号被保険者は，常に介護を必要とする状態（要介護状態）や日常生活に支援が必要な状態（要支援状態）になった場合にサービスを受けられ，その保険料は市町村ごとに所得段階に応じた定額保険料として設定され（3 年に 1 度改定される），市町村が個別に徴収する（普通徴収）か，年額 18 万円以上の年金受給者は年金から天引きされる（特別徴収）。第 2 号被保険者は脳血管障害，初老期認知症などの加齢を原因とする病気等（特定疾病 16 種類）により要介護状態や要支援状態になった場合にサービスを受けられる。その保険料は被保険者の加入する公的医療保険制度の算定基準に基づき設定され，医療保険者（健保，国保等）が医療保険料に上乗せする形で一括徴収し，国に納付金として一括納付する。

給付に必要な費用を安定的に賄うために，財源は 50% を保険料，残りの 50% を公費（国 25%，都道府県 12.5%，市町村 12.5%）で賄っている。ただし，施設等給付費については国が 20%，都道府県が 17.5% を負担する。2005 年の改正によって予防給付が新設されたことにより，保険給付は多様化している（表 27-2 参照）。利用者は基本的に介護サービス費用の 1 割を負担する（ただし，一定以上の所得の者は 2 割負担，とくに所得の高い者は上限つきで 3 割負担）が，施設入所者はそのほかに食費と居住費（ショートステイの場合は滞在費），日常生活費を負担することにな

図27-2 介護保険制度の概要

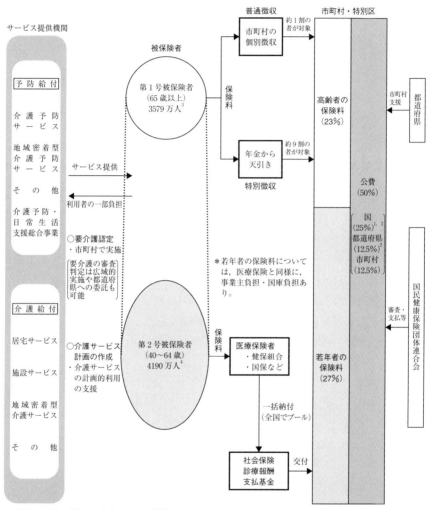

(注) 1. 国の負担分のうち5%は調整交付金であり，75歳以上の者の数や高齢者の所得の分布状況に応じて増減。
2. 施設等給付費（都道府県指定の介護保険3施設および特定施設に関わる給付費）は，国20%，都道府県17.5%。
3. 第1号被保険者の数は，「介護保険事業状況報告年報」によるものであり，2020年度末現在のものである。
4. 第2号被保険者の数は，社会保険診療報酬支払基金が介護給付費納付金額を確定するための医療保険者からの報告によるものであり，2020年度内の月平均値である。

(出所) 厚生労働省編［2023］『厚生労働白書』令和5年版，資料編230ページ，の図を一部省略。

表27-2　介護サービスの種類

総合事業における サービス	予防給付における サービス	介護給付における サービス
       都道府県が指定・監督を行うサービス ────	**介護予防サービス** 【訪問サービス】 ・介護予防訪問入浴介護 ・介護予防訪問看護 ・介護予防訪問リハビリテーション ・介護予防居宅療養管理指導 【通所サービス】 ・介護予防通所リハビリテーション（デイケア） 【短期入所サービス】 ・介護予防短期入所生活介護（ショートステイ） ・介護予防短期入所療養介護 ・介護予防特定施設入居者生活介護 ・介護予防福祉用具貸与 ・特定介護予防福祉用具販売	**居宅サービス** 【訪問サービス】 ・訪問介護（ホームヘルプサービス） ・訪問入浴介護 ・訪問看護 ・訪問リハビリテーション ・居宅療養管理指導 【通所サービス】 ・通所介護（デイサービス） ・通所リハビリテーション（デイケア） 【短期入所サービス】 ・短期入所生活介護（ショートステイ） ・短期入所療養介護 ・特定施設入居者生活介護 ・福祉用具貸与 ・特定福祉用具販売 **居宅介護支援** **施設サービス** ・介護老人福祉施設（特別養護老人ホーム） ・介護老人保健施設（老人保健施設） ・介護療養型医療施設 ・介護医院
  市町村が指定・監督を行うサービス **介護予防・日常生活支援総合事業** ・第1号訪問事業 ・第1号通所事業 ・第1号生活支援事業 ・第1号介護予防支援事業	**介護予防支援** **地域密着型介護予防サービス** ・介護予防認知症対応型通所介護 ・介護予防小規模多機能型居宅介護 ・介護予防認知症対応型共同生活介護（グループホーム）	**地域密着型介護サービス** ・定期巡回・随時対応型訪問介護看護 ・夜間対応型訪問介護 ・地域密着型通所介護 ・認知症対応型通所介護 ・小規模多機能型居宅介護 ・認知症対応型共同生活介護（グループホーム） ・地域密着型特定施設入居者生活介護 ・地域密着型介護老人福祉施設入所者生活介護 ・看護小規模多機能型居宅介護
その他　────	住宅改修費の支給	住宅改修費の支給

（出所）　厚生労働省編［2023］『厚生労働白書』令和5年版，資料編233ページ，などより作成。

図 27 - 3　介護サービスの利用の流れ

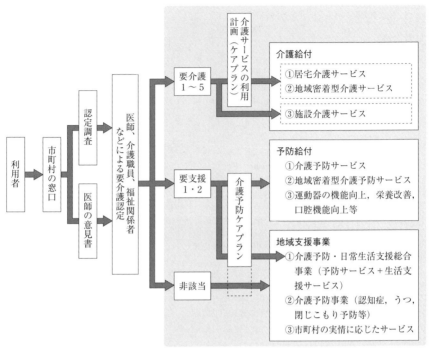

っている。低所得者には負担上限や低い負担額が設定されている。

　被保険者証を持参して病院に行けば医療サービスが受けられる健康保険や国民健康保険等と異なり，介護保険では保険給付を受けるためには，図 27-3 にあるように，被保険者は市町村に申請して認定を受ける必要がある。そのためには本人かその家族が市町村の窓口に申請するか，指定居宅介護支援事業者などで厚生労働省令で定めるものまたは地域包括支援センターが代行することもできる。

　申請を受けた市町村は職員を派遣して申請者の心身の状況やおかれている環境等を調査するが，この訪問調査は市町村の委託した指定市町村事務受託法人に委託することができる。この調査では全国一律の基準に基づき介護サービス調査票により実施され，コンピュータ処理される（一次判定）。一次判定の結果と被保険者の主治医の意見書を基に市町村に設置される介護認定審査会で審査判定（二次判定）が行われ，その結果に基づき市町村が認定し，申請者に通知する。

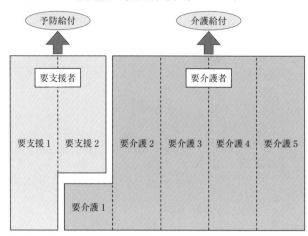

図 27-4　保険給付と要介護状態区分のイメージ

| 予防給付 | 介護給付 |

| 要支援者 | 要介護者 |

| 要支援1 | 要支援2 | 要介護2 | 要介護3 | 要介護4 | 要介護5 |

要介護1

改正前の区分：要支援　　要介護1　　要介護2　　要介護3　　要介護4　　要介護5

(注)　1. 要支援者は予防給付，要介護者は介護給付とする。
　　　2. 支給限度額については，利用者の平均的な状態を踏まえつつ，サービス内容や
　　　　想定されるサービスの標準的な組合せを勘案して検討。
(出所)　全国老人保健施設協会編［2006］『介護白書』平成17年版，ぎょうせい，22ペ
　　　　ージ，を一部修正。

　要介護認定は制度創設当初は要支援と要介護1〜5の6段階であったが，2006
年度から要介護1と要支援の区分が変更され，従来の「要介護1」と認定された
場合に，追加事項・主治医意見書などの内容から状態の改善可能性を審査し，
「要介護1」「要支援2」に区分されることになり，従来の要支援は「要支援1」
となった（図27-4参照）。

　これらの要介護・要支援の認定によって，支給限度額が決定される（表27-3
参照）。要介護認定では「自立」と認定され，介護・支援が必要となるおそれの
ある虚弱高齢者などは，後述の地域支援事業を利用することができる。指定居宅
介護支援事業者や介護保険施設に配置される**介護支援専門員**（ケアマネジャー）は
要介護者等からの依頼に基づき，本人の希望を重視して介護サービス計画（ケア
プラン）を作成するか，要介護者等がみずから作成する。そして本人の了解のも
とに介護サービスが開始される。なお要介護状態は時間の経過とともに変化する
ので，要介護認定には有効期間（3〜6カ月）が設定されており，継続して介護が
必要な場合は更新の申請が必要となる。

表 27−3　要介護度と支給限度額

	要介護度	身体の状態	1日に必要な介護時間	支給限度額
居宅サービス	要支援1	日常生活はできるが，歩行等が不安定でときどき介護が必要	25分以上32分未満	5,032単位/月
	要支援2			10,531単位/月
	要介護1 （軽度）	食事・排泄等はおおむね自力でできるが，入浴等一部介護が必要	32分以上50分未満	16,765単位/月
	要介護2 （中度）	歩行・立ち上がりが1人でできず，入浴・排泄に介護が必要	50分以上70分未満	19,705単位/月
	要介護3 （重度）	食事・排泄・衣服着脱等いずれにも全面的に介護が必要	70分以上90分未満	27,048単位/月
	要介護4 （認知症）	重度の認知症で日常生活に全面的な介護が必要	90分以上110分未満	30,938単位/月
	要介護5 （最重度）	寝返りを打てないなど1日中ベッドの上で過ごし，生活全般にわたって全面的な介護が必要	110分以上	36,217単位/月
施設サービス	介護老人福祉施設（特別養護老人ホーム） 介護老人保健施設（老人保健施設） 介護療養型医療施設（療養型病床，老人性認知症疾患療養病棟） 介護医療院（長期療養・生活施設）			27万円程度 32万円程度 39万円程度

（注）　1単位は10〜11.4円である（地域やサービスによって異なる）。
（出所）　厚生労働省編［2023］『厚生労働白書』令和5年版，資料編232ページ，などから一部修正して作成。

　保険給付は全国共通の法定給付としての介護給付・予防給付，市町村が独自に実施する市町村特別給付がある。介護保険の給付形態は，法律上は償還払方式（介護サービスの利用者が事業者・施設に費用の全額を支払い，後で保険者〔市町村〕から保険給付分の費用の払戻しを受ける方式）による現金給付とされているが，実際上の取扱いは代理受領方式（事業者・施設が利用者に代わって保険者から保険給付分の費用の支払いを受ける方式）による現物給付とされている。なお，福祉用具購入費，住宅改修費，高額介護サービス費・高額居宅支援サービス費は償還払方式となっている。

　介護報酬は社会保障審議会の意見を聴取したうえで厚生労働大臣が定めるが，サービスの種類ごとに単位が設定され，それを基に算出される。1単位の単価は，サービス別・地域別に10〜11.4円に設定されている。

　介護保険では，認定された要介護度別に給付の上限が決められており，この限度内でケアプランが作成される。まず居宅で介護サービスを受けるかそれとも施

表 27-4　第 1 号被保険者数および要介護（要支援）認定者数の推移

（各年度末時点，単位：万人）

年	2000	05	10	15	16	17	18	19	20	21
第 1 号被保険者	2,242	2,588	2,911	3,362	3,440	3,488	3,525	3,555	3,579	3,589
要介護認定を受けた者	256	432	506	620	632	641	658	669	682	690

（出所）　厚生労働省［2023］「令和 3 年度 介護保険事業状況報告（年報）のポイント」1 ページ，より抜粋
して作成。

設サービスを受けるかを選択し，前者の場合，サービス・メニューの中から本人
や介護をする家族の状況に合わせて適切なサービスを組み合わせて選ぶ。たとえ
ばホームヘルプ・サービスを何回，入浴サービスを何回にするかなど，1 週間単
位で計画表を作成する。このように，介護保険ではサービスの種類や利用回数等
が制限されていることから，対象外のサービスや制限利用回数を上回ってサービ
スを利用する場合，民間保険に加入するか貯蓄等で備えておいて，全額自己負担
により上乗せ給付や横出し給付を確保する必要がある。

　市町村は要支援・要介護状態になることを予防するとともに，こうした状態に
なった場合でも可能な限り地域において自立した日常生活を営むことができるよ
うに支援するために，地域支援事業を行う。その内容は，①介護予防・日常生活
支援総合事業，②包括的支援事業，③任意事業，である。市町村は地域支援事業
の利用者から利用料を徴収することができ，また厚生労働省令で定める者に対し
て事業の実施を委託することができる。

　表 27-4 によると，要介護（要支援）の認定を受けた者は制度発足時の 2000 年
度末の 256 万人から 21 年度末には 690 万人と 434 万人も増加した。また高齢者
の間で利用意識が高まってきたことを反映して，要支援（1,2）と要介護 1 とい
った軽度者が 2000 年度末の 102 万人（要介護認定者数全体の 39.8 %）から 21 年度
末の 335 万人（同 48.6 %）に急増している（図 27-5）。

2.3　介護保険制度の課題

　介護保険制度の課題の 1 つは施設サービスの不足である。介護保険制度導入時
も「保険あって，サービスなし」ということが懸念されていたが，とくに大都市
における施設サービスの利用は介護施設の不足もあって，多くの人が相当長期間
の入所待ちを余儀なくされている。厚生労働省老健局の調べでは，特別養護老人

図27-5　要介護（要支援）認定者数の推移

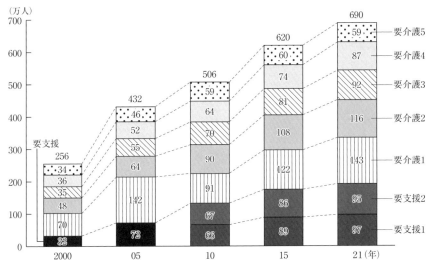

（注）　各年度末時点。
（出所）　厚生労働省［2023］「令和3年度 介護保険事業状況報告（年報）のポイント」1ページ，より抜粋して作成。

ホームの入所申込者（いわゆる「待機老人」）は2022年4月時点の速報値で23.3万人存在する。なお，2015年4月からは，施設介護サービスは原則として要介護3以上の者しか利用できなくなった。

　施設サービスと在宅介護サービスのいずれも拡充する必要があるが，そのためには介護職員の確保が急務となる。2019年度時点の介護職員の実数（施設職員と在宅介護サービス職員，非常勤・常勤を含む）は210.6万人であったが，23年度には233万人，25年度には243万人，40年度には280万人必要となる見込みである（厚生労働省［2021］「第8期 介護保険事業計画に基づく介護職員の必要数について」参照）。介護職の魅力をアップさせ，職場への定着率を上げるには，一般労働者の平均賃金よりも低水準にとどまる賃金の引上げや，待遇の改善などが求められる。

　次に介護保険の適用範囲見直しの問題がある。障害者や若年者も給付対象にし，被保険者のみならずその家族をも対象に実施されているドイツの介護保険制度と異なり，日本の公的介護保険は，65歳以上の第1号被保険者を本来的な給付対象者とする高齢者介護保険となっている。しかし，たとえば介護保険の給付対象

となる 65 歳以上の老年期認知症の者だけでなく，最近は 40 歳から 65 歳未満の初老期認知症や 18 歳から 40 歳未満の若年期認知症といった中年期認知症の要介護者が増加している。こうした中年期認知症の患者や加齢以外の原因，たとえば交通事故や先天性障害等による 40 歳未満の要介護者は，公的介護保険の給付対象外となっている。また，社会的連帯という観点から，保険料を負担する者を現行のように 40 歳以上の国民に限定せずに，40 歳未満の者も被保険者としてよいのではないかということも論議されている。その背景には利用者の急増により介護保険財政が今後厳しくなるという事情もある。このように，公的介護保険が被保険者 40 歳以上の者，給付対象者原則 65 歳以上の者とするという現行の枠組みを今後も維持すべきかどうかが引き続き検討課題となっている。

　団塊の世代が 2022 年から 25 年にかけて 75 歳以上の後期高齢者の仲間入りをし，介護問題も新たな段階を迎えることになる。近年では，とくに認知症への対応が重視されており，既述のようにオレンジプランと新オレンジプランが策定された。また，認知症の人と家族を応援する認知症サポーターを全国で育成する，認知症キャラバンという取組みも 2005 年から厚生労働省主導で行われている。

　介護保険制度はおおむね 3 年ごとに改正が行われ，すでに紹介したように，制度の持続性を担保するための，さまざまな工夫がなされてきた。2020 年の制度改正はコロナ禍の影響により小幅な内容にとどまったが，次回の改正では 2025 年問題の克服に向けたいっそうの取組みがなされると予測される。

【練習問題】
　　1　公的介護保険が日本に導入された背景と経緯について論述しなさい。
　　2　日本の介護保険が社会保険方式であるという点に注目して，その基本的仕組みを明らかにし，問題点について論述しなさい。
　　3　第5の社会保険として導入された介護保険には，21世紀型社会保障ともいえる考え方が取り込まれているといわれるが，それは介護保険のどのような特徴からいえるだろうか。

第28章

労働保険

●この章で学ぶこと●

□ 他の社会保険とは異なる特色をもつ労働保険の概要について学ぶ。
□ 労働者災害補償保険についてはその沿革や特色，課題などを学ぶ。
□ 雇用保険についてもその沿革や仕組み，現状などを学ぶ。

●キーワード●

労働保険，労働者災害補償保険，労働災害，雇用保険，メリット制，
業務災害，非業務災害，労働福祉事業，雇用保険2事業，失業等給付

1 労働保険とは

1969年制定の「労働保険の保険料の徴収等に関する法律」第2条では，労働保険とは労働者災害補償保険（労災保険）と雇用保険を総称する用語であるとしている。その意味では，社会保険は狭義の社会保険と労働保険から構成され，狭義の社会保険とは労働保険を除く保険ということになる。

労働保険は他の社会保険とはやや性格を異にしており，労働者の雇用関係を前提にした制度で，労働者であるために被るかもしれない業務上や通勤途上のけが，病気，障害，死亡，そして失業という固有のリスクを対象としている。なお，後述するように，労災保険には，さらにこれら雇用労働者のみならず，一定の手続きを経た中小事業主，一人親方，家内労働者のような雇用労働者でない人々も雇用労働者に準じて加入することができる。

労働者災害補償保険法第1条は，労働者災害補償保険を，「業務上の事由又は通勤による労働者の負傷，疾病，障害，死亡等に対して迅速かつ公正な保護をするため，必要な保険給付を行い，あわせて，業務上の事由又は通勤により負傷し，又は疾病にかかった労働者の社会復帰の促進，当該労働者及びその遺族の援護，労働者の安全及び衛生の確保等を図り，もつて労働者の福祉の増進に寄与するこ

とを目的とする」保険と定義している。この条文からも明らかなように，労災保険が対象とするリスクは労働災害，すなわち業務災害と通勤災害を含む非業務災害である。労働安全衛生法では労働災害を「労働者の就業に係る建設物，設備，原材料，ガス，蒸気，粉じん等により，又は作業行動その他業務に起因して，労働者が負傷し，疾病にかかり，又は死亡すること」(第2条第1項) と定義している。

　他方，**雇用保険**は，「労働者が失業した場合及び労働者について雇用の継続が困難となる事由が生じた場合に必要な給付を行うほか，労働者が自ら職業に関する教育訓練を受けた場合及び労働者が子を養育するための休業をした場合に必要な給付を行うことにより，労働者の生活及び雇用の安定を図るとともに，求職活動を容易にする等その就職を促進し，あわせて，労働者の職業の安定に資するため，失業の予防，雇用状態の是正及び雇用機会の増大，労働者の能力の開発及び向上その他労働者の福祉の増進を図ることを目的とする」と雇用保険法第1条にあるように，雇用に関する総合的機能を有する制度である。創設時に失業保険とよばれていたように，雇用保険の対象とする主なリスクは失業リスクであるが，雇用保険法第4条第3項では失業状態を「被保険者が離職し，労働の意思及び能力を有するにもかかわらず，職業に就くことができない状態にあること」としている。

　労災保険と雇用保険の適用範囲や保険給付などについては労災保険法と雇用保険法でそれぞれ定められているが，労働保険関係の成立・消滅，労働保険料 (労災保険と雇用保険のそれぞれの保険料をあわせたもの) の保険料率の決定や納付・徴収については「労働保険の保険料の徴収等に関する法律」に定められている。同法によると，労働保険の保険関係は労働者を使用する事業が開始された日に成立し，その日から10日以内に事業主は労働基準監督署または公共職業安定所にその事業にかかる保険関係成立を届け出て，労働保険料を納付しなければならないことになっている。

2　労働者災害補償保険

2.1　ドイツにおける労災保険の導入

産業革命によって親方・職人といった身分制が崩壊し，工場などで雇用される

賃金労働者の多くは，労働災害の結果を自分自身で引き受けなければならなくなった。すなわち，労働災害の被災者は事業主の自主的な賠償金の支払いに期待するか，それが期待できない大半のケースでは泣き寝入りするしかなかった。というのは，裁判には時間と多額の費用がかかり，被災者が実際に訴訟を起こすことはきわめて困難であったからである。仮に事業主に対する損害賠償の訴訟を起こしても，被災者側に何ら過失がないことを立証する責任が課せられていた。さらに裁判に勝っても，事業主に支払能力がなく，被災者が賠償金を回収できない場合も多かった。そこでまず労働災害に対する事業主の損害賠償責任を明確にするために，ドイツでは1875年に帝国事業主責任法が制定され，イギリスでも80年に事業主責任法，97年には労働者災害補償法が制定された。

さらにビスマルク社会保険3部作の一環として，労災補償に世界ではじめて社会保険方式が導入され，1884年7月に災害保険法が成立した。保険者には地域別に組織された業種別事業主災害保険組合がなり，全事業主が強制加入することになった。その結果，各事業主の個別責任に代わって，その業種に属する全事業主が連帯して全体責任を問われることになった。適用される業種は成立当初はとくにリスクの多い鉱工業部門に限定されていたが，次第に拡張されていき，現在ではすべての産業部門に適用されている。

2.2 日本における労災保険の歩み

一般労働者については，1905年の鉱業法と11年の工場法がそれぞれ業務上の傷病に対する扶助を規定していた。1931年には土木建設業に従事する屋外作業者を対象として，労働者災害扶助法と労働者災害扶助責任保険法が制定され，翌年の7月1日から実施された。後者でいう責任は扶助の責任であり，事業主の補償責任ではなかった。そのため，現在の労災保険と異なり，保険給付の受取人は原則として被災者ではなく，政府と保険契約を締結している事業主であったが，それでも労働者の災害補償に対する事業主の責任がかなり明確化された。

第二次大戦後の1947年4月に労働基準法と労災保険法が同時に公布され，労働基準法第75条の事業主の補償責任を担保するものとして労災保険制度が同年9月から施行された。同時に戦前の労働者災害扶助法と労働者災害扶助責任保険法は廃止された。しかし，1947年の制定当初の労災保険は保険給付の種類および範囲が労働基準法と同一であり，責任保険的性格を温存していた。なお，1927

年から施行された健康保険法では業務上災害も給付対象となっており，また42年の労働者年金保険法が改称されて44年に制定された厚生年金保険法でも業務上の障害および死亡も給付対象としていたが，その状況は戦後の47年に労災保険法が成立すると解消され，健康保険は業務外の傷病のみを，厚生年金保険も業務外の障害・死亡のみを対象とするように改正された。

労災保険法はその後繰り返し改正されたが，1960年の改正では長期療養者補償制度の創設，障害補償の一部年金化，それに伴う国庫補助制度の導入などが実施された。また1965年には，次のような大幅改正が行われた。

- (1) 中小企業の事業主，一人親方，家内労働者，農作業者などが労働者に準じて加入できるようになった（特別加入制度）。
- (2) 従来は療養については費用の支給が原則であり，労災病院などで無料で行われる現物給付は従たる地位にあったが，労災病院や労災指定病院などの現物給付機関が全国に行き渡ったことから，現物給付が原則となった。
- (3) 年金制度が大幅に導入され，新しく障害等級の第4級から第7級までが年金制となった。

これらの改正により給付全般の年金化が本格的に進められ，特別加入制度が創設されたことなどにより労災保険が他の社会保険の年金給付と共通性をもつに至り，さらに1973年には通勤途上の災害，95年には介護（補償）給付も支給対象となったことから，労災保険は従来の損害の補填という性格から，より社会保障的な性格をもつものになった。すなわち，従来は労災保険の給付はその他の社会保険給付と異なり，業務災害に対する事業主の補償責任を法理上の基礎として，被災者の損害を回復しまたは補填することを目的とするものであると位置づけられていたが，その性格が生活保障的なものに変わったのである。

2.3 労災保険の現状と課題

労災保険制度の概要

労災保険の保険者は国であり，政府が労災保険と雇用保険の労働保険事業を管理し掌握する。保険給付に関する事務および労働福祉事業に関する事務は厚生労働省労働基準局，都道府県労働基準局，および労働基準監督署で取り扱っている。

労災保険は労働者を雇っているすべての事業に適用されるが，農林水産業については雇用保険と同様な任意適用の規定がある。労災保険でいう労働者とは，会

社や個人事業主等に雇われてはたらいている者を指し，生産現場ではたらく労働者だけでなく，事務系のホワイトカラーやセールスマンも，年少者・女性・高齢者も，職種や年齢に関係なく雇用されて賃金を得ているすべての人々をいう。したがって，常用労働者をはじめ派遣社員，パートタイマー，アルバイトや試用期間中の者も入る。また国籍や人種に関係なく，外国人労働者も日本人と同様に扱われる。出向社員や取締役である従業員の場合は，実質的な使用従属関係すなわち労働関係があるかどうかで判断される。なお，労働者以外の者でも，個人タクシー，大工などの一人親方，使用労働者300人以下（卸売業・サービス業では100人以下，金融業・保険業・不動産業・小売業では50人以下）の中小事業主とその家族などには特別加入の道が開かれている。国家公務員および地方公務員は適用されないが，これは国家公務員災害補償といった特別制度があることによる。2021年度末で労災保険の適用事業所数は約295万，適用労働者数約6068万人となっている。

　労災保険事業に関する費用は原則として事業主が負担する保険料で賄われ，ほかに若干の国庫補助がある。労災保険の保険料は原則として雇用保険の保険料とともに労働保険の保険料として一元的に徴収されるが，その事務は労働基準局労働保険徴収課および都道府県で扱っている。労災保険では保険料を納める事業主が被保険者にあたり，保険給付の対象となる労働者や特別加入者が受給者となる。2023年度予算では，保険料収入は8754億円，保険給付費等が8534億円，社会復帰促進等事業が812億円となっている。

　保険料の額は，事業主が保険年度中にその事業所で使用するすべての労働者に支払う賃金総額に，その事業所の属する業種について定められている労災保険率を乗じて算定される。労災保険率は8業種（製造業，運輸業，建設事業，林業など），54事業種類に分かれ，2023年4月1日現在で最低の1000分の2.5から最高の1000分の88まで異なる料率となっている。さらに個別事業についてはその事業における災害率に応じて労災保険率を40％の範囲内で増減して適用している。このように，一定規模以上の事業で労災保険関係が3年以上経過した事業（継続事業）については，当該事業の労働災害の発生状況に応じて労災保険率を一定の範囲内で増減させる「メリット制」が適用されるが，その点で労災保険は社会保険のなかではリスク発生率に比例した保険料を徴収する私保険にもっとも近い仕組みとなっている。このメリット制が一定規模以上の事業所に採用されているの

は，事業主に災害防止努力の経済的なインセンティブを与え，その努力の成果を反映させて保険料負担の公平を期することにある。しかし，事業主がその事業所の災害率を低くして保険料負担を軽減するために，実際に発生した災害を意図的に労災事故として申請しないで処理し（これを労災隠しとよんでいる），被災労働者が不利な扱いを受ける誘因ともなりうる。

保険給付は，仕事が原因で生じた負傷，疾病，身体障害，死亡といった**業務災害と非業務災害**（通勤が原因となって生じた通勤災害と，最近の改正で追加された二次健康診断等給付を含む）に関して支給される。給付種類としては，療養（補償）給付，休業（補償）給付，傷病（補償）年金，障害（補償）年金，遺族（補償）年金，葬祭料，介護（補償）給付などがある（図28-1参照）。保険給付は現物給付か現金給付（一時金または年金）の形態をとる。給付基礎日額は労働基準法第12条の平均賃金と同じ額で，平均賃金は原則として被災直前3カ月間に支払われた賃金の総額をその期間の暦日数で割った額（2023年8月1日時点で最低保障額4020円）である。なお，年金給付および長期（1年6カ月経過）療養者の休業補償給付に関する給付基礎日額には，年齢階層ごとに最低・最高限度額が設定されている。以上の保険給付のほか，労働者およびその遺族の福祉の増進を図るため，労災病院，医療リハビリテーションセンターなどの社会復帰の促進に関する事業など，3種の**労働福祉事業**（社会復帰促進事業，被災労働者等援護事業，安全衛生確保事業）を行っている。

労災保険の新規受給者数は1980年代は80万人を超えていたが，90年で80万人を割り，その後は減少傾向にあった。だが，2016年度以降は増加傾向に転じ，22年度で約78万人（業務災害による者約69万人，通勤災害による者約9万人）となっている。

労災保険制度の課題

労働災害による死傷者数は数次にわたる労働災害防止計画の推進などにより長期的には減少傾向にあるが，中小企業における災害が最近は多数を占めるようになってきており，今後の課題となっている。また，サービス業ではパート労働者1人でも労災保険へ強制加入となっているのに対し，従業員4人以下の農林水産業や畜産業などの零細企業は強制加入でない任意適用事業となっており，労災保険の保護から外れる労働者が依然存在する。労働基準法に基づく使用者の労働者に対する災害補償責任を保障する保険としてスタートした労災保険が，現在では

図 28-1 労働者災害補償保険制度の概要

〔中小事業主、一人親方、特定作業従事者、海外派遣者〕

（出所）厚生労働省編［2023］『厚生労働白書』令和5年版、資料編133ページ、より一部を省略して作成。

通勤災害の保護や労働福祉事業を行い，介護給付などの給付範囲を拡大し，給付の年金化を進め，特別加入を認めるなど，労働基準法の規定を大きく上回っており，より社会保障的ないしより社会保険的な制度へと発展してきていることを考えると，任意適用事業を廃止し，全面的に強制加入とすべき時期にきている。近年ではギグワーカーなど，フリーランスではたらく人が増え，そういった人々を労災保険に包摂していく必要性も高まっている。

　産業構造の変化や人口高齢化などに伴って第三次産業就業者や高年齢労働者の被災割合が増加し，IT 化の進展に伴う新しいタイプの労働災害が発生している。過労による脳・心臓疾患，ストレスによる消化器疾患や精神神経疾患も増加している。さらに在宅勤務や裁量勤務（仕事の進み具合で労働時間を労働者が自分で調整する）など就業場所や労働時間などの多様化が進み，業務上か業務外かの認定が複雑，困難なものになってきている。業務上災害の労災保険給付と業務外災害の健康保険などの医療保険の給付を比較すると，労災保険の給付内容がよいので，業務上か業務外かの認定について争いが増加する傾向にある。過労死・過労自殺か否かをめぐる認定も，その一例といえよう（コラム㊸参照）。

3　雇　用　保　険

3.1　国営失業保険の世界最初の試み

　ヨーロッパ大陸諸国に遅れてイギリスでも，ロイド‒ジョージのリーダーシップのもとに社会保険が 1911 年制定の国民保険法により導入されたことはすでに述べた（第 24 章参照）。翌年 7 月から施行された同法の第 2 部は失業保険について規定しており，特筆すべきものであった。都市で実施された失業保険ではベルギーのゲント市やスイスのザンクトガレン市の例が有名であるが，国家が実施する失業保険はイギリスを嚆矢とする（ちなみに，ドイツでは 1927 年に職業紹介・失業保険法が施行された）。その特徴は均一拠出・均一給付制で，財源は国・労使の 3 者分担となっていた。統計資料の不足や他国に前例のないことなど，その実験的な性格や財政的理由から当初は建築，土木，機械，製鉄，造船，車両製造，ならびに製材の 7 業種に限って適用されたが，1920 年にはほぼすべての業種の労働者に適用範囲が拡大された。

労災補償では，長時間労働や仕事によるストレスを原因とする「過労死」や「過労自殺」がよく話題となる。前者は業務により脳・心臓疾患（負傷に起因するものを除く）を発症して死亡した事案をいい，後者は業務上の事由により精神障害を発病して自殺した事案をいう。

過労死に対する業務上認定が厳しすぎることに対し社会的批判が強まったことから，行政側も 1995 年に脳・心臓疾患についての認定基準を大幅に緩和し，99 年には精神障害等に対する新たな労災認定基準をつくって緩和している。残された家族が業務上の認定を求めて訴訟を起こし，勝訴するケースも増加した。請求件数が増加するとともに，請求件数に対する認定件数の割合が高まってきている。

過労死等についてみると，1999 年度は 493 件の請求に対し認定されたのはわずか 16 ％の 81 件にすぎなかったが，2022 年度では 803 件の請求のうち 24 ％の 194 件が認定されている。過労自殺を含む精神障害でも，1999 年度では請求件数 155 件に対し認定されたのは 9 ％の 14 件であったのが，2022 年度には請求件数 2683 件の 26.5 ％にあたる 710 件が認定されている（下表参照）。

しかし認定されずに納得できない遺族が多数を占めるという事実に変化はないのだから，過労死や過労による健康障害の発生を防止し，発生件数や請求件数そのものが減少するように労働環境を整えることが重要である。

過労死等および精神障害の労災補償状況

（単位：件）

年度		1999	2000	05	10	15	22
過労死等	請求件数	493	617	869	802	795	803
	支給決定件数	81	85	330	285	251	194
精神障害	請求件数	155	212	656	1,181	1,515	2,683
	支給決定件数	14	36	127	308	472	710

（出所）　厚生労働省［2023］「令和 4 年度『過労死等の労災補償状況』を公表します」。

3.2　日本における雇用保険の歩み

戦前からの宿題であった失業保険法も，労災保険が実施された 1947 年に制定・施行された。労働組合は失業保険法案の内容には批判的であったが，その即時実施を要求していた。これに対し，事業主側は当初失業保険の導入に反対して

いたが，折からの人員整理の拡大による労働組合などの退職金要求を部分的に失業保険によって代替しようという意図もあって，その後早急な実現を要求するようになり，失業保険法は労災保険法より約半年遅れて1947年11月に成立するに至ったといわれる。

石油ショック後の1974年末の総需要抑制策の浸透に伴う雇用情勢の悪化により，失業保険の失業補償機能と失業予防機能が改めて見直され，失業保険法を拡充した「雇用保険法」が74年末の臨時国会で成立，75年4月1日に施行された。その結果，雇用保険事業は従来の失業等給付を行うほかに，新たに雇用安定事業（失業の予防，雇用状態の改善，雇用機会の増大を図るための事業），能力開発事業（労働者の職業能力の開発と向上を図るための事業），および雇用福祉事業（労働者の福祉の増進を図るための事業）のいわゆる雇用保険3事業を行うことになった（図28-2にあるように現在は**雇用保険2事業**となっている）。その後，少子・高齢化や雇用の流動化に対応する改正も行われ，高年齢求職者給付金・再就職手当，育児休業・介護休業給付，短時間労働被保険者（パートタイマー）の新設が行われた。

3.3 雇用保険の現状と課題

雇用保険制度の概要

雇用保険法は労働者を雇用するすべての事業（農林水産業の零細事業を除く）に強制適用され，適用事業で雇用される労働者は適用除外者に該当しない限り被保険者となり，雇用保険被保険者証を交付される。なお，同法第6条では，適用除外者として，①1週間の所定労働時間が20時間未満の者，②季節的に雇用される者，③学校の学生または生徒，などをあげている（詳しくは条文を参照）。2021年度末時点で雇用保険の適用事業所数は約236万カ所，被保険者数約4444万人，受給者実人員は同年度平均で約43万人となっている。

雇用保険は政府（厚生労働省）が管轄し，全国共通の制度となっており，全国に配置されている公共職業安定所（職安ともハローワークともよばれる）が職業紹介，職業指導とあわせて雇用保険に関わる業務を遂行している。ハローワークは労働保険料についての申請書・報告書の受付窓口となっており，被保険者は失業すると，ハローワークで失業給付などを受給し，再就職のための職業紹介をハローワークに求めることになる。被保険者は雇用形態により一般被保険者，高年齢被保険者，短期雇用特例被保険者，および日雇労働被保険者に分けられる。なお一般

図 28-2　雇用保険制度の概要

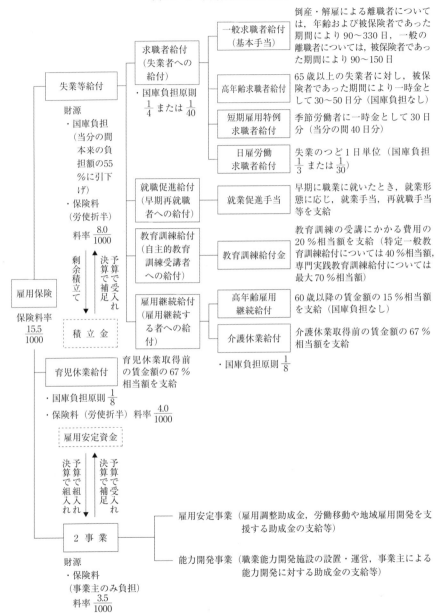

(出所)　厚生労働省編［2023］『厚生労働白書』令和5年版，資料編154ページ，を一部簡素化した。

被保険者は，常用労働者で 65 歳未満の者であり，1 週の所定労働時間が 30 時間以上の「短時間労働以外の被保険者」をいう。1 週 20 時間以上 30 時間未満で勤務するパートタイマーや雇用期間の短い登録型派遣労働者などは「短時間労働被保険者」という。短期雇用特例被保険者は季節的に雇用される者で，1 年未満の雇用を繰り返している労働者をいう。さらに，65 歳以上で週所定労働時間が 20 時間以上あり，31 日以上の雇用見込みがある者を高年齢被保険者という。

　雇用保険の費用は事業主・被保険者・国の 3 者で分担される。当初は保険料は労使折半負担であったが，1974 年の改正で労働者の職業の安定に資するために 3 事業（現在は 2 事業）が加わったことから，その分は事業主の負担とされた。たとえば 2023 年では，保険料率は 1000 分の 15.5（季節労働者を多数雇用する建設業，農林水産業などでは若干高い料率が設定されている）となっているが，そのうち 1000 分の 12（失業等給付と育児休業給付に要する費用にあてられる部分）を労使で折半負担し，1000 分の 3.5（雇用安定事業などの 2 事業に充当される部分）は全額事業主負担である。国庫負担もあり，一般求職者給付は給付費の 4 分の 1，日雇労働求職者給付は同 3 分の 1，育児休業給付と介護休業給付は同 8 分の 1 を国庫が負担することとなっている。だが，国の財政状況の厳しさに鑑みて，2017 年度から 5 年間は本来の率の 10 ％とされ，さらにコロナ禍の影響から 22 年度以降は，国庫負担は雇用情勢と雇用保険の財政状況により，一般求職者給付については 4 分の 1 または 40 分の 1，日雇労働求職者給付については 3 分の 1 または 30 分の 1 のいずれかとされ，それらとは別に国の一般会計からの繰入れができるようになった。2023 年度は一般求職者給付が 40 分の 1，日雇労働求職者給付が 30 分の 1，育児休業給付と介護休業給付は 80 分の 1 となっている。

　図 28-2 にあるように，失業等給付は雇用保険制度における中心的事業であるが，その目的や性質により求職者給付，就職促進給付，教育訓練給付および雇用継続給付に区分される。代表的な給付である一般被保険者の求職者給付（基本手当）について説明すると，その受給要件は次の 2 つである。①離職の日以前 1 年間（短時間労働被保険者は 2 年間）に通算して 6 カ月（短時間労働被保険者は 12 カ月）以上の被保険者期間があること，②雇用保険法第 4 条第 3 項にいう失業状態にあること。この基本手当は受給資格者が離職後，公共職業安定所に離職票を提出し，求職の申込みをしたうえで失業の認定を受けた日について支給される。失業の認定は原則として 4 週間に 1 回ずつ行われ，基本手当は失業状態を確認するための

待期期間（7日間）の翌日から支給されるが，自己都合などの理由による退職の場合，さらに給付制限期間の3カ月を経過してから支給される。

1990年代後半以降の失業者数の急増による雇用保険の財政破綻を回避するために各種給付の見直しが行われ，基本手当は，被保険者が失業した場合で離職の日以前の1年間に被保険者期間が6カ月以上あるときに，離職前6カ月における賃金月額の約5〜8割とされ，給付日数は被保険者期間によって90日から最長150日となった。ただし，倒産・解雇による離職者については年齢や被保険者期間によって90〜330日となっている。

雇用保険制度の課題

この数年の雇用保険の最大の問題は，コロナ禍への対応であり，求職者手当の支払いはもとより，緊急事態宣言やまん延防止等重点措置のもとで営業停止を余儀なくされた事業の従業員への休業手当支払いに際しては，雇用保険2事業のなかの雇用調整助成金が大きな役割を果たした（コラム㊹参照）。

また近年は，少子高齢化対策やワーク・ライフ・バランスの拡充とも関連して，育児休業給付や介護休業給付の重要性もクローズアップされている。2010年代から連綿と給付内容が拡充されており，今後もさらなる拡充が予定されている。雇用保険は本来，失業というリスクに対応するものであるが，最近では失業に関する給付以外の給付の伸びが大きく，とくに育児休業給付が拡大している。政府は少子化対策に力を入れているが，そのための増税を避けるために，財源を手当てしやすい雇用保険を活用しているとみられる。他方で，雇用保険の財政は逼迫しており，保険料率は引き上げられる傾向にある。このようななかで，失業リスクへの対応という雇用保険の制度趣旨が曖昧になることが懸念されている（『日本経済新聞』2023年7月20日）。

また，雇用保険を受給し終わってもなお職がみつからない失業者，および，雇用保険の受給要件を満たさない失業者への対応も必要である。そのまま放っておけば，貧困に陥り，生活保護の対象となりうるからである。2010年代にはそのような者を対象とする求職者支援制度，および，生活困窮者自立支援制度が相次いで創設されたが，前者は所得保障が不十分であること，後者は所得保障がないことが問題視される。

Column ㊹　コロナ禍における雇用調整助成金等の役割

2020年1月に始まったコロナ禍により，同年4月に日本において史上初の緊急事態宣言が発令され，多くの企業が休業を余儀なくされた。その際に重要な役割を果たしたのは，雇用保険2事業のうち雇用安定事業のなかの雇用調整助成金であった。企業の都合で労働者を休業させる場合，企業は労働者に，直近3カ月の平均賃金の6割以上の金額の休業手当を支払う義務がある。雇用調整助成金は，休業手当を支払った企業への助成金であり，本来は中小企業には会社負担額の3分の2，大企業には同2分の1を助成することとなっている。それが，新型コロナ特例（2020年4月からの特別措置）として，中小企業の場合は，解雇などを行わず雇用を維持した場合は企業の負担額の10分の10，それ以外の場合は同5分の4，大企業の場合も，解雇を行わず雇用を維持した場合は同4分の3，それ以外の場合は同3分の2へと助成金を引き上げた（ただし日額上限1万5000円，月額上限33万円）。

だが，休業手当は企業の都合で労働者を休業させた場合に支払われるものであり，コロナ禍により休業せざるをえなくなった場合は企業都合ではないとして，企業が休業手当の支払いを渋るケースが見受けられた。そこで，コロナ禍により休業させられたにもかかわらず休業手当を受け取れない中小企業労働者がみずから申請できる「新型コロナウイルス感染症対応休業支援金・給付金制度」が2020年7月に新設された。ここでは，雇用形態を問わず，すべての労働者に対し，休業前賃金の80％（月額上限33万円）が支給されることとなった。

さらに，雇用保険に加入していないパート労働者やアルバイトに対して休業手当を支払った企業には，2020年4月に新設された緊急雇用安定助成金が雇用調整助成金と同水準で支給されることとなった。

なお，雇用調整助成金の新型コロナ特例は原則として2022年12月までとされたが，23年3月までは経過措置がとられた。また，新型コロナウイルス感染症対応休業支援金・給付金制度と緊急雇用安定助成金制度は，2023年5月末までの申請をもって終了した。

【練習問題】

1　日本の社会保障制度で労働保険という場合，どのような保険を指すか。また労働保険は他の社会保険と異なるどのような特色をもっているか。簡潔に述べなさい。

2　労災保険は健康保険や年金保険と異なるどのような特徴をもっているか。保険料負担や保険事故，保険給付などを中心にその特徴を明らかにしなさい。

3　雇用保険の基本的な仕組みとその特徴を明らかにしなさい。

■ 第Ⅳ部の理解を深めるために

❑ 関連サイト

厚生労働省　https://www.mhlw.go.jp/index.html

国立社会保障・人口問題研究所　https://www.ipss.go.jp

国家公務員共済組合連合会　https://www.kkr.or.jp

全国社会保険労務士会連合会　https://www.shakaihokenroumushi.jp

社会保険労務士試験 オフィシャルサイト　https://www.sharosi-siken.or.jp

日本年金機構　https://www.nenkin.go.jp

企業年金連合会　https://www.pfa.or.jp

健康保険組合連合会　https://www.kenporen.com

全国健康保険協会　https://www.kyoukaikenpo.or.jp

社会保険診療報酬支払基金　https://www.ssk.or.jp

❑ より詳しく学ぶ人のために

厚生労働省編『厚生労働白書』各年版，日経印刷。

社会福祉士養成講座編集委員会編［2019］『社会保障』（新・社会福祉士養成講座 12）第 6 版，中央法規出版。

椋野美智子・田中耕太郎［2024］『はじめての社会保障：福祉を学ぶ人へ』第 21 版，有斐閣。

全国社会保険労務士会連合会編『社会保険労務六法』各年版，中央経済社。

厚生統計協会編『保険と年金の動向』（厚生の指標 増刊）各年版，厚生統計協会。

三菱信託銀行［2002］『最新 年金用語辞典』ダイヤモンド社。

尾形裕也［2022］『この国の医療のかたち 医療政策の動向と課題：2025 年のヘルスケアシステム』（看護管理実践 Guide）日本看護協会出版会。

全国老人保健施設協会編『介護白書』各年版，TAC 出版／中央法規出版。

社会福祉士養成講座編集委員会編［2019］『高齢者に対する支援と介護保険制度』（新・社会福祉士養成講座 13）第 6 版，中央法規出版。

全国社会保険労務士会連合会編『労働保険の実務相談』各年度版，中央経済社。

日本労務研究会編［2012］『労災保険法便覧』改訂 6 版，日本労務研究会。

厚生労働省労働基準局労災管理課編［2022］『労働者災害補償保険法』8 訂新版，労務行政。

労働調査会出版局編［2016］『新よくわかる雇用保険』改訂 3 版，労働調査会。

索　引

【有斐閣ブックス】

はじめて学ぶリスクと保険〔第 5 版〕
Fundamentals of Risk and Insurance, 5th ed.

2004 年 4 月 15 日 初　版第 1 刷発行	2014 年 4 月 10 日 第 4 版第 1 刷発行
2007 年 4 月 15 日 改訂版第 1 刷発行	2024 年 4 月 20 日 第 5 版第 1 刷発行
2010 年 3 月 20 日 第 3 版第 1 刷発行	

編　者　　下和田功

発行者　　江草貞治

発行所　　株式会社有斐閣

　　　　　〒101-0051 東京都千代田区神田神保町 2-17

　　　　　https://www.yuhikaku.co.jp/

印　刷　　大日本法令印刷株式会社

製　本　　大口製本印刷株式会社

装丁印刷　株式会社亨有堂印刷所

落丁・乱丁本はお取替えいたします。定価はカバーに表示してあります。
©2024, Isao Shimowada.
Printed in Japan. ISBN 978-4-641-18469-5